# 간지체성론

# 간지 干支體性論 체성론

『운명은 외상을 사절한다』의 실전교과서 ● 사례로 본 천간지지의 응용과 성격

사주 fortune 천간 future

낭덕 지음

destiny providence 명리 chance

운명 luck

운을 열어주는 사주명리학의 비밀병기

미래 fate 대운 지지

스타북스

조한규 (전 세계일보 사장)

인간은 우주宇宙 속에서 삶을 영위하고 있다. 우주로부터 생명 에너지를 받아 살아가고 있는 것이다. 요약하면 태양, 달, 그리고 별로부터 에너지를 받고 있다. 그 에너지는 빛으로 인간에게 전달된다.

인간은 태어난 연월일시年月日時에 따라 그 빛을 받는 강도가 다르다. 즉, 사람마다 생명 에너지의 색깔이 다르고, 기氣가 다르고, 열熱이 다르다. 그만큼 변화무쌍하다. 그 변화는 음양과 오행의 함수관계에 따라 천변만화千變萬化로 나타나고 있다. 핵심은 천간天干과 지지地支이다.

인간은 땅으로부터도 생명 에너지를 받고 있다. 땅의 위치에 따라 에너지의 강도가 다르다. 땅 속의 화산·자기장·수질水質 등이 다르기 때문에, 위치에 따라 분출되는 에너지가 다를 수밖에 없다. 출생지가 인간의 지능과 성격 등에 영향을 미치는 것이다. 이는 풍수風水 요인이다. 아울러 부모의 영향, 즉 유전자 요인도 인간에게 큰 영향을 준다.

한마디로 사람마다 '운명'이 다른 것이다. '운'運이란 끊임없이 움직이고 순환하는 것을 의미하며, '명'命이란 천지의 조화에 의해 주어진 절대적인 작용을 뜻한다. 그래서 '운명대로 산다'는 말은 천지의 조화에 의해 끊임없이 움직이고 순환하는 변화의 삶을 산다는 뜻이다.

　필자는 이번 남덕 원장님의 『간지체성론』이야말로 인간 운명론을 집대성한 '제1의 명리학 교과서'라고 해도 손색이 없다고 생각한다. 그동안 수많은 명리학 책들이 세상에 나왔지만, 이 책처럼 천간天干과 지지地支를 쉽고 정확하게 설명한 것은 없었다. 필자는 대학시절 교양 삼아 몇 권의 명리학 서적을 혼자서 공부한 적이 있다. 지금 생각해 보면 터무니없는 짓이었지만, 오행의 상생·상극법, 육신법, 용신법의 뜻 정도를 겨우 알게 된 것은 그나마 수확이었다.

　그런데 이번 남덕 원장님이 보내 주신 원고를 읽고 깜짝 놀랐다. 내가 오랫동안 갈구해 왔던 내용들이 하나도 빠짐없이 들어 있는 게 아닌가. 그동안 쌓인 명리학에 대한 갈증을 말끔히 해소시켜 준 것이다. 명리학을 모르는 일반인들도 그냥 읽기만 해도 자신의 운명을 어느 정도는 알 수 있을 것이다. 일찍이 대만의 대사상가 남회곤은 '지명'知命·독서讀書·적선積善 등이 '운명을 바꾸는 방법'이라고 강조한 바 있다. 필자는 감히 자신의 운명을 아는 '지명'의 첩경이 바로 이 책 속에 들어 있다고 단언한다. 특히 명리학을 전공하는 분들은 머리맡에 두고 싶은 참고서, 교재가 될 것이다. 일반인들에게는 사유思惟의 폭을 넓히고 사색思索의 깊이를 더하게 하는 교양서가 될 것이다.

 필자는 남덕 원장님을 1994년 여의도에서 운동을 하며 만났다. 해박한 경영 지식은 물론이거니와 정치 분석에도 일가견을 지니고 있었다. 그래서 정치부 기자 시절 남덕 원장님으로부터 큰 도움을 받았다. 정통 명리학자라는 사실은 좀 더 뒤에 알았다. 그 뒤로 인생의 길잡이 역할을 해 주셨다.

 인간은 자신의 운명을 알아야 한다. 그 운명에 순응하며 살아가되, 그 운명을 개선하는 노력을 기울여야 한다. 운명을 무조건 거부하거나 운명을 개선하려고 노력하지 않는 것은 인간의 도리를 벗어나는 일이다. 이 책『간지체성론』을 읽고 또 읽는다면, 운명은 점차 개선될 것이라고 확신한다.

두 분의 스승님이 그립습니다.

세상을 살아가면서 훌륭한 스승을 모시는 일은 누구에게나 커다란 행운입니다. 그것은 어떤 사람을 만나느냐에 따라 인생 향방이 결정적으로 변하는 경우가 흔하기 때문입니다.

인생을 돌아보면 저에게도 두 분의 스승님이 계셨습니다.

한 분은 인생의 스승이시고 또 한 분은 학문의 스승입니다.

두 분의 스승님은 제 인생을 송두리째 바꾸어 놓았습니다.

제 인생의 스승은 고故 여해如海 강원용姜元龍 목사님입니다.

1917년 함경남도에서 태어난 강원용 목사님은 간도 용정의 은진중학교에서 스승 김재준 목사님을 만나 민족의식과 기독교 신앙에 눈을 떴으며, 1945년 경동교회를 창립해 40여년 동안 목회를 하며 한국기독교 총회장, 한국기독교협의회 회장, 세계기독교협의회 중앙위원, 세계교회협의회 중앙위원, 세계종교인평화회의 의장 등을 지냈습니다.

1959년 크리스천아카데미를 세워 종교 사이의 대화를 주도했으며 좌우의 이념대립으로 야기된 분열을 막고자 노력하신 분입니다.

제가 강원용 목사님을 뵈올 때가 1959년 가을이었습니다. 저는 대학생활을 하며 매주 6시간씩 기독교 윤리에 대해서 목사님으로부터 강의를 들었으며, 강의 내용은 '어떻게 살아가야 크리스천으로서 훌륭한 삶을 살 수 있는가?'였습니다. 그 뒤로도 제가 회사 생활을 하는 동안 어려운 경우가 있을 때면 계속 격려하며 인생 상담을 해 주신 고마운 스승님입니다. 이러한 신학적이고 철학적인 기초가 제가 인생을 살아가는 가운데 결정적인 도움이 되었음을 고백하지 않을 수 없습니다.

또 한 분의 스승님은 제 학문의 스승이신 고故 단원檀園 이병렬李炳烈 선생님입니다.

이병렬 선생님은 전북 임실에서 태어났으며 어릴 때부터 한문에는 신동神童이라는 이야기를 주위로부터 들었습니다. 선생님은 역학지 기자를 거처 자강自彊 이석영李錫暎 선생님의 문하생으로 역학에 입문하셨습니다. 이석영 선생님은 어둠에 쌓여있던 명리학을 근대화 시키면서 동시에 실용화시킨 분입니다. 이석영 선생님의 학문을 이어 받은 이병렬 선생님은 명리학을 각 분야별로 세분화시켰습니다. 또한 현실에 맞지 않는 분야는 과감히 폐기하여 명리학이 가장 과학적이고 미래예측에 필수적인 학문으로 승화시켰습니다.

제가 선생님을 처음 뵐 때가 1992년 여름이라고 기억합니다. 저는 지금도 선생님을 만난 것은 하늘이 준 엄청난 행운이라고 생각됨니다. 학문의 기초가 아주 허약했던 저에게 명리학命理學의 기초부터 고차원의 이론까지 철저히 지도하여 주셨습니다.

이 두 분 스승님이 있었기에 저의 오늘날이 있습니다. 이 두 분의 스승님을 만난 것은 저의 인생에 커다란 행복이며 축복입니다.

독자님들도 좋은 스승님을 만나기를 바랍니다.

이 책을 두 분의 스승님께 바칩니다.

여의도 연구소에서 2020년 12월

남덕南德

내가 인생을 고민하면서 역학 공부를 시작한 지 20년의 세월이 흘렀다. 대학에서 영문학을 전공하고 대학원에서는 경영학을 전공한 내가 역학을 인생의 마지막 직업으로 선택한 것은 어찌보면 하늘의 뜻인 듯하다.

1994년 『운명은 외상을 사절한다』라는 책이 베스트셀러가 된 후로 나는 여러 사람으로부터 '왜 제자를 양성하지 않는가? 당신만의 노하우를 공개하기 싫어서인가' 하는 오해도 많이 받았다.

너무 바쁘고 외부 행사에 자주 참석하다 보니 인생에서 아주 중요한 제자 양성의 기회를 갖지 못했다. 늦게나마 참회하는 심정으로 '사주의 핵심'을 많은 독자들에게 공개하기로 결심했다.

역학은 사실상 독학이 거의 불가능하고 시중에 나와 있는 책들도 난해해서 역학을 공부하고 싶은 많은 사람들이나 여기에 흥미를 가지고 있는 사람들에게 실망과 고통만을 안겨 주는 일이 비일비재하다. 이 책은 어떻게 하면 역학의 핵심에 쉽게 다가 갈 수 있도록 할까 하는 고뇌의 산물이다.

사주의 핵심은 '간지체성론干支體性論'과 '격국용신론格局用神論'이다. 간지체성론을 알지 못하면 사주의 핵심에 전혀 접근하지 못한다. 그만큼 중요하다. 간지체성론은 천간天干과 지지地支 사이에 죽고 사는 것을 판단하는 기준이 되기 때문에 여기에 대한 정확한 이해를 얻지 못하면 사주 공부는 한 걸음도 앞으로 나아가지 못한다.

모 대학교에서 사주의 핵심을 가지고 두 시간 특강한 적이 있는데 석사 과정의 학생들도, 거기에서 강의하는 선생님들도 간지체성론의 기초가 약한 것을 보았다. 이 나라 '역학'의 장래가 심히 걱정스럽고, 뭔가 새로운 바람을 불러 일으켜 후학들이 공부하는 데 덜 고통스러운 분위기를 만들어 줘야 한다는 나 나름대로의 생각이 이 책을 쓰게 만든 또 하나의 동기이다.

나는 다른 사람보다 운이 좋았다. 훌륭한 스승, 실력이 탁월한 스승을 만난 것도 엄청난 인연이다. 지금은 고인이 되신 단원檀園 이병렬李炳烈 선생님을 만나지 못했다면 나의 학문은 어찌 되었을까? 생각만 해도 아찔하다. 단원 선생님의 스승이신 자강自彊 이석영李錫暎 선생님의 50년간의 학문 업적, 단원 선생님의 40년간의 학문과 실제 상담의 역사. 그리고 필자의 20년간의 학문의 집대성이 이 책에 고스란히 녹아 있다. 다시 한 번 두 분 스승님께 이 자리를 빌려 감사의 말씀을 드린다.

여의도 우거寓居에서 2020년 12월

남덕南德

# 차례

## 1부 천간天干

## 2부 지지地支

# 간지체성론이란?

간지
干支

천간
天干

갑 甲
을 乙
병 丙
정 丁
무 戊
기 己
경 庚
신 辛
임 壬
계 癸

지지
地支

자 子
축 丑
인 寅
묘 卯
진 辰
사 巳
오 午
미 未
신 申
유 酉
술 戌
해 亥

**천간天干** = 갑을병정무기경신임계甲乙丙丁戊己庚辛壬癸

**지지地支** = 자축인묘진사오미신유술해子丑寅卯辰巳午未申酉戌亥

간지干支란 10개의 천간天干과 12개의 지지地支로 구성되어 있다.

각각의 천간과 지지가 다른 천간과 지지를 만났을 때 어떠한 현상이 나타나고 그 결과로 인생의 운명이 어떻게 달라지는가를 연구 확인하는 학문이 바로 간지체성론이다.

양陽은 양陽끼리, 음陰은 음陰끼리 결합해서 하나의 기둥을 만들기 때문에 전부 60개의 기둥이 만들어진다.

여기에서 아주 중요한 핵심을 독자들에게 말씀드리고자 한다.

보통 시중에서는 대운大運(10년마다 바뀌는 운)을 논할 때 천간 5년, 지지 5년으로 계산한다. 그러나 지금까지 상담해 본 결과 이 이론은 맞지 않고, 천간과 지지를 합해서 10년으로 계산하는 것이 맞다고 본다.

예를 들면 천간이 갑목甲木인 경우 갑자甲子·갑인甲寅·갑진甲辰은 천간이 지지에 뿌리를 하기 때문에 갑甲이 10년 동안 세력을 유지하지만, 갑오甲午·갑신甲申·갑술甲戌은 천간인 갑甲이 지지地支인 오신술午申戌에 뿌리를 못하기 때문에 10년 동안 천간天干인 갑甲의 작용은 나타나지 않고 지지地支인 오신술午申戌이 10년을 지배하게 된다.

예를 하나 더 추가하면 천간天干인 병丙은 병인丙寅·병오丙午·병술丙戌일 때는 병丙이 10년 동안 세력을 유지하지만, 병자丙子·병진丙辰·병신丙申인 경우에는 지지地支인 신자진申子辰이 10년을 지배하고 병丙은 세력권에서 멀어지게 된다.

다시 말하면 천간天干은 지지地支에 의해서 생사生死가 좌우되지만, 지지地支는 지지地支 자체로 생사生死가 좌우된다는 사실이다.

이와 같은 현상도 간지체성론을 정확하게 공부하면 모든 것이 확연히 드러나게 된다. 따라서 천간天干은 지지地支에 의해서 어떠한 경우에 살고 죽는가를 정확하게 알고 있어야 확실한 추명推名이 가능하다.

이제부터 천간天干인 갑甲부터 상세하게 각각의 성질을 파악하도록 하자.

# 명리학의 발달과 성립

# 우리나라 명리학 발달사

　명리학命理學의 기원은 저 멀리 우리 조상의 선철학仙哲學에 있다고 본다. 그러나 불행히도 우리 민족은 잦은 외침과 한 많은 정변政變의 소용돌이 속에서 지내다 보니 우리의 얼이요, 정신의 고향인 선사상仙思想을 면면히 이어 오지 못하고 맥이 끊겨 오늘날 우리 민족사의 정통성마저 제대로 못 찾는 지경이 되고 말았다.

　우리 조상의 뿌리는 누구이며 그 역사는 어떠하였는가 하는 사상사적 족보를 아는 일은 매우 시급한 우리의 과제가 아닐 수 없다.

　하지만 숱한 왕정王政 통치와 그때그때 편리한 역사의 왜곡 때문에 우리의 정사正史는 파괴되고 강자 이익의 정치사만이 정사로 군림하면서 우리 민족의 순수성은 퇴색당하고 있다. 그러한 맥락에서 지금 연구하는 명리학의 역사 또한 제대로 우리 본래의 것이 없어, 중국 자료와의 연관 사이에서 우리의 역사를 추측할 뿐이다.

　우리의 명리학이 소개된 것은 중국의 문물, 즉 한자漢字가 전래되고 소위 선진先秦(춘추전국시대)사상이 들어오면서부터였다고 알려지고 있다.

그렇지만 이마저 현재 정확한 자료가 존재하지 않으므로 그 내용과 역사를 알 수 없고 다만 중국에 유학한 불교 승려들의 자취를 통해 그 줄거리나마 유추할 수 있을 뿐이다.

아마 공식적인 역리학 소개는 신라 말의 고승 도선국사道詵國師의 경우가 대표적이다.

도선국사는 귀국하여 삼천 리 곳곳을 편력하면서 무분별한 술사術士들이 세상 인심을 어지럽히고 물욕物慾에 어두워 경거망동 하는 것을 보고 한탄했다고 한다.

이로써 보면 명리학 분야가 이미 옛부터 우리나라에서 흥행하고 있었음을 알 수 있고, 우리나라의 명리학 시조는 도선국사로 공인되기에 이르렀다.

도선 스님보다 앞서는 유명한 학자로는 신라의 고승 원효의 아들 설총薛聰과 고운 최치원孤雲 崔致遠 선생을 들 수 있겠다. 이들은 모두 동양학에 밝은 당대의 거장들이다.

고려에 이르면 명리에 밝은 여러 학자들이 배출된다.

최충崔沖(984~1068), 안유安裕(1243~1306), 백이정白頤正(1247~1323), 최성지崔誠之(1265~1330), 길재吉再(1353~1419), 정몽주, 강석덕, 박상충, 권근 등 우리의 위대한 선조님들이다.

조선시대가 되면 우선 무학대사를 꼽을 수 있다.

무학대사는 풍수지리, 관상, 사주학에 정통하였다. 정도전은 조선의 개국공신으로 유학과 역학에도 능했다. 그 다음 안식安植과 서경덕徐敬德 같은 경우 뚜렷한 저서는 보이지 않고 있다.

김인후는 『주역 관상편』을 남기고 있으며 홍계관은 복서에 능통하여 세상을 놀라게 했다.

남사고南師古는 천문과 역학에 밝았으며 이번신, 전운치, 이지함, 이원명, 이황, 이이, 정두 등도 명리학에 정통했으며, 사명·서산 스님도 명리학의 대가로 알려져 있다.

이 밖에 유명한 명리학자들을 들면 다음과 같다.

정인홍, 정은, 복등, 박상조, 이유필, 정후계, 허임, 허준, 조봉구, 이해구, 조창덕, 최진구 등이 있으며 스님으로는 일지대사, 일이대사, 법홍대사 등이 세상에 알려져 있다.

최근에 알려진 분으로는 전백인全白人(온몸이 희다고 함), 김선영金善瀯(맹인) 선생 등이 계시다. 김선영 선생님의 제자로는 자강自彊 이석영 선생을 들 수 있는데 대부분의 사람들이 중국의 고전을 번역하는 데 치중한 반면, 자강은 이 학문을 현대화·실용화시켜서 실제적으로 건강, 길흉吉凶 판단에 적용함으로써 획기적이고 독자적인 영역을 개척했다고 본다.

자강 선생님의 학문을 더욱더 현대화·실용화시킨 분이 단원檀園 이병렬 선생님이다.

이미 고인이 된 지 10년 정도 되었는데 이분이 더 오래 살아 계셨다면 한국의 명리학은 한층 더 발전되지 않았을까 하는 아쉬움이 남는다.

명리학은 원래 우리 민족에서 출발했으며 중국으로 건너가 꽃을 피웠고 최근에는 일본에서 실용화되었다고 본다.

중국은 공산당이 지배하면서 명리학 말살 정책을 편 결과 현재는 한국, 일본, 중국 중에서 가장 수준이 뒤떨어진다.

일본의 명리학은 실용화되었다고 하나 내가 보기에는 깊이가 없기 때문에 장기적으로는 우리 나라가 가장 좋은 위치에 있다. 따라서 이 학문을 기상학, 의학, 약학, 경영학 등에 응용한다면 세계적으로 독보적인 존재가 되는 일도 별로 어렵지 않다고 본다.

국민들의 이해심과 더불어 많은 사람들이 역학에 관심을 갖고 연구한다면 멀지 않은 장래에는 명리학에 관한 한 세계에서 가장 독보적인 존재가 되지 않을까 생각된다.

# 명리학 기초 원리

명리학은 사주학四柱學 또는 추명학推命學이라고도 한다.

인간은 누구나 태어나면서 생년, 생월, 생일, 생시를 가지고 태어난다. 이러한 생년, 생월, 생일, 생시에 천간과 지지가 합해져서 하나의 기둥을 형성하기 때문에 4기둥으로 형성되며 4기둥을 사주四柱라 하고 글자로는 8자八字가 되기 때문에 팔자라고도 표현한다.

그렇기 때문에 4주와 8자는 동일어이다. 생년, 생월, 생일, 생시의 간지干支가 서로 작용하여 그 사람의 운명을 좌우하게 되며, 명리학이란 궁극적으로 간지干支의 결합에 의해 추리되는 변화의 과정과 결과이다.

이제 어떻게 하면 사주를 형성시킬 수 있는가를 알아보기로 하자.

사주를 뽑으려면 먼저 년주年柱를 정하여야 하는데 년주는 음력이나 양력과 관계없이 입춘立春 같은 계절을 기준으로 정한다.

예를 들면 전년도 12월 28일에 태어났어도 입춘이 12월 25일에 들어왔으면 후년도 년주를 사용해야 한다. 그렇기 때문에 년주를 정할 때는 필히 입춘을 기준으로 하여 입춘 전에 출생했으면 당년도에 출생해도 전년도의 년주를 쓴다.

다음 월주는 누구든지 자기가 태어난 달을 월주月柱 또는 월건月建이라고 하는데 월주는 만세력에 기재되어 있는 각 월의 월건을 사용한다. 월주를 정함에 있어 그 기준은 년주를 정할 때 입춘절의 전후를 기준으로 하여 정하듯이 월주를 정할 때도 생월生月의 절입시기節入時期를 기준으로 하여 정한다.

일주日柱는 각자가 태어난 날로 일주를 일진日辰이라고도 한다. 일주는 무조건 만세력에 기재되어 있는 각자의 태어난 날을 가리킨다. 기준은 저녁 12시 이전에는 당일로 계산하고 저녁 12시가 넘으면 그 다음 날로 보면 된다.

시주는時柱는 출생한 시간으로 정하게 되어 있는데 시간 산출은 오늘날 우리가 사용하는 시간의 2시간씩을 12지十二支의 한 시간으로 계산하면 된다.

# 오행의 상생·상극법

## 오행이란 무엇인가? ─────

행行이란 운동 변화함으로써 기질基質이 이합집산하는 작용체를 뜻한다. 이 작용체는 다섯 가지가 있다. 이 다섯 가지로 우주 인생의 모든 것이 이루어져 있다.

이 오행木火土金水은 바로 '─'와 '+'가 결부되어 점점 복잡한 양상으로 전개된다.

오행에는 서로 생하는 원리相生와 서로 극하는 원리相剋가 있다.

상생相生이란 목木이 화火를 생(낳다)하는 식으로 순행順行하는 것이요, 상극相剋이란 목木이 토土를 극(제어한다)하는 식으로 제어하는 것을 말한다.

즉, 이 우주는 상생과 상극으로 된 조화의 세계이다. 상극을 +라고 한다면 상생은 ─가 된다. 세상이 ─+로 되어 있듯이 자연법이나 인위법人爲法도 모두 상생(─)과 상극(+)으로 되어 있는 유기체의 흐름이다.

## 상생법이란 무엇인가 ──────

목생화木生火(木이 火를 생한다)

화생토火生土(火가 土를 생한다)

토생금土生金(土가 金을 생한다)

금생수金生水(金이 水를 생한다)

수생목水生木(水가 木을 생한다)

## 상극법이란 무엇인가 ──────

목극토木剋土(木이 土를 극한다)

토극수土剋水(土가 水를 극한다)

수극화水剋火(水가 火를 극한다)

화극금火剋金(火가 金을 극한다)

금극목金剋木(金이 木을 극한다)

음양상 오행의 상생·상극법은 우주 인생의 여러 면에서 응용되어
진다. 음양오행이란 대우주인 자연과 소우주인 인간의 공통된 요소
의 법칙이다.

# 오행의 변화와 응용

　오행은 목화토금수木火土金水인데 오행의 변화는 분열의 법칙에 의하여 목은 다시 양목陽木과 음목陰木으로, 화는 양화陽火와 음화陰火로, 토는 양토陽土와 음토陰土로, 금은 양금陽金과 음금陰金으로, 수는 양수陽水와 음수陰水로 각기 변화하며 오행이 각각 음양으로 분류되므로 전부 열 개가 된다.

　이것이 다시 보이는 것과 보이지 않는 것, 죽은 것과 살아 있는 것, 작은 것과 큰 것, 적은 것과 많은 것, 하늘과 땅, 상과 하, 동과 서, 남과 북 등 여러 면으로 응용된다.

　가령 목木으로 비유한다면 양지의 나무와 음지의 나무가 있고, 큰 나무와 작은 나무가 있다. 또 사목死木과 생목生木이 있으며 습목濕木과 조목燥木도 있고 보이는 나무와 보이지 않는 나무도 있고 강한 나무와 유연한 나무가 있다. 여기에 덧붙여 수명이 긴 나무와 수명이 짧은 나무도 있다.

화火로 본다면 보이는 화火와 보이지 않는 화火가 있고, 하늘의 화火와 땅의 화火도 있고 강렬한 불이 있는가 하면 허약한 불도 있다. 또 생화生火와 사화死火가 있으며 음화陰火와 양화陽火도 있다.

나머지 오행五行도 같은 방법으로 분류할 수 있겠는데 여기에서 보이지 않는다 함은 형이상학形而上學으로서 느껴서 아는 춥다, 덥다, 서늘하다, 따스하다 등을 말한다.

목화토금수木火土金水라 하면 완전한 것으로 생각하기 쉬우나 목木은 타오행 중에서 목기木氣를 가장 많이 가지고 있기 때문에 목木이라 하는 것이다.

토기土氣를 예로 든다면 토기를 가장 많이 가지고 있어서 토기라 하나 그 속에는 수기水氣가 있기에 뭉쳐지고, 목기木氣가 있기에 분열하고 숨을 쉴 수가 있으며, 금기金氣가 있기에 결실하고 무겁게 된다. 이유는 금기 속에서 많은 철분을 함유하고 있기 때문이다.

목木은 천간天干의 목과 지지地支의 목으로, 화火는 천간의 화와 지지의 화로, 토土는 천간의 토와 지지의 토로, 금金은 천간의 금과 지지의 금으로, 수水는 천간의 수와 지지의 수로 분류되는데, 천간天干은 양陽, 지지地支는 음陰이 바뀌어 호칭되고 있다. 또 분열의 법칙에 의해서 천간의 목木에서도 양목陽木과 음목陰木으로, 지지地支의 목木에서도 양목과 음목으로 변화하며, 천간의 화火도 양화陽火와 음화陰火로 파생되고 천간의 토土에서도 양토陽土와 음토陰土로, 지지地支의 토土에서도 양토와 음토로 나뉘어진다.

다음 천간의 금金에서는 양금陽金과 음금陰金으로, 지지금地支金 역시 양금과 음금으로 변화되고, 천간수天干水에서는 양수陽水와 음수陰水로 변화되고, 지지수地支水 역시 양수와 음수로 변하는데, 양

陽이니 음陰이니 하는 것으로 응용하기가 불편하기 때문에 각기 부호로 바꾸어 놓은 것이 갑을병정甲乙丙丁이다.

천간天干의 양목陽木은 갑甲, 음목陰木은 을乙, 천간의 양화陽火는 병丙, 음화陰火는 정丁, 지지의 양화는 사巳, 음화는 오午, 천간의 양토陽土는 무戊, 음토陰土는 기己, 지지의 양토는 진辰과 술戌, 음토는 축丑과 미未로 표시된다.

천간의 양금은 경庚, 음금은 신辛, 지지의 양금은 신申, 음금은 유酉로 표시된다.

천간의 양수陽水는 임壬, 음수陰水는 계癸, 지지의 양수는 해亥, 음수는 자子로 부호를 설정하여 응용하고 있다.

따라서 천간天干은 갑을병정무기경신임계甲乙丙丁戊己庚辛壬癸로 순환하고 있으며 지지地支는 자축인묘진사오미신유술해子丑寅卯辰巳午未申酉戌亥로 순환하고 있다.

천간天干에서 갑甲으로 시작됨은 계절의 시작이 봄이기 때문이며, 지지의 시작이 자子로부터인 것은 하루의 시작이 자시子時부터이기 때문이다.


다음으로 오행五行에 소속된 것을 여러 면에서 기록하니 참고하기 바란다.


## 목木 ────

계절로는 봄이어서 따뜻하고, 천간으로는 갑甲·을乙, 지지로는 인묘寅卯가 되며, 방위로는 동방東方, 수리로는 3과 8이며, 맛으로는 산酸(=시다)이고, 색으로는 청록靑綠, 하루로는 새벽, 성격으로는 인정仁情·희열·경사·송죽松竹 곡직曲直에 속한다.

인체로는 간, 담, 신경, 모발, 수족, 인후, 풍질, 두頭, 맥脈, 촉각 등이다.

자연으로는 동량지목棟樑之木, 근根(=뿌리), 삼림森林 목재, 화원, 섬유, 악기, 지물, 문방구, 분식, 목각, 의류, 조림造林, 건축, 교육, 장대長大 등에 속한다.


## 화火 ———————

계절로는 여름이어서 덥고, 하루로는 낮이고, 천간天干으로는 병정丙丁, 지지地支로는 사오巳午, 방위로는 남방南方, 수리로는 2와 7, 맛으로는 쓰고, 색으로는 적색赤色이며, 성격으로는 예의·명랑·정직·조급·직언·달변·즐거움·산만·이산離散 등이다.

인체로는 심장, 소장, 시력, 정신精神, 혀, 체온, 혈압 등에 해당된다.

자연으로는 태양, 달, 별들, 전기, 광선, 적외선, 자외선, 방사선, 우뢰, 전자파, 폭발물, 화려함, 불꽃, 건조함, 화공化工, 화약, 화학, 기름, 항공, 위험물, 투시력, 초능력 등이 해당된다.


## 토土 ———————

계절로는 더운 여름, 천간으로는 무기戊己, 지지로는 진술축미辰戌丑未요, 방위로는 중앙中央과 간방間方에 소속되며, 수리로는 5와 10, 맛으로는 달고, 색으로는 황색이며, 성격으로는 신용·후중厚重·중계·중매·중앙·결집·중심·주체 등이다.

인체로는 위장, 비장, 허리, 복부, 비만, 입, 미각 등에 소속된다.

자연으로는 산, 언덕, 제방, 논, 밭, 흙, 안개, 폭우, 토건, 부동산, 중개업, 토산품, 곡물, 동그라미 등에 해당된다.

## 금金 ——————

계절로는 가을, 천간으로는 경신庚辛, 지지로는 신유申酉가 되고, 방위로는 서쪽, 수리로는 4와 9, 맛으로는 맵고, 색으로는 흰색이고, 하루로는 석양夕陽이다.

성격으로는 의리, 냉정, 변혁(바꾸는 것을 좋아함), 급속急速, 견고, 결실, 살인殺人, 혈광血光, 취각 등이다.

인체로는 폐, 대장, 골격, 치아, 피부, 기관지, 치질, 맹장, 코, 혈질血疾 등이다.

자연으로는 냉기, 서리, 조급, 철, 동, 금, 은, 주옥珠玉, 비철금속, 차바퀴, 경공업, 공구, 금은세공, 기계, 고물, 자동차 정비, 철물, 칼, 군인, 운동, 갑골동물, 각角 등에 해당된다.

## 수水 ——————

계절로는 겨울이며, 천간으로는 임계壬癸, 지지로는 해자亥子요, 하루로는 밤, 방위로는 북쪽, 수리로는 1과 6, 맛으로는 짜고, 색으로는 검으며, 성격으로는 지혜·포용·원만·유동流動·인내·적응을 잘하고, 애수哀愁·비밀·음흉·신음·사기·응고·결빙結氷·용해溶解 등에 해당된다.

인체로는 신기腎氣, 신장, 방광, 생식기, 수분, 수액, 귀, 배설물, 청각 등이다.

자연으로는 수기水氣, 수분, 해수海水, 호수, 강, 천천泉, 수맥, 이슬,

서리, 얼음, 안개, 어족류, 초음파, 수산물, 빙과류, 여관, 식품, 주류
酒類, 양식업, 목욕탕, 수도, 수영장, 선박, 선원, 조선업, 아름다움 등
이 해당된다.

사주의 핵심은 각자 사주의 균형에 있다.

사주의 균형에 따라서 용신用神이 정해지고, 오행五行의 역할이 전
개된다. 또한 균형은 양量으로 따지지 않고 질質로 따지기 때문에 굉
장히 어렵고 난해하다.

쉬운 말로 풀이하면 목木이 각자의 사주에 좋은 영향을 끼칠 때는
담력이 있고, 인정이 많으며 간肝이 튼튼하다. 반대로 나쁜 영향을
가져오면 간에 병이 오고, 인정이 모자란다.

화火는 좋을 때는 명랑하고 예의가 있으며 성질이 급하고 바른말
잘하고 정직하다. 거꾸로 화火가 나쁘게 작용할 때는 걱정이 많고,
예의가 부족하며, 심장에 병이 오고, 정신이 혼미하면서 시력이 약
해진다.

토土가 좋을 때는 신용이 있고, 후중厚重하며, 신앙에 독실하게 된
다. 거꾸로 나쁠 때는 위병胃病에 허리도 약해서 여기저기서 몸에 이
상이 온다.

금金은 의리가 강해서 좋으나 첫인상이 냉정하게 보여 다중多衆과
교제하기가 어려우며, 나쁜 역할을 할 때는 폐질肺疾에 기관지가 약
하게 된다.

수水가 좋을 때는 지혜가 있고 원만하며 영리하고, 청각이 발달되
어 있다. 나쁠 때는 이중인격자요, 신기腎氣가 부족하여 피로가 쉽게
오고, 비뇨기 계통의 질환이 떠날 사이가 없다.

이와 같이 간단히 정리하니 앞으로 사주 공부를 하는 데 크게 참조가 되리라고 믿는다.

1부

# 천간天干

천간天干은 천간 자체로 생사生死가 좌우되지 않는다. 다만 어떠한 지지地支를 가지고 천간天干이 형성되는가의 여부가 생사를 좌우한다.

각각의 천간天干이 어떠한 지지地支를 만날때 살고, 죽는 것을 확실하게 알고 있어야 정확한 추명推命이 가능하며 천간天干의 생사관계와 본질本質 그리고 응용을 알아야 더 높은 학문의 영역을 개책할 수 있다.

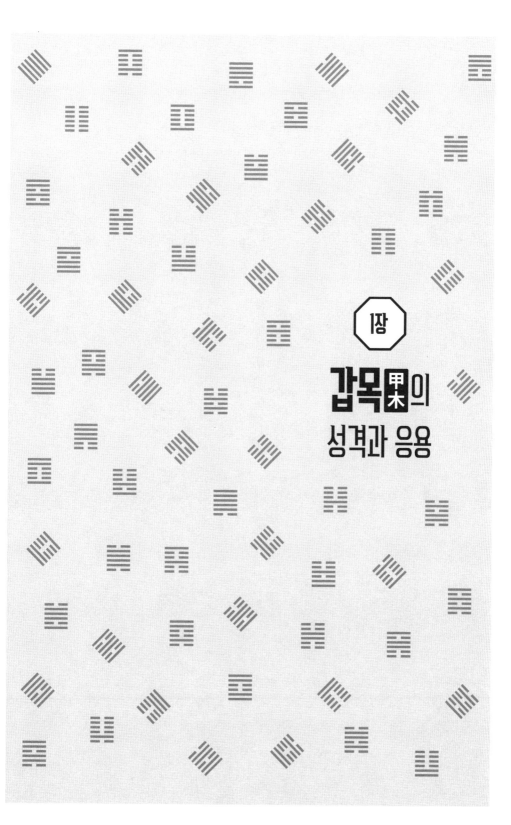

1장

갑목甲木의
성격과 응용

갑목 甲木

**01** 갑목은 천간天干의 시작으로 머리가 된다. 따라서 만물萬物을 주관하며, 계절의 처음이기 때문에 시작을 좋아한다.

**02** 두령격頭領格으로 어떤 경우에도 남의 말을 잘 안 들으며 때로는 자신을 지나치게 노출시켜 자기 자랑이 과한 경우가 많다. 여자들의 계모임에서 계주는 대부분 갑목甲木 사주이다.

**03** 형이상학적으로는 우뢰雨雷, 용龍, 온난溫暖을 가리키고 갑목일甲木日에는 따뜻한데 비가 온다면 우뢰를 동반한다.

**04** 대쪽 같은 성격이고 그 뜻이 대단히 크고 강하며, 자기의 몫을 다한다고 볼 수 있다. 포부와 이상이 커서 적은 것으로는 만족하지 못한다. 그러나 갑목도 신약身弱 사주인 경우는 큰 대들보는 고사하고 초근草根만도 못할 때가 있다는 것도 동시에 알아야 한다.

**05** 매사에 정직하다. 단 형충刑沖이나 갑목이 죽어 있으면 정직하지 못한 경우도 많다.

**06** 인정이 많지만 목木이 흉한 작용이 나올 때는 인정 대신 잔인한 성격이 나타난다.

**07** 갑목일주甲木日主는 두령격頭領格이기 때문에 남한테 간섭 받기를 싫어한다.
신왕사주身旺四柱도 마찬가지이다.
또한 갑목은 위로 올라가려고만 하기 때문에 타인의 시기심을 유발하여 공격의 대상이 된다.

**08** 인체로는 간肝, 담膽, 수족手足, 신경神經, 인후咽喉, 모발毛髮, 두뇌頭腦 등에 해당된다.

⑨ 방위方位로는 동방東方이며, 수리는 3이요, 촉각, 기쁨, 정직, 유덕有德, 경화硬化, 곡직曲直에도 해당된다.

⑩ 직업으로는 예체능, 신문 방송 계통, 정치 외교, 교육계 등에 해당되는데 사업으로는 최첨단 기술 계통, 섬유, 목재업, 제지업 등이다.

⑪ 맛으로는 신맛에 해당된다.

⑫ 목木 주위에 금金이 많으면 금다목절金多木折 현상으로 절목 또는 삭감되어 생명 보존이 어려우며, 화火가 많으면 화다목분火多木焚 현상으로 목은 다 타 버리기 때문에 존재 유지가 어렵고, 토土가 많으면 토다목절土多木折 현상으로 암석 위에 나무가 자랄 수 없으며, 수水가 많으면 수다목부水多木浮 현상으로 나무에 물을 너무 많이 주는 경우 뿌리가 썩기 때문에 인생살이는 떠돌이 생활, 여자라면 소실 팔자에 해당된다.

⑬ 목木과 금金이 중화中和, 균형이 깨질 때 금목상전金木相戰 현상이 발생하는데, 병으로는 두통·치통·골통骨痛·근육통·신경통이 오고, 인정仁情과 의리義理가 하나도 없게 된다. 이런 이유로 생활로는 하루도 편안한 날이 없고 피붙이 간에 골육상쟁骨肉相爭을 하게 된다.

⑭ 목木이 주위에 너무 많아서 목생화木生火가 여의치 못할 때는 건강상으로는 간경화, 풍질 등이 발생하며 이런 경우 성격은 굉장히 인색하고 또한 어머니 피를 말리는 팔자가 되며, 심한 경우에는 저능아가 된다.

⑮ 목木과 화火가 잘 조화를 이룰 때는 인정이 많고 인품이 좋으며 직

업으로는 법학 박사, 의학 박사에 해당된다. 이러한 경우를 우리는 목화통명木火通明이라고 부른다. 목화통명이 잘된 사주를 예로 들 겠다.

경신년 정해월 갑인일 병인시庚申年 丁亥月 甲寅日 丙寅時 같은 사주는 온 세상 사람들의 등대이며 희망이다. 이런 사람이 많이 태어날수록 나라가 잘된다.

⑯ 목토木土가 상전相戰일 때는 탐재괴인貪財壞印 현상으로 공부를 못 하게 된다. 토土가 많고 목木이 적을 때 해당된다. 예를 들면 병술 년 무술월 갑술일 정묘시丙戌年 戊戌月 甲戌日 丁卯時 같은 사주는 재다 신약財多身弱 사주로 공부를 하려고 하나 계속 토극수土剋水당해서 공부를 못하고 돈에 집착한 나머지 사기꾼으로 전락하게 된다.

## 갑목甲木이 갑목甲木을 만나면 ─────

신약身弱인 경우는 협조자로서 의지처가 되나 이 경우에도 갑甲이 지지地支에 뿌리를 하고 있는 경우에 한한다.

신강身强인 경우는 비견겁比肩劫에 해당되어 하는 일에 방해도 되지만 쟁재爭財도 된다.

쟁재란 재물을 가지고 내 것이니 네 것이니 하고 싸우는 현상을 말한다.

남자는 아내 때문에 시비가 걸리고(아내가 바람 피우는 것도 해당됨) 여자는 남편의 외도 때문에 골치를 썩는다.

예를 들어 설명하겠다. 기축월 갑신일 병인시己丑月 甲申日 丙寅時의 남자(갑년甲年의 갑목甲木은 기토己土 아내에게는 새서방) 사주는 갑년甲年이 되면 이상한 놈이 집에 와서 들락날락한다. 따라서 남편의 의처증을 유발시킨다.

신약身弱일 때는 갑인甲寅으로 들어오면 만사형통이다. 금다신약金多身弱일 때는 갑오甲午도 화극금火剋金으로 갑목甲木을 도와준다. 신강身强 사주로 상식傷食이나 재성財星이 용신用神인 경우 갑오甲午나 갑술甲戌도 무난하다.

제살태과制殺太過 사주일 때는 갑신甲申으로 들어와도 살殺을 보충하므로 갑목일주甲木日主에겐 새로운 직장이 생기고, 직장에서 승진수로 연결되기 때문에 갑목일주甲木日主에겐 좋은 일이다.

## 갑목甲木이 을목乙木을 만나면 ─────

신약身弱인 경우는 의지처가 되어 힘이 배가되는데 이 경우에도 을이 지지에 뿌리를 두고 있는 경우에 한한다.

신강身强인 경우는 비겁比劫으로서 탈재奪財(=재물을 잃어버리고 아내가 바람난다), 분재分財, 극재剋財, 쟁재爭財가 되며 여자는 남편을 뺏기게 된다.

을이 지지에 강하게 뿌리내리고 있는 경우에는 이러한 현상이 더욱 심하게 나타난다.

신약身弱에는 을해乙亥, 을묘乙卯로 들어와야 한다.

신강身强으로서 상식傷食이나 재財가 필요한 경우 을사乙巳, 을미乙未로 들어오면 좋은데 을사乙巳인 경우 주중柱中에 유금酉金이나 축토丑土가 없어야 한다.

주중에 유금이나 축토가 있으면 금국金局으로 돌변하기 때문에 사화巳火로서의 임무를 수행할 수 없기 때문이다.

을유乙酉나 을축乙丑은 어떤 사주든지 도움이 안 되는데 가끔 제살태과制殺太過인 경우에는 도움이 되는 경우가 있으니 사주의 앞뒤를 잘 살펴 신중히 판단해야 할 것이다.

## 갑목甲木이 병화丙火를 만나면 ─────

신강사주身强四柱인 경우 목화통명木火通明 사주가 되어 자기 자신을 불태워 온 세상을 밝게 비춰주는 아주 좋은 환경이 조성된다.

이러한 경우 고급 관리라면 정부 요직에 크게 발탁된다. 또한 칠살七殺인 경금庚金을 병화丙火가 화극금火剋金으로 제압하여 갑목을 보호함과 동시에 화생토火生土로 재財를 생생生生하니 희생이 갱생更生이 된다.

그러나 신약사주身弱四柱인 경우 불 때문에, 희생 때문에, 쓸데없는 인정 때문에 나하고 상관없는 남의 자식 때문에, 스스로 불행해진다.

목화통명木火通明 사주인 경우 병인丙寅, 병오丙午, 병술丙戌로 들어오면 좋다. 사주의 상황에 따라 조금씩 달라지겠지만 크게 봐서 병신丙申, 병자丙子, 병진丙辰은 갑목일주甲木日主에겐 별 도움이 안 된다.

## 갑목甲木이 정화丁火를 만나면 ────────

상관傷官으로서 도기盜氣(=나의 기氣를 도적질당한다) 역할을 하나 신약사주와 신강사주는 그 영향이 판이하게 다르다.

신약사주身弱四柱인 경우 더욱더 신약身弱이 됨과 동시에 내가 생각한 지모智謀 등이 엉뚱한 작용을 하여 위법, 불법을 저지르기 때문에 스스로를 파멸로 몰아넣는다.

이 경우에도 정화丁火가 지지地支에 뿌리를 두고 있는 경우는 더 나쁜 작용이 나타난다. 예를 들면 정사丁巳, 정미丁未가 해당된다.

반대로 신강사주身强四柱인 경우나 수목응결水木凝結인 사주는 음지陰地의 나무가 양지陽地의 나무로 바뀌기 때문에 하는 일이 쉽게 풀어지며 주위가 한층 더 밝아지게 된다. 이 경우에도 정화丁火가 지지에 뿌리하고 있어야 한다.

목화통명木火通明인 경우 정사丁巳, 정묘丁卯, 정미丁未로 들어오면 좋다. 단, 정사丁巳는 주중柱中에 유금酉金이나 축토丑土가 없어야 한다.

신약身弱인 경우 정해丁亥로 들어오면 확실한 인수印綬 역할을 할 수 있다. 정묘丁卯 역시 신약에겐 도움이 된다. 하지만 정유丁酉나 정축丁丑은 갑목甲木에겐 별로 도움이 안 된다.

## 갑목甲木이 무토戊土를 만나면 ─────

신약사주인 경우는 무토戊土를 제압할 능력이 없기 때문에 결국은 재생살財生殺로 변해 돈에 너무 집착하다가 자기 자신이 완전히 밑바닥으로 떨어지거나, 아니면 관官에서 숙식宿食을 해결하는 처량한 신세가 된다.

거꾸로 신강사주인 경우는 재財를 충분히 감당할 능력이 있기 때문에 재물, 여자를 자기 소유로 만듦과 동시에 재생관財生官 작용으로 권력과 명예를 동시에 얻게 된다.

신약사주인 경우 무인戊寅으로 들어오면 좋다.

금다신약金多身弱인 경우는 무오戊午도 무난하다. 화다신약火多身弱인 경우는 무자戊子도 제거기병除去基病으로 좋다.

신강사주인 경우는 무오戊午, 무술戊戌로 들어오면 상식傷食과 재財를 보충해 주므로 갑목甲木에겐 새로운 돌파구를 마련해 준다.

무신戊申이나 무진戊辰은 주중株中의 앞뒤를 살펴서 판단해야 할 것이다.

## 갑목甲木이 기토己土를 만나면 ─────

신약사주인 경우에는 아무리 약한 기토己土라 할지라도 재생살財生殺 작용이 나오므로 더욱 약한 나를 괴롭히니 재물이나 여자로 인해서 어려움에 처하게 되고, 여명女命은 시어머니 때문에 곤경에 처하게 된다.

그러나 신강사주인 경우 능히 기토己土를 제압할 능력이 있으므로 경제적 여유가 생기고 건강도 한층 좋아지게 된다.

신약사주인 경우 기해己亥나 기묘己卯로 들어오면 좋다.

신강사주인 경우는 기사己巳, 기미己未로 들어오면 좋은데 기사己巳인 경우 주중柱中에 유금酉金이나 축토丑土가 없어야 한다.

기유己酉나 기축己丑은 크게 도움이 안 되나 여러가지 형태가 나타날 수 있으므로 사주의 앞뒤를 잘 살펴서 판단해야 한다.

### 갑목甲木이 경금庚金을 만나면 ————

편관偏官이 되면서 극충剋沖이 된다. 신약사주身弱四柱인 경우는 극충剋沖을 동시에 당하고 있기 때문에 이중으로 곤욕을 치르게 된다.

한마디로 대들보가 무너지는 운이다. 건강은 대운大運과 연운年運에서 얻어맞을 때는 간암으로 연결된다.

신강사주身强四柱도 목일주木日主에게는 금용신金用神이 어렵기 때문에 관재官災 및 건강에 이상이 온다.

제살태과制殺太過 사주인 경우는 금용신을 쓸 수 있는데 이런 경우는 관청으로 인해서 큰 행운이 오고, 건강은 폐·대장이 좋아지면서 전체적으로 균형이 잡혀 현저히 건강해진다.

신약사주는 경인庚寅으로 들어오면 좋다. 금다목약金多木弱에는 경오庚午도 좋다. 경술庚戌은 상식傷食이나 재財가 필요할 때 쓸 수 있는데 천간天干에 경금庚金을 끼고 있어서 효력은 반감된다.

화다목약火多木弱에는 경자庚子 또한 제거기병除去基病으로 쓸 수 있다.

신강사주身强四柱인 경우 경인庚寅, 경오庚午, 경술庚戌이 좋은데다 상식傷食이나 재財가 용신用神인 경우이다.

## 갑목甲木이 신금辛金을 만나면 ────

신금辛金이 정관正官이 된다. 신약사주는 관官이 아니라 칠살七殺로 변하기 때문에 갑목甲木의 앞길을 사사건건 방해한다. 이러할 때 건강은 간肝이 나빠지며 사회생활에 무리수를 두게 된다.

신강사주 역시 좋지 않다. 갑목일주甲木日主는 금용신 金用神이 거의 어렵다. 신강이라도 대부분 상식용신傷食用神이 많은데 이때의 상식傷食은 다른 일주日主의 재관財官과 동등하게 취급해도 손색이 없다.

제살태과制殺太過인 사주는 금용신金用神을 쓸 수 있는데 확률로 보면 거의 무시해도 좋을 정도다. 이런 경우는 예외로 일이 순조롭게 잘 이루어지고 건강도 좋아지게 된다.

신약사주는 신묘辛卯, 신해辛亥로 들어오면 좋다. 금다목약金多木弱 사주는 신사辛巳, 신미辛未로 들어와도 갑목甲木에겐 크게 도움이 된다.

신유辛酉, 신축辛丑은 제살태과制殺太過인 경우를 제외하고는 대부분 나쁜 작용이 발생된다.


## 갑목甲木이 임수壬水를 만나면 ────

편인偏印이 된다. 인수印綬는 공부요, 귀인이요, 가정에 해당되며, 윗사람에게 사랑을 받는 등 이루 헤아릴 수 없는 좋은 작용을 가지고 있다.

갑목甲木이 약弱하고 있을 때에는 임수壬水가 도움이 된다.

반대로 신강사주身强四柱인 경우에는 아주 해롭다. 대부분 갑목일주甲木日主의 신강 사주는 용신用神이 상식傷食이다. 상식용신傷食用神인 경우 인수印綬인 임수壬水가 들어오면 특히 뿌리를 하고 들어오는 경우 인수극상식印綬剋傷食이 되기 때문에 갑목일주甲木日主의 핵核인 상식傷食과 재성財星이 파괴된다.

내가 낸 아이디어로 내가 파놓은 함정에 내가 빠지므로 돈 잃고 사람 병신 된다. 배부른 사람에게 강제로 밥을 먹이면 소화불량으로 신체의 모든 기관이 균형을 잃게 된다. 특히 고혈압을 조심해야 한다.

신약사주는 임인壬寅으로 들어오면 좋다. 임자壬子도 화다목약火多木弱일 때는 제거병除去病으로 유효하다. 신강사주인 경우 상식傷食이나 재財가 필요한 경우 임오壬午나 임술壬戌로 들어오면 좋다.

임신壬申이나 임진壬辰은 갑목甲木에겐 거의 도움이 되지 못한다.

## 갑목甲木이 계수癸水를 만나면 ────────

계수癸水 역시 갑목甲木에게는 인수印綬 역할을 하는데, 상식傷食이 많아서 신약身弱이 된 경우에는 쓸데없는 상식이나 재財를 제거하기 때문에 아주 필요한 역할을 할 수 있지만 신왕사주身旺四柱인 경우 갑목甲木은 음지陰地 나무이거나 부목浮木(=물 위에 뜬다) 또는 수목응결水木凝結이 되어 제대로 나무 구실을 할 수 없다. 인간으로 치면 뜬구름을 잡거나 뜨내기 생활을 한다는 뜻이다.

신약사주는 계해癸亥, 계묘癸卯로 들어오면 좋다. 신강사주로 재財나 상식傷食이 필요한 경우 계사癸巳, 계미癸未로 들어오면 좋은데, 계사癸巳인 경우 주중柱中에 유금酉金이나 축토丑土가 없어야 한다.

계유癸酉나 계축癸丑은 거의 도움이 안 되는데, 화다목약火多木弱인 경우에는 제거병除去病으로 필요할 때도 있다.

## 갑목甲木이 자수子水를 만나면 ─────

갑목甲木에게는 자수子水가 정인正印이 된다. 그러나 겨울의 추운 나무가 되기 때문에 동목冬木, 습목濕木, 음지陰地 나무가 된다. 또한 수목응결水木凝結이 되어 냉풍冷風만 조장하니 조화와 균형이 이루어 지지 않는다.

목극토木剋土는 잘하나 목생화木生火가 되지 못하니 상식傷食이나 재財가 용신用神인 경우 앞길이 어둡게 막히고 만다.

자수子水가 어머니에 해당되니 어머니 때문에 하는 일이 막히게 된다.

예외로 화火가 사주의 병病이거나 제살태과制殺太過인 경우에는 수극화水剋火로 기신忌神을 제거하므로 음지陰地의 나무는 양지陽地 의 나무로 변화하면서 화려한 꽃을 피우게 하니 이때는 오히려 갑목 甲木에게 크게 도움이 된다.

예를 들어보면, 무오년 무오월 갑신일 경오시戊午年 戊午月 甲申日 庚 午時 같은 사주는 자수子水가 들어오면 경제적으로는 지출이 줄어들 고, 나를 방해하는 세력들이 제거되며 남편과 친정 엄마가 힘을 합 해서 도와주니 탄탄대로를 달릴 수 있게 된다.

단순하게 갑자일甲子日을 풀이하면 아래와 같이 표시할 수 있다.

① 풍류風流를 즐긴다.

② 부부궁이 나쁘다.

③ 어머니 애간장을 태운다.

④ 어머니가 둘에도 해당된다.

## 갑목甲木이 축토丑土를 만나면 ─────

정재正財, 관고官庫가 되나 꽁꽁 얼어 있는 흙이기 때문에 갑목은 성장 정지成長停止, 동목凍木이 되어 갑목甲木에게는 전혀 도움이 되지 못한다. 축중계수丑中癸水에는 뿌리를 못하기 때문에 수생목水生木이 전혀 안 된다.

그러나 주중柱中에 유금酉金이 있고 제살태과制殺太過 사주에는 유축금국酉丑金局이 되므로 직장이나 정계政界에서 크게 발복發福이 된다. 하지만 이런 경우는 아주 드물기 때문에 거의 무시해도 된다.


## 갑목甲木이 인목寅木을 만나면 ─────

비견比肩, 관궁官宮, 정록正祿, 동량지목棟樑之木, 양지나무, 남산지목南山之木이 되어 충분히 착근着根이 가능하니 목생화木生火, 목극토木剋土도 잘할 수 있어 강한 금金도 겁을 내지 않고 나의 권력으로 만들 수가 있다.

수水를 만나도 수생목 목생화水生木 木生火로 통관을 시키니 그 조화는 무궁무진하며, 눈에 보이지 않는 해수亥水를 암합暗合동반하니 윗사람의 사랑을 독차지하게 된다.

그러나 인목寅木도 태과하면 재관財官이 구몰俱沒하여 흉이 된다.

갑인일甲寅日 일주는 간여지동干與支同이 되어 뿌리가 튼튼한 나무가 되나 고란살로 외로움은 면할 길이 없다.


## 갑목甲木이 묘목卯木을 만나면 ─────

비겁比劫, 왕궁旺宮(=2월 중으로 봄기운이 가장 왕성하다), 양인살羊刃殺(=수술·사고로도 연결되며 때로는 잔인한 성격도 나타난다)로 통용되며 갑목은 양陽이고 묘목은 음陰이기 때문에 이중인격자가 되며, 음양이 맞지 않기 때문에 잡목雜木이 된다.

묘목은 목생화木生火가 불가능하기 때문에, 묘목이 많으면 습목濕木 그리고 음지나무로서 목의 임무를 상실하게 되는데 이러한 현상을 태강즉절太剛卽折이라고 한다.

## 갑목甲木이 진토辰土를 만나면 ─────

진토는 갑목에게는 인수고장印綬庫藏, 온난지습토溫暖之濕土로서 착근着根을 하게 된다. 인수고장이기 때문에 진년辰年에는 역학易學, 철학哲學 공부를 하게 되어 있고 갑목甲木에게는 진토辰土가 재백호대살財白虎大殺이 되기 때문에 아버지 또는 아버지 형제간, 처갓집, 외갓집에도 흉변凶變이 일어난다.

갑진일甲辰日이 양쪽에 술토戌土를 놓은 경우에는 갑목甲木은 뿌리하지 못한다. 예를 들면 갑술월 갑진일 갑술시甲戌月 甲辰日 甲戌時 같은 경우는 갑목이 진토辰土에 착근着根이 안 된다.

갑진일생甲辰日生은 아버지와 부인이 횡사橫死에 연결되며, 아버지와 부인을 꺾기 쉽고 진토辰土가 인수고장印綬庫藏이니 어머니가 둘이라고 볼 수 있으며, 갑甲이 진토辰土를 만나면 살이 찐다고 하여 비교적 갑진일생甲辰日生은 체격이 좋다.

갑진일생甲辰日生의 여명女命인 경우에는 일지日支에 재財를 깔고 있기 때문에 여성 상위 시대를 구가하며 남편이 돈을 벌어다 줘야 남편을 대접한다. 이유는 일지日支가 배우자 자리도 될 수 있기 때문이다.

## 갑목甲木이 사화巳火를 만나면 —————

식신食神, 병궁病宮, 목분木焚, 설기泄氣 현상이 일어나는데 해자축
亥子丑이나 신금申金으로 구성되어 있어 음지나무일 때는 사화巳火가
들어옴으로써 양지나무로 바뀌기 때문에 소화가 잘되고 아랫사람의
도움으로 모든 일이 쉽게 풀리면서 인생행로가 탄탄대로가 된다.

그러나 화국火局에 의해서 신약사주가 되어 있을 때에는 허목虛木
이 되어 가뭄 속에 시달리고 있기 때문에 매사에 방해와 지장을 받
게 된다.

여기에서 특별히 유의할 것은 사화巳火가 유금酉金이나 축토丑土를
만나면 화火의 기능에서 금金의 기능으로 즉시 변경된다는 사실이다.

## 갑목甲木이 오화午火를 만나면 —————

갑목甲木이 오화午火를 만나면 상관傷官이 되면서 사궁死宮, 목분
木焚, 도기盜氣가 되는데, 신약身弱인 경우 상관傷官 역할이 가중되기
때문에 사화巳火를 만나는 것보다 더 약해진다.

또한 갑목甲木이 오화午火를 만나면 오중午中의 기토己土 때문에
갑기합甲己合이 되어 아랫사람과 비밀리에 연애를 하게 된다. 공공
장소에서는 오화午火로서 부하가 되지만 둘이 있을 때는 애인愛人으
로 둔갑하게 된다.

여명女命도 끼가 발동한다. 갑을목甲乙木에게는 오화午火가 홍염살
紅艷殺에 해당되기 때문이다. 홍염살이란 도화살桃花殺과 마찬가지로
외도가 심하거나 작첩作妾하며 호색다음好色多飮하기 때문에 부부생
활이 순탄치 못하다.

신강身强인 경우 상식傷食과 재財가 살아나기 때문에 아이디어로

큰돈을 벌게 된다.

### 갑목甲木이 미토未土를 만나면 ————

갑목甲木에게는 정재正財, 자기고장自己庫藏이 되어 조로早老 현상
이 나타나며 조토燥土가 되어 갑목甲木은 뿌리하지 못한다.

해미亥未, 묘미卯未로 이어질 때는 뿌리를 하지만 미토未土에 해당
되는 육친肉親은 상처를 입을 수밖에 없다. 부인으로 인하여, 아버지
때문에 힘들어지며, 돈 때문에도 곤란을 받는다.

자기고장自己庫藏이기 때문에 바짝 늙으며 간염肝炎으로 병치레를
해야 한다. 그러나 신강身强인 경우 상식傷食과 재財가 살아나므로
좋은데 이때도 주중柱中에 해수亥水나 묘목卯木이 없어야 한다.

### 갑목甲木이 신금申金을 만나면 ————

편관偏官, 절지絶地, 추절지목秋節之木이 되는데, 절목折木까지 되
어 서리가 내리고, 헐벗고, 간경화로 고생하게 된다.

또한 금목상전金木相戰까지 되어 하루도 편안한 날이 없으며, 골육
상쟁骨肉相爭 때문에 피붙이끼리 법정에서 다투는 비극이 발생한다.

병으로는 두통, 골통, 신경통을 주의하여야 한다. 신申 중의 임수
壬水가 절처봉생絶處逢生이 되어 수생목水生木이 될 것 같으나 철분이
과다하고 차가운 물이 되어 목木을 살리지 못한다. 따라서 갑목甲木
이 신금申金을 만나면 만고풍상萬古風霜을 겪어야 한다. 그러나 예외
로 제살태과制殺太過인 경우는 관官이 살아나기 때문에 직장인은 승
진으로 연결되며 자식 농사가 잘된다.

## 갑목甲木이 유금酉金을 만나면 ─────

유금酉金이 정관正官이 된다. 이러한 포인트만 신금申金과 다르고 절지絶地, 절목折木, 사목死木은 작용이 신금申金보다 강하다.

이유는 신금申金보다 더 깊이 가을의 문턱에 와 있기 때문이다.

추절지목秋節之木이 되기 때문에 성장이 정지되며 만 가지 권세가 일단 정지된다.

제살태과制殺太過가 되면 예외로 관官이 살아나므로 갑목甲木에겐 희신喜神이 된다.


## 갑목甲木이 술토戌土를 만나면 ─────

편재偏財, 재고財庫, 상식고傷食庫(＝화토火土 공존이기 때문), 추절지목 秋節之木이 된다.

조토燥土이기 때문에 농사를 지을 수 없으며 나무가 뿌리를 내리지 못한다. 그러나 음지陰地의 나무가 화기운火氣運이 필요할 때 술토戌土는 다른 화火와 결합으로 양지陽地의 나무로 변화시키면서 자기의 역할을 확실하게 할 수 있다.

상식고장傷食庫藏도 되니 남자는 할머니, 장모, 아랫사람, 여자는 자식의 잔질殘疾로 신경을 써야 한다.

갑술일생甲戌日生은 남녀 불문하고 남의 자식을 키워주는 팔자다.


## 갑목甲木이 해수亥水를 만나면 ─────

편인偏印, 장생궁長生宮이 되고 수생목水生木이 아주 잘된다. 그러나 화기火氣가 뿌리내리지 못한 경우에는 음지나무, 부목浮木이 될 수밖에 없다. 또한 해수亥水는 인목寅木을 자동으로 암합暗合하기 때문에 갑목甲木이 가장 좋아한다. 이것이 해수亥水와 자수子水의 다른 점이다.

크게 봐서 신약身弱에게는 절대적인 힘이 되고 신강身强에게는 해롭다.

2장

을목 乙木 의
성격과 응용

01 갑목甲木은 양陽이고 을목乙木은 음陰으로 양의 성질이 갑목에서 을의 성질인 을목으로 변화한 것이니, 만물은 음과 양이 교차하면서 발육하고 성장하며 결실이 맺어진다.

02 형이상학적으로는 풍風(=바람)인데 을목일주는 남녀 불문하고 끼가 많다.

03 형이하학적으로는 활목活木, 습목濕木, 생목生木, 유목柔木, 음지목陰地木에 속한다.

04 목극토木剋土는 잘하나 목생화木生火는 어려우며 주중에 따뜻한 화火를 만나지 못하면 음지의 나무가 되어 아무리 목木이 왕旺하다 하더라도 동량지목棟樑之木(=큰 인물)이 되기는 어렵다.

05 금金을 만나면 추절지목秋節之木이 되어 성장이 정지됨은 물론 많은 어려움에 봉착하는데, 남자는 직장에 문제가 생기고 여자는 남편궁에 이상이 오게 된다. 을목이 신유금申酉金을 만나면 절지絶地가 되기 때문이다. 따라서 을목은 제살태과制殺太過 같은 특수한 경우가 아니면 금용신金用神이 어렵다.

06 수水를 만나도 주중에 화기火氣가 없으면 수목응결水木凝結이 되어 한 치 앞을 내다볼 수 없는 캄캄한 한밤중으로 변화한다. 또한 이러한 환경이 되면 여자는 화류계로 진출하거나 남의 첩이 되기 쉽다. 남자도 직장 없이 떠돌아다니면서 심하면 노숙자 신세가 되기도 한다.

07 아무리 약한 을목乙木이라도 해묘미亥卯未, 인해寅亥를 가지고 득국得局하면 그때는 목木으로서 임무를 충실히 수행할 수 있다.
예를 들면 임신년 정미월 을묘일 정해시壬申年 丁未月 乙卯日 丁亥時의 사주가 있다.

\* 이러한 사주로 구성되면 을목은 갑목과 같이 큰 아름드리 나무가 되며 목극토木剋土도 잘하고 목생화木生火도 잘한다. 또한 나를 괴롭히는 강한 살殺(＝금金)도 대항할 준비가 되어 있다.

**08** 을목일주가 화火에 의해서 신약身弱이 된 경우를 제외하고 화기火氣를 가장 좋아하며 예체능, 교육계, 기술계통에 소질이 많다.

**09** 색色은 갑목이 청색靑色인 반면 을목은 녹색綠色이고, 숫자는 갑목이 3이고 을목은 8이며, 신체로는 갑목은 담膽에 속하고 을목은 간肝에 속한다.

**10** 을목은 수양버들로도 인용되기 때문에 대부분 여자들이 날씬하다.

**11** 을목이 화火를 동반하지 않고 그대로 습목濕木이 되면 병으로는 신경통이 오고 손발도 차면서 쓰리고 아프다.

**12** 을목일주는 음陰으로서 비록 약하다 하나 뚫고 나가는 데는 일등이요, 풍風으로서 바람기가 있고 노래老來에는 중풍中風이 두려우며, 음악을 아주 좋아한다.

## 을목乙木이 갑목甲木을 만나면 ————

을목에게 갑목은 견겁肩劫이 된다. 좋은 의미로 볼 때는 형제, 자매, 친우, 동서, 동업자, 동창, 은우恩友가 되며 나쁜 의미로 볼 때는 경쟁자, 방해자, 독주獨走, 아만我慢, 만용, 시기, 질투, 배신, 모략, 겁재劫財, 탈재奪財, 탈처奪妻, 도실盜失 등에 해당된다.

화기火氣에 의해서 신약사주가 된 경우는 갑자甲子·갑진甲辰으로 들어오면 친구와 형제의 도움으로 나의 힘이 배가되지만, 수목응결水木凝結로 신강사주身強四柱가 된 경우는 갑인甲寅·갑오甲午·갑술甲戌로 들어와야 음지나무가 양지나무가 되기 때문에 하는 일이 쉽게 풀리고 음지陰地에서 벗어나게 된다.

예를 들면 갑자년 병자월 을해일 병자시甲子年 丙子月 乙亥日 丙子時 같은 사주는 갑인甲寅, 갑오甲午, 갑술甲戌로 들어오면 음지나무가 양지나무로 변하게 된다. 괴로운 인생이 활기찬 인생으로 변한다는 뜻이다.

제살태과制殺太過 사주인 경우에는 갑신甲申으로 들어오면 직장에서 승진으로 연결되고 자식의 경사慶事가 있게 된다.

예를 들어 신사년 갑오월 갑신일 경오시辛巳年 甲午月 甲申日 庚午時 같은 사주는 갑신甲申으로 들어오면 수많은 방해자를 물리치고 승승장구할 수 있게 된다.

이런 사주는 갑자甲子로 들어와도 좋다. 이유는 기신忌神인 화기火氣를 자수子水가 제거除去하기 때문이다.

갑진甲辰도 토생금土生金이 되어 신금申金을 도와주므로 이때는 희신喜神이 된다.

## 을목乙木이 을목乙木을 만나면 ─────

을목이 을목을 만나면 견겁肩劫이 되는데 화기火氣에 의해서 신약 사주가 되어 있는 경우에는 을묘乙卯, 을해乙亥로 들어오면 뿌리를 내리고 철이 들게 되면서 지출이 줄어들고, 형제·친구의 도움을 받게 된다.

수목응결이 된 사주는 을사乙巳·을미乙未가 들어오면 음지陰地가 해제되어 좋아지게 되는데, 을사인 경우에는 사주에 유酉나 축丑이 없어야 한다.

유나 축이 있으면 금국金局으로 돌변하기 때문이다.

수목응결된 사주가 또다시 을묘乙卯, 을해乙亥, 을축乙丑, 을유乙酉가 들어오면 풍질風疾로 고생하며 사회적으로는 하천인下賤人으로 전락하게 된다. 또한 닮은 꼴이 되어 매사에 방해요, 탈재奪財, 탈처奪妻, 시기, 모략을 받게 된다. 여명女命은 남편을 빼앗기게 된다.

## 을목乙木이 병화丙火를 만나면 ─────

을목에게 병화는 상관傷官이 되는데 화기火氣로 인해서 상식이 나쁜 역할을 할 때, 다시 말해 상식으로 인하여 신약사주일 때 병화가 들어오면 과다한 지출로 패망하게 되며, 남자는 자식 농사가 안 되고 여자는 남편과 이혼하게 된다. 이유는 상식이 관官을 재차 가격하기 때문이다.

상식은 희생, 음덕, 지혜 등 좋은 의미로 사용될 수 있으나 내가 힘이 약하면(신약사주身弱四柱인 경우) 나보다 강한 사람에게 음덕을 베풀고 희생을 하는 격이니 인간사 우스운 꼴이 된다.

이 모두가 자기의 능력을 망각하고 행동하여 중화中和가 실도失道

할 때의 결과가 어떠한 것인가를 가르쳐 주는 철학哲學이라 하겠다.

을목일주乙木日主가 수목응결水木凝結이 되어 있거나 화기火氣가 절대적으로 필요한 경우에는 화기를 만남으로써 갑자기 운세가 좋아지게 되는데 이때도 병인丙寅, 병오丙午, 병술丙戌로 들어와야 비로소 좋은 운명으로 돌변한다.

예를 들어 경신년 기묘월 을해일 기묘시庚申年 己卯月 乙亥日 己卯時 같은 사주는 수목응결水木凝結이 되어 있는데 대운大運에서 병인丙寅, 병오丙午, 병술丙戌이 들어오면 10년 동안 음지陰地에서 고생하던 인생이 양지陽地로 전환되면서 동시에 운명도 바뀐다. 세운과 대운에서 이러한 운이 들어오면 100% 효과가 나타나고 대운이 좋지 않으면 50%밖에 효과가 나타나지 않는다.

## 을목乙木이 정화丁火를 만나면 ──────

정화는 을목에게는 식신食神이 되는데 식신 역시 지혜, 지식, 예체능, 여자에게는 자식, 남자에게는 아랫사람, 부하 등으로 통용되고 있다.

상식에 의해서 신약사주가 되어 있는 사주는 다시 화기火氣의 공격을 받으니 자기 꾀에 자기가 넘어가고, 과다한 지출 때문에 집안 살림이 거덜나고, 여자는 자식 때문에 남편이 고통을 받고, 남자는 아랫사람의 배신으로 직장을 잃게 된다.

정화 역시 수목응결이 된 경우는 정화가 세운이나 대운에서 들어올 때는 음지에서 양지로 운명이 바뀌는데 이때도 정미丁未, 정사丁巳로 들어와야 된다.

다만 정사인 경우 원래 사주에 유酉나 축丑이 없어야 한다. 유나 축이 있으면 사화巳火가 금국金局으로 돌변하기 때문에 화火로서의 역할을 할 수 없기 때문이다.

## 을목乙木이 무토戊土를 만나면 ──────

무토는 을목에게는 정재正財가 되는데 보통 정재는 길吉하고 편재偏財는 흉凶이라 할 수 있으나, 모든 것이 상대적이기 때문에 정재도 태과하면 병病이 되고 편재도 필요하면 정재보다 나으니 그때그때 상황과 비교 분석하여야 한다.

신왕사주이고 무토戊土가 필요한 경우에 무토戊土는 정처正妻요, 보급로요, 재산 축적 등에 해당되고 또한 재財는 내가 극剋한 것이 되니 어떠한 어려운 난관도 극복할 수 있으며, 자기가 평소에 꿈꾸었던 신념信念이 그대로 실현된다. 재財가 좋을 때는 자동으로 재생관財生官이 되므로 직장인은 직장에서 진급되고, 정치인은 명예와 권력을 동시에 획득할 수 있다.

그러나 거꾸로 신약사주身弱四柱인 경우에는 내가 다스리는 자에 의해서 오히려 내가 패망자가 되니 주객전도主客顛倒가 틀림없고 자기 분수를 모르고 날뛰니 주위의 웃음거리가 되며, 재財는 인수印綬를 극剋하니 괴인壞印이 되어 학생은 공부에 방해가 되니 부모님에게 걱정을 안겨 줄 수밖에 없다.

신약사주身弱四柱는 원칙적으로 무인戊寅으로 들어와야 하고, 금다목약金多木弱인 경우는 무오戊午도 좋고, 화다목약火多木弱인 경우는 무자戊子도 좋다.

신강사주身强四柱는 상식像食이나 재財가 용신用神인 경우 무오戊午, 무술戊戌이 좋다.

## 을목乙木이 기토己土를 만나면 ————

기토己土가 편재偏財가 된다.

편재偏財는 성질이 급하고, 이익을 위해서는 편법偏法도 사용하며, 자기가 편한 대로 생활하며, 남의 것도 언젠가는 내 것이 된다는 생각을 가지고 있다.

신왕사주로 기토己土인 재財가 필요한 경우에는 일확천금의 기회를 잡을 수 있으므로 속도 또한 빨라진다. 따라서 짧은 시간 안에 큰 성과를 낼 수 있다. 그러나 이러한 경우에도 기사己巳, 기미己未로 들어와야 하는데 기사己巳이면 주중柱中에 유酉나 축이 없어야 한다.

유酉나 축丑이 있으면 사화巳火가 금金으로 변질되기 때문이다.

신약身弱인 경우는 기토己土 자체만 보면 기신忌神이 되므로 아주 좋지 않은 일들이 발생되는데, 남자는 여자 때문에 재산상의 손실을 입게 되고 심하면 부인과 사별死別하게 된다.

여명女命도 재산상의 손실이 큰데 계가 어그러지거나, 돈거래 때문에 크게 손해를 보게 된다.

그러나 기해己亥, 기묘己卯로 들어오는 경우 을목乙木의 뿌리가 되므로 희신喜神이 된다. 이런 경우에도 기토己土가 속한 육친六親의 희생은 불가피하며 기미己未도 주중柱中에 해수亥水나 묘목卯木이 있다면 미토未土가 목국木局으로 변하기 때문에 을목乙木에게 뿌리 역할을 한다.

## 을목乙木이 경금庚金을 만나면 ————

경금庚金이 정관正官이 되는데 대체적으로 보면 목일주木日主는 금金을 싫어한다.

정관正官 작용 때문에 직장이나 관직에서 승진한다고 할 수 있으나 실제로는 윗사람(직장 상사 등)의 방해로 또는 윗사람의 눈 밖에 나서 좌천 또는 직장을 그만둘 수밖에 없다.

여명女命도 남편의 오해로 가정불화가 야기되고 남명男命 또한 자식 때문에 엄청난 재산상의 손해를 보게 된다.

그러나 제살태과制殺太過의 사주는 직장 상사의 도움으로 승진하며, 나를 방해하고 모함했던 세력들이 오히려 나를 도와주며 나의 새로운 계획안이 직장에서 인정받아서 나의 위치가 한결 공고해진다.

제살태과制殺太過 사주를 제외하고 목일주는 거의 금용신金用神을 쓰지 못한다. 하지만 천간天干과 지지地支의 역할이 다르기 때문에 지지地支가 어떻게 형성되느냐에 따라서 결과는 달라진다.

신약身弱은 경인庚寅으로 들어오면 을목乙木의 뿌리가 되기 때문에 안정이 된다.

금다목약金多木弱일 때는 경오庚午도 좋다. 제거병除去病이 되기 때문이다.

제살태과制殺太過인 경우는 경신庚申, 경자庚子, 경진庚辰으로 들어와야 한다.

## 을목乙木이 신금辛金을 만나면 ────

신금辛金이 편관偏官이 된다. 신금辛金 역시 경금庚金과 마찬가지로 제살태과制殺太過 사주를 제외하고 나머지는 해로운 작용이 나타난다.

경금庚金은 극剋만 당하지만 신금辛金은 극충剋冲을 당하고 있기 때문에 얻어맞고 또다시 파멸되는 이중의 고통을 감내해야 한다.

특히 신약사주身弱四柱는 나 자신이 약해져 있는데 칠살七殺이 또다시 나를 공격한다면 엄청난 고통을 피할 길이 없다.

남명男命은 자식 때문에, 직장 때문에, 윗사람(직장 상사 등) 때문에 엄청난 고통을 받게 되고, 여명女命도 경금庚金과 마찬가지로 남편 때문에 재정적으로 큰 타격을 받게 된다.

신약身弱인 경우 신해辛亥, 신묘辛卯로 들어와야 한다.

신강身强인 경우 신미辛未로 들어오면 좋은데, 상식傷食과 재財가 용신用神이어야 하고 주중柱中에 해수亥水나 묘목卯木이 없어야 한다. 만약 있다면 미토未土가 목국木局으로 변화하기 때문이다. 신사辛巳도 좋은데 주중柱中에 유酉나 축丑이 없어야 한다.

## 을목乙木이 임수壬水를 만나면 ─────

임수壬水가 정인正印이 되는데 정인正印이란 좋은 의미로는 귀인貴人, 나를 도와주는 보급로, 열심히 공부 잘하는 모범생으로 통용되나, 크게 봐서 금수金水를 필요로 하는 제살태과制殺太過 사주를 제외하고는 수목응결水木凝結로 귀착되니 모든 것이 음지陰地가 되어 떠돌이 생활을 할 수밖에 없다.

임수壬水가 과다過多하면 표목漂木(=떠돌이 생활), 동목凍木(=성장 불능), 부목浮木(=항상 마음이 떠 있음), 음지나무(여자로 보면 소실 생활), 수목응결水木凝結(=몸이 꽁꽁 얼어서 자율신경 마비)로서 만사가 집산불능集散不能이니 크게 흉하다고 볼 수 있다.

신약身弱은 임인壬寅으로 들어와야 한다.

화다목약火多木弱인 경우는 임자壬子도 좋다.

신강身强으로서 상식傷食과 재財가 필요한 경우 임오壬午, 임술壬戌이 좋다.

## 을목乙木이 계수癸水를 만나면 ————

계수癸水가 편인偏人이 된다. 임수壬水와 마찬가지로 음지陰地의 상태를 배가시키므로 부목浮木, 표목漂木, 음지나무로서 나무의 임무를 상실하게 된다. 사람으로 치면 사람 노릇을 못한다고 볼 수 있다.

또한 편인偏人이 되기 때문에 매사를 진행함에 있어 한꺼번에 처리하려는 성급함으로 인해 크게 손해를 본다. 이러할 때 보증을 서면 다 물어 줘야 하고 주식 투자하면 깡통 투자자가 된다.

신약身弱은 계해癸亥, 계묘癸卯로 들어와야 한다. 화다목약火多木弱일 때는 계축癸丑도 좋다.

신강身强일 때는 계사癸巳·계미癸未가 좋은데, 상식傷食과 재성財星이 용신用神인 경우이다.

제살태과制殺太過일 때는 계유癸酉도 을목乙木에게 크게 도움이 된다.

## 을목乙木이 자수子水를 만나면 ————

자수가 을목에게는 편인偏人이 되는데 나를 도와주는 인수라 하더라도 동목凍木, 습목濕木, 부목浮木, 표목漂木(=나무가 떠내려간다)이 되어 결국은 수목응결水木凝結이 되니 북풍설한北風雪寒(=춥고 배고픈 팔자)의 신세를 면할 길이 없다.

건강상으로는 손발이 시리고 아프며 풍질風疾을 조심하여야 한다. 인생을 살아가는 데 풍파風波가 심하다는 뜻이다.

그러나 제살태과인 사주, 다시 말해 화기火氣가 기신忌神인 경우에는 기신을 수극화水剋火로 제거하기 때문에 오히려 자수子水로 인해 운명이 좋은 쪽으로 바뀌어진다. 어머니 때문에, 문서 때문에 기대하지 않았던 행운이 일어난다.

## 을목乙木이 축토丑土를 만나면 ─────

축토 안에는 암장으로 기己, 신辛, 계癸가 들어 있다. 따라서 을목에게는 축토가 재살지財殺地가 되고, 축토 자체가 추운 겨울에 철분 많은 얼어 있는 냉한수冷寒水가 되니 을목은 축토에 뿌리를 내릴 수 없다.

여자에게는 관고官庫가 되니 남편 신상에 이상이 있게 되고, 남자는 자식 때문에 고통을 받게 된다.

축토도 토土이기 때문에 재財로 해석이 된다. 을축년乙丑年에 아는 사람(을목乙木)이 도와준다고 하면 믿지 마라. 이유는 그 사람의 돈이나 재산이 가압류 되어 있거나, 재판 중이기 쉽기 때문이다.

## 을목乙木이 인목寅木을 만나면 ─────

을목에게 인목은 비겁比劫, 왕궁旺宮으로 따라서 착근着根이 된다.

인寅 중의 갑목과 병화의 힘을 얻어 동량지재棟樑之材가 되니, 다시 말해 음지나무에서 양지나무로 변하니 철이 들고 방황을 멈춘다. 또한 뿌리가 튼튼해지는데 이유는 인寅 중의 병화丙火 때문이다.

시작은 별것 없으나(을목乙木 때문) 결과는 아주 좋다(인중寅中의 병화丙火 때문). 그러나 제살태과 사주인 경우는 원래 사주에 있는 관官을 인목이 제거하기 때문에 직장에서 구조조정을 당하는 등 아주 흉한 작용이 나타난다.

## 을목乙木이 묘목卯木을 만나면 ──────

묘목이 을목에게는 비견比肩, 정록正祿, 관궁冠宮이 되기 때문에 확실하게 착근着根한다. 그러나 습목濕木이 되기 때문에 음지나무를 면할 길은 없다.

목극토木剋土는 잘하나 목생화木生火는 못한다. 화토火土에 의해 신약사주이면서 수목水木이 필요한 경우에는 튼튼히 뿌리하게 된다. 이때는 신약에서 오히려 신강으로 돌변하기 때문에 철이 들게 되고, 친구와 형제의 도움으로 재정적인 이익을 얻게 된다.

을묘일주乙卯日主는 간여지동干與支同이 되어 고집불통이고, 형제와 친구들을 끼고 돌며, 인색하다(목생화木生火가 안 되기 때문). 부부궁이 나쁘고, 또한 천파살天破殺이 되기 때문에(필자의 실제 경험으로 볼 때) 대부분 한 번은 살림을 엎어 먹는다(사업 실패 등).

남녀 불문하고 도둑놈을 달고 다니며 부부궁이 안 좋아(견겁肩劫이기 때문) 의처증과 의부증이 많다.

## 을목乙木이 진토辰土를 만나면 ──────

을목에게는 진토가 정재正財, 인수고장印綬庫藏이 된다. 뿌리 한다고 하나 약하고 토다土多이거나 술토戌土가 있으면 토다목절土多木折이지만, 진술충辰戌冲이 되어 뿌리하지 못한다. 확실히 뿌리하려면 원래 사주에 인寅이나 묘卯가 있어야 인진목국寅辰木局, 묘진목국卯辰木局으로 큰 덩어리를 만들어 낼 수 있다.

## 을목乙木이 사화巳火를 만나면 ────

사화가 을목에게는 상관傷官, 목분木焚, 도기盜氣, 병사궁病死宮이 된다.

수목응결이 되어 있는 사주 중에서 원래 사주에 유酉나 축丑이 없는 경우 사화巳火가 들어오면 음지나무에서 양지나무로 바뀌기 때문에 크게 도움이 되지만, 상식傷食이 많아서 신약사주가 된 경우는 한 없는 목생화木生火로 뿌리까지 뽑히게 된다.

을사일주乙巳日主는 목욕궁沐浴宮, 패지敗地, 고란살孤鸞殺이 되어 외로이 살며 고독하고 때로는 고독을 자초한다.

여자인 경우 사중巳中에 경금庚金이 있어 을경합乙庚合하고 있기 때문에 항상 유부남과 애인 관계를 유지한다. 또한 경금庚金이 정관正官이 되기 때문에 애인이 남편으로 둔갑해 보인다.

을경합으로 암합暗合이 되기 때문에 한 번 연결되면 좀처럼 헤어지기 어렵다.

아이를 낳으면 화火가 증가하기 때문에 화극금火剋金 현상으로 남편이건 애인이건 다 헤어지게 된다.


## 을목乙木이 오화午火를 만나면 ────

식신食神, 설기泄氣, 목분木焚, 병사궁病死宮이 된다. 있는 그대로 해석하면 목木이 가뭄에 시달리고 있고, 사목死木이 된다는 뜻이다. 그러나 이 경우에도 수목응결 사주인 경우에는 음지에서 양지로 유형이 바뀌기 때문에 건강이나 하는 일이 잘 풀어진다.

화토火土에 의해서 신약사주가 되어 있는 경우에는 또다시 목생화木生火가 되어 목은 생명마저 부지하기가 어려워진다.

## 을목乙木이 미토未土를 만나면 ————————

미토가 을목에게는 편재偏財, 자기고장自己庫藏이 된다. 수분이 없이 완전히 말라 있는 흙이기 때문에 목木은 뿌리를 내릴 수 없다. 그러나 수목응결이 되어 있는 사주는 음지에서 양지로 바꿔 놓기 때문에 하루아침에 좋은 운으로 바뀌어진다.

화火가 기신忌神인 경우에는 재물이 없어지고 아내와 생사별生死別하게 된다.

을미일주乙未日主는 재백호대살財白虎大殺이 되기 때문에 아내나 첩 또는 아버지나 아버지 형제간에 큰 수술을 받거나 횡사橫死할 일이 발생하게 된다.

또한 나의 고장庫藏이 되기 때문에 아버지가 나를 죽이려고 한다고 해석할 수 있다.

을목일주는 미년未年이나 미월未月에는 몸이 아프다. 그 이유는 자기고장에 해당되기 때문이다.

해亥나 묘卯가 주중柱中에 있으면 확실하게 뿌리내릴 수 있다.


## 을목乙木이 신금申金을 만나면 ————————

신금申金이 정관正官, 절지絶地, 절목折木, 추절지목秋節之木이 된다. 따라서 을목乙木은 신금申金을 아주 싫어하는데 예외로 제살태과制殺太過인 경우에는 직장에서 승진하고 가정이 안정을 찾는다.

을목乙木과 신금申金 사이에는 을경합乙庚合으로 묶으면서 또다시 금극목金剋木을 당하기 때문에 결국은 파멸할 수밖에 없다. 여명女命은 애인(유부남)으로 인해서 엄청난 손해를 본다.

## 을목乙木이 유금酉金을 만나면 ────

유금이 을목에게는 편관偏官, 절지絶地, 절목折木이 된다.

제살태과制殺太過 사주인 경우에는 유금을 만나면 용신用神이 튼튼하게 뿌리를 내림으로써 모든 일이 쉽게 풀리고 직장인은 직장에서 영전하고 이럴 때 선거에 출마하면 당선이 된다.

앞에서 언급한 제살태과 사주를 제외하고는 모두 흉凶한 작용만 나타난다.

직장인이라면 상관의 부당한 처세로 직장에서 쫓겨나고 모략, 모함을 받아서 송사訟事에 휘말리게 된다.

을유일주乙酉日主는 자좌살지自坐殺地(=바늘방석)에 자리하고 있기 때문에 나쁜 작용이 계속 심하게 나타난다. 을유일주는 부부궁이 좋지 못하며 여자인 경우 항상 새서방을 달고 다니기 때문에 남편에게 의심받으며 항상 남자를 조심해야 한다.

여명女命은 남의 첩살림하는 팔자가 많다.


## 을목乙木이 술토戌土를 만나면 ────

술토는 을목에게는 정재正財, 상식고장이 되는데 바짝 말라 있는 조토燥土라서 뿌리하지 못한다. 또한 추절지목秋節之木이 되어서 낙엽이 지고 헐벗은 상태가 된다.

상식에 의해서 신약사주가 된 경우에는 다시 상식고장이 보태어지므로 을목은 한없이 약해지게 되고 심하면 뿌리까지 뽑힌다.

그러나 수목응결이 된 신왕사주에는 습목濕木을 제거하므로 아주 좋은데 이 경우에는 재고財庫 역할까지 하므로 경제적으로 윤택하게 된다. 하지만 이런 경우에도 병술丙戌로 들어와야 가장 효과가 크다.

예를 들어 갑자년 정축월 을묘일 병자시甲子年 丁丑月 乙卯日 丙子時 같은 경우에는 대운大運이나 연운年運에서 병술丙戌이 들어오면 을목乙木은 습목濕木·부목浮木 상태에서 양지목陽地木으로 바뀌기 때문에 경제적으로 풍족해지고, 혈액순환도 잘되어 덩달아 건강도 좋아진다.

## 을목乙木이 해수亥水를 만나면 ————

을목에게 해수는 정인正印, 장생궁長生宮이 된다.

해중갑목亥中甲木 때문에 떠내려가지는 않으나 음지나무일 수밖에 없고 수목응결에 무화과無花果 나무가 된다.

목극토는 잘하나 목생화木生火는 인색하다. 또한 해수亥水는 천문성天門星에 해당되어 법학, 의학, 역학易學 등에 흥미를 갖게 된다.

을해일주乙亥日主는 여자 자리에 어머님이 와 있으므로 모처불합母妻不合에 해당되며 여자는 친정을 끼고 돈다.

상식에 의해서 신약사주가 된 경우는 도기盜氣를 봉쇄하므로 아주 좋아지는데 거꾸로 수목응결된 신강사주가 해수를 만나면 부모님 때문에, 남의 보증 건 때문에, 증권 투자 등으로 엄청난 손해를 보게 된다.

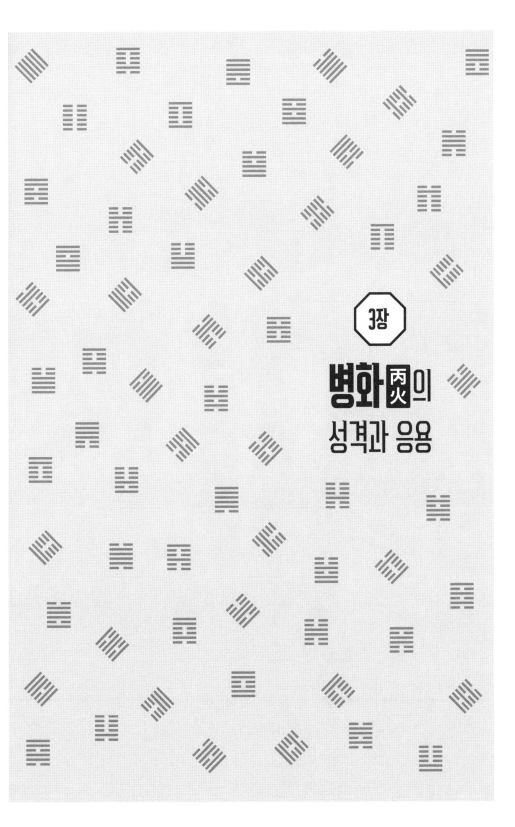

3장

병화丙火의
성격과 응용

병화 丙火

**01** 병화는 봄(갑을甲乙)이 변하여 여름이 되니 따뜻함에서 더운 것으로 변화함을 가르킨다.

**02** 형이상학적으로는 태양, 적외선, 자외선, 광선, 순양純陽, 뇌전雷電, 정신, 초능력, 방사선, 적기赤氣 등에 해당되어 그 마음이 넓어서 상하上下를 가리지 않고 사심私心 없이 대해 준다.

**03** 모든 사물을 꽃피우게 하고 견고하게 하여 주는데, 중화中和를 실도失道하면 조급하고 말이 앞서며 펼쳐만 놓았지 수습을 못하는 것이 흠이다.

**04** 형이하학적으로는 강열지화强烈之火, 사화死火, 왕화旺火, 용광로 불로서 나무가 타 생기는 숯불과도 같으니 아무리 강한 쇠라도 충분히 녹여 훌륭한 그릇을 만들 수 있는 힘을 가지고 있다.

**05** 습목濕木을 만나도 겁내지 않는다. 젖은 나무를 말려 가면서 태울 수 있기 때문이다.

**06** 이마가 넓어서 상대로 하여금 시원하게 보이는데, 원래 사주에 금수金水가 많아서 신약사주가 된 경우에는 거꾸로 이마가 좁다.

**07** 성질이 불같으나 뒤끝은 없으며, 아는 척을 많이 하고 눈치가 빠르다. 일을 벌리기는 하나 뒷수습이 약하고 매사에 싫증을 빨리 느끼며, 모든 것을 털어놔야 직성이 풀린다(정직하다는 뜻이다).

**08** 눈에는 정기精氣가 서려 있으며 말이 많고 자기 자랑이 심하며, 음성이 높아 때로는 오해받기 쉽다.

**09** 초능력超能力이 있으며 말이 씨가 되고 겉으로는 명랑하나 내면에는 수심愁心이 가득하다.

⑩ 수리는 7이며 인체에는 소장小腸에 해당되며, 화일주火日主는 눈썹미가 좋다.

## 병화丙火가 갑목甲木을 만나면 ──────

갑목은 병화에게는 편인偏人이 된다. 아무리 편인이라고 하더라도 이 경우 병화에게는 정인正印(＝을목乙木)보다 오히려 편인이 더 좋은 역할을 한다. 인수란 부모님, 귀인貴人, 은인恩人, 상사(윗분), 선생님, 공부 때로는 인내심, 지구력, 의지력에도 해당되며 전체적으로 도움을 받는다고 볼 수 있다. 그렇지만 신강사주身强四柱 혹은 신약사주身弱四柱 여부에 따라 그 역할이 판이하게 달라진다.

신강사주인 경우, 특히 금수金水가 용신用神인 경우에는 갑목이 들어오면 재財가 피상당하므로 아주 나쁘다. 남자인 경우에는 재물이 없어지고 아내 신상에 흉한 일이 생긴다. 심하면 아내와 이혼하게 된다.

이런 경우에도 갑인甲寅, 갑오甲午, 갑술甲戌로 들어온 경우에 해당된다.

갑자甲子, 갑신甲申으로 들어오면 재관財官이 살아나므로 돈과 명예가 한꺼번에 생기게 된다.

신약사주인 경우에는 갑목을 가장 좋아하는데 확실하게 도와주려면 갑인甲寅, 갑오甲午, 갑진甲辰으로 들어와야 한다.

갑술甲戌도 인목寅木이나 화火에 의지할 때는 병화丙火에게 크게 도움이 된다.

다만 묘목卯木이 용신用神인 경우 묘술합卯戌合으로 묶이기 때문에 만권정지万權停止가 된다.

인수印綬가 좋은 역할을 할 때는 부모님 도움으로, 직장 상사의 도움으로 크게 발전한다.

편인偏人 역시 공부에 해당되는데 벼락치기 공부로 각종 시험에

합격한다.

### 병화丙火가 을목乙木을 만나면 ──────

병화에게는 을목이 정인正印이 된다. 아무리 정인이라고 하나 습목濕木이 되어 목생화木生火는 인색하며 습목이기 때문에 스스로 건조될 때까지 기다려야 한다. 따라서 다소간의 지연은 불가피하며 이럴 때 서두르면 실패하기 쉽다.

목생화는 인색하나 목극토木剋土는 아주 잘한다.

신왕사주인 경우에는 필요 없는 인수의 작용으로 도식倒食 작용이 일어나 나에게 필요한 상식傷食들이 제거되므로 아주 흉하게 된다. 앞길이 캄캄하게 막힌다는 뜻이다.

신약사주인 경우에는 인수가 들어온다고 하더라도 습목濕木이기 때문에 큰 도움은 받지 못하지만 을사乙巳·을미乙未로 들어올 때는 뿌리를 강하게 하기 때문에 크게 도움이 된다. 을사乙巳인 경우에는 원래 사주에 유酉나 축丑이 없어야 한다.

### 병화丙火가 병화丙火를 만나면 ──────

병화가 병화를 만나면 견겁肩劫이 되는데, 신약身弱·신강身强 사주 여하에 따라 길흉吉凶이 크게 달라진다. 신강사주인 경우에는 선장이 둘이 되기 때문에 배가 산으로 올라가게 된다. 견겁 작용으로 시기, 방해, 모략, 질투를 받게 되며 심하면 자폭自暴하게 된다. 건강을 보면 화기태왕火氣太旺에 따른 불면증不眠症으로 고생하게 되며 사소한 일에도 신경이 예민해지며 화를 잘 낸다.

그러나 신약사주인 경우에는 친구와 형제의 도움으로 철이 들고

나의 위치가 확고해지니, 이럴 때 친구나 형제의 인덕人德이 있다고
말할 수 있다.

　신약인 경우 병인丙寅, 병오丙午, 병술丙戌로 들어와야 도움을 받을
수 있다.

　신강인 경우 상식傷食이 용신用神인 경우 병진丙辰이 좋고, 재관財
官이 용신인 경우에는 병신丙申·병자丙子로 들어와야 한다.

## 병화丙火가 정화丁火를 만나면 ─────

　정화丁火가 견겁肩劫이 된다. 신강사주身强四柱인 경우에는 별 필요
도 없는 사람이 와서 나를 괴롭히는 격이니 불필요한 형제, 자매 때
문에 나의 재물에 손상이 간다. 그러나 신약사주인 경우에는 정묘丁
卯, 정사丁巳, 정미丁未로 들어오면 병화丙火의 뿌리를 튼튼하게 하기
때문에 도움이 된다. 신강사주身强四柱는 정유丁酉, 정축丁丑, 정해丁
亥로 들어오면 병화丙火가 기뻐한다.

　하지만 거꾸로 신약사주에 유축해酉丑亥가 들어오면 도움을 받기
는커녕 재관財官이 몰沒하므로 돈이 없어지고, 아내 때문에 근심 걱
정이 생기고, 직장인은 직장에서 쫓겨나게 된다.

## 병화丙火가 무토戊土를 만나면 ─────

　무토가 병화에게는 식신食神이 된다. 식신은 학식, 덕망, 후중厚重,
인정에 해당되며 지혜 있고 영리하며 추리력, 예지력, 응용력, 상상
력, 표현력 등이 탁월하다. 또 부하를 사랑하며 음덕을 베풀고, 목전
目前의 이익보다는 원대한 꿈을 펼치고, 사장과 박사를 만드는 도량
이 큰 인간으로 표현할 수 있다. 그러나 이 경우에도 신강身强, 신약

身弱 여부에 따라 입장이 확연히 달라진다.

신강사주이고 재財나 상식傷食이 용신用神인 경우는 그대로 식신의 작용이 나타난다.

이 경우에도 무신戊申, 무자戊子, 무진戊辰으로 들어와야 좋은 작용이 나타난다. 그러나 무인戊寅, 무오戊午, 무술戊戌로 들어오면 견겁이나 상관 작용이 나타나기 때문에 오히려 해롭다.

신약사주인 경우에는 무인戊寅, 무오戊午, 무술戊戌로 들어오면 약한 화기火氣를 보충함으로써 좋아지게 된다. 철이 들고 재財를 자기 것으로 만들 수 있는 계기가 형성된다고 봐야 한다.

## 병화丙火가 기토己土를 만나면 ————

기토가 병화에게는 상관傷官이 된다. 상관이라고 해서 다 나쁘게 봐선 안 된다. 이 경우에도 신강·신약 사주 여부에 따라 입장이 완전히 달라진다.

신강사주이고 상식이나 재財가 용신인 경우 기해己亥, 기유己酉, 기축己丑으로 들어오면 상관 작용 대신 식신 작용이 나타난다. 관官이 용신인 경우도 역시 좋은 작용이 나타난다.

이러하기 때문에 그때그때 단어 하나하나에만 매달려서 공부한다면 학문에 실패하기 쉬우니 항상 전체 흐름을 잘 살펴봐야 한다.

신약사주인 경우 거꾸로 기미己未, 기사己巳로 들어와야 한다.

기사己巳인 경우 원래 사주에 유酉나 축丑이 없어야 한다. 이렇게 된 경우 견겁이나 상식이 나를 도와주기 때문에 친구, 형제, 부하 등의 도움으로 재물이나 관직을 얻을 수 있다.

기해己亥, 기유己酉, 기축己丑으로 들어오면 도기盜氣 작용이 나타나므로 지출처가 늘어나고 위법 행위도 서슴지 않는데, 헛된 욕심 또는 관리 능력 부족 등으로 반드시 큰 곤욕을 치르게 되어 있다.

## 병화丙火가 경금庚金을 만나면 ─────

경금이 병화에게는 편재偏財가 된다. 내가 다스리며 관리, 극재剋財에 해당되기 때문에 통솔, 극복, 개척, 타개, 정복 등으로 쓰인다. 금전으로 보면 재산, 유산遺産, 봉급, 사업, 음식물, 탐욕으로도 활용된다.

남자는 아내나 처갓집, 부친父親에 해당되며 여자는 시모媤母, 시댁에 해당된다. 경금 역시 신강·신약 사주 여부에 따라 확연하게 길흉 작용이 달라진다.

신강사주인 경우에는 편재偏財로 연결되면 일확천금, 횡재 등에 해당된다. 이때도 경신庚申, 경자庚子, 경진庚辰으로 들어와야 편재의 역할을 할 수 있으며 또한 재생관財生官의 작용 때문에 명예, 관직까지 동시에 얻을 수 있다.

원래 사주에 상식의 뒷받침이 되어 있는 재성財星의 경우에는 무조건 돌진하여야 한다. 앞뒤 안 보고 일을 저질러야 한다는 뜻이다. 왜냐하면 재財는 상식과 관官의 중간 다리에서 통관시키기 때문에 어떠한 저항 세력도 물리칠 수 있는 강한 힘이 비축되기 때문이다.

신약사주인 경우에는 원칙적으로는 경금庚金을 싫어한다. 그러나 경인庚寅, 경오庚午로 들어오면 처음에는 경금庚金의 작용으로 방해를 받으나, 경금 자체가 뿌리를 못하기 때문에 경인·경오는 병화丙火의 뿌리를 튼튼하게 하는 데 일조一助하게 된다.

이렇게 천간과 지지의 세력 여하에 따라서 운명은 수시로 변경되니 전체의 흐름을 잘 살펴서 판단하여야 할 것이다.

## 병화丙火가 신금辛金을 만나면 ─────

신금이 병화에게는 정재正財가 된다. 정재正財라고 해서 다 좋은 것이 아니고 신강·신약 사주에 따라서 각기 다 다르다. 또한 신금辛金이 어떠한 지지地支를 데리고 있느냐에 따라서 그 영향은 천지 차이이다.

우선 신강사주身强四柱부터 살펴보자.

신강사주인 경우 신금은 재성財星이 되기 때문에 원칙적으로는 좋다고 보나 이 경우에도 신해辛亥, 신유辛酉, 신축辛丑을 만나야 확실하게 재성財星이 살아난다. 이럴 때는 재수가 있고, 아버지 혹은 처가에 경사가 생긴다.

재생관財生官이 된 경우는 직장에서 좋은 일이 생기며 남자는 자식이 기쁨이요, 여자는 남편으로 인해서 좋은 일이 생기며 시어머니와 사이도 돈독해진다.

신약사주身弱四柱인 경우는 신해辛亥, 신유辛酉, 신축辛丑이 들어오면 허약한 나를 더욱 허약하게 만들기 때문에 스스로 파멸할 수밖에 없다. 신약사주는 신묘辛卯, 신사辛巳, 신미辛未로 들어와야 튼튼한 뿌리를 만들어 스스로 자립할 수 있다. 원래 사주에 유酉나 축丑이 있을 때 신사辛巳는 아주 해롭다.

## 병화丙火가 임수壬水를 만나면 ─────

임수가 병화에게는 편관偏官이 된다. 관성官星은 남자로 보면 관록과 자손, 직장에 해당되고 여자로 보면 남편에 해당된다. 관성이 균형을 유지하고 있으면 관직, 명예, 직장, 권력 등이 남보다 좋으며 장관, 차관 등 고위직까지 승진하게 된다. 또한 남자는 자식이 잘되며 여자는 남편한테 사랑을 받고 남편을 출세시키는 역할을 한다. 남녀 불문하고 직장은 안정되며 윗사람에게 사랑도 듬뿍 받는다.

그러나 관성이 기신忌神인 경우에는, 즉 신약사주身弱四柱를 말하는데 이때는 남녀 불문하고 직장의 변화가 너무 많아 허송세월을 보내며 조금 살 만해지면 몸이 아프고 재앙이 생긴다. 여자는 남편에게 매 맞고 살며 몸이 안 아픈 곳 없이 아픈 것이 특징이다. 이와 같이 균형(신강身强)과 불균형(신약身弱)은 엄청난 차이를 발생한다.

신강사주이고 관官이 용신일 경우에는 직장에서 출세하고 자식이 잘되며 가정의 평화를 유지하게 된다. 이 경우에도 임자壬子, 임신壬申으로 들어와야 확실하게 관성이 살아난다.

예를 들면 병인년 갑오월 병신일 임진시丙寅年 甲午月 丙申日 壬辰時의 사주인 경우 임신壬申이나 임자壬子가 대운大運에서 들어오면 빠른 속도로 재관財官이 살아나므로 돈 벌고 출세하게 된다.

반대로 임인壬寅, 임오壬午, 임술壬戌이 들어오면 재관財官이 몰沒하므로 하루아침에 거지가 되고, 관직을 박탈당하게 된다.

신약사주는 관官을 기피하므로 임신壬申이나 임자壬子 운이 도래倒來되면 관직에서 쫓겨나고 심장병을 시작으로 온몸이 아프기 시작한다. 신약사주身弱四柱가 임인壬寅, 임오壬午, 임술壬戌로 들어오면 철들게 되고 자기의 위치를 분명히 함으로써 직장에서 승진하고 아내의 내조를 받으며 가정의 평화를 이루게 된다.

예를 들면 병인년 경인월 병신일 임진시丙寅年 庚寅月 丙申日 壬辰時의 사주는 신약인데 대운에서 임신壬申, 임자壬子 운이 들어오면 수목응결水木凝結 사주가 되어 만권정지万權停止가 된다. 모든 일이 일제히 중단된다는 뜻이다.

## 병화丙火가 계수癸水를 만나면 ────────

계수癸水가 정관正官이 된다. 정관이라고 다 좋은 것은 아니고 원래 사주에 필요하냐 혹은 필요 없느냐에 따라서 미치는 파장은 하늘과 땅 차이이다. 신강사주인 경우는 계해癸亥, 계유癸酉, 계축癸丑으로 들어오면 관성官星이 살아나므로 돈이 생기고 직장에서 자기의 위치가 확고하게 된다. 그러나 계묘癸卯, 계미癸未, 계사癸巳로 들어오면 재관財官이 허물어지므로 직장에서 쫓겨나고, 윗사람이나 동료의 꼬임으로 큰돈을 잃게 된다.

신약사주는 계묘癸卯, 계미癸未, 계사癸巳로 들어오면 화기火氣가 보충되므로 하는 일이 쉽게 풀리게 된다. 하지만 거꾸로 계혜癸亥, 계유癸酉, 계축癸丑으로 들어오면 몸이 아프고 직장에서 쫓겨나게 된다.

여자라면 소실 팔자가 되기 쉽고 직장에 나가면 어느 귀신이 잡아갈지 모른다. 그만큼 남자로 인해서 피해가 크다는 뜻이다.

## 병화丙火가 자수子水를 만나면 ────────

자수가 병화에게는 정관正官, 절지絶地, 몰광沒光, 수극화水剋火가 된다.

신강사주이고 재財나 관官이 용신일 때 자수가 오히려 수극화水剋火함으로써 사주의 균형을 형성하여 재관이 살아나게 하므로 아주 좋은 결과를 가져오게 된다.

신약사주인 경우에는 절지絶地, 몰광沒光 작용이 그대로 나타난다. 내가 버티기도 힘든 상황에서 다시금 수극화되니 직장인은 직장에서 쫓겨나고, 남자는 자식 때문에 고통스러우며, 여자는 남편 때문에 집안의 기둥이 뿌리째 뽑히게 된다.

병자일주丙子日主는 자좌살지自座殺地에 해당되기 때문에 여자는 부궁夫宮이 나쁘고 소실小室이거나 정부情夫가 있는 경우가 많으며, 남자 역시 부인으로 인해 수많은 고통을 겪어 봐야 한다.

## 병화丙火가 축토丑土를 만나면 ──────

축토가 병화에게는 상관傷官이 된다. 회기晦氣(=불이 꺼진다)도 되고 재고財庫도 된다. 신강사주인 경우에는 재고가 좋은 쪽으로 결과가 나타나면 재국財局이 없어도 재국財局 역할을 하게 된다. 따라서 일확천금할 수 있다는 뜻이다. 그러나 신약사주인 경우에는 병화가 축토에 한없이 회기晦氣되므로 망한 줄 모르게 망하고, 자기도 모르는 사이에 가물가물 꺼져 간다.

건강상으로는 기관지, 대장 등에 치명타를 입게 된다.

병화가 축년丑年을 만나고 나쁘게 나타날 때는 병신합丙申合이 되어 돈 때문에, 여자 때문에 자기도 모르는 사이에 큰 고통을 겪어야 한다.

## 병화丙火가 인목寅木을 만나면 ──────

인목이 병화에게는 편인偏人, 장생궁長生宮이 되는데 숯불로도 응용하며 동산에 떠오르는 태양太陽으로도 비유된다.

신약사주인 경우 병화는 어느 지지보다 인목을 가장 좋아한다. 확실하게 목생화木生火할 수 있기 때문이다. 이럴 때 부모님의 도움이나 윗사람 또는 선배들의 도움을 받아서 하고 싶은 목적을 이룰 수 있다. 학생인 경우 벼락치기 공부도 해당되어 짧은 시간 안에 좋은 성적을 낼 수 있다.

그러나 신강사주인 경우 부모님이나 선배들 때문에 또는 잘못된 주식 투자 때문에 많은 손해를 보며 부동산 매매에 있어서는 사기당하기 쉽다. 인수 역할 때문에 일이 안 풀려서 쩔쩔매는데 남들은 잘된 걸로 착각하니 어디다 하소연할 곳도 없다.

병인일생丙寅日生은 수재秀才이나 부모의 희생을 요구하며, 여자는 너무 똑똑하여 남편궁이 나쁘다.


## 병화丙火가 묘목卯木을 만나면 ————

묘목이 병화에게는 정인正印, 포태법胞胎法으로는 목욕궁沐浴宮, 패지敗地가 되는데 결과적으로 습목濕木이 되어 말려 가면서 태워야 하기 때문에 시간이 오래 걸린다. 물에 젖어 있는 나무가 되기 때문에 연기가 나면서 타고 그을음이 많이 난다.

그러한 이치를 감안하여 병화일주가 묘목에 뿌리하고 있는 경우에는 매사를 우두커니 기다려야 한다. 또한 탈 때도 강하게 타오르지 않고 바람(묘목卯木)에 흔들리면서 탄다.

신약사주라면 묘목이 원래 사주에 인목寅木이나 진토辰土가 있는 경우는 하나의 국局을 이루기 때문에 도움을 받는다.

신강사주인 경우는 묘목이 들어옴으로써 강하게 목극토木剋土 하기 때문에 재물이 없어지고, 남자는 아내 때문에 고통스럽거나 아내를 포함한 처가에 흉凶한 일들이 발생한다.

## 병화丙火가 진토辰土를 만나면 ────────

진토가 병화에게는 식신食神, 관고官庫가 된다. 만약 진월辰月이 입하立夏를 2~3일 앞두고 있다면 병화가 진토에 회기晦氣되는 것이 아니고 병화가 살아 있기 때문에 뿌리하는 걸로 봐야 한다.

병진일주丙辰日主는 진토 암장辰土暗藏에 무을계戊乙癸가 있어서 을목은 정인正印, 계수는 정관正官이 되는데 진토 자체가 땅을 의미하기 때문에 땅속에 묻혀 있는 정인, 정관이 되어 쓸 수 없으니 그림 속의 떡일 뿐이다.

병진일주丙辰日主는 관고官庫가 되어 여자는 억세고 남자를 우습게 보며 생전生前에 남편과 생사별生死別해야 하며, 남자는 자식을 가슴에 묻어야 한다.

남녀 다 병진일주는 대부분 마음이 넓고 몸이 뚱뚱하다.

신약사주는 원래 사주에 인묘寅卯 자가 있으면 인진, 묘진으로 국局을 이루기 때문에 좋아진다. 그 외에는 회기晦氣되기 때문에 좋지 않다.

신강사주이고 용신이 상식이나 재財에 해당될 때는 아랫사람이나 또는 아이디어 개발로 크게 성공한다.

관官이 용신이고 원래 사주에 신자申子가 있을 때는 관국官局을 이루기 때문에 이 역시 재관財官이 크게 살아난다.

## 병화丙火가 사화巳火를 만나면 ────────

비견比肩, 관궁冠宮, 정록正祿에 해당된다. 왕旺한 불, 큰불, 기름불로도 불린다.

신약사주인 경우는 사화가 비견이 되므로 형제 친구의 도움으로 철이 들고 강하게 뿌리할 수 있어서 좋으나, 원래 사주에 유酉나 축丑이 없어야 한다. 유축酉丑이 있으면 금국金局으로 돌변하기 때문에 오히려 해롭다.

신강사주인 경우는 사화가 비겁比劫이 되기 때문에 친구와 형제로 인해서 재물에 손해를 보며 처궁妻宮이 안 좋아지나, 원래 사주에 유酉나 축丑이 있으면 금국金局으로 변하기 때문에 오히려 형제 및 친구의 도움으로 금전상의 이익을 얻는다.

## 병화丙火가 오화午火를 만나면 ─────

오화가 비견比肩, 왕궁旺宮, 양인살羊刃殺에 해당되는 태왕太旺한 불이 된다. 신약사주에게는 바로 뿌리를 강하게 하기 때문에 어떤 지지보다 오화午火를 좋아한다.

신강사주인 경우 오화를 만나면 재관財官이 손상되므로 치명타가 된다.

병오일주丙午日主는 간여지동干與支同이 되어 부부궁夫婦宮이 부실하다. 양인羊刃 작용이 나오기 때문에 성질이 거칠고 개떡 같으며 심하면 악질惡質 소리를 듣는다. 또한 남자인 경우 멋쟁이에 바람기도 많다.

## 병화丙火가 미토未土를 만나면 ─────

미토가 상관傷官, 쇠궁衰宮, 인수고印綬庫가 된다. 화생토火生土로 설기泄氣하나 꺼지는 불은 아니기 때문에 미월未月이나 미시未時의 병화일주는 절대로 종從하지 않는다.

년年에 미토가 있을 때는 월지月支에 무엇이 있는가를 잘 살펴서 결정을 해야 한다.

신약사주인 경우는 힘을 보태기 때문에 좋아지지만 신강사주인 경우에는 상식傷食, 재성財星, 관성官星이 다 타격을 받기 때문에 아주 좋지 않다.

## 병화丙火가 신금申金을 만나면 ──────

신금이 병화에게는 편재偏財, 병궁病宮, 재살지財殺地가 된다. 신금申金 역시 신강·신약 여부에 따라 미치는 영향은 판이하게 달라진다.

신강사주인 경우 신금은 병화에게는 재성財星이 되는데, 신중申中의 임수壬水 때문에 재생관財生官이 되므로 크게 재물을 모으며 동시에 권력까지 차지하게 된다. 그러나 신약사주인 경우 재살지財殺地를 추가하므로 돈 잃고, 아내 잃고, 직장에서 쫓겨나며, 아들 때문에 금전상의 큰 손해를 보게 된다.

예를 들어 무인년 무오월 병신일 무자시戊寅年 戊午月 丙申日 戊子時의 사주는 병화일주丙火日主가 신강사주身强四柱인데, 대운大運이나 년운年運에서 다시 신금申金이 들어오면 재물이 산같이 쌓이고 권력까지 손에 쥐게 된다. 효력은 대운大運은 10년이고 연운年運은 1년이다.

## 병화丙火가 유금酉金을 만나면 ──────

유금酉金이 정재正財, 사궁死宮, 화식火息, 일몰日沒에 해당된다. 크게 봐서 갈 길은 멀고, 실수 연발이 된다. 해가 이미 서산에 기울었기 때문에 급하게 굴지 말고 인내심을 가지고 기다리라는 충고를 하고 싶다.

이러한 사항은 원칙론이고 신강·신약 사주 여부에 따라 결과는 다르게 나타난다.

신약사주인 경우 일몰日沒 상태가 그대로 나타난다. 급히 온다고 왔는데, 해는 서산에 지고 강가에는 나룻배마저 안 보이니 인생이 처량하게 된다.

그러나 신강사주인 경우 유酉는 깊숙한 가을을 가리키기 때문에 완전하게 재財를 나의 편으로 만들 수 있다.

단, 재생관財生官이 안 되기 때문에 재財까지 효력이 발생되고 관官은 소유할 수 없으니 아쉽게 느껴진다.

### 병화丙火가 술토戌土를 만나면 ————

술토가 병화에게는 식신食神이고 입묘入墓에 해당된다. 입묘가 되기 때문에 꺼지는 불이라고 생각하기 쉬운데, 입묘로 회기晦氣되면서도 술중정화戌中丁火 때문에 힘을 얻어 다시 살아난다. 또한 술토戌土가 토극수土剋水 작용이 강하기 때문에 정확하게 불씨를 살릴 수 있다. 신약사주인 경우는 병술丙戌로 들어와야 확실하게 불씨를 살리면서 뿌리를 내릴 수 있다.

신강사주는 목화통명木火通明인 경우는 무난하지만 그 외에는 술토戌土가 병화丙火에게는 해롭다.

### 병화丙火가 해수亥水를 만나면 ————

해수가 병화에게는 편관偏官, 절지絶地, 몰광沒光에 해당된다. 해중亥中의 갑목甲木이 목생화木生火할 것 같으나 습목濕木이 되어 목생화가 불가능하다.

병화가 원래 사주에 인목寅木을 가지고 있으면 탐생망극貪生忘剋 현상이 일어난다. 관인상생官印相生이 된다는 뜻이다. 이럴 때는 수생목水生木, 목생화木生火로 상생相生이 되기 때문에 해롭지 않다.

신약사주는 인목이 있을 때는 괜찮지만 그 외 경우는 건강이 나빠지고 하는 일에 방해를 받게 된다.

신강사주는 재관財官이 용신用神일 때는 크게 도움을 받아 재물이 모아지고 사회적으로도 크게 출세한다.

4장

정화灸의
성격과 응용

정화 丁火

**01** 정화丁火는 병화丙火의 뒤를 이어 펼쳐지니 양陽이 변하여 음陰이 된 것이다.

**02** 음陰이라고 하나 양陽 중의 음陰을 가리킨다.

**03** 정화는 음陰이 위에 있고 양陽이 아래에 있으므로 외음내양外陰內陽이 된다.

**04** 등화燈火, 활화活火, 생화生火, 유화柔火로서 음화陰火에 속한다.

**05** 정화丁火가 겉으로는 약하다고 하나 내적으로는 강하여 실속 차리는 데에는 일가견이 있으며, 무無에서 유有를 창조하는 힘이 있으므로 자수성가를 하는 경우가 많다.

**06** 타인을 모방하기보다는 새로운 것에 힘쓰며, 다소 시끄러운 반면 인정이 많고, 이마가 넓으면서도 목자目字형에 가깝다.

**07** 신장은 토土가 많으면 비만 체구에 작고, 목木이 많으면 큰 편인데 금수金水가 많을 때는 평균치를 넘지 못한다.

**08** 수리로는 2이며, 색으로는 홍색紅色이며, 인체로는 심장이고, 조목燥木은 좋아하나 습목濕木은 싫어하는데 결과적으로 화식火熄되기 때문이다.

**09** 다토多土에는 회기晦氣가 되고 왕금旺金에는 화식火熄되고 수기水氣에는 충패冲敗가 된다. 미술토未戌土를 많이 만나면 격국은 조토燥土가 되는데 조토는 만물을 키울 수 없으며 모래사막으로 연결되어 인생살이가 거의 다 완성될 때면 와장창 무너진다(모든 행위가 모래성 쌓기란 뜻이다).

**10** 정화丁火도 득국得局을 하면 강열지화强烈之火인 병화丙火와 같으니

능히 화극금火剋金하고 화생토火生土도 충분하며 또한 왕旺한 수기水氣도 겁내지 않으니 화기火氣로서의 임무를 충분히 수행할 수 있다.

⑪ 정화도 병화丙火처럼 바른 말을 잘하며 속에 감추어 두지 못한다.

⑫ 화토중탁火土重濁으로 연결되면 종교계에 귀의하는 경우가 많으며, 결벽증이 심하고 성격은 편고偏孤하다.

## 정화丁火가 갑목甲木을 만나면 ─────

갑목이 정화에게는 정인正印이 된다. 알다시피 정인이란 부모, 공부, 보급로, 좋은 선배 등을 위시한 모든 도움을 줄 수 있는 제반 기초를 말한다.

이러한 원리는 원칙론이고, 갑목이 뿌리에 어떠한 지지를 갖고 나타나야 하는데 따라서 그 영향은 판이하게 달라진다.

신약사주인 경우에는 갑인甲寅, 갑오甲午, 갑술甲戌로 들어오면 갑인은 인수 역할, 갑오는 견겁 역할을 하기 때문에 정화로는 자기의 세력이 강화된다.

갑인이 들어오면 부모 및 선배들의 도움으로 나의 위치가 확고해지고, 갑오로 들어오면 내가 철들고 어떤 금수金水의 세력도 능히 감당할 수 있어 재관財官을 동시에 내 것으로 만들 수 있다. 그러나 갑자甲子, 갑신甲申으로 들어오면 오히려 해롭다.

신강사주인 경우에는 갑자甲子, 갑신甲申으로 들어와야 재관財官이 살아나므로 오히려 좋아진다.

## 정화丁火가 을목乙木을 만나면 ─────

을목乙木이 정화丁火에게는 편인偏印으로서 습목濕木이 되고 화식火熄이 된다.

신약사주身弱四柱인 경우는 을사乙巳, 을미乙未로 들어와야 좋다(을사인 경우 주중柱中에 유酉나 축표이 없어야 한다).

을묘乙卯도 주중에 인목寅木이나 미토未土가 있으면 목생화木生火가 가능하므로 신약에겐 유리하다. 을해乙亥도 주중에 미토未土나 인목寅木이 있으면 목국木局이 되므로 역시 뿌리할 수 있다.

신강사주는 을유乙酉, 을축乙丑으로 들어와야 좋은데 을사乙巳도 주중에 유금酉金이나 축토丑土가 있으면 금국金局으로 돌변하기 때문에 신강사주에는 좋다.

을해乙亥인 경우 원래 사주의 앞뒤를 잘 판단해서 결정해야 한다. 신강사주로 상식傷食이 용신일 때는 을축乙丑이 생재生財하기 때문에 아주 좋다.

이런 경우에 상식傷食, 다시 말하면 토기土氣가 필요한 경우에는 축진토丑辰土가 필요하다. 미술토未戌土가 들어오면 토생금土生金이 안 되고 오히려 견겁肩劫 작용을 가중시키므로 상식 용신用神에겐 아주 해롭다.

### 정화丁火가 병화丙火를 만나면 ──────

정화에게는 병화가 견겁肩劫이다. 견겁은 빼앗기는 것, 경쟁 상대가 되어 좋지 않은데 신약사주인 경우에는 친구, 형제가 나의 기초가 된다. 이러한 경우에도 병인丙寅, 병오丙午, 병술丙戌로 들어와야 한다. 병인으로 들어올 때 나의 입장이 가장 좋아진다.

신강사주인 경우 병자丙子, 병진丙辰, 병신丙申으로 형성될 때는 견겁의 작용은 나타나지 않고 재관의 작용이 나타나므로 재산 축적이 되고, 정치인의 경우에는 선거에서 당선하게 된다.

### 정화丁火가 정화丁火를 만나면 ──────

정화가 정화에게는 견겁肩劫이 된다.

신약사주인 경우에는 정사丁巳, 정미丁未로 들어오면 기초를 튼튼하게 하기 때문에 좋아진다. 정묘丁卯로 들어온 경우에는 원래 사주

에 인寅이나 미未 자가 있으면 목생화木生火가 가능하므로 좋아지는
데, 원래 사주가 습濕하게 형성되어 있으면 크게 도움을 받지 못한
다.

신강사주인 경우 정해丁亥, 정유丁酉, 정축丁丑으로 들어오면 재관
財官이 살아나므로 크게 도움을 받는다.

## 정화丁火가 무토戊土를 만나면 ————

무토가 정화에게는 상관傷官이 된다. 원칙적으로 보면 상관傷官은
관官을 극剋하기 때문에 나쁘다고 하나 신약·신강 사주 여하에 따라
그 영향이 달라진다.

신약사주인 경우는 무신戊申, 무자戊子, 무진戊辰으로 들어온다면
힘없는 나를 더욱 힘없게 만들며 경제적으로도 고통스럽게 하고, 직
장에서도 상관 때문에 엄청난 스트레스를 받게 된다.

그러나 무인戊寅, 무오戊午, 무술戊戌로 들어오면 약한 나를 보충해
주기 때문에 강한 뿌리를 내리게 된다. 반면 무술戊戌인 경우는 정화
가 단순하게 묘목卯木에만 의지한다면 묘술합卯戌合으로 묶이기 때
문에 만권정지萬權停止가 되어 크게 해롭다.

신강사주인 경우는 무신戊申·무자戊子·무진戊辰으로 들어오면 재
관이 살아나므로 돈을 벌고 출세하지만, 관官이 용신인 경우는 무진
戊辰으로 들어오는 경우 앞뒤를 잘 살펴서 판단하여야 한다.

## 정화丁火가 기토己土를 만나면 ————

기토가 정화에게는 식신食神이 된다. 식신이란 내가 먹을 음식과
입을 옷을 말함이니 나에게 필요하다고 보나, 사주의 형성 상태에

따라 결과는 판이하게 달라진다.

　신약사주는 기사己巳·기미己未로 들어오면 기초가 튼튼해져서 좋아지지만, 기해己亥·기유己酉·기축己丑으로 들어오면 기유·기축은 경제적으로 어렵게 되고 기해는 건강이 나빠지면서 직장에서 고전하게 된다.


## 정화丁火가 경금庚金을 만나면 ————

　경금이 정화에게는 정재正財가 된다. 재물이 생겨서 좋기는 하나 상황에 따라서는 거꾸로 재물이 없어지게 되는 경우도 있다.

　신약사주에게는 내가 힘이 없으니 그림 속의 떡이 되고 뜬구름 잡기가 된다.

　그러나 경인庚寅, 경오庚午로 들어오면 처음에는 천간天干의 작용으로 뜬구름과 같이 보이나 결과는 재물이 나의 편에 서서 나를 도와주고, 처가妻家에서 알게 모르게 나의 힘이 되어 주니 이처럼 기쁜 일이 있겠는가?

　경신庚申, 경자庚子, 경진庚辰으로 들어오면 완전히 뜬구름 잡기가 되어 패가망신한다. 또한 처가에서 도와줄 거라고 믿었는데 돌아서면서 뒷통수를 치니 어디에다 그 억울한 심정을 하소연하겠는가?

　신강사주인 경우에는 경인·경오·경술로 들어오면 인수와 견겁의 작용으로 해롭지만, 경신·경진·경자로 들어오면 재관財官이 살아나므로 크게 발전한다.


## 정화丁火가 신금辛金을 만나면 ————

　신금이 정화에게는 편재偏財가 된다. 편재란 빠른 시간 안에 큰돈을 만진다는 뜻인데, 그 돈이 나에게 재앙이 될 수도 있고 또는 상황에 따라서 행복도 만들어 낼 수 있다.

신약사주인 경우에는 신미辛未·신묘辛卯·신사辛巳로 들어오면 인수·견겁의 작용으로 좋아지지만, 신유辛酉·신축辛丑으로 들어오면 인수·견겁을 거세하기 때문에 아주 나쁘다. 신해辛亥는 원래 사주에 인寅이나 미未가 있으면 상생통관相生通關이 되므로 크게 나쁘지 않다.

신강사주인 경우에는 신유辛酉·신축辛丑으로 들어와야 확실한 재국財局이 만들어지기 때문에 기뻐하지만, 신해辛亥로 들어오는 경우에는 원래 사주에 인묘미寅卯未가 있으면 목국木局으로 가기 때문에 이때는 신해辛亥가 크게 좋은 작용이 나타나지 않고 오히려 해롭다.

## 정화丁火가 임수壬水를 만나면 —————

임수가 정화에게는 정관正官이 된다. 정관이란 정직하고 착실하게 발전하는 형태를 말하는데, 정관도 상황에 따라서는 칠살七殺로 변하기도 한다.

신약사주인 경우에는 허약한 나 자신을 재차 운에서 가격하니 건강이 나빠짐은 물론이고 직장마저 흔들리고 만다.

이때도 임자壬子, 임진壬辰, 임신壬申으로 들어오면 정관이 아니고 칠살七殺 작용이 나온다. 운으로서는 최악의 상태다.

그러나 임인壬寅, 임오壬午, 임술壬戌로 들어오면 임수壬水가 지지에 뿌리를 하지 못했기 때문에 임수는 힘을 쓰지 못하고 지지에 의해서 거세당하며 인오술寅午戌 작용에 의해 결과적으로 나에게 유리한 상황이 전개된다. 운세가 처음 시작은 나쁜 것처럼 보이나 결과는 아주 좋다는 뜻이다.

신강사주인 경우에는 거꾸로 임자壬子, 임진壬辰, 임신壬申으로 들어와야 재관財官이 살아나므로 돈도 벌고 출세한다. 만약 임인壬寅, 임오壬午, 임술壬戌로 들어오면 인수와 견겁 작용으로 수많은 방해자를 만나게 되니 앞길이 완전히 막히게 된다.

### 정화丁火가 계수癸水를 만나면 ─────

계수가 정화에게는 편관偏官이 된다. 편관이란 계단식으로 밟아서 출세하는 것이 아니고 하루아침의 벼락출세를 의미하는데, 원래 사주의 상황에 따라서 희비喜悲가 엇갈린다.

신약사주인 경우에는 계수가 지지에 뿌리를 하고 들어오면 칠살七殺 작용이 나타나므로 아주 기피한다. 계해癸亥, 계유癸酉, 계축癸丑이 이 경우에 해당된다. 그러나 계사癸巳, 계미癸未, 계묘癸卯로 들어오면 지지로 인해서 뿌리하기 때문에 오히려 좋아진다.

신강사주인 경우에는 계해癸亥·계유癸酉·계축癸丑으로 들어오면 재관財官이 살아나므로 좋아지게 되는데, 계해인 경우 원래 사주에 인묘미寅卯未가 있으면 편관 작용이 나타나지 않는다.

### 정화丁火가 자수子水를 만나면 ─────

자수가 정화에게는 편관偏官, 절지絶地, 화식火息이 된다. 자수가 정화에게는 완전한 몰광沒光이 되지만 신강사주이면서 재관財官이 필요한 경우에는 벼락출세의 길을 열어 준다.

### 정화丁火가 축토丑土를 만나면 ─────

정화에게는 축토가 식신食神, 회기晦氣, 재고財庫가 된다. 신약사주인 경우에는 계속되는 실패로 곤경에 처하게 되며, 건강은 심장과 대장이 나빠진다. 그러나 신강사주인 경우에는 재고財庫가 되므로 돈방석에 앉게 된다.

정축일주丁丑日主는 백호대살白虎大殺에 해당되므로 아버지나 아버지 형제간에 흉변이 있기가 쉽다.

### 정화丁火가 인목寅木을 만나면 ─────

인목이 정화에게는 정인正印이 된다. 정화일주丁火日主가 신약사주인 경우 가장 기뻐하는 지지가 인목寅木이다. 인중寅中에는 갑병甲丙이 있어 인수, 견겁 작용을 동시에 하기 때문에 가장 필요한 지지地支가 된다.

인목은 여름의 시작을 알리는 상징적인 글자인데(인오술寅午戌), 여름은 역학상으로는 인월寅月에 시작해서 술월戌月에 끝맺는다. 여름의 기운氣運이 그렇다는 뜻이다.

신왕사주인 경우에 인목은 목생화가 잘되므로 여기서 재財가 피상당하게 된다. 재財는 부친, 아내, 처가 그리고 재물을 가리킨다.

### 정화丁火가 묘목卯木을 만나면 ─────

묘목은 정화에게는 편인偏印이 된다. 묘목이 습목濕木이기 때문에 목다화식木多火息 현상이 진행되고 패지敗地도 된다.

신약사주인 경우에는 원래 사주에 인寅이나 미未가 있으면 묘와 합해져서 목생화木生火가 가능하므로 도움을 줄 수 있지만 신강사주에는 아주 해롭다. 상식, 재, 관이 다같이 타격을 받기 때문이다.

정묘일주丁卯日主는 풍파風波가 많고, 연기가 나는 불에도 해당되며 강풍強風에 촛불이 꺼지게 된다. 남자는 모처불합母妻不合에 해당되는데 이유는 아내의 자리에 어머니가 와 있기 때문이다.

### 정화丁火가 진토辰土를 만나면 ──────

진토가 정화에게는 상관傷官이 되면서 회기晦氣가 되니 정화는 가물가물 꺼져 간다. 또한 관고官庫 역할도 하니 세상에 무서운 것이 없다. 이러한 이론은 기초적인 것이고 신강·신약에 따라서 영향력은 달라진다.

신약사주인 경우에는 원래 사주에 인목寅木이 있으면 인진목국寅辰木局이 되므로 도움을 받지만 그 외에는 화생토火生土 현상으로 끝없이 추락한다.

신강사주인 경우에는 충분히 토생금土生金이 되므로 재財가 살아나고 관고 역할도 하기 때문에, 은행원이라면 여기에서 크게 출세할 근거지가 마련된다.

정화일주丁火日主가 진월辰月에 태어났다면 진월 자체가 봄의 성숙기이기 때문에 정화일주는 진월辰月에 뿌리한다. 글자 자체에만 얽매이지 말고 계절의 앞뒤를 잘 살펴봐야 한다. 따라서 진월辰月에 태어난 정화일주丁火日主는 종從하지 못한다.

### 정화丁火가 사화巳火를 만나면 ──────

정화에게는 사화가 비겁比劫, 왕궁旺宮, 화기태왕火氣太旺이 된다.

신약사주인 경우에는 정면으로 뿌리를 하기 때문에 나의 힘이 배가되나 이때도 원래 사주에 유酉나 축丑이 없어야 한다.

신강사주인 경우에는 견겁의 작용으로 재물을 빼앗기게 되어 있으나, 원래 사주에 유酉나 축丑이 있으면 재국財局이 이루어지기 때문에 친구와 형제의 도움으로 크게 성공한다.

정사일주丁巳日主는 외음내양外陰內陽 현상으로 겉은 약하게 보이지만 속은 의외로 강하다. 또한 고란살 작용으로 남녀 모두 혼자 사는 경우가 많다. 여자는 남자를 모르는 체질이니 정신적인 연애는 가능하나 육체적인 연애는 잘 안 된다.

### 정화丁火가 오화午火를 만나면 ─────

정화에게는 오화가 관궁冠宮, 비견比肩, 정록正祿, 왕旺한 불에 해당된다.

신약사주인 경우에는 정면으로 강하게 받쳐 주기 때문에 아주 좋아지는데 이때는 친구, 형제의 도움을 받게 된다.

신강사주는 재국財局이 완전히 피상당하므로 사업가라면 사업에 실패하고 아내와 생별生別 아니면 사별死別하게 된다.

### 정화丁火가 미토未土를 만나면 ─────

미토가 정화에게는 식신食神, 인고印庫가 된다. 화생토火生土로 회기晦氣될 것 같으나 미중未中 정화丁火가 있고 또한 계절이 여름이기 때문에 미약하나마 착근着根이 된다. 따라서 미월 미일 미시未月 未日 未時의 정화일주는 종從이 안 된다.

신약사주에게는 도움을 주지만 신강사주에게는 토생금土生金이 안 되고 오히려 재財를 파괴하기 때문에 재물의 손상이 크다.

정미일주丁未日主의 남자는 바람둥이가 많으며 처궁妻宮이 좋지 않다.

## 정화丁火가 신금申金을 만나면 —————

신금이 정화에게는 정재正財, 일몰日沒, 병궁病宮, 금다화식金多火息에 해당되고 암장으로는 정임합丁壬合이 된다. 정화일주의 여자가 신금을 만나면 돈 때문에 만났다가 남자(임수壬水)와 연애하게 된다.

신약사주는 신금이 아주 해로운데 공부하는 학생인 경우에는 여자 뒷꽁무니를 쫓아다니다가 공부를 망치기도 한다.

신강사주는 신중申中의 임수壬水 때문에 재관財官이 동시에 좋아지므로 돈과 권력을 함께 소유하게 된다.


## 정화丁火가 유금酉金을 만나면 —————

유금이 정화에게는 편재偏財, 일몰日沒, 석양夕陽, 사궁死宮에 해당된다.

신약사주인 경우는 무조건 나쁜데 원 사주에 사화巳火가 있으면 친구, 형제까지도 나를 배신한다.

신강사주는 재물을 확실하게 쟁취하지만 유酉가 금생수金生水가 안 되므로 권력까지 넘봐서는 안 된다. 그러나 원 사주에 축토丑土가 있으면 권력까지도 소유할 수 있다.

정유일주丁酉日主의 남자는 직업으로 의사, 법관, 역학자에 많고 여자를 깔고 앉아 있으므로(편재偏財) 처궁이 나쁘고 여자 관계가 복잡하다.


## 정화丁火가 술토戌土를 만나면 —————

술토가 정화에게는 상관傷官, 입묘入墓, 자기고自己庫가 되는데 주중柱中에 수다水多면 의지처가 된다. 관官이 있을 때 상식은 내 편이 되기 때문이다.

## 정화丁火가 해수亥水를 만나면 ─────

해수가 정화에게는 정관正官, 절지絶地, 몰광沒光에 해당된다.

신약사주는 주중柱中에 인寅이나 미未가 있으면 해수와 결합하면서 목국木局이 되므로 뿌리가 튼튼하게 된다. 또한 관인상생官印相生도 된다.

신강사주는 관官이 살아나므로 좋아지는데 원래 사주에 인묘미寅卯未가 있으면 목국木局으로 변질되기 때문에 관官만 희생당하는 결과를 가져와 오히려 해롭다.

정해일주丁亥日主의 여자는 암합으로 정임합丁壬合이 되어 정부情夫를 두며, 남자는 혼외 자식을 만드는 경우가 허다하다.

5장

무토戊土의
성격과 응용

무토 戊土

**01** 무토는 목화木火, 양陽, 하늘과 금수金水, 음陰, 땅이 양분된 중간에서 자리하고 있으며 형이상학적으로는 조절신調節神, 중화中和, 황기黃氣, 황사 현상, 무성茂盛, 자력磁力, 구심점, 과도기, 이슬비, 중성자 등에 해당된다.

**02** 분쟁이 있는 곳에 나타나면 해소되고 주위에 사람이 많이 몰려 매개체가 되면서 타인의 자문을 많이 받게 된다.

**03** 흙은 모든 만물을 키워 주고 있으며 중화 작용中和作用, 자제 능력이 있기 때문에 토일주土日主는 짓밟혀야 더 단단해진다.

**04** 무토일주戊土日主는 흡인력이 강하므로 어디를 가든지 토일주 집에서 함께 모여 간다.

**05** 토일주가 이사를 가면, 어디를 가든 처음에는 허허벌판이다가도 나중에는 중심지가 된다.

**06** 여자 토일주는 남녀 간의 중매를 잘 선다.

**07** 토土가 약해지면 의학적으로는 위산과다胃酸過多에 신경성 위장병이 생긴다. 토土가 허리에도 해당되므로 허리도 약해진다.

**08** 흡인력이 강한 토土라도 조토燥土인 경우에는 농사를 지을 수 없다. 이러한 현상은 사막에서 농사를 지을 수 없는 이치와 똑같이 이해하면 된다.

**09** 의심이 많은데, 결정적인 곳에서는 의심을 안 하고 헛다리를 짚는다.

**10** 금金이 많은 토土는 금다토변金多土變이 되므로 철분이 많은 땅은 농사를 지을 수 없다.

⑪ 무토일주戊土日主는 살집이 좋아서 비만 체구에 많다.

⑫ 무토일주는 부동산을 좋아하며 사채私債에도 흥미를 느낀다.

⑬ 형이하학적으로는 산, 제방, 흙 등에 해당된다.

⑭ 화토火土로서 조토燥土가 되면 화토중탁火土重濁이라 하여 종교, 역학, 철학 계통에 많다. 신부, 목사, 스님도 토일주土日主가 많다.

⑮ 인체로는 위장·요腰·살집·옆구리·미각 등에 해당되고, 얼굴은 둥글넓적하고 신장은 평균치를 넘기 어려우며, 항상 결석·당뇨·요통·위암 등을 주의해야 한다. 수리는 5이고, 색은 청색이고, 방향은 중앙이다.

⑯ 성격은 신용信用을 위주로 살아가나 묵은 소리를 잘하고 후중厚重하며 주체가 강한데 허虛하면 기토己土만도 못하여 같은 신앙이라도 맹종하기 쉽고, 신용이 없으며 주체가 약하고 부실하며 안정되지 않아 주위가 산만하다. 여기에 화기火氣까지 부족하면 음지陰地의 전답이 되니 평생 그늘 속에서 살아가게 된다.

⑰ 화다火多면 나무는 고사枯死하고 풀 한 포기도 살 수 없으니 결과적으로 농사도 짓지 못하고, 수다水多면 반죽이 묽어 토土 자체가 허물어지고 금다金多면 지층이 얕아 박토薄土로서 버려진 땅이 된다. 이 모든 현상은 중화中和를 이루어야만 잘 된다는 의미이다.

⑱ 천간天干의 무기토戊己土는 그 자체만으로는 조토燥土, 습토濕土의 구분이 안 되며 지지地支에서 무엇을 만나느냐에 따라서 조토燥土도 되고 습토濕土도 된다.

## 무토戊土가 갑목甲木을 만나면 ──────

갑목이 무토에게는 편관偏官이 된다. 편관이란 하루아침에 고위직으로 출세하거나 여자는 갑자기 시집을 가거나 하는 경우이다. 좋고 나쁘고는 갑목이 어떤 지지를 달고 있느냐에 따라서 결과가 현저하게 달라진다.

신강사주인 경우에는 나무의 뿌리로 무토일주戊土日主를 보호하면서 좋은 산에 동량지목棟樑之木으로 큰 살림을 이루고 있어 금상첨화라 할 수 있다.

예를 들면 병진년 계사월 무진일 갑인시丙辰年 癸巳月 戊辰日 甲寅時 또는 계유년 기미월 무진일 갑인시癸酉年 己未月 戊辰日 甲寅時 같은 사주는 용신用神이 시주時柱에 있는 갑인甲寅이다. 따라서 수목水木 운이 들어올 때 재관財官이 좋아진다. 이러한 무토일주戊土日主는 나라도 경영할 수 있는 큰 그릇이라고 할 수 있다. 같은 갑목甲木이라도 갑자甲子, 갑인甲寅, 갑진甲辰으로 들어와야 한다.

신약사주인 경우에는 허토虛土에 목다木多가 해당되는데, 이때는 음지의 전답으로 토土의 효용效用을 상실하니 지형천리只刑千里의 삶을 면할 길이 없다. 관살官殺이라는 것도 일복이니 죽도록 일만 하며 또한 천한 일만 하게 된다. 그러나 갑오甲午, 갑술甲戌로 들어오면 뿌리를 튼튼하게 함으로써 거꾸로 어두운 삶에서 벗어나게 된다.

## 무토戊土가 을목乙木을 만나면 ──────

을목이 무토에게는 정관正官이 된다. 정관이란 하루아침에 벼락출세를 하는 것이 아니고 단계를 차곡차곡 밟아서 계단식으로 올라가는 것을 말한다.

여자 같으면 남자를 키워서 시집가거나 단계를 밟아 시집가는 것을 의미한다. 그러나 이러한 경우에도 을목이 어떠한 지지를 가지고 나타나느냐에 따라서 결과가 확연히 달라진다.

신약사주인 경우에는 을목 자체가 해로운데, 을사乙巳나 을미乙未인 경우에는 무토가 뿌리함으로써 처음에는 을목 작용으로 해로운 것처럼 보이나 결과는 사화巳火나 미토未土의 영향으로 무토는 힘을 얻고 강하게 되어 재살財殺을 대항할 수 있으므로 오히려 전화위복轉禍爲福이 된다.

신강사주인 경우에는 상식이 용신用神일 때는 을축乙丑으로 들어와야 하고 재관財官이 용신일 때는 을묘乙卯, 을해乙亥로 들어와야 한다.

## 무토戊土가 병화丙火를 만나면 ─────

병화가 무토에게는 편인偏印이 된다. 편인이란 육친六親으로는 할아버지(조부)에 해당된다. 인수란 원래 나의 구조자 또는 기반이 되는데 여기에서도 지지의 구성 요소에 따라 신강·신약 사주 여하에 따라서 결과가 현저히 달라진다.

신약사주인 경우에는 원칙적으로 병화를 좋아한다. 이때의 병화는 병인丙寅, 병오丙午, 병술丙戌을 가리킨다. 병인은 관인상생官印相生이 되어 적도 내 편으로 만들어지고, 병오는 직접적으로 강력하게 세력을 형성하기 때문에 갑자기 상황이 좋아지고, 병술은 인수와 견겁이 동시에 받쳐 주니 재관도 무섭지 않다.

병진丙辰인 경우에는 원래 사주의 앞뒤를 잘 살펴서 판단해야 한다.

예를 들어 원래 사주에 유酉나 자子가 있으면 진유금국辰酉金局이나 자진수국子辰水局으로 진토辰土가 변하기 때문이다.

신강사주인 경우에는 원칙적으로 병화가 인수印綬가 되기 때문에 싫어하는데 병신丙申·병자丙子로 들어오면 확실히 도움이 되고, 병진丙辰인 경우에는 앞에서 지적한 대로 원래 사주와의 관계를 잘 살펴야 한다.

병신·병자인 경우 처음에는 징조가 천간天干의 병화 때문에 불길해 보이나 곧 지지의 영향으로 재관財官이 살아나므로 상태가 호전된다.

병인丙寅, 병오丙午, 병술丙戌로 들어오면 아주 나쁜데, 상식이 용신인 경우에는 화극금火剋金이 되므로 상식이 직격탄을 맞게 된다. 이런 경우를 도식倒食이라고 하는데 사업하는 사람은 부도가 나고, 직장인은 동료와의 충돌로 아랫사람이 배신하게 된다. 건강상으로는 이때 고혈압이 생겨서 신체의 균형을 깨 버린다. 심하면 중풍中風 환자가 된다.

## 무토戊土가 정화丁火를 만나면 ————

정화丁火가 무토戊土에게는 정인正印이 된다. 이때의 정인은 원칙적으로는 병화丙火인 편인偏印만도 못하다.

이 경우에도 지지의 구성 요소와 신강·신약 사주의 모양새가 모든 상황을 결정한다.

신약사주인 경우 정화가 인수에 해당하기 때문에 필요한데 정사丁巳·정미丁未로 들어오면 아주 좋고, 정묘丁卯인 경우 목생화木生火에 인색하므로 정사·정미에 비해서 품격品格이 떨어진다.

신강사주인 경우 정유丁酉, 정축丁丑, 정해丁亥로 들어와야 한다. 정해인 경우 주중柱中에 인寅이나 묘卯 또는 미未가 있으면 목국木局 역할도 하기 때문에 재관財官을 동시에 소유할 수 있어 더욱 아름답다.

## 무토戊土가 무토戊土를 만나면

무토戊土가 무토戊土에게는 비견比肩이 된다. 흙이 많아지기 때문에 두텁게 되며 후중厚中하게 된다.

신용信用 + 신용信用이 되므로 멍청하리만큼 신용이 세다. 그러나 비견겁比肩劫이 되기 때문에 의심이 많아지며, 나와 같은 것을 만나면 자꾸 뺏기기 때문에 나누어 먹는 것은 각오해야 한다.

신약사주인 경우에는 무오戊午·무술戊戌로 들어오면 아주 좋고, 무인戊寅인 경우 목극토木剋土를 당하면서도 인중寅中의 병화丙火 때문에 다시 화생토火生土가 되므로 절처봉생絶處逢生이 된다.

무진戊辰인 경우는 원래 사주의 앞뒤를 잘 살펴서 결론을 내려야 한다. 이유는 사주의 형성 여하에 따라 순수하게 견겁 작용도 할 수 있지만 유酉 자가 있으면 금국金局으로, 자子 자가 있으면 수국水局으로 변하기 때문이다.

신강사주인 경우에는 무신戊申·무자戊子로 들어오면 아주 좋은데, 무신戊申은 관용신官用神인 경우에 관식투쟁이 되니 이때도 앞뒤를 잘 살펴야 한다.

무진戊辰도 유酉나 자子가 원래 사주에 있을 때는 상식이나 재를 도와주기 때문에 아주 좋아지는데, 그래도 형제의 희생은 면할 길이 없다.

## 무토戊土가 기토己土를 만나면 ────────

기토己土가 무토戊土에게는 견겁肩劫이 된다. 기토가 무토보다 못하다고 하지만 기본 사주의 형성 상태가 잘 짜여져 있으면 오히려 기토가 무토보다 더 좋은 사주도 얼마든지 많다.

신약사주인 경우 기토가 무토일주에게 도움이 되는데 이때도 기사己巳, 기미己未로 들어와야 한다. 기사는 인수 작용으로, 기미는 견겁 작용으로 신약인 무토戊土를 도와주기 때문에 무토의 뿌리가 강해진다.

신강사주인 경우 무토는 기토를 싫어한다. 이것은 원칙이고 상식이 용신인 경우는 기유己酉·기축己丑으로 들어오면 좋고, 재가 용신인 경우에는 기해己亥로 들어와야 짜임새가 좋아진다.

관官이 용신인 경우에는 기묘己卯, 기해己亥로 들어오면 확실하게 관운官運을 살릴 수 있다. 기해는 재財의 역할을 하지만 해중亥中의 갑목甲木 때문에 관의 역할도 동시에 하게 된다.

## 무토戊土가 경금庚金을 만나면 ────────

경금이 무토에게는 식신食神이 된다. 식신은 옷과 밥이 생긴다 해서 다 좋아하지만 식신도 자기에게 좋은 식신이 있고 해로운 식신이 있으니 사주의 앞뒤를 잘 살펴서 판단해야 할 것이다.

신약사주인 경우에는 경오庚午, 경술庚戌로 들어와야 한다. 경오는 확실한 인수 작용으로 약한 무토를 도와준다. 경술은 견겁 작용으로 역시 무토의 뿌리를 튼튼하게 한다. 경인庚寅인 경우에는 주중柱中에 오午나 술戌이 있어야 확실하게 화국火局을 형성한다.

신강사주인 경우에는 경신庚申으로 들어오면 상식이 용신인 경우에 해당되고, 경자庚子로 들어오면 상식이나 재가 용신인 경우에 해당된다.

## 무토戊土가 신금辛金을 만나면 ————

신금辛金이 무토戊土에게는 상관傷官이 된다. 이 경우에도 똑같이 지지의 작용에 따라서 좋고, 나쁘고가 확연히 달라진다.

신약사주인 경우는 신사辛巳, 신미辛未로 들어와야 도움이 된다. 신사인 경우는 주중에 유酉나 축丑이 없어야 한다. 유나 축이 있으면 사巳의 본래 기능이 퇴색되고 사巳가 금국金局으로 바뀌어서 친구 잃고 돈도 잃는다.

신미辛未로 들어오면 신약사주인 경우에는 무조건 좋은데 친구나 형제의 도움을 받는다.

신강사주인 경우에는 상식이 용신이면 신유辛酉나 신축辛丑으로 들어와야 하고, 재財가 용신用神이면 신축辛丑·신해辛亥로 들어와야 한다. 관官이 용신用神이면 신묘辛卯로 들어와야 정관正官이 되기 때문에 정확하게 자기의 목적을 이루게 된다.

상식용신傷食用神인 경우를 예를 들어 설명하겠다.

기사년 기사월 무진월 신유시己巳年 己巳月 戊辰月 辛酉時의 사주는 시주時柱에 있는 신유辛酉가 용신用神인데, 운에서 신유辛酉가 들어오면 년월年月에 있는 사화巳火까지 내 편으로 만들기 때문에 보통 부자가 아니라 바로 재벌로 가게 된다. 이러한 사실로 미루어 보아 상관이 나쁜 역할이 될 때는 남을 물고 늘어지며 악질惡質이 되나, 좋을 때는 사회에 큰 헌신을 할 수 있는 보석 광산이 된다.

## 무토戊土가 임수壬水를 만나면 ──────

임수壬水가 무토戊土에게는 편재偏財가 된다. 편재란 욕심이 많고 일확천금을 노리며, 자기 마음에 드는 여자는 언젠가는 내 것이 될 수 있다는 생각과 정상적이지 못한 편법偏法을 가지고 세상을 살아간다.

임수가 많이 나타나면 수다토류水多土流 현상으로 음지陰地의 땅, 버려진 땅이 된다. 사람으로 치면 버려진 팔자八字가 된다.

건강상으로는 변비, 위장 장애, 위궤양이 발생될 소지가 많다.

임수壬水 때문에 위장 장애가 일어나는데, 임수가 돈을 가리키므로 돈 때문에 신경 쓰다가 위장병에 걸리게 된다.

신강사주인 경우에는 임자壬子·임신壬申으로 들어와야 하는데, 임자보다 임신으로 들어오는 것이 효력이 더 크다. 이유는 임신은 계속해서 금생수金生水하기 때문에 샘물이 끊임없이 솟아나는 탓이다. 사람으로 치면 아랫사람의 도움으로 또는 새로운 아이디어 상품 개발로 돈이 물같이 쏟아진다.

임진壬辰인 경우에는 주중柱中에 유酉나 자子가 있어야 효력이 발생된다.

신약사주인 경우에는 임오壬午, 임술壬戌로 들어와야 좋아진다. 임오는 인수 작용으로, 임술은 견겁 작용으로 무토戊土를 도와준다.

임인壬寅인 경우에는 주중柱中에 오午나 술戌이 있어야 화국火局이 되며 신약사주에 도움이 된다.

## 무토戊土가 계수癸水를 만나면 ──────

계수癸水가 무토戊土에게는 정재正財가 된다. 계수癸水는 아양이 많고 어려 보이며 요염해서 좋은데, 금수다金水多이면 술집 여자나 화류계 여자로 연결되서 패가망신하기 쉽다. 계수癸水가 주중柱中에 많을 때는 꽃밭에서 노는 팔자가 된다.

신약사주인 경우에는 계사癸巳, 계미癸未로 들어와야 무토戊土의 뒷받침이 가능하다.

신강사주인 경우에는 상식이 용신이면 계유癸酉·계축癸丑으로 들어와야 하고, 재財가 용신일 때는 계해癸亥·계유癸酉·계축癸丑으로 들어와야 재국財局이 형성된다. 관官이 용신일 때는 계묘癸卯, 계해癸亥로 운에서 형성이 되면 관국官局의 역할을 하게 된다.

## 무토戊土가 자수子水를 만나면 ─────

자수가 무토에게는 정재正財, 절지絕地, 동토凍土, 토류土流, 음지陰地가 된다. 또한 자중계수子中癸水와 무계암합戊癸暗合을 하고 있다. 신약사주에게는 수다토류水多土流 현상으로 돈 때문에, 부모 때문에 음지陰地의 생활로 접어든다.

그러나 신강사주인 경우에는 자수子水가 합류하므로 재국財局이 형성되어 크게 재물을 모을 수 있다. 그런데 자수子水 자체는 수생목水生木이 안 되므로 돈은 벌지만 권력이나 자식 농사까지는 연결되지 않는다.

무자일주戊子日主 여자는 여성 상위 시대를 주장하기는 하나 음지의 땅이기 때문에 소실 팔자를 면할 길이 없다.

남명男命은 연애 박사에 여난女亂을 면할 길이 없다.

무자戊子는 무자無子이므로 자식이 없는 경우가 많다. 이럴 때 자식이라 함은 남자아이를 가리킨다.

## 무토戊土가 축토丑土를 만나면 ──────

축토丑土가 비겁比劫, 동토凍土, 음지陰地, 상식고傷食庫가 된다. 집산불능集散不能이 되기 때문에 자율신경이 마비되고 나의 몸에서 발사되는 텔레파시가 불발不發된다.

또한 축丑은 동토凍土, 습토濕土이며 철분을 과다하게 보유하고 있기 때문에 절대로 무토戊土가 뿌리하지 못한다.

건강상으로는 계속 회기晦氣된다. 따라서 몸이 가물가물 꺼져 가고 자기도 모르는 사이에 모든 기운이 소진된다. 위장 장애가 일어나고 허리가 아파 오기 시작한다. 그러나 신강사주이고 상식이나 재가 용신인 경우에는 써도 써도 솟아나는 재물의 통로가 생겨난다.

## 무토戊土가 인목寅木을 만나면 ──────

인목이 무토에게는 편관偏官이 되며 화토火土가 공존共存하기 때문에 무토戊土의 장생지長生地가 된다.

인중갑목寅中甲木은 목극토木剋土하고, 인중병화寅中丙火는 화생토火生土한다. 한마디로 병 주고 약 준다.

신약사주에는 주중柱中에 오午나 술戌이 있으면 화국火局을 형성하기 때문에 인목寅木으로 인해, 다시 말해서 갑자기 나타난 편관偏官으로 인하여 크게 도움을 받는다.

신강사주인 경우에는 관官이 용신이면 크게 출세하게 된다. 만약 원래 사주에 해수亥水가 있으면 재관財官을 동시에 획득하게 된다. 만약 상식이 용신인 경우에는 관식투전이 일어나므로 100가지 해로운 작용이 나타난다. 심하면 저승사자에게 인도된다. 무인일주戊寅日主의 여자는 앉은자리에 편관偏官을 놓았기 때문에 남편궁이 나쁘다.

건강상으로는 위산 과다로 인해서 위장병이 발생한다. 남녀 간에 편관 때문에 일복은 타고났다.

### 무토戊土가 묘목卯木을 만나면 ————

묘목이 무토에게는 정관正官이 된다. 그러나 강한 목극토木剋土가 되기 때문에 토土는 붕괴되고 토질土質이 산성화酸性化 된다. 또한 음지陰地의 땅이 되며 인정仁情이 과다하여 신용이 부실不實하게 된다.

목木이 인정이고 토土가 신용이기 때문이다. 신약사주는 무조건 나쁜데 인생살이가 한마디로 지형천리가 된다. 신강사주도 관官이 용신인 경우는 많은 도움을 받지만, 상식이 용신인 경우는 관식투전으로 모든 것이 다 파괴된다. 상식용신傷食用神이 유酉인 경우가 가장 혹독하다. 뇌출혈 내지는 중풍中風이 오게 된다.

### 무토戊土가 진토辰土를 만나면 ————

진토가 무토에게는 비견比肩, 재고財庫가 된다.

진토辰土가 무토戊土에게는 형제, 친구에 해당되는데 이것 자체가 재고財庫에 해당되므로 무진일주戊辰日主는 형제나 친구가 돈 벌어주고 나의 밥이 된다.

신약사주인 경우에는 진토가 강력한 뿌리가 되므로 아주 기뻐하는데, 특히 사주가 조토燥土로 구성되어 있을 때는 습토濕土의 추가로 균형을 이루므로 더더욱 기쁘다 할 수 있다. 그러나 이 경우에도 주중柱中에 유酉나 자子가 있으면 금국金局이나 수국水局으로 돌변하기 때문에 오히려 해롭게 된다.

또한 주중에 인寅이나 묘卯가 있을 때도 목국木局으로 변하기 때문에 이 역시 해롭다.

신강사주인 경우에는 사주 자체가 조토燥土로 구성되어 있거나 상식이 용신用神일 때는 형제, 친구의 도움으로 성공하게 된다.

무진일주戊辰日主는 반죽이 잘된 흙으로(습토濕土이기 때문) 살집 좋고 비만 체구이다. 무진戊辰은 백호대살白虎代殺에 해당되는데 진토辰土가 형제를 의미하므로 형제간의 횡사橫死, 급사急死가 있게 된다. 무진일주는 진토辰土가 재고財庫이므로 아내의 잔질殘疾은 면할 길이 없으며, 일지日支에 친구와 형제가 와 있으므로 의처증疑妻症으로도 연결된다.

또한 진토辰土는 암장暗葬으로 무을계戊乙癸가 있다. 여기에서 무토戊土와 계수癸水가 무계합戊癸合을 하고 있다. 계수癸水는 무토의 아내를 일컫는데 무계합을 하고 있기 때문에 나도 모르는 사이에 친구에게 아내를 빼앗기게 되니 항상 조심하여야 한다.

무진일주의 남자는 특히 돈을 밝히며 처궁妻宮이 나쁘다. 무진일주는 지금까지 실관한 바로는 돈이 들어가면 나올지 모르고 대단히 인색하다. 이유는 진토辰土가 재고財庫이면서 동시에 깊은 땅속에 속하기 때문이다.

무진일주의 처가妻家는 별 볼 일 없다. 이유는 진중辰中의 계수癸水가 아내인데 진토辰土가 계수癸水의 묘고墓庫(=무덤)에 해당되기 때문이다.

## 무토戊土가 사화巳火를 만나면

사화가 무토에게는 편인偏印·관궁冠宮이 되고 화생토火生土를 잘하는데, 결과는 항상 조토燥土가 된다. 주중柱中에 습토濕土가 있으면 도움을 받는데 조토로 사주가 짜여져 있으면 크게 도움을 받지 못한다.

무일戊日 정사시丁巳時의 여자는 타자양육他者養育을 하게 된다. 타자양육이란 남의 자식을 자기 자식처럼 키워 줌을 가리킨다. 사화巳火는 암장으로 병무경丙戊庚이 있다.

이 가운데 경금庚金이 자식에 해당되는데 사화巳火가 친정이므로 친정의 피붙이를 데려다가 길러 주는 경우가 많다. 시집와서 시동생 기저귀부터 갈아 주고 키워 주는 것도 타자양육他者養育에 해당된다.

신약사주인 경우에는 인수가 되기 때문에 기뻐하는데, 주중에 유酉나 축丑이 없어야 한다.

신강사주인 경우에는 견겁이 되기 때문에 기릅한데, 주중에 유酉나 축丑이 용신이면 사화巳火가 상식으로 돌변하기 때문에 부모님이나 상사의 희생으로 또는 도움으로 모든 일이 쉽게 풀어진다.

### 무토戊土가 오화午火를 만나면 ─────

오화가 무토에게는 정인正印, 왕궁旺宮, 조토燥土, 양인살羊刃殺이 된다.

신약사주인 경우에는 무조건 좋은데 주중柱中에 습토濕土가 있으면 효력이 배가된다.

신강사주인 경우에는 아주 흉한데, 특히 상식傷食이 피상당하므로 재財로 가는 길목이 차단되어 재財까지 손실을 입게 된다.

남자로 치면 돈 잃고 아내를 빼앗긴다. 건강상으로는 고혈압 증세가 생기며 심하면 뇌경색이 발생된다.

오화午火가 인수印綬에 해당되기 때문에 보증을 잘못 서서 또는 부모님 때문에 곤욕을 치르게 된다. 아무리 화생토火生土를 한다고 하지만 습토濕土와 균형이 맞춰지지 않으면 크게 발전하지 못한다. 결국 무토戊土는 공중으로 분해되고 날아가 버리기 때문에 농사 지을 수 있는 기름진 땅이 되지 못한다. 이러한 현상은 조토燥土만 가지고는 모든 일이 순조롭게 이루어지지 못함을 가리킨다.

무오일주戊午日主는 바람둥이이며 처궁妻宮이 부실不實하다. 필자가 지금까지 경험한 바로는 무오일주戊午日主와 정미일주丁未日主는 바람둥이이며 여자가 많이 따른다. 이러한 원인은 조토燥土는 10리 밖의 수분水分도 끌어들이기 때문이다. 또한 모처불합母妻不合으로 연결된다. 어머니와 처가 서로 사이가 좋지 않음을 가리키는데, 이러한 현상은 아내 자리에 어머니가 와 있기 때문이다.

## 무토戊土가 미토未土를 만나면 ─────

미토가 무토에게는 비겁比劫, 관고官庫, 왕궁旺宮, 조토燥土가 된다. 또한 강하게 뿌리하기 때문에 양인 작용羊刃作用도 발생된다. 미월未月의 무기토戊己土는 불용가색不用稼穡이 된다. 한마디로 표현하면 빠짝 말라 있는 흙이므로 농사를 지을 수 없다는 뜻이다.

그러나 무토戊土가 미월未月에 태어나 바짝 말라 있는 흙이라고 하더라도 일주日柱와 시주時柱에 습토濕土가 균형 있게 배치되는 경우에는 예외로 가색격稼穡格이 된다.

실례를 들어보겠다. 갑인년 신미월 무진일 병진시甲寅年 辛未月 戊辰日 丙辰時 같은 사주는 조토燥土와 습토濕土의 균형으로 가색격이 된다. 또한 미토未土가 관고官庫이기 때문에 남자는 자손궁에 흠欠이 생기고 여자는 남편궁에 흠이 발생한다. 신약사주인 경우에는 미토未土를 기뻐하는데 주중柱中에 묘목卯木이나 해수亥水가 있으면 영향력이 반감半減된다.

신강사주인 경우에는 친구, 형제 때문에 재물에 손상이 생긴다.

## 무토戊土가 신금申金을 만나면 ─────

신금이 무토에게는 식신食神, 병사지病死地, 설기泄氣가 된다. 신약사주일 때에는 신금申金이 무토戊土 밑의 바위가 되어서 박토薄土로 변한다. 박토가 되기 때문에 지층이 얕고 자기 노출이 심하며 밑천이 짧은 팔자八字이다.

신강사주인 경우에는 상식傷食과 재성財星을 신금申金이 동시에 보유하기 때문에 마르지 않는 샘물이 되어 재정적으로 크게 성공하게 된다. 예를 들어 설명하겠다.

병오년 을미월 무신일 임자시丙午年 乙未月 戊申日 壬子時의 사주는 신강身強 사주로 금수金水가 용신用神인데 대운大運에서 신금申金이 들어오면 크게 성공한다. 무신일주戊申日主는 고란살이 되어 외로운 팔자이다. 한마디로 고독 때문에 신음하는 팔자이다. 그러나 이 경우에도 일간日干의 앞뒤를 잘 살펴서 판단해야 할 것이다. 신금申金이 희신喜神이 될 때는 그 작용이 반감된다.

## 무토戊土가 유금酉金을 만나면 ─────

유금酉金이 무토戊土에게는 상관傷官, 도기盜氣, 허토虛土, 철분鐵分이 과다過多한 땅이 된다. 신약사주인 경우에는 무조건 나쁘다. 철분이 과다해서 농사도 지을 수 없고, 해가 넘어가기 때문에 음지陰地

의 땅이 된다.

신강사주인 경우에 상식이 용신이면 아주 좋은데, 유금酉金이 금생수金生水가 안 되기 때문에 재운은 영향력이 반감된다. 관이 용신일 때는 관식투전이 되어서 아주 해롭다.

## 무토戊土가 술토戌土를 만나면 ─────

술토가 무토에게는 비견比肩, 인수고印綬庫, 왕토旺土, 조토燥土가 된다. 술토는 토극수土剋水는 잘하나 토생금土生金에는 인색하다. 그러나 술토가 월지月支에 있을 때는 토생금土生金이 잘된다. 이유는 술월戌月 자체가 가을이기 때문이다.

신약사주인 경우에는 무조건 좋다. 형제, 친구가 도와주니 더 이상 기쁜 일이 있겠는가?

그러나 신강사주인 경우에는 견겁의 작용 때문에 아주 해롭다. 가끔 무토일주가 화토火土가 용신이면서 신강사주인 경우가 있으니 이때는 앞뒤를 잘 살펴서 판단해야 할 것이다.

무술일주戊戌日主는 간여지동干與支同으로 부부가 해로하기 힘들고, 인수고장이기 때문에 어머니가 둘인 경우가 많다.

## 무토戊土가 해수亥水를 만나면 ─────

해수가 무토에게는 편재偏財, 절지絶地, 음지陰地, 토류土流, 동토凍土가 된다. 또한 재관동임財官同臨이 되어 총각으로서 득자得子 하는 경우가 많다. 해중亥中의 갑목甲木이 자식이기 때문이다.

신약사주인 경우에는 해수亥水가 재살지財殺地가 되어 아주 해롭다. 경제적으로도 아주 어려워지는데 사업하는 사람은 재살지財殺地

가 되어 국세청의 세무사찰을 받게 되고 심하면 구속되기에 이른다.

　신강사주身强四柱인 경우에는 해수亥水가 재성財星에 해당되어 돈도 생기고 권력까지 손에 쥐게 된다. 권력, 명예까지 해당되는 것은 해수亥水 안에 갑목甲木이 있기 때문이다. 갑목이 편관偏官이 되기 때문에 생각지 못했던 감투가 갑자기 들어오게 된다. 예를 들어 설명하겠다.

　무오년 정사월 무자일 계해시戊午年 丁巳月 戊子日 癸亥時의 사주는 신강사주로 금수金水가 용신用神이다. 무토일주戊土日主가 조토燥土인데 일시日時에 해자수亥子水로서 조토燥土를 중화中和시키니 이런 경우가 사막에서 오아시스를 만난 격이다. 이렇게 좋은 환경에서 또다시 해수亥水를 만나면 큰 부자 소리를 듣는다.

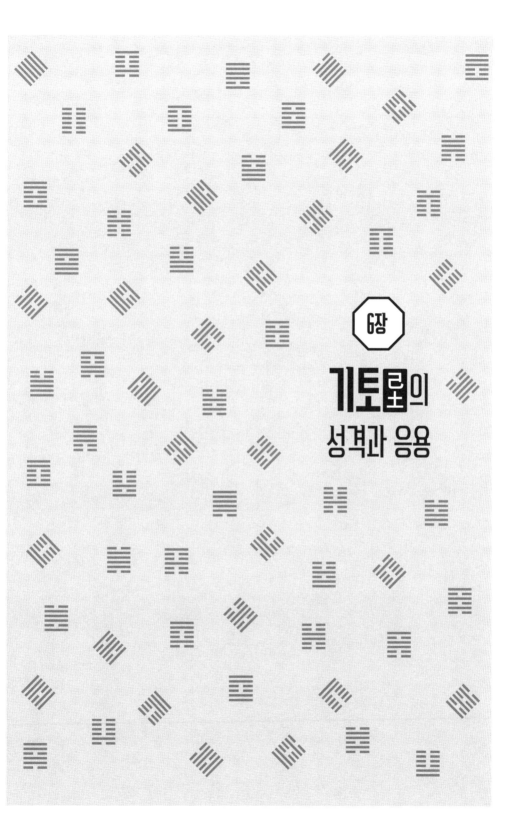

6장

기토료의
성격과 응용

**01** 기토는 무토戊土와 같이 중앙에 자리하며, 중성자中性子로서 작용은 같으나 무토는 양陽이고 기토己土는 음陰인 것이 다르며 이는 중성자도 둘이 있다는 뜻이다.

**02** 본래 기토는 무토를 이어 양이 음으로 변화하는 과정이라고는 하지만, 갑甲에서 일一로 시작하여 기토己土·육六에 이르러 만물이 성숙함을 나타내고 천지인天地人 삼재三才가 모두 구비되어 있기에 토土로서 진토眞土 구실을 하고 있다.

**03** 형이상학적으로는 원기元氣이며, 형이하학적으로는 전답田畓에 해당된다.

**04** 비위脾胃가 허약하여 매사에 까다로우며 따라서 기토己土의 비위 맞춰 살기가 어렵다.

**05** 기己는 기起로서 운동신경이 발달하여 단거리에 소질이 있는 사람이 많다.

**06** 강열지화強烈之火인 병화丙火는 토열土烈이 되어 싫어하나, 정화丁火는 화토공존火土共存으로 좋아한다.

**07** 기토己土도 왕旺하면 무토戊土와 같은데 목기木氣를 겁내는 것은 전답田畓 주위에 나무가 많으면 음지陰地 전답이 되어 가색稼穡의 공功을 이룰 수 없기 때문이며, 을목乙木과 묘목卯木을 제일 싫어하는데 이유는 목木이 많으면 토질土質이 산성화되기 때문이다. 하나의 예를 들어 설명하겠다.

임오년 을사월 기묘일 기사시壬午年 乙巳月 己卯日 己巳時 같은 사주는 신왕身旺이기 때문에 목용신木用神을 쓰려고 하나 목용신木用神이 불가不可하다. 이유는 조토燥土이기 때문에 나무를 심어도 나무가 살지 못한다.

**08** 기토己土의 특징은 극과 극을 달리고 있어 고관高官이 아니면 하격
下格에 많다.

**09** 주중柱中의 쌍기토雙己土는 말을 잘하며 아나운서나 변호사가 많
다. 이유는 기토己土 자체가 '입'이기 때문이다.

**10** 허토시虛土時에는 미신 숭배에 깊이 빠져드는데 심하면 본인이 무
당이 되기 쉽고, 정신질환이 많은 것이 흠欠이다. 예를 들어 설명하
겠다.
을묘년 정해월 기묘일 기사시乙卯年 丁亥月 己卯日 己巳時의 사주는 신
약사주인데 5일만 기도하면 자신이 무너지고 신神이 찾아온다. 다
시 말하면 '빙의憑依(=무당이 됨)'가 된다는 뜻이다. 너무 허虛하기
때문에 귀신鬼神이 들어설 자리가 곧바로 생긴다.

**11** 기토己土는 맛은 달고, 색은 황색黃色이다.

**12** 기토己土는 불리한 일이 생기면 깜짝깜짝 놀라며, 샘이 많고, 미각
味覺이 발달되어 있다.

**13** 기토己土 역시 무토戊土와 같이 부동산을 좋아한다.

**14** 무토戊土와 기토己土는 양토陽土와 음토陰土로는 구별되나, 조토燥
土와 습토濕土의 구별은 지지地支의 형성 여하에 따라 구별된다.

**15** 조토燥土로만 사주가 구성되어 있는 경우에는 피부가 건성乾性이
며, 습토濕土가 많은 경우에는 피부가 습濕하며, 균형이 맞춰진 경
우에는 피부가 깨끗하고 보기가 좋다.

## 기토己土가 갑목甲木을 만나면 ─────

갑목甲木이 정관正官이 된다. 신약사주인 경우에는 갑오甲午, 갑술甲戌로 들어오면 인수印綬, 견겁肩劫이 되므로 사주가 더욱 알차고 튼튼해진다. 갑인甲寅으로 들어오는 경우에는 주중柱中에 오화午火나 술토戌土가 있으면 화국火局을 형성하기 때문에 기토己土에게는 도움이 된다.

신강사주인 경우에는 재財나 상식傷食이 용신인 경우에 갑자甲子, 갑신甲申으로 들어오면 재성財星이 살아나므로 사주가 크게 좋아진다. 갑진甲辰인 경우에는 주중柱中에 자수子水나 유금酉金이 있을 때는 역시 재성財星이 좋아진다.

## 기토己土가 을목乙木을 만나면 ─────

을목이 기토에게는 편관偏官이 된다. 신약사주인 경우에는 을사乙巳, 을미乙未로 들어오면 뿌리를 튼튼하게 하기 때문에 사주의 모양새가 좋아진다. 그러나 을묘乙卯, 을해乙亥, 을유乙酉, 을축乙丑으로 들어오면 인생살이가 지형천리가 된다. 건강상으로는 위장과 허리에 이상이 온다.

신강사주인 경우에는 을해乙亥, 을유乙酉, 을축乙丑으로 들어오면 재성財星이 살아나므로 돈 벌고 출세한다. 을묘乙卯인 경우에는 사주가 균형이 잘 맞춰진 경우 외에는 거의 관용신官用神이 어렵다.

## 기토己土가 병화丙火를 만나면 ─────

병화가 기토에게는 정인正印이 된다. 화생토火生土를 받아 온난지토溫暖之土로서 만물을 자생케 하며, 또한 양지의 전답으로서 옥토

옥토玉土가 되나 태과太過하면 조토燥土로서 토열土烈이 되니 불가不可하다.

신약사주인 경우 병화丙火를 아주 기뻐하는데 병인丙寅, 병오丙午, 병술丙戌로 들어와야 병화丙火로서 임무를 다하게 된다.

만약 병자丙子, 병신丙申으로 들어오면 완전한 음지전답陰地田畓이 된다.

신강사주인 경우는 거꾸로 병신丙申, 병자丙子로 들어와야 재성財星이 살아난다. 병진丙辰인 경우는 사주 자체가 조토燥土로만 구성되어 있다면 습토濕土의 첨가로 크게 도움을 받을 수 있다.

## 기토己土가 정화丁火를 만나면 ————

정화가 기토에게는 편인偏印이 된다. 화생토火生土하여 따뜻한 열기로서 만물을 양육養育케 하니 화토공존火土共存의 진리라 할 수 있으나 정화丁火도 태과하면 조토燥土가 되니 넘치거나 모자라는 것이 모두가 병病이 된다.

신약사주인 경우에는 정묘丁卯, 정사丁巳, 정미丁未로 들어와야 기토己土를 보호할 수 있는데 이 중에서는 정묘丁卯가 격格이 떨어진다. 이유는 묘목卯木이 목생화木生火에 인색하기 때문이다.

신강사주인 경우에는 정해丁亥, 정유丁酉, 정축丁丑으로 들어와야 한다. 이 역시 재운財運이 살아나므로 돈을 벌고 재수 있는 일이 생기게 된다.

처음에는 정화丁火의 작용으로 방해받을 것 같으나 형제, 친구가 오히려 나를 도와주는 꼴이 된다. 이유는 형제, 친구가 뿌리를 내리지 못하고 나에게 항복하기 때문이다.

## 기토己土가 무토戊土를 만나면 ─────

무토가 기토에게는 비겁比劫이 되는데 크게 봐서 신약身弱에는 좋으나 신강身强에는 나쁘다. 그러나 지지에 어떠한 형태가 형성되느냐에 따라서 희비喜悲가 엇갈린다.

신약사주인 경우에는 무오戊午·무술戊戌이 기토己土에게는 형제, 친구가 도와주게 되어서 아주 좋다.

무인戊寅은 주중에 오화午火나 술토戊土가 있으면 아주 좋고, 무인戊寅 자체로도 인중寅中의 병화丙火 때문에 무토戊土가 약하게 뿌리하므로 그렇게 나쁘지는 않다.

신강사주인 경우에는 무신戊申·무자戊子로 들어와야 재국財局이 살아나므로 사주의 격格이 한층 좋아지는데, 무진戊辰은 주중에 유금酉金이나 자수子水가 있으면 금국金局이나 수국水局으로 변화해서 좋아진다. 진토辰土가 동시에 기토己土의 뿌리로도 되기 때문에 이때는 사주의 앞뒤를 잘 살펴 판단해야 한다.

## 기토己土가 기토己土를 만나면 ─────

기토가 기토에게는 비견比肩이 된다. 크게 봐서 신약사주에는 기토가 나타나면 도움을 받는다고 하나, 기사己巳·기미己未로 들어와야 도움을 받을 수 있다.

신강사주인 경우에는 기유己酉, 기해己亥, 기축己丑으로 들어와야 기토에게 도움이 된다. 이때도 마찬가지로 재성財星이 살아나므로 돈도 벌고 재수가 있으며 아내의 협조로 가정의 평화를 가져올 수 있다.

## 기토己土가 경금庚金을 만나면 ───────

경금이 기토에게는 상관傷官이 된다. 토왕土旺에는 설정영泄精英이 되어 밭을 갈다가 광맥을 발견한 것과 같고 또한 오곡을 결실케 하며 칠살七殺인 목木이 있다 하더라도 금극목金剋木으로 겁날 것이 없다. 만약 중화中和를 실도失道하면 금목상전金木相戰에 죽어 나는 것은 기토己土이다.

여자 같으면 관식투전官食鬪戰으로 남편과 자식이 싸우게 되고 또한 남편에게 매 맞고 사는 경우가 많다.

신약사주인 경우에는 경금庚金이 상관傷官으로 도움이 안 된다고 하나, 경오庚午·경술庚戌로 들어오면 기토가 한층 튼튼해지면서 사주의 그릇이 좋아진다.

경인庚寅은 주중柱中에 오화午火나 술토戌土가 있으면 화국火局이 되므로 이 역시 신약사주에는 도움이 된다.

신강사주인 경우에는 경진庚辰, 경신庚申, 경자庚子로 들어오면 사주의 균형을 맞추어 줌으로써 신강사주가 또 한 번 크게 빛을 보게 된다.


## 기토己土가 신금辛金을 만나면 ───────

신금이 기토에게는 식신食神이 된다. 원칙적으로 보면 식신食神은 신강사주에는 좋고 신약사주에는 나쁘다고 볼 수 있으나, 더 파고들어가 보면 지지地支에 무엇을 달고 들어오느냐에 따라서 그 결과는 하늘과 땅 차이이다.

신약사주에는 신사辛巳, 신미辛未로 들어와야 기토己土의 뿌리를 더욱 튼튼히 함으로써 칠살七殺인 목기木氣나 재살財殺인 수기水氣도 겁내지 않고 대항할 수 있다.

신강사주에는 신해辛亥, 신유辛酉, 신축辛丑, 신묘辛卯로 들어와야한다. 신유·신축은 상식용신이나 재성財星용신인 경우 도움이 되고, 신해辛亥는 신강사주인 경우 무조건 좋고, 신묘辛卯는 관용신官用神인 경우 편관偏官에 해당되므로 나도 모르는 사이에 갑자기 출세하면서 생각지도 않았던 감투를 쓰게 된다.

## 기토己土가 임수壬水를 만나면 —————

임수壬水가 기토己土에게는 정재正財가 된다. 신약身弱에는 동토凍土·토류土流로서 싫어하나, 신왕身旺에는 적당한 우로수雨露水를 만나 만물을 생육生育케 할 수 있다.

이러한 사실은 기본적인 이론이고 실제적으로는 지지의 형성 상태에 따라 좋고 나쁘고가 가려진다.

신약사주에는 우선 임오壬午, 임술壬戌로 들어오면 기토己土에게는 도움이 된다.

임인壬寅인 경우 원래 사주에 오화午火·술토戌土가 있어야 좋은데, 사화巳火가 있는 경우에는 인사형寅巳刑이 되어 조금 시끄럽기는 하나 화기火氣가 폭발하므로 이 역시 해롭지 않다.

신왕사주에는 임신壬申·임자壬子로 들어오면 상식과 재성을 확실히 살려 줌으로써 좋은데, 임진壬辰인 경우 주중柱中에 유금酉金이나 자수子水가 있으면 금국金局이나 수국水局으로 변화해서 아주 좋아지게 된다. 화토중탁火土重濁 사주도 화기火氣가 왕성한 경우에는 진토辰土가 들어감으로써 조습燥濕의 조화調和를 이루기 때문에 임진壬辰이 이롭게 작용한다. 그러나 이때의 임수壬水는 진토辰土 위에 놓이기 때문에 자기고自己庫에 해당된다. 따라서 임수壬水의 희생은 불가피하다.

## 기토己土가 계수癸水를 만나면 ─────

계수癸水가 기토己土에게는 편재偏財가 된다. 신약사주에는 계사癸巳·계미癸未로 들어와야 좋으며, 계사인 경우 주중柱中에 유酉나 축丑이 없어야 한다. 처음에는 천간天干의 계수癸水로 인해서 재물을 잃어버리는 것으로 생각되나 결과는 재산이 더욱 불어나게 된다.

신왕사주身旺四柱인 경우에는 계해癸亥, 계유癸酉, 계축癸丑으로 들어와야 한다. 이 세 가지 경우 다 편재偏財에 해당되어 갑자기 큰돈이 생기게 된다.

## 기토己土가 자수子水를 만나면 ─────

자수가 기토에게는 편재偏財, 절지絶地, 동토凍土, 토류土流, 음지陰地가 된다.

신약인 경우 편재偏財·절궁絶宮·동토가 되니 토土로서 임무를 상실하며, 돈이나 여자로 인하여 꽁꽁 얼어붙어 버리며, 계획은 멋진데虛慾(=허욕) 현실은 아니기 때문에 결국은 무지개를 쫓는 꼴이 되고, 음지陰地가 되기 때문에 결실이 없고, 토류土流가 되는데 여기서 토류란 '방황'을 하게 된다는 뜻이다. 여기서 방황은 내가 설 땅이 어딘지 모른다는 뜻이다.

조토燥土로서 신왕사주일 때는 습기濕氣를 가하여 윤택하게 하니 없어서는 안 될 귀물貴物이 되기도 한다.

## 기토己土가 축토丑土를 만나면 ──────

축토가 기토에게는 비견比肩, 동토凍土, 음지陰地가 된다. 축토는 토土보다 수水에 가깝기 때문에 토土로서는 애당초 믿지 않음이 좋다.

기토일주己土日主가 신왕사주身旺四柱이고 상식이나 재성財星이 용신인 경우에는 축토丑土가 토생금土生金이 잘되므로 재성財星에 크게 도움이 되고, 기토己土가 조토燥土로만 구성되어 있어 균형이 맞춰지지 않을 때는 축토가 강력한 습토濕土 역할을 하기 때문에 이때는 오히려 좋아진다. 무기토戊己土는 축토丑土를 아무리 많이 만나도 신약에서 신왕사주로 변경되지는 않는다.

기축일주己丑日主는 철분이 많은 흙을 가리키기 때문에 농사를 지을 수 없고, 축토丑土 위의 기토己土는 동토凍土이기 때문에 힘을 쓰지 못하고 흙으로써 값어치가 없다. 또한 뿌리를 못하기 때문에 세상을 비관하는 경우가 많다.

건강은 풍습風濕에 대장이 안 좋고 비위가 약하며, 허리도 조심해야 한다.

기축일주己丑日主는 항상 과음을 삼가하여야 한다. 여명女命은 부궁夫宮이 좋지 않고 일지비견日支比肩 탓에 의부증疑夫症 환자가 되기 쉽다.

## 기토己土가 인목寅木을 만나면 ──────

정관正官이며 목극토木剋土를 받아서 죽게 되는데 무토戊土는 미약하나마 인목寅木에 의지할 수 있으나, 기토己土는 붕괴되고 강열지화強烈之火에 토열되므로 용신用神으로 쓸 수 없으니 이 점이 무토戊土

와 다른 점이라 하겠다.

신약사주인 경우에는 주중柱中에 오화午火나 술토戌土가 있으면 화국火局을 형성하므로 도움을 준다.

신강사주인 경우에는 관용신官用神 외에는 쓸모가 없는데 조토燥土와 습토濕土가 잘 조화된 경우여야 효력이 발생된다.

## 기토己土가 묘목卯木을 만나면 ————

묘목卯木이 기토己土에게는 편관偏官·살지殺地이고, 땅 자체가 산성화되어 있기 때문에 음지전답陰地田畓이고 가시밭길이다.

또한 기토己土가 지지 중에서 가장 싫어하는 것이 묘목卯木이다.

신약사주身弱四柱인 경우에는 정묘일丁卯日로 들어오면 기토가 크게 손상당하지 않고 그냥 무난하다. 그 외에는 바로 목극토木剋土로 들어오기 때문에 아주 해롭다. 인생 자체가 망가진다.

신강사주인 경우에는 제살태과制殺太過 사주이면 묘목용신卯木用神을 쓸 수 있다. 기묘일주己卯日主는 팔자가 기기묘묘하다. 원서에서는 토입묘궁土入卯宮은 중말년中末年에 정작定作 회심灰心이라고 표현하였다. 이는 기묘일생 여자는 중말년에 이혼한다는 뜻이다. 따라서 토일주가 완전히 붕괴되는 것은 기묘일己卯日밖에 없다.

기묘일주는 허토虛土가 되어 지층이 얕으니 남에게 이용당하기 쉽고, 놀라기를 잘하며, 행동거지가 경輕하다. 발밑에 나무뿌리가 있어 음지전답陰地田畓에 해당되어 인생살이가 지형천리枳刑千里가 된다.

여자들이 일지日支에 편관偏官이 있으면 중말년中末年을 어렵게 넘겨야 한다.

기묘일주는 언제 이혼할 확률이 높은가 하면 유酉년(묘유충卯酉沖), 해년亥年, 묘년卯年, 미년未年이다. 이유는 삼합년三合年에 해당되기 때문이다.

## 기토己土가 진토辰土를 만나면 ─────

진토辰土가 기토己土에게는 비겁比劫, 재고財庫, 반죽이 잘된 흙이다. 신약사주인 경우에는 많은 도움을 준다.

특히 조토燥土로만 구성되어 있는 경우에는 편고偏固 현상을 탈피할 수 있어 아주 기뻐하는데 건강에는 더할 수 없이 좋다.

신왕사주身旺四柱에는 주중에 유酉나 자子가 있으면 금국이나 수국이 형성되므로 더욱 좋아진다. 이때는 형제, 친구의 도움으로 돈벌고 벼락감투를 쓰게 된다.

## 기토己土가 사화巳火를 만나면 ─────

사화巳火가 기토己土에게는 정인正印이 된다. 화생토火生土가 잘되므로 잘못하면 조토燥土가 될까 염려된다. 신약사주에는 인수 역할을 하므로 기토에게는 희신喜神이라 할 수 있으나 주중柱中이 전부 조토燥土로만 구성되어 있을 때는 편고 현상 때문에 크게 도움을 받지 못한다.

신강사주에는 해롭지만 주중에 유금酉金이나 축토丑土가 있을 때는 금국金局으로 돌변하므로 이때는 사화巳火도 한몫을 한다. 부모, 형제의 도움을 받는다는 뜻이다. 기사일주己巳日主는 남자인 경우 처덕妻德은 있으나 모처불합母妻不合은 면할 길이 없으며, 여명女命은 부군夫君의 사랑은 받으나 친모봉양親母奉養이 흠欠이 된다.

기사년己巳年, 기사월己巳月, 기사일己巳日, 기사시己巳時의 사주는 멋쟁이인데, 남에게 사기치는 데에도 일등이다.

## 기토己土가 오화午火를 만나면 ────

오화가 기토에게는 편인偏印, 정록正祿, 화생토火生土를 받기는 하나 역시 조토燥土가 된다. 오화午火에는 금金이 없어서 질그릇 정도로 생각하면 된다.

신약사주이고 습기濕氣가 많은 경우에는 기토己土가 아주 기뻐한다.

신강사주인 경우에는 재성財星으로 가는 길목을 차단하기 때문에 기토로서는 남 보기에만 좋지 전혀 실속이 없다.

## 기토己土가 미토未土를 만나면 ────

미토未土가 기토己土에게는 비견比肩, 관고官庫, 조토燥土가 된다.

신약사주에겐 기토가 미토를 기뻐하는데, 주중에 묘목卯木이나 해수亥水가 있으면 그 영향이 현저히 감소된다. 원인은 미토가 자체의 성격에서 다른 성격으로 변질되기 때문이다. 신강사주에는 아주 해로운데 묘목卯木이나 해수亥水가 용신用神인 경우에는 미토가 들어오더라도 묘미목국卯未木局, 해미목국亥未木局이 되기 때문에 재관운財官運에서는 무난하다.

기미일주己未日主는 간여지동干與支同이 되는데 샘이 많기로 유명하며, 여자는 남편이 노랑老郞인 경우가 많고 어떤 남자든지 내 앞에 무릎을 꿇려야 직성이 풀리는 팔자이며, 대부분 남편궁이 불미不美하다.

남자는 자식 농사가 잘 안 된다. 기미일 갑술시己未日甲戌時의 남자는 아들이 연애 자금을 달라고 해서 안 주었더니 자살한 경우가 많다. 여기에서 자식은 갑목甲木인데 갑목이 목극토木剋土하는데 돈이 필요해서 돈을 달라고 하니 아버지인 기토己土가 거절한다는 이야기이다.

기미토는 조토燥土로만 구성되어 있는데, 여기서 돈은 수水로 말라 있는 흙에 수水(=물=기토에겐 돈)가 들어가면 그대로 흡수되어 버리고 밖으로 나오지 않는다.

아들이 수水가 없으면 "나 죽어요" 해도 기토己土인 아버지는 죽거나 말거나 한다. 그만큼 인색하다.

기미일주己未日主는 미토未土가 관고官庫에 해당되기 때문에 관청 출입을 시키면 회사에 많은 도움을 준다.

## 기토己土가 신금申金을 만나면 ──────

신금申金이 기토己土에게는 상관傷官, 병사궁病死宮, 도기盜氣, 허토虛土, 철분 과다鐵分過多, 음지陰地가 된다. 상관傷官이 나쁘게 작용되면 겁이 없어지고 결국은 허망한 꼴을 보게 된다. 신약身弱, 신강身强에 따라서 구별해 보자.

신약인 경우에는 무조건 해로운데, 관官이 용신인 경우에는 관식 투전이 되어 하루도 편안한 날이 없다. 이때 철분이 과다하게 되어 기토己土는 농사를 지을 수 없는 음지의 땅이 된다.

신강사주인 경우 상식과 재가 용신이면 좋고 관官이 용신이면 극충剋冲이 많아서 아주 해롭다. 이런 상황에선 건강상으로 고혈압, 뇌졸중이 발생된다.

## 기토己土가 유금酉金을 만나면 ─────

식신食神이라고 하지만 토생금土生金으로 허토虛土가 됨을 면할 길이 없다. 만약 토왕土旺이고 상식이 용신이면 밭을 갈다가 금맥을 발견하는 경우에 해당되니 하루아침에 출세하게 된다.

다시 정리하면 신약사주身弱四柱는 무조건 해롭고, 신강사주身強四柱는 상식傷食이나 재성財星이 용신用神인 경우에만 유금酉金이 기토己土에게 유리한 작용을 한다.

기유일주己酉日主는 음지전답陰地田畓이며 지층은 얕으나 신의信義가 대단하며 인정仁情도 많다. 예를 들어 설명하겠다.

정미년 병오월 기유일 을축시丁未年 丙午月 己酉日 乙丑時 같은 사주가 또다시 대운大運에서 유년酉年을 만나면 밭을 갈다가 밭에서 노다지가 생기게 된다. 다시 말하면 큰 부자가 된다는 뜻이다. 신강사주身強四柱로서 상식傷食이 용신用神인 경우에 해당된다.

여명女命이 기유일己酉日 묘시卯時나 기묘일己卯日 유시酉時로서 신허사주身虛四柱는 자궁 폐쇄증으로 연결되기 때문에 자궁을 들어낸다. 따라서 자식이 없다. 이유는 유금酉金이 자궁, 유방에 해당되기 때문이다.


## 기토己土가 술토戌土를 만나면 ─────

술토戌土가 비겁比劫, 인수고印水庫, 조토燥土가 된다. 인수고장이기 때문에 묵은 공부, 옛 공부, 종교, 철학에도 해당된다.

신약인 경우에는 비겁이요, 같은 토土로서 힘이 되며 또한 화토 공존火土共存으로 인수고 역할을 하게 되니 기토己土로서는 더 없이 좋은데, 태과하면 토土가 굳어 암석으로 변화하고 또한 음양陰陽이 혼

합되어 잡雜이 되므로 좋지 않다.

조燥한 화토로 구성되어 있을 경우에는 화토중탁격火土重濁格이라 부르는데 화토중탁격을 더럽게 보지 말고 거꾸로 너무 깨끗한 팔자八字로 보아야 한다.

토일주土日主는 묵은 것, 오래된 것, 음식으로 치면 곰국같이 오래 삶은 음식을 좋아한다. 토일주가 화토다火土多이면 화토火土가 많아서 무거울 것 같은데 오히려 사람이 가볍다. 이유는 조토燥土이기 때문이다.

토일주土日主의 여자를 꼬시려면 인정仁情으로 다가서야 한다. 이유는 목극토木剋土를 당하니까 그렇다. 목木이 바로 인정이기 때문이다.

주중柱中에 술토戌土를 가지고 있는 기토일주己土日主의 직업으로는 의사, 변호사, 종교인, 역학인, 철학 교수 등에 많이 종사하고 있음이 실관實觀을 통해서 확인되고 있다.

## 기토己土가 해수亥水를 만나면 ─────

해수亥水가 기토己土에게는 정재正財, 절지絶地, 동토凍土, 토류土流가 된다.

신약사주身弱四柱에게는 해로운데, 주중柱中에 인목寅木이나 묘목卯木, 미토未土가 있으면 합습이 되어서 목극토木剋土 하므로 더욱 해롭다.

신강사주身强四柱에는 무조건 해수亥水가 희신喜神 역할을 한다. 해중亥中에는 임갑壬甲이 암장으로 존재하므로 재관동임財官同臨이 된다. 한마디로 보면 기토신왕사주己土身旺四柱에게는 해수亥水가 들어옴으로써 돈 벌고 출세하게 된다.

기해일주己亥日主의 여명女命은 정부情夫(=애인=결혼 후에도 마찬가지이다)를 두며(해중亥中의 갑목甲木이 애인이다), 남자는 재관동임으로 인해서 총각 득자得子가 된다. 그런 이유로 기해일주의 여자는 며느리감으로는 적당하지 못하며 남자는 처녀를 임신시키고 혼이 나는 경우가 많다. 따라서 기해일주의 남자는 여자만 건드리면 자식이 생겨온다. 기해일주의 여자는 첫째, 사년巳年에 사해충巳亥冲으로 바람이 들통나고 둘째, 갑년甲年에는 천간天干에 나타났다가 들통나며(=비밀 유지가 안 된다) 셋째, 비견겁년比肩劫年에 친구를 만나서 친구 때문에 들통나게 된다.

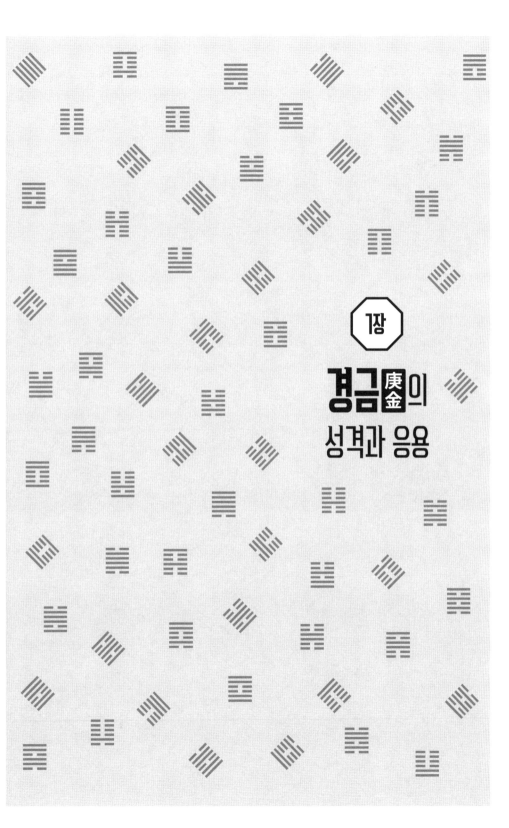

1장

경금庚金의
성격과 응용

경금庚金

**01** 크게 봐서 목화木火가 양陽이고 금수金水가 음陰이다. 경금庚金은 목화木火인 양陽과 토土의 과도기를 지나서 음陰이 당권하기 시작하고 또한 기토己土인 음에서 양으로 변화하고 있음을 말해 주나, 실제로는 음陰 속에서 양陽의 형태로 나타나 있을 뿐이다.

**02** 형이상학적으로는 가을, 서리, 풍상風霜, 우박, 백기白氣, 횡횡(='자른다'는 뜻이다), 열매, 견고堅固를 뜻한다. 따라서 사주에 금金이 없거나 관성官星이 없을 때는 결실이 잘 안 된다.

**03** 형이하학적으로는 철鐵로서 아직 제련되지 않은 무쇠로 비유되고 있다.

**04** 경금庚金은 가을에 해당되는데 가을에는 서리가 내린다. 따라서 인상이 서릿발과 같다. 경庚은 경更이라 바꾸기를 좋아하니 만고풍상을 겪고 살아야 한다.

**05** 계절로는 추절秋節인데 추절에는 모든 식물의 잎사귀가 떨어진다. 때문에 천지숙살지권天地肅殺之權을 장악하니 겉으로는 서늘하나 속으로는 조燥함이 금金의 본성이다.

**06** 금金은 화기火氣를 얻어야 비로소 좋은 그릇이 되는데, 두드리면 소리가 나고 생명을 보존하게 된다. 만약 금약金弱에 화다火多면 금金이 오히려 상하게 된다. 화다금약火多金弱으로 구성된 신약사주는 죽을 때 뇌일혈로 간다.

**07** 금왕金旺에는 수기水氣를 만나야 예봉을 꺾을 수 있어서 좋으나 금약金弱에 수다水多면 금침金沈된다. 옛날 원서에는 경득임남庚得壬男이 제병화制丙火인데 식신유기 승재관食神有氣 勝財官이라 하였다. 이 말의 뜻은 식신食神이 잘 구성되어 있으면 시시한 재財나 관官보

다 낫다는 뜻이다.

**08** 강한 금金도 지나치게 견실하면 금실무성金實無聲으로 금의 임무를 상실하게 되므로 이를 태강즉절太剛卽折이라고 한다. 그러나 이러한 사람도 쓸 곳은 있기 마련인데, 타고난 체력이 좋으니 운동선수를 시키면 좋을 것이다. 그러나 대운이 나쁠 때는 재관財官이 몰沒하므로 집안이 망하며, 자기 마음대로 일을 저질러서 수습이 불가능하다. 한마디로 너무 크게 태어나면 균형이 깨지므로 집안이 망한다는 뜻이다.

**09** 토다土多에는 매금埋金이 되나 지지地支에 득근得根하면 염려할 것 없고, 금金이 목木을 극剋함은 틀림없으나 목왕木旺에 금약金弱은 오히려 금金이 상하게 된다.

진년 진월 경일 진시辰年 辰月 庚日 辰時라면 매금되어(흙 속에 묻혀서) 빛을 못 보게 되는데, 만약 경신일庚申日이라면 토다土多라 하여도 매금이 안 되며 신금申金이 없으면 판단 능력 상실로서 어머니 치마폭에 휩싸이게 된다. 경진일생庚辰日生이라 하여도 지지地支에 형刑, 충冲을 받고 있으면 매금埋金이 안 된다. 진년 진월 경일 진시辰年 辰月 庚日 辰時의 사주는 용신이 목木이 된다. 이유는 진월辰月 자체가 '봄'이기 때문이다. 시중에서는 토금土金으로 종從한다는 사람이 있으나 이때는 종從이 되지 않는다.

**10** 성격은 외로우며 우국우족憂國憂族한다. 자기 혼자만 애국자인 척한다는 뜻이다.

**11** 항상 약자의 편에 서서 손해를 보며 조그마한 일에도 노怒하기 쉽고 성질이 급하며 변화무쌍하다.

⑫ 금일주金日主는 남이 해 놓은 것은 시원찮게 보며 늘 직접 다시 한다.

⑬ 금일주는 의리가 강하며 한 번 약속한 사항은 서류상에 사인을 하지 않았어도 반드시 지킨다. 필자가 실관한 바로는 5.16 군사 쿠데타를 일으킨 주체 세력의 60%가 금일주金日主이다.

⑭ 얼굴은 모나고, 턱은 나오고 각이 지며, 신장은 평균치요, 단단하게 생긴 몸집에 음성은 쇳소리가 나온다.

⑮ 매사에 지나칠 정도로 완전함을 바라다가 기회를 놓치기 쉽고 또한 모난 성격이 많다. 금일주金日主는 배우자를 구하는 경우에도 너무나 좋은 배필을 원하다 세월을 다 보내게 되니 결혼이 늦어지고 결국 명주를 고르다가 삼베를 고르게 된다.

⑯ 일거리를 스스로 만들기 때문에 일신이 항상 고되며, 혁명가나 망명가에 많다.

⑰ 직업으로는 병혁지권兵革之權을 장악하기 때문에 군인, 경찰, 운수업, 중장비 기사, 고물상, 철물, 철강업 등에 종사하는 사람이 많다.

⑱ 인체로는 폐, 대장, 기관지, 골격, 피부, 코, 치아, 치질, 맹장, 장질부사, 혈액, 후각 등에 해당된다.

⑲ 금일주 신왕身旺은 골격이 단단하며, 지칠 줄 모르고 일에 전념하며, 후각이 발달하여 모든 것을 냄새로써 사전에 감지하여 대처하며, 혈액형은 O형에 많다.

⑳ 금왕金旺의 여명女命은 취각이 예민하므로 지하철이나 버스에서 다른 여자의 화장품 냄새가 옮겨 와도 바로 알기 때문에 남편이 불편하다. 이로 인해서 가정에 싸움이 생기는 경우도 있다.

㉑ 경금庚金은 변신變身을 잘하기 때문에 양일주陽日主에서 종從을 잘하는 것은 경금庚金뿐이다.

㉒ 경금일주 신왕사주는 완벽주의자이며 아주 냉정하고 속전속결이며, 한 번 헤어지기로 결심하면 뒤도 돌아보지 않는다.

㉓ 경금일주庚金日主는 약자에게는 살기殺氣로 눌러 버리지만 자기보다 강한 사람에게는 아부하는 양면성을 가지고 있다.

㉔ 금일주는 대부분 건성 피부가 많다. 가을 자체가 건조하니 건성 피부가 금일주에게 유난히 많다.

㉕ 금일주 신왕사주는 목소리 하나는 백만 불짜리이다. 음성이 우아하고 힘차다는 뜻이다.

㉖ 경금신약사주는 근심, 걱정을 달고 다닌다.

㉗ 여명女命의 경금일주 신왕사주는 시집을 가면 얼굴이 더 예뻐진다. 화극금火剋金이 되기 때문에 좋게 제련된다는 뜻이다.

㉘ 경금일주가 정치에 뜻을 두고 있으면 다른 사람이 출마하는 경우에도 선거운동에 발 벗고 나선다.

㉙ 금일주 신약사주는 무조건 피부가 약하다.

㉚ 금일주는 금金이 약하고 있으면 폐가 약하여 폐활량이 부족하고, 화다금약火多金弱이면 대장이 열을 받고 있으니 변비로 보면 된다. 금일주金日主로서 금이 약한 사람은 환절기에 감기에 잘 걸리는데, 바람은 목木으로서 그렇지 않아도 금이 약해 있는 상황에 목木까지 와서 금일주를 약화시키고 있으니 바람을 쏘이면 절대로 안 된다.

## 경금庚金이 갑목甲木을 만나면 ─────

갑목甲木이 경금庚金에게는 편재偏財가 된다. 편재는 항상 욕심을 불러일으키게 하니 내 것이 안 될 때는 허욕虛慾이 되고 내 것이 될 때는 횡재橫財가 된다. 그러나 일단 충沖이 걸려 있으니 아버지와 충돌이 있게 되고 결혼 후 부인과도 충돌이 잦으며 이혼을 자주 하게 된다.

재물로 하면 살림을 3번 엎어야 하고(3, 8, 木 재財에 충沖이 걸려 있으니 돈 때문에, 여자 때문에 자주 송사를 하게 된다. 자기 돈 쓰는데도 구설이 따르고, 재財는 음식에도 해당되니 음식점에서도 잦은 시비를 하게 되며, 편재偏財이기 때문에 아무 여자나 자기 여자로 둔갑해 보인다.

신약사주인 경우에는 갑신甲申으로 들어와야 좋은데, 갑자甲子나 갑진甲辰은 주중의 앞뒤를 살펴서 평가하여야 한다.

신강사주인 경우에는 갑인甲寅, 갑오甲午로 들어오면 재관財官이 살아나므로 좋아지는데, 갑술甲戌인 경우에는 주중의 앞뒤를 살펴서 평가해야 한다. 해수亥水가 용신인 경우에는 술토戌土는 아주 해롭다.

## 경금庚金이 을목乙木을 만나면 ─────

을목乙木이 경금庚金에게는 정재正財가 된다. 갑목甲木이 충극沖剋이 되어서 그런지 갑년甲年에 이혼하고 을년乙年에 재혼하는 경우가 많으며 부인과의 관계도 갑일甲日에 싸우다가 을일乙日에 화합하고, 갑일甲日에 나간 돈이 을일乙日에 들어오게 된다.

경년 을월 경일庚年 乙月 庚日 태생이라면 한 여자를 놓고 두 남자가 싸우게 되며, 일주日主에 있는 경금庚金이 차지하기는 하나 의처증이 생기는 것은 어쩔 수 없다.

　신약사주인 경우에는 을유乙酉나 을축乙丑으로 들어와야 하는데, 을사乙巳이면 주중柱中에 유금酉金이나 축토丑土가 있어야 효력이 발생된다.

　신강사주인 경우에는 을해乙亥, 을묘乙卯, 을미乙未로 들어와야 하는데 그중에서 을미乙未로 들어오는 것이 가장 좋다. 이유는 미토未土가 경금에겐 재고財庫가 되고 미중未中의 정화丁火가 있어서 관성官星까지 포함하고 있기 때문이다.

　경금일주가 을월乙月에 태어났다면 을목乙木이 아내인데, 을목이 큰 나무로 자라기 까지는 30년이 걸린다. 을목乙木을 꾀는 데 시간이 오래 걸린다는 뜻이다. 따라서 경금일주는 자기 자신을 포장하고 알리기까지 장기적인 작전으로 임해야 한다. 을경합乙庚合이 되기 때문에 경년庚年에 잘못하면 아내를 뺏긴다.

## 경금庚金이 병화丙火를 만나면 ─────

　병화가 경금에게는 편관偏官이 된다. 편관이란 좋게 연결되면 법관, 고위직, 군인, 경찰 등 하루아침에 장관이 되는데 나쁘게 연결되면 정규직으로 근무하지 못하고 비정규직으로 근무하게 된다. 경금이 병화다丙火多로 신약사주일 때는 항상 뇌일혈, 일사병을 조심해야 하며, 경금庚金은 열매이고 병화丙火는 열기熱氣를 가리키는데 다 익은 감이 곯아서 떨어지는 현상이다. 모든 일이 마지막 99%까지 다 되었다가 마지막에 실패한다는 뜻이다.

　신약사주인 경우에는 병신丙申·병진丙辰으로 들어와야 하는데, 병자丙子인 경우에는 주중의 앞뒤를 잘 살펴서 판단해야 한다.

신강사주인 경우에는 병인丙寅, 병오丙午, 병술丙戌로 들어와야 하는데 이 중에서는 병인丙寅으로 들어와야 안정적으로 크게 성공한다. 이유는 병인丙寅이 편관운偏官運인데 지지地支에 있는 인목寅木으로 인해 끊임없이 재물의 뒷받침을 받기 때문이다.

만약 여자가 병년 병월 경일 병시丙年 丙月 庚日 丙時라면 관살태왕官殺太旺 사주로 남자들 속에서 고생하니, 일복도 많은데 직장의 꽃 역할밖에 안 되며 성욕이 넘쳐 남자만 보면 전기가 통하는 여자가 된다.

## 경금庚金이 정화丁火를 만나면 ──────

정화丁火가 경금庚金에게는 정관正官이 된다. 정관이기는 하나 불이 약해서 경금庚金을 녹여 좋은 그릇을 만들지 못하니 편관偏官인 병화丙火만도 못하다.

신약사주인 경우 정유丁酉, 정축丁丑으로 들어와야 한다. 정사丁巳인 경우 영향력이 반감되는데, 이유는 천간天干에 정화가 있기 때문이다. 이러한 경우라도 주중에 반드시 유금酉金이나 축토丑土가 있어야 금국金局 역할을 할 수 있다.

정해丁亥인 경우 주중에 화기다火氣多로 신약이면 관官이 있을 때 상식傷食도 내 편이 되므로, 수극화水剋火 역할을 하기 때문에 이 역시 경금庚金에게는 유리하게 작용한다.

이런 경우를 세간에서는 "원님 덕에 나팔 분다"고 표현한다. 신왕일 때는 정묘丁卯, 정미丁未로 들어오면 좋은데 정묘와 정미 중에서는 정미丁未가 훨씬 낫다. 이유는 미토未土가 경금庚金에게는 재고財庫(=돈 창고)가 되기 때문이다.

정사丁巳인 경우 주중에 유금酉金이나 축토丑土가 없어야 정확하게 정관正官의 역할을 할 수 있다. 만약 주중에 유금이나 축토가 있으면 사화巳火가 금국金局으로 가면서 없어지기 때문에 여자는 남편을 잃고, 남자는 자식을 잃게 되며 직장에서 해고당한다.

## 경금庚金이 무토戊土를 만나면 ─────

편인偏印으로 토생금土生金을 받으니 원류요 생명선이 되며, 또한 병화丙火가 화극금火剋金으로 괴롭힐 때에는 화생토 토생금火生土 土生金으로 살인상생殺印相生시키니 오히려 뿌리를 더 강하게 한다.

편인偏印은 편법으로 공부하기 쉽고, 학문의 종류로는 중국어, 한문, 종교, 철학 등에 심취하며, 갑자기 생각지도 않은 매매수가 있게 된다. 매매할 때 나에게 유리한 경우에는 뜻하지 않은 큰돈이 생기지만, 불리할 경우에는 나도 모르는 사이에 사기를 당해서 크게 손해를 본다.

경금일주가 신약사주일 때는 무신戊申, 무진戊辰으로 들어오면 좋아진다. 무신戊申으로 들어올 때는 철이 들고 주체성이 강해지면서 친구나 형제의 도움을 받게 되고, 무진戊辰으로 들어올 때는 치밀한 계획을 세워서 절대 실수를 하지 않게 된다.

무자戊子인 경우 금약화다金弱火多이면 수극화水剋火 작용으로 제거기병除去基病 작용이 되므로 이 역시 경금을 기쁘게 한다.

신강사주인 경우에는 무인戊寅, 무오戊午, 무술戊戌로 들어오면 좋은데, 상식이 용신인 경우에는 앞뒤를 잘 살펴서 결론을 내려야 할 것이다.

## 경금庚金이 기토己土를 만나면 ————

기토己土가 경금庚金에겐 정인正印이 된다. 정인이라고 하더라도 약한 토土가 강한 금金을 생生하다 보니 허토虛土가 되기 쉽다. 여기서 기토己土는 어머니에 해당되는데, 자손을 위한 모친의 정성으로 이해하면 된다. 신약인 경우 기유己酉, 기축己丑으로 들어와야 경금의 뿌리를 튼튼하게 할 수 있다. 주중에 유금酉金이나 축토丑土가 있으면 기사己巳도 뿌리를 한다.

신강인 경우 기해己亥 · 기묘己卯 · 기미己未 · 기사己巳로 들어오면 좋은데 해중亥中의 갑목甲木 때문에 기묘己卯보다 기해己亥가 낫고, 재성財星이나 관성官星이 용신인 경우에는 기미己未가 좋다. 기미己未는 재국財局과 관官을 동시에 가지고 있어 재관財官이 용신인 경우에는 경금庚金이 가장 기뻐하는 경우이다.

## 경금庚金이 경금庚金을 만나면 ————

비견比肩이니, 신약身弱에는 힘이 되나 신강身强에는 재복財福은 물론 처궁妻宮까지 불길하며, 매사에 방해요 경쟁자가 생기고, 한신閑神으로서 버는 사람이 따로 있고 쓰는 사람 따로 있으니 친구 하나를 잘못 사귀어서 패가망신하는 경우가 되고 가족으로는 형제로 인하여 집안에 불화不和가 조성된다.

신약사주는 경신庚申 · 경진庚辰으로 들어와야 좋고, 경자庚子인 경우 금약화다金弱火多이면 역시 뿌리를 하기 때문에 경금庚金이 기뻐한다.

신강身强인 경우에는 경인庚寅, 경오庚午, 경술庚戌로 들어와야 좋은데 이 중에서는 경인庚寅을 가장 기뻐한다. 이유는 인중寅中에는 갑병甲丙이 있어 재관財官이 동시에 작용하기 때문이다.

## 경금庚金이 신금辛金을 만나면 ─────

신금辛金이 경금庚金에게는 비겁比劫이 된다. 비겁은 어디까지나 비겁이니 도둑놈 하나 옆구리에 끼고 사는 형상이다. 신약에게는 도움이 되고, 신강에게는 친구 하나를 잘못 만나면 재수도 없어지고 직장마저 잃게 되는 것이다.

앞에 언급한 것은 원칙적인 서론이고 희비喜悲는 지지地支의 형성 여하에 따라 달라진다.

신약인 경우에는 신유辛酉, 신축辛丑으로 들어와야 경금을 도와줄 수 있다. 신사辛巳인 경우 주중에 유금酉金이나 축토丑土가 있으면 역시 금국金局이 되기 때문에 경금으로는 강력한 후원자를 얻을 수 있어서 기뻐한다.

신왕身旺인 경우에는 신해辛亥, 신묘辛卯, 신미辛未, 신사辛巳로 들어와야 하는데 이 중에서는 신미辛未를 가장 선호한다. 이유는 미토未土가 재고財庫이면서 동시에 미중未中의 정화丁火 때문에 관官의 역할까지 할 수 있기 때문이다.

## 경금庚金이 임수壬水를 만나면 ─────

식신食神으로서 설기泄氣되니 신약身弱은 불가不可하나, 금왕金旺하고 식신食神이 잘 구성되어 있으면 재財가 없거나 재년財年을 못 만난다 하더라도 잘 살게 된다.

신약身弱 사주는 임신壬申이나 임진壬辰으로 들어오는 것을 경금이 기뻐하는데, 임자壬子인 경우에는 금약화다金弱火多로 되어 있으면 제거기병除去基病 작용으로 이 역시 경금이 기뻐한다.

신왕身旺인 경우에는 임인壬寅, 임오壬午, 임술壬戌로 들어오면 좋은데 이 중에서는 임인壬寅이 제일 좋다. 이유는 인목寅木이 재관財官을 다 가지고 있기 때문이다. 상식이 용신인 경우에는 임자壬子로 들어와도 무난하다.

### 경금庚金이 계수癸水를 만나면 ──────

계수癸水가 경금庚金에게는 상관傷官이 된다. 이 자체만 보아서는 상관으로 도기盜氣된다. 그러나 지지地支의 형성 여하에 따라 운명이 갈라진다. 신약身弱인 경우에는 계유癸酉, 계축癸丑으로 들어와야 좋다. 계사癸巳인 경우 주중에 유금酉金이나 축토丑土가 있으면 이 역시 금국金局을 형성하기 때문에 신약사주에겐 유리하다.

금약화다金弱火多인 경우에는 계해癸亥도 제거병除去病으로 경금에겐 많은 도움을 준다. 신왕身旺인 경우에는 계묘癸卯, 계미癸未, 계사癸巳로 들어와야 좋은데 이 중에서는 계미癸未가 더 좋다. 이유는 재고財庫이면서 동시에 관官 역할까지 할 수 있기 때문이다. 상식傷食과 재성財星이 용신인 경우에는 계해癸亥도 좋다.

### 경금庚金이 자수子水를 만나면 ──────

상관傷官으로 사궁死宮이 되고 금침金沈이 되며, 동금凍金(=얼어 있는 금)이 되니 금금은 금금이 아니라 수水로 보아야 마땅하다.

이러한 현상을 금수쌍청金水雙淸이나 금수냉한金水冷寒이라고 하는데, 성격이나 직업을 이야기할 때에는 '금수쌍청'이라 하고 질병疾病을 이야기할 때에는 '금수냉한'이라고 한다.

경금庚金이 신약身弱이고 금약화다金弱火多로 사주가 형성되어 있을 때에는 기신忌神 제거로 오히려 경금일주庚金日主를 돕게 된다.

신강인 경우에는 상식이 용신이면 도움을 받지만 금생수金生水 자체로 만족해야지 재財까지 바라봐서는 안 된다. 이유는 자수子水가 수생목水生木이 안 되기 때문이다. 만약 관官이 용신인 경우에는 관식투전이 되므로 아주 해롭다.

경자일주庚子日主는 남녀 공히 부부궁이 나쁘며 평소에 '함정'에 빠지기 쉽다. 여명女命인 경우 남편이 무능하며, 술독이나 마약에 빠지기 쉽다. 금생수金生水하면 할수록, 다시 말해 희생하면 할수록 남편인 화火가 죽으므로 결국은 남편이 도망가거나 부인이 이혼을 요구하는 비극을 초래하게 된다.

경금庚金이 자년子年이 되면 남자는 퇴직이나 명예가 손상이 되고 여자는 남편이 쓸데없이 미워 보인다. 이유는 상관운傷官運으로 남편을 내치기 때문이다.

## 경금庚金이 축토丑土를 만나면 ————

축토丑土가 정인正印이며 경금庚金은 냉한冷寒한 금金이 되고 결국은 동금凍金이 된다. 입묘入墓되면서 자양지금滋養之金이라고 하지만 결과적으로는 냉한지금冷寒之金을 면할 길이 없다.

경금일주가 축년丑年이 되면 쓸데없는 친구들이 모여들며 나도 죽겠는데 형제들도 몸이 아프다. 심하면 형제 하나에게 큰 사고가 난다. 신강사주이고 상식이 용신인 경우에는 그저 무난하다.

## 경금庚金이 인목寅木을 만나면 ─────

인목寅木이 경금庚金에게는 편재偏財가 되는데 나쁘게 연결되면 절지絕地가 된다. 금왕金旺이고 재관財官이 필요할 때에는 인목寅木이 아주 귀물貴物이 된다.

신약일 때는 편재偏財가 되므로 나도 모르는 사이에 큰돈이 없어지게 된다.

경인일주庚寅日主는 재살지財殺地도 되고 재관동임財官同臨도 된다. 신약일 때 재살지財殺地라는 단어를 사용하는데 돈 때문에 아주 어려운 처지에 놓임을 가리킨다.

남자는 재관동임財官同臨에 해당되므로 총각 득자가 된다. 다시 말해 여자만 건드리면 아이가 생긴다.

인목寅木 안에는 돈, 명예가 다 들어 있으므로 신왕사주가 인목寅木을 만나면 부자로 살 수 있다. 따라서 경금이 묘년卯年에 5억을 번다면 인년寅年에는 10억을 번다. 이유는 인년寅年에는 관청 및 윗분들의 절대적인 협조가 있기 때문이다.

또한 경인일주庚寅日主는 남자는 지지地支에 여자를 깔고 있기 때문에 여난女亂은 피할 길이 없으며, 여자는 사업을 하면 애인이 생긴다. 이유는 인목寅木이 사업이고 인목寅木 안에 병화丙火가 있는데 병화丙火가 암장에 있으므로 애인愛人에 해당되기 때문이다.

## 경금庚金이 묘목卯木을 만나면 ─────

묘목卯木이 경금庚金에게는 정재正財, 절지絕地가 되므로 경금은 묘목에 뿌리하지 못한다. 이때의 묘목卯木은 인목寅木과는 달리 목생화木生火에 인색하니, 돈 버는 데에만 집착을 하고 돈을 돈답게 쓸 줄 모른다. 조후調侯가 안 된 재財는 돈이 들어온다고 하더라도 적은 돈으로 연결된다.

신약身弱에는 무조건 해로운데 신강身强인 경우에도 재용신財用神에만 해당된다. 그중에서는 정묘丁卯로 들어오는 경우가 가장 좋다.

## 경금庚金이 진토辰土를 만나면 ─────

진토辰土가 경금庚金에게는 편인偏印, 양궁養宮, 자양지금滋養之金이 된다. 본래는 양궁養宮이지만 실제적으로는 토생금土生金을 아주 잘하고 팔팔하게 살아 있어서 장생궁長生宮과 같은 역할을 한다. 또한 상식고傷食庫에도 해당된다.

신약身弱에는 아주 좋은데 주중柱中에 인목寅木, 묘목卯木이 없어야 한다. 만약 주중에 인묘목寅卯木이 있으면 다른 지지로 형태가 바뀌기 때문이다. 신왕사주身旺四柱인 경우에는 해로운데, 상식으로서 자수子水가 용신이라면 자진수국子辰水局으로 나쁘지 않다.

경진일주庚辰日主는 괴강살魁罡殺에 해당되므로 잘되면 괴수이고 대장인데, 잘못되면 조직폭력배나 깡패에 해당된다. 군인, 경찰에 많고 여자도 여경, 여군에 많다. 장사한다면 식품食品 장사가 가장 좋다.

여명女命은 남편이 무능력하며 작첩作妾하고, 본인이 남편을 꺾고 또한 시댁마저 꺾는다(시가의 농사가 잘 안 된다는 뜻이다). 따라서 본인이 가장 노릇을 해야 한다.

## 경금庚金이 사화巳火를 만나면 ─────

사화巳火는 편관偏官, 살지殺地, 화극금火剋金을 당한다. 여기서 화극금이란 제련되어 하나의 좋은 그릇이 됨을 의미한다. 신약身弱인 경우는 주중에 유금酉金이나 축토丑土를 만나면 착근着根을 할 수 있어 경금을 기쁘게 한다.

반대로 신강身强인 경우, 특히 관용신官用神인 경우에는 직장에서나 정치계에서 승승장구한다. 만약 주중에 유금酉金이나 축토丑土가 있으면 금국金局으로 돌변하니 관재官災가 발생되고 남자인 경우 자식을 잃거나 직장을 잃는다. 여자는 관官에 해당되는 남편과 헤어지게 된다.

사일巳日에 태어난 사람은 대부분 외곬이고, 능구렁이 같은 면도 있는데 한 번 결심하면 죽어도 끝까지 한다.

해수亥水가 상식용신인 경우도 사해충巳亥冲으로 최악의 상황을 맞이하는데 모든 것이 다 절망絕望으로 바뀌게 된다. 한마디로 '관식투전'이 생기게 된다. 관식투전이 형성되면 하루도 편안한 날이 없다.

건강상으로는 뇌일혈, 고혈압 등이 발생된다. 앞에서 지적한 바, 사화巳火에 의해서 좋은 그릇이 된다는 것은 사중巳中에는 암장暗藏으로 병무경丙戊庚이 있다는 뜻이다. 바로 병화丙火가 탄탄하고 좋은 그릇을 만드는 역할을 한다.

## 경금庚金이 오화午火를 만나면 ————

오화午火가 정관正官, 목욕궁沐浴宮이 되는데 일명 다른 말로는 살지殺地라고도 한다. 앞에서 지적한 사화巳火는 병화丙火가 있어서 좋은 그릇으로 제련製鍊된다고 했던 바, 오중午中에는 정기丁己밖에 없어서 제련되기는 하나 농기구 정도로 이해하면 된다.

신약身弱에는 관재官災가 발생된다. 그러나 신강身强에는, 특히 재관이 용신인 경우에는 아주 좋다. 반면 상식인 자수子水가 용신인 경우에는 자오충子午沖으로 생명이 위태롭다.

경오일주庚午日主는 남자인 경우 기생오라비에 작첩作妾하고 외방득자外房得子한다. 여자는 부군夫君이 작첩하거나 아니면 본인이 바람을 피운다. 따라서 경오일주 여자를 혼자 놔두고 장기간 출장가거나 집을 비우는 경우 아내를 뺏길 수가 있다. 필자가 실관實觀한 바로는 경오일주 여자가 배란기를 전후해서 바람을 피우는 대신, 돈을 물 쓰듯이 뿌리고 다니는 경우도 있다. 그것이라도 해야 속이 시원한 모양이다. 또한 경오일주는 컴퓨터를 너무 가까이 하면 전자파에 영향을 받을 수 있으니 항시 조심해야 하고, 경오일주의 여자는 남자를 깔고 앉아 있기 때문에 항시 남자가 따라 붙는다. 때로는 집에까지 쫓아와서 깜짝 놀라는 경우도 발생하니 행동거지를 분명히 할 필요가 있다.

## 경금庚金이 미토未土를 만나면 ─────

미토未土는 정인正印이고 재고財庫에 해당된다. 미토는 조토燥土이기 때문에 불능생금不能生金이 된다. 다시 말하면 절대로 토생금土生金이 안 된다. 어떤 역학인은 어떨 때는 안 되고, 어떨 때는 된다는 식의 궤변을 늘어놓는데, 이를 보면 정말 한심스럽다는 생각이 든다. 신약身弱일 때는 무조건 해롭고, 신강身强일 때는 재고財庫가 되어 경금庚金을 아주 기쁘게 한다.

경금일주 신왕일 때 오화午火와 미토未土를 선택하라고 하면 단연코 미토未土를 선택하여야 한다. 오화午火는 단순한 관운官運밖에 없지만 미토未土는 재관운財官運이 같이 존재하기 때문이다.

미토未土를 만나면 을경합乙庚合이 있으니(미토는 암장으로 정을기丁乙己가 있다) 연애를 하게 되나 연상의 여인이기 쉽고 옛 애인을 만나거나 묵은 돈을 받게 된다.

## 경금庚金이 신금申金을 만나면 ────

신금辛金이 비견比肩, 관궁冠宮(＝금기金氣가 왕旺하다), 정록正祿, 착근着根, 녹근祿根하게 된다.

신강사주에는 견겁 작용이 나오므로 재물을 비롯한 전부를 뺏기는 것으로 보아 아주 해롭다. 그러나 신약사주에는 비견比肩으로서 힘을 얻음과 동시에 신중임수申中壬水로 인하여 금金의 강도가 잘 조절되므로 외유내강하게 한다.

경신일주庚申日主는 간여지동干與支同이 되어 남녀 불문하고 부부궁이 좋지 못하며 형제, 친구를 끼고 산다(안방에까지 친구, 형제가 처들어와 있다). 단, 건강 하나는 좋다. 이유는 견겁이 틀림없이 받쳐 주기 때문이다. 하지만 아내의 잔질殘疾은 면할 길이 없다.

## 경금庚金이 유금酉金을 만나면 ────

유금이 비겁比劫, 양인살羊刃殺, 왕궁旺宮, 착근着根, 금기왕金氣旺이 된다. 양인羊刃이란 '무기'를 동반하고 있다는 뜻이다. 따라서 양인살을 가지고 있으면 군인이나 경찰로 출세하라고 권하고 싶다.

신약身弱에는 비겁이요 왕궁으로서 힘을 얻으니 좋지만, 신강身强 시에는 재관財官이 다 몰沒하므로 경금으로서는 최악의 상황이 된다.

유금酉金을 만난 경금은 음양지기陰陽之氣가 다르기 때문에 결국은 잡금雜金밖에 안 된다.

## 경금庚金이 술토戌土를 만나면 ────────

술토戌土가 편인偏印, 관고官庫, 인수고印綬庫, 쇠궁衰宮이 된다. 술토戌土 역시 조토燥土이기 때문에 토생금土生金이 안 되는데 술월戌月일 때는 토생금土生金이 된다. 이유는 술월戌月 자체가 가을이기 때문이다.

신약사주인 경우 월령月令에 있을 때는 신약사주에 도움을 주지만, 운에서 들어오는 술토戌土는 신약에게 해롭다. 신강일 때는 도움을 주지만, 상식용신일 때는 토극수土剋水하므로 이 역시 아주 해롭다.

술토戌土는 년일시年日時에 있을 때는 토생금土生金을 못하니 신유금국申酉金局은 잘되어도, 유술酉戌·신술申戌·금국金局은 잘 안 된다. 다시 말하면 일지日支에 있거나 시지時支에 술토戌土가 있다면 토생금이 안 되고 년年에 있는 술토戌土 역시 토생금이 안 된다.

경술일주庚戌日主도 괴강魁罡에 해당되므로 여자는 도량이 크고 배짱이 좋으며 웬만한 남자들은 다 주무른다. 또 관고官庫이기 때문에 남자 스님 꼬시는 데에도 일등이다.

경술일주의 여자는 군인에게 시집을 가고 군인의 가족이 되라고 권하고 싶다. 필자가 실관한 바로는 관성官星이 잘 구성된 경우를 제외하고 대부분 시댁이 잘 안되는 것으로 나타나 있다.

## 경금庚金이 해수亥水를 만나면 ────────

해수亥水를 만나면 식신食神, 금침金沈, 병사궁病死宮에 해당되는데 신왕身旺 시 상식이나 재財가 용신인 경우 설기泄氣가 잘되어 오히려 길吉로 작용한다. 해수亥水는 내가 생생生하는 아랫사람이고 그 속에 편재偏財(＝갑목甲木)가 있으니 경금일주庚金日主가 해시亥時에 태어났다면 언젠가는 아랫사람과 연애하게 된다(해亥, 묘卯, 미未, 년年에 합화목合化木으로 연애한다).

신약身弱인 경우에는 상식 역할을 하므로 끝없는 설기泄氣가 되어 결과적으로 서글픈 인생을 탄식하게 된다.

신강인 경우 상식이나 재財가 용신이면 아랫사람의 도움으로 아니면 내가 계획했던 아이디어 때문에 갑자기 크게 성공한다.

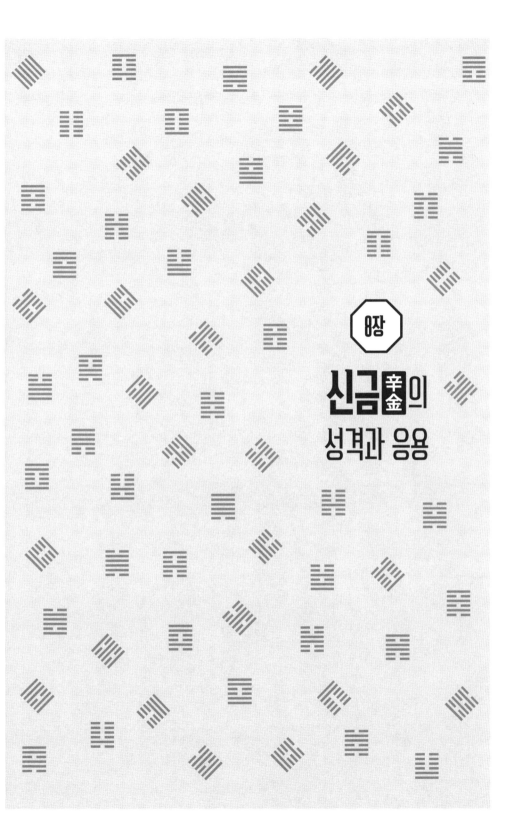

8장

**신금辛金의**
성격과 응용

신금 辛金

**01** 신금辛金은 경금庚金의 뒤를 이어 음陰으로 작용하고 있으나, 외음 내양外陰內陽으로 그 속은 양陽이 지배하고 있기에 금金은 조燥하고 있는 것이다.

**02** 월별로는 8월에 해당하며, 음陰의 결정체가 되어 형이상학적으로 는 태음지정太陰之精이요, 형이하학적으로는 금金·은銀·동銅·주옥珠玉 등으로 이미 제련된 금이니 화기火氣를 더 이상 필요로 하지 않음이 경금庚金과 다른 점이다. 그런 결과로 경금일주庚金日主 여자들은 시집을 가면 제련되어지니 더 예뻐지나, 신금일주辛金日主 여자들은 처녀 때 얼굴이 그렇게 예쁘다가도 시집을 가면 얼굴이 상하게 되는 이유가 여기에 있다.

**03** 신일辛日에 태어난 사람은 살결이 희고 미인이 많으며, 신辛은 신 新으로서 새 것을 좋아하고, 변덕을 부리기로 말하면 칠면조와 같다. 필자가 실관實觀한 바로는 여명女命의 미인美人 조건은 ㄱ. 신금일주辛金日主 ㄴ. 계수일주癸水日主 ㄷ. 임수일주壬水日主 ㄹ. 관다사주官多四柱 ㅁ. 목일주木日主가 사오미월巳午未月에 태어난 사람이 대부분을 차지하고 있다.

**04** 신금일주辛金日主의 직업으로는 금은방, 액세서리, 치과 의사, 성형외과 의사, 경금속(알루미늄 등), 공구류, 안경업 등에 종사하는 사람이 많다.

**05** 비록 신금辛金이 음陰으로 약하다고 하나 지지地支에서 득국得局하면 완금장철頑金丈鐵보다 좋다. 또한 매금埋金되지 않을 뿐 아니라 재財를 다스려 적재적소에 사용할 수 있으며, 강열지화强烈之火도 관官으로서 작용되고 수水에도 금침金沈되지 않음과 동시에 청백

지명淸白之命이 된다.

기축년 계유월 신미일 갑오시己丑年 癸酉月 辛未日 甲午時의 사주는 용신이 목화木火인데 아무리 강한 화기火氣도 이겨 낼 수 있다. 세계에서 제일가는 보석寶石이다. 다시 말하면 세계에서 제일가는 인물이라는 뜻이다.

**06** 경금庚金을 만나면 음양지기陰陽之氣가 다르기 때문에 보석 반지를 폐차장에서 잃어버린 것이 되어 사주의 격格이 많이 떨어진다. 한마디로 보석이 잡금雜金이 된다.

**07** 신금일주辛金日主의 신약身弱은 심폐기능이 약하고, 건성 피부여서 머리에 비듬이 많다.

**08** 신금일주辛金日主의 성격은 온순하나 냉정하며, 멋 부리는 것을 좋아한다.

**09** 신금辛金이 인체로는 폐·치아·피부·코 등에 속하고, 색은 백색이며, 맛은 맵다.

## 신금辛金이 갑목甲木을 만나면 ──────

갑목甲木이 정재正財가 된다. 정재正財란 정직한 돈, 깨끗한 돈을 가리킨다. 필자가 지금까지 실관實觀한 바로는 편재偏財를 가지고 있거나 정편재正偏財를 동시에 갖고 있는 사람이 운이 좋을 때 사업하면 된다고 본다. 정재正財를 갖고 있는 사람은 모험을 못하고 탁濁한 일에 뛰어드는 것을 겁내며 돈을 번 뒤의 세금 걱정을 하고 있으니 사업하고는 거리가 멀다.

신약身弱일 때는 갑신甲申으로 들어와야 견겁의 뒷받침을 받아서 사주가 좋아진다. 갑자甲子와 갑진甲辰은 사주의 앞뒤를 잘 살펴서 판단해야 할 것이다.

신강일 때는 갑인甲寅, 갑오甲午, 갑술甲戌로 들어오면 좋은데 이 중에서는 갑인甲寅이 가장 좋다. 이유는 인중寅中에는 병화丙火가 있어서 관官의 역할까지 할 수 있으며, 재관財官이 같이 있어서 관官이 재財의 뒷받침으로 크게 성공할 수 있기 때문이다.


## 신금辛金이 을목乙木을 만나면 ──────

을목乙木이 편재偏財가 되는데 을신乙辛으로 상충相沖하니 금목상전金木相戰이 된다. 만약 을목乙木이 필요하면 충沖이 아니고 귀성貴星으로 군림한다. 충불충沖不沖이 된다는 이야기이다.

신금辛金이 을년乙年을 만나서 나쁘게 작용될 때 아내와 싸우고, 애인하고 싸우고, 돈 때문에 시비 구설이 생기게 된다. 재財는 음식에도 해당되기 때문에 밥을 먹다가 싸우게 되고, 재財에 해당되는 아버지와도 뜻이 안 맞는다. 또한 돈을 쫓아내고 돈이 스스로 도망간다. 신약身弱일 때는 을유乙酉·을축乙丑으로 들어와야 하고, 을사

乙巳인 경우 주중柱中에 유금酉金이나 축토丑土가 있어야 한다. 신강身强일 때는 을해乙亥, 을묘乙卯, 을미乙未로 들어오면 좋은데 사업으로 따지면 을미乙未로 들어오는 것이 가장 좋다. 이유는 미토未土가 신금辛金의 재고財庫이기 때문이다. 그러나 이때 을목乙木(=아내, 애인)이 조로早老하게 되고 건강으로는 간염肝炎이 발생하는 것은 어쩔 수 없는 을목乙木의 희생이다.

신금일주辛金日主가 을목을 만나서 나쁜 결과가 될 때는 금목상전金木相戰이 되는데 금목상전이 되면 ㄱ. 인의仁義가 구몰俱沒되고 ㄴ. 두통, 치통, 신경통이 생기며 ㄷ. 만고풍상을 겪어야 한다.

신금일주辛金日主가 을목을 만나는 것보다 을목일주乙木日主가 신금辛金을 만났을 때 두통頭痛이 더 심하게 되며, 신금일주가 대운大運에서 을목乙木을 만나 나쁘게 작용되면 살림을 세 번 엎어야 하고 (3, 8, 木) 장가도 세 번 가야 하며, 아버지와도 인연이 없다.

## 신금辛金이 병화丙火를 만나면 ————

병화丙火가 정관正官이 된다. 정관正官은 편관偏官과는 달리 전문적인 직업 공무원이다. 하루아침에 출세하는 것이 아니고 계단을 밟아서 차근차근 승진함을 의미한다.

신금일주辛金日主의 여자가 병월丙月에 태어났다면 병신합丙辛合이 되므로 대부분 연애로 결혼하게 된다. 같은 병월丙月이라도 병자월丙子月이라면 병화丙火가 수극화水剋火를 받아서 병화丙火가 힘이 없으므로 병신합丙辛合이 안 된다. 만약 병인월丙寅月이라면 확실하게 병신합丙辛合이 된다. 이유는 병화丙火가 힘이 있기 때문이다.

여자의 사주가 신년 병월 신일辛年 丙月 辛日에 태어났다면 남의 남편을 뺏어서 사는 팔자가 된다. 여기서 병화丙火가 남편인데 남편인 병화丙火는 년年에 있는 신금辛金을 먼저 만나 보고 일주日主에 있는 신금辛金에게 오기 때문이다. 다른 하나의 예를 들도록 하겠다.

여자의 사주가 갑자년 병자월 신축일 무자시甲子年 丙子月 辛丑日 戊子時에 태어났다면 남편이 병화丙火인데, 병화는 수많은 수기水氣에 의해서 수극화水剋火를 당하기 때문에 결국은 심장마비로 죽는다.

신약身弱인 경우 병신丙申·병진丙辰으로 들어와야 하며, 병자丙子이면 금약화다金弱火多인 사주에는 수극화水剋火로 신금辛金을 기쁘게 한다.

신강身强인 경우 병인丙寅, 병오丙午, 병술丙戌로 들어와야 하는데 이 중에서는 병인운丙寅運이 가장 좋다. 이유는 관운官運이 재운財運의 뒷받침을 받고 있기 때문이다.

## 신금辛金이 정화丁火를 만나면 ─────

정화丁火가 편관偏官이 된다. 약한 정화丁火라 하더라도 계속해서 화극금火剋金을 당하면 신금辛金도 결국은 녹게 된다. 철사도 불에 달구면 벌겋게 되는 이치와 같다.

정화丁火는 심장에도 해당되기 때문에 신금일주의 정화丁火가 약해져 있을 때는 심장에 이상이 생긴다.

신약身弱인 경우 정유丁酉·정축丁丑으로 들어와야 좋으며, 정사丁巳이면 주중에 유금酉金이나 축토丑土가 있으면 무난하다. 그러나 천간天干에 있는 정화丁火가 사화巳火에 뿌리하고 있기 때문에 처음에는 나쁘다가 나중에는 좋아지는 것으로 보면 된다.

정해인 경우 금약화다金弱火多로 만들어진 사주에는 제거병除去病

으로 신금辛金이 역시 기뻐한다.

신강身强인 경우 정묘丁卯·정미丁未로 들어오면 신금辛金이 기뻐하는데, 정해丁亥는 상식이나 재용신財用神인 경우에는 좋지만 관官이 용신인 경우에는 관식투전이 일어나므로 아주 해롭다.

관식투전이 일어나면 다음과 같다.

① 일무녕일一無寧日 = 하루도 편안한 날이 없다

② 골육상쟁骨肉相爭 = 피붙이끼리 또는 형제끼리 재산 등 이해관계로 서로 다툰다. 심하면 재판까지 간다.

③ 여자인 경우 남편에게 매 맞고 산다.


## 신금辛金이 무토戊土를 만나면 ————

정인正印으로서 토생금土生金을 받는 것까지는 좋으나 토다土多가 되면 결국 금金은 매금埋金이 된다. 매금埋金이란 신금辛金 주위에 토土가 지나침을 가리키는데 다토多土가 되면 신금辛金은 어머니의 그늘에 가려 아무것도 안 보이는 형상이다. 다시 말하면 어머니의 치마폭에 싸여 마마보이가 되고, 어머니 때문에 신금辛金이 발전을 못하게 되니 이러한 현상을 모자멸자母滋滅子라고 표현한다.

신약身弱인 경우 무신戊申이나 무진戊辰으로 들어오면 좋다. 무자戊子인 경우 화다금약火多金弱이면 제거병除去病이 되므로 이럴 때는 무자戊子도 신금辛金에겐 효자 노릇을 한다.

신왕身旺인 경우에는 무인戊寅, 무오戊午, 무술戊戌로 들어오면 좋은데 무술戊戌인 경우 관고官庫 역할을 하기 때문에 주중에 인목寅木이나 오화午火가 있을 때 더욱 빛을 보게 된다.

## 신금辛金이 기토己土를 만나면 ─────

기토己土가 편인偏印이 된다. 신약身弱인 경우 기유己酉, 기축己丑으로 들어와야 한다. 기사己巳인 경우 주중에 유금酉金이나 축토丑土가 있으면 이 역시 금국金局이 되므로 신금辛金에겐 유리하다. 그러나 이 경우 사화巳火가 신금辛金을 위해서 몸을 바쳐 도와주면서도 사화巳火의 희생은 면할 길이 없다.

신왕身旺인 경우 기해己亥, 기묘己卯, 기미己未로 들어와야 한다. 기사己巳인 경우 주중에 유금酉金이나 축토丑土가 없어야 하고, 기해己亥가 용신인 경우에는 사해충巳亥冲이 되므로 신금辛金에게는 아주 불리하다. 신왕인 경우 기미己未가 가장 좋은데 이유는 재고財庫이면서 미중未中의 정화丁火때문에 관官의 역할까지 할 수 있기 때문이다.

## 신금辛金이 경금庚金을 만나면 ─────

비겁比劫으로서 신약身弱에는 도움이 된다고 하나 비겁比劫은 어디까지나 비겁比劫이다. 월月에 경금庚金을 놓고 있으면 나보다 잘난 사람이 밖에 있어서 집 밖에 나가기를 꺼리게 되고, 버는 사람 따로 있고 쓰는 사람 따로 있게 된다.

견겁肩劫 때문에 자꾸 그러한 일이 반복되면 의심이 많은 사람으로 변하게 된다.

신약身弱에는 비록 잡금雜金이 된다고 하더라도 재관운財官運을 만난 것보다는 훨씬 낫다. 경신庚申·경진庚辰으로 들어오는 것이 좋으며, 경자庚子인 경우 화다금약火多金弱 사주에는 오히려 제거병除去病으로 좋은 역할을 하게 된다.

신강身强인 경우 경인庚寅, 경오庚午, 경술庚戌로 들어오면 좋은데 이 중에는 경인庚寅 운이 가장 좋다.

## 신금辛金이 신금辛金을 만나면 ─────

비견比肩으로서 신약사주에는 도움이 된다. 신약사주인 경우 신유辛酉, 신축辛丑으로 들어와야 좋다. 신사辛巳인 경우 주중에 유금酉金이나 축토丑土가 있으면 이 역시 금국金局이 되므로 신금辛金이 기뻐한다.

신해辛亥인 경우 화다금약火多金弱 사주에는 제거병除去丙으로, 아랫사람 때문에 또는 나의 아이디어 덕분에 크게 도움을 받는다.

신강身强 사주인 경우 상식과 재財가 용신이면 신해辛亥, 신묘辛卯, 신미辛未로 들어오면 좋다. 관官이 용신이면 사화巳火가 해당되는데 이때 신해辛亥로 들어오면 관식투전이 되어 패가망신敗家亡身하게 된다.

## 신금辛金이 임수壬水를 만나면 ─────

상관傷官으로서 도기盜氣되면서도 정관正官인 병화丙火마저 병임丙壬으로 충거冲去하니 글자 그대로 상관傷官이다.

지지地支를 생각하지 않고 원칙으로만 볼 때 상관傷官은 내가 만든 꾀에 해당되는데, 임수壬水는 양수陽水에 해당하는 큰 물이기 때문에 금침金沈이 된다. 다시 말하면 자기 꾀에 자기가 넘어간다. 또 한편으로 임수壬水는 겨울을 가리키기 때문에 춥고 꽁꽁 언다. 따라서 화기火氣가 화극금火剋金할 때 수극화水剋火함으로써 신금辛金을 보호하게 된다.

임수월壬水月이라면 상관격이 되는데 상관격은 고문할 때 무서워

하지 않으며 매를 때리면 매가 튄다. 거꾸로 관살官殺이 많은 팔자八字는 한 번만 겁을 주면 죽는다고 하며 바른 소리를 실토하게 된다. 때로는 매가 무서워서 누명도 쓴다.

신금일주辛金日主가 신약일 때는 임신壬申·임진壬辰으로 들어오면 좋으며, 임자壬子인 경우 금약화다金弱火多 사주이면 신금辛金한테 유리하다. 남자 같으면 아랫사람 때문에, 여자 같으면 자식 때문에 어려운 경지를 벗어나게 된다.

신강사주인 경우 임인壬寅, 임오壬午, 임술壬戌로 들어오면 좋다. 상식이나 재財가 용신인 경우 임인壬寅이 좋고, 관官이 용신인 경우 임오壬午·임술壬戌이 좋은데 이 둘 중에서는 임술壬戌이 더 좋다. 이유는 술토戌土가 관고官庫에 해당되어 관국官局과 똑같은 효과를 가져오기 때문이다.

## 신금辛金이 계수癸水를 만나면 ─────

금생수金生水로 설기泄氣되나 식신食神이 되어 편관偏官인 정화丁火를 충거冲去하니 희생이 갱생이 된다.

금약화다金弱火多로 이루어진 신약사주에는 계유癸酉, 계축癸丑, 계해癸亥로 들어오면 좋다. 계사癸巳인 경우 주중에 유금酉金이나 축토丑土가 있으면 금국金局이 되므로 이 역시 신금辛金에겐 좋은 역할을 하게 된다.

신강身强인 경우 계묘癸卯, 계미癸未, 계사癸巳로 들어와야 좋은데 이 둘 중에는 계미癸未 운이 더 좋다. 이유는 미토未土가 신금辛金의 재고財庫가 되어 재국財局 역할을 하기 때문이다.

## 신금辛金이 자수子水를 만나면 ─────

비록 식신食神이라고 하지만 자수子水 자체가 추운 겨울을 가리키기 때문에 냉금冷金이 되고 금침金沈이 되고 사금死金이 된다. 또 한편으로 자수子水를 만나면 설기泄氣되고, 사업상으로는 '함정'에 빠진 걸로 해석한다.

자월子月에 태어난 신유일주辛酉日主의 여자라면 꽁꽁 얼어 있어 성감性感이 통하지 않는다. 불감증不感症에도 해당되어 남자를 만나도 전기가 오지 않기 때문에 바람나지 않는다.

자유子酉는 귀문관살鬼門關殺에 해당되어 결벽증이 심하며 신경질적으로 깨끗함이 거의 병적인 수준이다. 따라서 시집가서 결혼 생활이 평탄치 못하다. 이러한 팔자는 남녀 다 시집, 장가가기 힘들다. 이러한 팔자들을 금수쌍청金水雙淸이라고 표현한다.

신약身弱일 경우 원칙적으로 해롭지만 금약화다金弱火多 사주라면 수극화水剋火 작용으로 오히려 신금辛金을 도와준다.

신강身强일 때는 금수쌍청金水雙淸으로 금수金水가 용신인 경우에만 유리하다.


## 신금辛金이 축토丑土를 만나면 ─────

축토丑土가 편인偏印이 되는데 토생금土生金이 잘되므로 자양지금滋養之金의 역할을 잘할 수 있는 토土의 임무를 수행할 수 있다. 그러나 그 결과는 냉한지금冷寒之金이요, 입묘入墓되면서 다시 토생금土生金이 되니 이러한 현상을 환혼還魂이라고 부른다.

신약인 경우 축토丑土가 들어옴으로써 신금辛金이 자기 세력을 공고하게 할 수 있으니 좋다. 신강인 경우, 상식傷食으로서 해수亥水나 자수子水가 용신이면 축토丑土가 도움을 줄 수 있다. 그 외에는 신강 사주에게 해롭다.

신축일주辛丑日主는 축토丑土가 묘궁墓宮이기 때문에 고금古金 또는 오래된 금金이라 부른다. 남녀 불문하고 첫인상이 냉정하게 보이며, 고집이 대단히 세고, 견겁고肩劫庫라 형제 흥변이 있게 된다.

남자는 모처불합母妻不合을 면할 길이 없고, 여자는 미모가 뛰어나며 일지日支 인수때문에 친모봉양親母奉養이 있게 되고 축중계수丑中癸水 때문에 타자양육他者養育하게 된다.

또한 탕화살湯火殺 작용도 있어 세상을 염세, 비관할까 염려된다.

## 신금辛金이 인목寅木을 만나면 ──────

인목寅木이 정재正財, 절지絶地가 되는데 신왕시身旺時는 재관財官을 취득할 수 있기 때문에 신금辛金이 가장 기뻐한다. 그러나 신약身弱에는 인목寅木이 강목剛木으로서 두렵고, 재관동임財官同臨이 되어 총각득자하게 된다. 그러나 유월酉月에 태어난 신사일주辛巳日主가 인시寅時에 태어났다면 낙태시킨다. 이유는 형刑이나 충沖이 걸려 있기 때문이다.

또 다른 예를 들어 보기로 한다.

신왕사주身旺四柱로 유월酉月에 태어난 신축일주辛丑日主인 경우, 인목寅木을 만나면 최고로 좋다. 우선 몸이 찬데 따뜻한 기氣가 들어와서 좋고, 인중寅中의 병화丙火 때문에 돈과 권력이 한꺼번에 생기게 된다. 또한 따뜻한 기운氣運 때문에 건강이 좋아지며 특히 혈액순환이 잘되기 때문에 기분마저 상쾌하게 된다.

## 신금辛金이 묘목卯木을 만나면 ─────

묘목卯木이 편재偏財, 절지絶地가 된다.

신왕사주에게는 을목이 뿌리를 하고 있으면 편재로서 큰돈을 만질 수 있는데 신약에는 절지絶地로서 무근無根이니 의지처가 없으며, 묘중을목卯中乙木과 을신乙辛으로 상충相冲하니 금목상전金木相戰을 면하기 어렵다.

신묘일주辛卯日主는 귀신같은 묘함이 그 속에 있다. 신묘辛卯 같은 나무를 우산지목牛山之木이라고 하는데 산에 소를 방목하니 소가 풀을 다 먹어서 풀이 클 수가 없다는 뜻이다. 묘목卯木이 자라려고 하면 신금辛金(=면도칼)이 잘라 버린다.

따라서 신금일주의 아내는 묘목卯木으로 대부분 키가 작다. 키가 작다는 뜻은 묘목卯木이 돈인데 큰돈은 안 들어오고 작은 돈밖에 안 들어온다는 말이다. 이 이야기는 신묘일주에 큰 부자는 없다는 뜻이다. 또한 묘목卯木은 을목乙木과 같은 뜻인데 을목은 음악을 좋아하고 본인도 소질도 있다. 만약 신묘일주의 아내를 달래려면 LP나 CD를 사다 주면 좋아한다.

신묘일주의 남자는 일지日支에 여자를 깔고 앉아서 가는 곳마다 항상 여자가 따라 들어온다. 여자가 많이 따른다는 뜻이다. 묘목卯木 자체가 인정仁情을 가리키기 때문에 신묘일주의 아내는 조그마한 인정을 베풀어도 아주 고맙게 생각한다.

## 신금辛金이 진토辰土를 만나면 ─────

진토辰土가 정인正印이 된다. 토생금土生金을 아주 잘해서 자양지금滋養之金이 된다. 진토辰土는 습토濕土이면서 동시에 상식고傷食庫

의 역할도 한다.

습토濕土가 되어 자양滋養받아서 힘을 얻으니 길 잃은 양이 어미 양을 만나는 것과 같고, 유금酉金을 진유辰酉로 인합引合하여 굳건하게 해 준다.

신왕인 경우에는 자수子水와 합해져서 자진수국子辰水局이 되어 상식의 역할을 톡톡히 하게 된다. 그러나 진토辰土의 태과太過는 매금埋金되므로 불가不可하다.

상식고장傷食庫藏으로서 여자는 늘 자손 걱정을 하면서 살아야 하고, 남녀 공히 아랫사람 걱정이 떠나지 않는다.

## 신금辛金이 사화巳火를 만나면 ──────

사화巳火는 암장暗藏으로 병무경丙戊庚을 가지고 있다. 체용법體用法에 따라 사화巳火는 음陰이지만, 쓸 때는 암장暗藏에 있는 양화陽火인 병화丙火로 쓴다. 따라서 사화巳火는 신금辛金에게는 정관正官이 된다. 화극금火剋金이 잘되므로 신금辛金은 녹아 버린다. 이러한 현상을 소용銷鎔이라고 한다. 신약에게는 주중에 유금酉金이나 축토丑土가 있으면 금국金局이 되므로 필요하나, 그 외에는 신약한 신금辛金에게 아주 불리하다. 관官이 아니라 칠살七殺 작용이 그대로 나타난다.

남자는 직장이나 자식에 이상이 나타나고, 여자는 남편한테 흉변兇變이 일어난다. 신강인 경우 특히 관官이 용신用神이면 크게 좋아지지만, 이때 만약 상식傷食이 용신으로서 해수亥水가 해당된다면 목숨마저 위태로운 지경에 처하게 된다.

신사일주辛巳日主의 남자는 외곬이고 한 번 결심하면 죽어도 전부를 쏟아 붓는다. 여자는 사중巳中의 병화丙火와 병신합丙辛合이 된다. 남자만 보면 전기가 오고 화극금火剋金으로 녹아 내린다. 이 말은 정부情夫한테 놀아난다는 뜻이다. 따라서 여자는 정부情夫를 두는 팔자인데, 사화巳火가 비행기를 뜻하기 때문에 비행기 안에서 만남이 잘 이루어진다. 결론은 신사일주辛巳日主의 여자는 며느리를 선택할 때 며느리로 낙점하지 말라는 뜻이다.

## 신금辛金이 오화午火를 만나면 ──────

오화午火가 편관偏官, 칠살七殺, 패지敗地가 되는데, 이 역시 약한 금金이 화를 만나면 녹는다.

신약사주인 경우에는 화극금火剋金으로 아주 해롭다. 건강상으로는 폐나 치아에 이상이 온다. 신강사주에는 재관財官이 용신인 경우에 크게 힘을 받는다. 그러나 상식인 자수子水가 용신인 경우에는 천국을 여행할 가능성이 많다. 이유는 자오충子午冲으로 사주의 핵심核心을 파괴하기 때문이다.

## 신금辛金이 미토未土를 만나면 ──────

미토未土가 편인偏印, 재고財庫가 된다.

편인이기에 토생금土生金을 기대하나 조토燥土가 되어서 생生을 받을 수 없으니 애초에 포기함이 좋다. 그러나 신왕身旺에는 재고財庫로서 주중柱中에 재財가 없어도 부자로 살게 된다.

신미일주辛未日主는 일지日支에 효신살을 놓아 생모生母와는 인연이 없으며, 미토未土가 좋은 역할에 해당될 때는 돈방석에 앉게 된다. 또 미토未土가 재고財庫이기 때문에 여자들이 많이 따르는데 고

庫는 '집합'을 가리키기 때문에 연상 연하를 가릴 것이 없고, 미토未土는 일지日支의 처妻 자리인데 고庫가 되므로 처질병妻疾病이 생기며, 미토未土가 편인偏印이면서 재고財庫이기 때문에 어머니가 신금辛金의 돈으로 보인다.

## 신금辛金이 신금申金을 만나면 ——————

신금申金이 비겁比劫, 왕궁旺宮, 금기득왕金氣得旺이 되나 천간天干과 지지地支가 각각 다르기 때문에 결국은 잡금雜金이 된다. 다시 말하면 도금塗金이 된다. 쉬운 말로 금맥기가 된다는 뜻이다. 천간天干은 겉이고 지지地支는 속이기 때문이다.

같은 지기志氣로서 득근得根은 분명하지만 음양陰陽이 달라 탁濁해지는 것은 면하기 어렵다. 신약에게는 탁해진다 하더라도 득근得根이 되어서 친구 형제의 도움을 받지만, 신왕사주身旺四柱에겐 탈재奪財가 되어 나쁜 친구를 만나 재산을 뺏기고, 아내도 뺏기고 패가망신敗家亡身하게 된다. 특히 경신월庚申月 신금일주辛金日主라면 녹슨 보석으로 크게 빛을 발하기는 어렵다.

## 신금辛金이 유금酉金을 만나면 ——————

유금酉金이 비견比肩, 관궁冠宮, 정록正祿이 된다. 제자리를 찾고 강력히 뿌리하며, 내가 설 땅을 알게 된다.

신약사주身弱四柱에겐 더없이 좋지만, 신강사주身强四柱에겐 형제와 친구로 인해서 탈재奪財가 되니 아주 해롭다. 신유일주辛酉日主는 간여지동干與支同이 되어 부부궁이 나쁘다. 이유는 형제, 친구를 안방까지 끌어들이기 때문이다. 너무 깨끗한 물이 되어 청렴결백하다.

화다신유일주火多辛酉日主는 빈혈貧血을 항상 주의해야 하며, 또한 폐렴과 관절염도 주의 대상이고, 죽을 때는 뇌일혈로 죽는다.

신유일주辛酉日主는 멋쟁이이며 깔끔한데다 베어링처럼 단단하여 광화문 사거리에서 전차가 지나가도 끄떡없다.

남자는 일지日支에 견겁이 있기 때문에 아내의 잔질殘疾은 면할 길이 없다. 여자는 항상 예쁘고 깨끗한 것이 흠欠이다. 여기서 유酉는 닭을 가리키는데 이 경우에는 닭을 봉황으로 해석해도 된다.

신금辛金이 유년酉年이 되면 진토辰土가 보이지 않게 따라 들어온다. 따라서 신금이 유년酉年이 되면 숨어서 공부한다. 이러한 현상은 주로 수험생들에게 적용된다.

## 신금辛金이 술토戌土를 만나면 ────

술토가 정인正印, 쇠궁衰宮, 관고官庫가 된다. 조토燥土이기 때문에 불능생금不能生金이 되는데 다만 술월戌月은 예외이다. 토생금土生金이 된다는 뜻이다. 이유는 술월戌月 자체가 가을이기 때문이다.

관고官庫이기 때문에 남자는 자손子孫의 무덤으로 연결되고, 여자는 남편의 불치병不治病에 해당된다. 필자의 실관實觀에 의하면 여자의 관고官庫가 나쁜 영향을 끼친 경우에는 남편이 그렇게 되는 일이 없어서 미친다고 하소연하는 경우가 많다.

## 신금辛金이 해수亥水를 만나면 ────

해수亥水가 상관傷官, 도기盜氣, 병사궁病死宮, 금침金沈이 된다.

신약사주에겐 도기盜氣가 되기 때문에 관궁官宮이 죽는다. 여자는 남편이 별 볼 일 없고, 남자는 자식이 잘 풀리지 않는다. 그러나 신강사주이고 상식인 해수亥水가 용신인 경우 해중亥中의 갑목甲木까지 소유할 수 있으므로 상식傷食이 살아 있어 아이디어가 적중하니 광고업이나 아동심리학 등에서 크게 성공하게 된다.

신해일주辛亥日主는 술해천문성戌亥天門星을 갖고 있어 영리하며, 신해辛亥가 고란살孤鸞殺에도 해당되어 고독한 팔자이며 따라서 외롭고 고집불통이다.

또한 신해辛亥는 금수냉한金水冷寒에 해당되어 항상 건강에 유의하여야 한다. 여기서 신해辛亥는 금수쌍청金水雙淸에는 해당되지 않는다. 이유는 해중亥中의 갑목甲木이 있기 때문이다. 앉은 자리에 사궁死宮을 놓았기 때문에 부부궁夫婦宮이 나쁘며 항상 배우자 때문에 골치 꽤나 썩는다.

남녀 공히 외로운 팔자인데 여자는 혼자 사는 사람이 많다. 고란살 영향 때문에 문학 소녀에게도 많다. 반대되는 하나의 예를 들도록 하겠다.

병신년 정유월 신해일 경인시丙申年 丁酉月 辛亥日 庚寅時의 여자 사주이다. 여기서 용신用神은 화火인데 화기火氣가 필요한 팔자이다. 따라서 남편火이 있어야 하는 운명이다. 이런 경우에는 고란살孤鸞殺이 적용이 안 된다.

해수亥水가 인목寅木과 합해지면서 목국木局으로 변하기 때문에 돈을 요구하고 남자를 요구한다. 이런 팔자는 전혀 외롭지 않다.

혹여나 독자들이 실수를 저지를까 하는 우려에서 이러한 경우를 제시했으니 앞으로 공부하는 데 크게 참조하기 바란다.

9장

임수壬水의
성격과 응용

임수 壬水

**01** 임수壬水는 신금음辛金陰이 변화하여 양陽이 된 순서요, 또 가을에서 겨울로, 석양에서 밤으로, 결실에서 수장收藏으로, 백기白氣에서 흑기黑氣로, 백운白雲에서 흑운黑雲으로, 폐肺에서 신腎으로, 의리가 지혜로, 냉한冷寒이 동결凍結로 변화하고 있음을 말해 준다.

**02** 천간天干으로서 수기水氣 중에 나타나고 있는 것 자체에서도 크고 멀게 그리고 긴 것을 임수壬水라 하고, 이에 반대인 것을 계수癸水라 한다.

**03** 임수壬水는 천간天干의 종終이요 계절의 끝으로서 종식되는 듯하나 끝은 곧 시작을 의미하기 때문에 임수壬水는 임신妊娠이라고도 하고, 또한 하루의 끝으로 밤이 되나 시작도 역시 밤이 되는 것과 같다 하겠다.

**04** 형이상학적으로는 운雲, 정精, 수기水氣, 동절冬節, 설雪, 빙氷, 시작始作, 진화進化의 근본이 되며 만물의 종주宗主로서 타他 오행五行의 작용에 없어서는 안 될 필요 불가결한 것이며, 심지어는 미생물에 이르기까지 수水의 지배를 받지 않는 것이 없고 또한 생명의 근본이 되는 것이다.

**05** 형이하학적으로는 택澤(=늪)이요, 해수海水(=바닷물), 호수湖水 등으로 정지된 수水이고, 횡류橫流를 하는 것이 특징이며, 양수陽水로서 지지地支의 해수亥水와 같고, 사수死水요 강수剛水이니 경금庚金과 무토戊土를 좋아하는데 경금庚金은 인수印綬로서 수水의 근본이며, 무토戊土는 관官으로서 제방이 되니 댐을 이루어 다목적으로 이용하기 때문이다.

**06** 수水 자체는 음지극陰之極으로서 음陰이 극에 달하면 양陽의 시작

이 되니, 외음내양外陰內陽의 법칙에 의하여 양陽이 시생始生되고 있기 때문에 겉으로는 보이지 않으나 속으로는 양陽이 잉태되어 시생始生하고 있는 것이다.

다시 말하면 하루 낮의 시작도 자영시子零時를 기준으로 시작하고 또 자동지子冬至를 지나면서 낮이 길어지기 시작하는 것 그리고 겨울은 추우나 추운 만큼 건조한 것과 같은 이치라 하겠다.

**07** 수水는 청淸을 생명으로 하고 있으나 지나치면 병病이 되는데 이는 지나치게 깨끗한 물에 물고기가 살지 못하는 이치와 똑같다.

예를 들면 무자년 신유월 임자일 기유시戊子年 辛酉月 壬子日 己酉時의 남자 사주인데 귀문관鬼門關에다 결벽증까지 겹쳐 지나치게 깨끗한 물, 다시 말해 지나치게 깨끗한 사람이다. 아내, 자식이 화토火土인데 이 사주에 화토火土를 던지면 화토火土가 견디지 못한다. 또한 이런 사주는 아내와 이혼을 하게 되고 자식이 잘 안 되며, 신경질이 날 정도로 깨끗한 팔자이다. 이 사주의 용신用神은 금수金水이다.

**08** 수水를 관찰함에는 청수淸水와 탁수濁水를 구별할 줄 알아야 한다. 임수일주壬水日主가 유월酉月에 태어났다면 청수淸水가 된다. 깨끗한 팔자라는 뜻이다.

미월 임술일 경자시未月 壬戌日 庚子時 같은 사주는 토土가 많아서 흙을 뒤집으니 더러워진 물이 된다. 다시 말하면 더러운 인간이 되었다는 뜻이다.

**09** 수水는 수원水原과 흐름의 방향, 즉 순류順流와 역류逆流를 구분하여야 한다.

예를 들면 무진년 경신월 임인일 병오시戊辰年 庚申月 壬寅日 丙午時의 사주는 물의 흐름이 년年부터 시작해서 토생금土生金, 금생수金生水, 수생목水生木, 목생화木生火로 물 흐름의 방향이 움직이기 때문에 순류順流에 해당된다. 그만큼 세상살이가 순조롭고 편안하다.

또 다른 경우를 설명하겠다. 병오년 경인월 임자일 무신시丙午年 庚寅月 壬子日 戊申時의 사주는 년年에서 시작하는 것이 아니고 거꾸로 시時에서 시작하여 년年으로 가야 한다. 금생수金生水, 수생목水生木, 목생화木生火로 가야 하는데 이런 사주를 역류逆流라고 한다. 이렇게 되면 세상을 거꾸로 살아야 하는데, 사업도 거꾸로 하여야 하고 결혼도 거꾸로 하여야 한다.

남자는 연상의 여인과 결혼하여야 하고 여자는 연하의 남자와 결혼하여야 한다. 남자인 경우 이러한 사람이 연하의 여인과 살 때는 모든 일이 안 풀리고 답답하다고 필자한테 하소연하는 경우가 많다.

❿ 물의 심천深淺, 난류暖流와 한류寒流를 구분하여야 한다. 앞에서 예를 든 무진년 경신월 임인일 병오시戊辰年 庚申月 壬寅日 丙午時 같은 사주는 수원水源이 너무 멀고 깊다. 따라서 여유만만하고 지구력이 강해서 당해 낼 사람이 없다. 또한 토생금土生金, 금생수金生水하므로 날씨가 아무리 더워도 마르지 않는다. 그만큼 큰 그릇이라는 뜻이다.

반대로 미월 임술일 경자시未月 壬戌日 庚子時 같은 사주는 물의 깊이가 얕다. 따라서 상대방에게 이용만 당하고 일급비밀을 노출시키므로 대사大事를 그르치게 된다. 임자壬子는 한류寒流에 속하고 계해癸亥는 난류暖流에 속한다. 이유는 해중亥中의 갑목甲木이 따뜻하게 하는 쪽으로 방향을 틀기 때문이다.

⓫ 수水, 다시 말하면 물을 막아서 이용할 것인지 또는 흘려보낼 것인

지를 구분할 줄 알아야 비로소 정확한 추명推命이 가능하다.

예를 들면, 임신년 임자월 임인일 임인시壬申年 壬子月 壬寅日 壬寅時의 사주는 목화木火가 용신用神인데 수생목水生木, 목생화木生火로 흘려보내야 할 물이다. 수생목이 잘되므로 큰 물이다. 즉, 큰 인물이라는 뜻이다.

임신년 임자월 무술일 기미시壬申年 壬子月 戊戌日 己未時의 사주는 화토火土가 용신用神인데 제방을 막아서 쓰는 팔자이다. 또한 다목적 댐으로 팔방미인八方美人이다.

바다와 같은 호수, 동양의 큰 댐, 한마디로 동양에서 제일가는 인물이다. 이런 사주라도 묘목卯木을 만나면 완전히 버려 버린다. 묘술합卯戌合, 묘미합卯未合으로 묶어서 미술토未戌土가 전혀 힘을 못 쓰게 만드는데 이러한 결과로 제방이 무너져 만권정지萬權停止가 된다. 이 사주는 사화巳火, 오화午火, 미토未土, 술토戌土를 만나면 크게 성공한다.

⑫ 수기왕水氣旺에 봉목逢木은 수로水路요, 따스한 봄을 만나 해동解凍이 되니 수水의 생명선이 된다. 그러나 이 경우도 수목응결水木凝結은 되지 말아야 한다.

예를 들면, 자년 해월 임자일 임인시子年 亥月 壬子日 壬寅時의 사주는 물이 잘 빠져 주고 있다. 그래서 주위 사람에게 시원한 느낌을 준다. 따라서 큰 인물이다.

자년 자월 임자일 계묘시子年 子月 壬子日 癸卯時의 사주는 수생목水生木이 여의치 못하다. 그래서 수목응결水木凝結이 되고 보기에 답답하다. 그래서 작은 인물밖에 안 된다.

⑬ 봉화逢火는 추운 자가 화롯불을 만난 형상에 수화기제水火既濟로서

아름다운데, 수화상전水火相戰은 되지 말아야 한다.

예를 들면 신년 자월 임인일 병오시申年 子月 壬寅日 丙午時의 사주는 수水와 화火가 균형을 이루고 있어서 집안이 평화롭고 아내와도 다정하다. 이러한 사주를 '수화기제'라고 한다.

임신년 임자월 임자일 병오시壬申年 壬子月 壬子日 丙午時의 사주는 수기水氣에 비해서 화기火氣가 현저히 약하다. 이러한 사주는 균형이 깨졌기 때문에 모든 일에 있어서 장해를 받는데 화기火氣가 약하기 때문에 큰돈도 못 만지고 아내는 몸이 아프다. 이러한 사주를 수화상전水火相戰 혹은 화수미제火水未濟라고 표현한다.

⓮ 봉토逢土는 제방이나 댐으로서 다목적으로 이용 가능하여 좋다. 그러나 이 경우에도 미토未土나 술토戌土만 해당되고, 용신用神이 화토火土인 신강사주에만 해당된다.

⓯ 수기약水氣弱에 봉목逢木은 목다수축木多水縮이요, 또 봄을 만나 겨울이 꼼짝 못하며 칠흑같이 어두운 밤도 새벽을 만나 물러서는 형상이다.

⓰ 수약화다水弱火多면 수水가 증발되며, 밤은 짧으나 낮은 길고, 겨울에 기온이 상승하여 매사를 그르치게 된다.

예를 들면 병인년 갑오월 임오일 무신시丙寅年 甲午月 壬午日 戊申時의 사주는 재財가 많고 신身이 약한 사주이다. 한마디로 재다신약財多身弱 사주인데 낮은 길고 밤은 짧다. 밤낮없이 일해도 먹고살기 어렵고 결국 사기꾼 사주에 해당된다. 내가 극尅하니 아내 혹은 애인에 해당된다. 아내 때문에, 애인 때문에 망하는 팔자이다.

⓱ 수약토다水弱土多면 유색流塞되고, 수심水深에 비하여 과다한 일을

하고 있으니 결과적으로 헛수고를 많이 하게 되고, 수심水深이 천淺하여 본인의 노출이 심하니 타인에게 이용당하기 쉽고 또한 배신당한다.

예를 들면 을미년 무자월 무술일 기미시乙未年 戊子月 戊戌日 己未時의 사주는 금수金水가 용신用神인데 수기水氣가 약하기 때문에 썩은 지혜가 발동되며 쓸데없는 생각만 하게 된다. 이런 사람은 굉장히 인색한데 물은 가두어 놓으면 썩는 이치이다. 돈을 아끼면 다 썩어 버리는데, 돈을 쓰는 사람 따로 있고 버는 사람 따로 있다는 뜻이다. 본인을 위해서는 아까워서 한 푼도 써 보지 못한다.

⓱ 수왕水旺에 봉금逢金은 탁수濁水요, 한랭지수寒冷之水이며 철분이 과다한 물로 자체 조화를 이룰 수 없어 불가不可하다.

예를 들면 무신년 신유월 임신일 무신시戊申年 辛酉月 壬申日 戊申時의 사주는 금金이 많아서 탁하고 철분이 많은 물이다. 따라서 탁수濁水가 되며, 사람도 탁한 사람, 하수도 고치고 똥 푸는 사람도 가끔 있다. 또한 탁하기 때문에 자기 능력 밖의 남의 것을 탐낸다.

⓳ 삼합三合으로 이루어진 순수한 금국金局은 오히려 귀명貴命이 되고 지지전 삼합국地支全 三合局은 윤하潤下로써 목적을 달성하게 되는데, 방합方合이나 동합同合은 격格이 더 떨어진다.

예를 들면 계사년 신유월 계축일 신유시癸巳年 辛酉月 癸丑日 辛酉時의 사주는 인수삼합국印綬三合局으로 순수하게 사주가 형성되어 규모가 큰 대학교의 총장 사주이다.

임자년 임자월 임신일 경자시壬子年 壬子月 壬申日 庚子時의 사주는 삼합三合으로 이루어진 윤하격潤下格으로 외교관이나 선장에 해당된다. 바닷물을 따라서 왔다 갔다 하는 팔자들이다.

㉟ 수水의 성격은 바다와 같이 넓고 깊으며 인내심이 있고, 지혜가 있으며, 항상 수평水平을 이루고자 노력하기에 만인에게 평등하며, 환경에 적응을 잘한다. 그러나 일단 화禍가 나면 노도와 같이 무서우며 인마人馬를 살상殺傷하게 되니 충파冲破는 만나지 말아야 한다.

㉑ 수水는 오행五行의 시작으로 계획을 잘하고 발명가에 많으며, 무엇이든 시작始作의 명수이다. 따라서 사업을 한다면 한곳에서 끝을 보려고 해서는 안 된다.

㉒ 목기木氣가 없으면 평균 신장을 넘지 못하며 얼굴은 타원형이 많고, 타 부위에 비하여 중앙이 높다. 평균 신장을 넘지 못하는 이유는 설기泄氣가 되지 못하기 때문이다.

㉓ 수기水氣가 왕旺하면 수심이 깊어 물의 깊이를 알 수 없는 것처럼 수일주水日主의 마음을 알 수 없어 때로는 상대로부터 오해받기 쉽다. 수水는 밤이요 흑기黑氣가 되기 때문에 비밀, 신음, 우수憂愁, 기만欺瞞, 도심盜心, 주색酒色, 도박 등으로도 응용되고 있다.

㉔ 인체로는 신기腎氣이니, 기본 체력이 좋아 지칠 줄 모르고 일에 전념할 수 있어 좋으나 정력精力이 지나쳐 음란할까 염려된다. 청력聽力이 좋아 미세한 소리까지 감지感知할 수 있는 특징이 있고, 수일주水日主는 비만 체구가 많으며, 노래老來에는 혈압이나 풍질風疾 등의 지병持病으로 오랫동안 고생하다가 죽는 것이 흠欠이다. 비만 체구가 되는 것은 무엇이든지 물속에 집어넣으면 불어나는 현상으로 이해하면 된다.

㉕ 수일주水日主는 모든 것을 희석할 수 있는 힘을 가지고 있어서 주량酒量이 대단한 것까지는 좋으나, 수술 시 마취가 잘 안 될 뿐만 아니

라 마취에서 깨어날 때 고통스러우며 약의 양을 다른 체질에 비해서 과다하게 투입해야 몸이 낫는다. 이유는 몸 안에서 약 성분을 희석시키기 때문이다. 적은 물보다 많은 물이 있을 때 약의 기능을 흐트러뜨려 버리는 현상으로 이해하면 된다.

㉖ 직업으로는 법정, 식품, 수산물, 양식업, 냉동, 주류, 여관, 호텔, 무역 등에 종사하는 사람이 많고, 수일주水日主가 상식傷食이 잘 발달되어 있는 경우에는 발명가로 진출하는 것이 출세의 지름길이다.

## 임수壬水가 갑목甲木을 만나면 ─────

갑목甲木이 식신食神이 된다. 식신은 옷과 밥으로 유용하게 응용되고 있으나 식신도 태과하면 신허身虛가 되므로 상관傷官과 같은 작용이 발생하고 또 상관도 필요하면 식신과 같다는 것을 잊어서는 안 된다.

신왕身旺에 식신생재食神生財로만 잘 구성되어 있으면 이는 돈을 쓸수록 더 생기고, 쉽게 돈 벌며, 남에게 베풀어 가면서 부자가 되므로 자연적으로 마음이 넓어지고 인정仁情이 많으며 비만 체구가 된다(비만 체구는 마음이 편안하기 때문이다).

따라서 식신 하나만 잘 구성되어 있어도 극혯 편관칠살偏官七殺하여 재앙災殃을 없애고 일간日干을 보호함과 동시에 생재生財하여 옷과 밥이 생기므로 일명一名 수성壽星 또는 식신유기승재관食神有氣勝財官이라 하여 어설픈 재財나 관官보다 낫다고 하였다. 또한 상식傷食은 상상력, 응용력, 추리력을 가리키는데 상식傷食이 없으면(여기서는 갑목甲木을 가리킴) 사람이 좀 답답하고 머리가 꽉 막힌 것처럼 보인다.

문제는 갑목甲木의 지지地支가 어떤 형태로 나타나느냐에 따라서 슬픔과 기쁨, 성공과 실패가 확연하게 갈라진다.

신약身弱인 경우 갑신甲申, 갑자甲子로 들어오면 좋은데 갑자甲子이면 수생목水生木이 잘 안 되므로 이 역시 임수壬水의 뿌리가 된다. 갑진甲辰인 경우 주중柱中에 자수子水나 유금酉金이 있다면 갑진甲辰으로 들어와도 무난하다.

신약하면서 관식투전官食鬪戰하는 경우에는 아주 해롭다. 관식투전이 되려면 형충刑冲이 걸리거나, 관다상식소官多傷食少 또는 상식

다관소상식多官少傷食일 때 형성되는데 이렇게 되면 하루도 편안한 날이 없고, 골육상쟁骨肉相爭(=피붙이끼리 맞고소한다)하는데 부모, 형제끼리 싸울 때는 집안의 질서가 완전히 파괴된다. 여자의 사주가 이렇게 형성되면 남편한테 매 맞고 살게 된다.

예를 들면 병술년 무술월 임자일 경술시丙戌年 戊戌月 壬子日 庚戌時의 사주는 금수金水가 용신用神인데 갑인甲寅이나 을묘乙卯 운이 들어올 때 관식투전이 된다. 이 사주는 임수일주壬水日主의 여자 사주인데 여기서 갑인甲寅, 을묘乙卯가 자식에 해당된다. 자식들甲寅, 乙卯이 아버지인 무토戊土에게 대드니 아버지 무토가 자식 교육을 잘못시켰다고 아내인 임수壬水를 때리는 형상이 된다.

따라서 임수일주壬水日主는 걸핏하면 남편이 주먹질을 하는 비극적인 삶을 살아야 한다.

신왕身旺 사주는 상식傷食이나 재財가 용신일 때는 갑인甲寅·갑오甲午로 들어와야 좋고, 재관財官이 용신일 때는 갑술甲戌로 들어와야 좋다.

갑술甲戌로 들어올 때 술토戌土는 재고財庫와 관고官庫 역할을 동시에 하기 때문에, 사업을 하거나 관官에 근무하는 사람은 크게 성공한다.


## 임수壬水가 을목乙木을 만나면 ————

상관傷官으로서 도기盜氣되고 또한 수목응결水木凝結로 북풍北風이 가중된다. 임수壬水의 양옆에 을목乙木을 놓고 있으면 목극토木剋土로서 안하무인이며 이런 사람은 무서운 자가 없다. 신허身虛인 경우에는 을유乙酉·을해乙亥로 들어와야 하는데, 을유乙酉면 금생수金生

水가 여의치 않으므로 주중에 사화巳火나 축토丑土가 있어야 더 효과적이다. 을해乙亥면 수생목水生木이 되므로 주중에 자수子水나 축토丑土가 있어야 한다. 따라서 신허身虛에는 을목乙木이 크게 도움이 되지 못한다.

신왕身旺인 경우 을사乙巳가 좋은데 주중에 유금酉金이나 축토丑土가 없어야 하고, 순수하게 상식이 용신인 경우 을해乙亥, 을묘乙卯로 들어와야 하는데 생재生財가 안 되므로 희생하고 봉사하는 데 그쳐야 하지만 다행스럽게 인목寅木이 용신이라면 그런대로 괜찮다.

상식이나 재財가 용신인 경우에는 을미乙未로 들어오면 무난하다. 미토未土가 상식고傷食庫이면서 동시에 재財의 역할까지 할 수 있기 때문이다. 크게 봐서 을목乙木이 임수壬水에겐 도움이 안 된다. 만약 임수일주壬水日主의 용신이 술토戌土라면 을묘운乙卯運에는 만권정지萬權停止가 된다. 이유는 묘술합卯戌合으로 묶어 버리기 때문이다.

## 임수壬水가 병화丙火를 만나면 —————

병화丙火가 편재偏財가 된다. 재財는 극剋하기 때문에 내가 스스로 행하는 적극적인 행동을 가리키고, 편偏은 편법偏法을 가리키는데 모든 세상을 자기 위주에 자기 편할 대로 행한다. 따라서 남의 여자도 내 여자로 생각하고, 남의 돈도 언젠가는 내 돈이 된다는 확신에 차 있다.

결혼하는 것도 속도위반이기 쉽고 혼전 동거가 많으며, 충년沖年이 되면 이혼하고, 재財는 음식에도 해당되기 때문에 먹는 입맛이 까다롭다. 운이 좋으면 횡재橫材하지만, 운이 안 좋을 때 정도正道를 버리고 편도偏道를 행하면 곧바로 재앙災殃을 부르게 된다. 수기水氣

가 왕旺하여 병화丙火를 필요로 할 때는 추운 자가 화로를 얻는 것과 같아 귀물貴物이 되며, 이는 충沖이 아니라 길吉이 분명한데 충沖 중에서도 길흉吉凶이 있는 것이다.

예를 들면 병신년 경자월 임인일 병오시丙申年 庚子月 壬寅日 丙午時의 사주는 시주時柱에 있는 병화丙火가 용신用神인데 병임충丙壬沖은 충불충沖不沖이다. 이때의 충沖은 건설을 위한 싸움이고 임수일주壬水日主에게 병화丙火가 나타나므로 균형이 맞춰지고 또한 임수壬水에게 필요하기 때문에 충돌해서 없어지며, 깨지는 것이 아니라 오히려 화기火氣를 충전케 해서 나에게 큰 보탬이 된다. 이렇게 시주時柱에 편재가 용신인 사람은 대부분 큰 부자이거나 장관급 이상에 해당되는 고급 관리이다.

신약身弱일 때는 병신丙申·병자丙子로 들어오면 좋고, 병진丙辰인 경우 주중柱中에 유금酉金이나 축토丑土가 있으면 이 역시 임수壬水에게 도움을 준다.

신강身强일 때는 병인丙寅, 병오丙午, 병술丙戌이 좋은데 상식이나 재財가 용신일 때는 병인丙寅이나 병오丙午가 좋고, 재관財官이 용신일 때는 병술丙戌로 들어오는 것이 좋다.

임수壬水에겐 비록 편재偏財라고 할지라도 정재正財인 정화丁火보다 편재偏財인 병화丙火가 더 낫다.


### 임수壬水가 정화丁火를 만나면 ────────

정화丁火가 정재正財가 된다. 신약사주인 경우 정해丁亥, 정축丁丑, 정유丁酉로 들어오면 좋은데 정해丁亥는 주중에 인목寅木, 묘목卯木, 미토未土가 없어야 한다.

만약 주중에 인묘미寅卯未가 있으면 해수亥水가 배신하므로 해수亥水를 믿을 수 없다. 정축丁丑은 주중柱中에 유금酉金이나 해수亥水, 자수子水가 있어야 확실하게 자기 역할을 기대할 수 있고, 정유丁酉는 금생수金生水에 인색하므로 주중柱中에 신금申金이나 축토丑土가 있어야 효력을 배가할 수 있다.

정사丁巳인 경우 주중에 유금酉金이나 축토丑土가 있어야 하는데, 그렇다고 하더라도 천간天干의 정화丁火 때문에 효력은 반감된다.

신강身强인 경우 상식이나 재財가 필요하면 정묘丁卯나 정사丁巳로 들어와야 하는데 정사丁巳는 주중에 유금酉金이나 축토丑土가 없어야 한다. 재관財官이 필요한 경우에는 정미丁未로 들어와야 하는데 정미丁未는 화생토火生土를 확실히 하여 관성官星까지 갈 수 있게끔 도와주기 때문이다.

## 임수壬水가 무토戊土를 만나면 ─────

편관偏官으로서 수제受制되나 수왕水旺에는 제방으로써 댐을 이루니 다목적으로 이용된다. 무토戊土를 양쪽에 놓게 되면 탁수濁水, 천수淺水, 유색流塞으로 좋지 않은 팔자이며 창살이 없는 감옥과 같다. 여자라면 양쪽에 편관偏官을 놓고 있어서 남편이 의처증이 생긴다.

예를 들어서 무년 무월 임일 무시戊年 戊月 壬日 戊時의 사주가 있다고 하면 다토多土로 인해서 종래에는 임수壬水가 썩어 버린다. 산이 높아서 되는 것이 없다. 여자라면 수많은 무토戊土 때문에 임수壬水의 남편이 의처증에 걸리게 된다.

임수壬水의 제방으로는 술토戌土가 적합한데, 년年에서는 물이 흐르지 않기 때문에 막기가 어렵고 월月에서도 역시 거꾸로 막아야 하는데 물의 허리를 잘라서 막으니 막아지겠는가? 시時에서 막는 것이 최고다.

시時에서는 모든 물을 감시하면서 막기 때문에 아주 효과적이다. 또한 시時에서 막으면 말년末年이 아주 좋다는 상징적인 뜻도 된다.

신약身弱인 경우 무신戊申, 무자戊子로 들어오면 인수印綬, 견겁肩劫의 작용으로 임수壬水가 강하게 뿌리할 수 있어서 아주 좋다. 무진戊辰인 경우 주중柱中에 유금酉金이나 자수子水가 있으면 이 역시 임수壬水에겐 좋은 역할을 한다.

신왕身旺으로서 상식傷食이나 재財가 용신用神이면 무인戊寅·무오戊午로 들어오면 좋고, 재관財官이 용신用神이면 무술戊戌로 들어오는 것이 무난하다. 이때 술토戊土는 재관고財官庫 때문에 엄청난 돈이 생기면서 명예, 권력까지 한 손에 쥐게 된다.

## 임수壬水가 기토己土를 만나면 ————

정관正官으로서 좋은데 수약水弱에는 유색流塞되고 살殺이 되므로 대기大忌한다.

예를 들어 기년 기월 임일 기시己年 己月 壬日 己時의 사주가 있다면 이 역시 창살 없는 감옥이다. 예컨대 도장 가게, 복권 판매업 등을 연상하면 된다. 또한 여자는 서방이 셋이니 보기에 아주 흉하다.

신허身虛인 경우 기유己酉, 기해己亥로 들어오면 좋다. 기해己亥라면 주중에 인묘미寅卯未가 없어야 한다. 있다면 다른 역할로 변화하기 때문에 해수亥水의 기본적인 역할을 하기 어렵다. 기축己丑인 경우 주중에 유금酉金이나 자수子水, 해수亥水가 있으면 일간日干의 뒷받침이 되므로 아주 유용하게 써 먹을 수 있다.

신왕身旺은 상식傷食이 용신일 경우 기묘己卯로 들어오면 나쁘기보다는 좋고, 재財나 상식傷食이 용신이면 기사己巳·기미己未가 좋은데 기사己巳인 경우에는 주중에 유금酉金이나 축토丑土가 없어야 한다.

## 임수壬水가 경금庚金을 만나면 ─────

편인偏印으로서 원류原流가 된다. 그러나 인수印綬도 많으면 도식倒食으로서 패망을 자초하니 생生이라고 모두가 좋은 것만은 아니다. 많이 만나게 되면 어머니 치마폭에 쌓여 있는 사람으로서 사랑을 받을 줄만 알지 줄 줄은 모르게 된다.

예를 들어 경년 경월 임일 경시庚年 庚月 壬日 庚時의 사주가 있다고 하면 너무 인수印綬가 많아서 남 보기에만 좋지 실제로는 배 터져 죽는 팔자이다. 이때 갑목甲木이나 을목乙木이 상식傷食에 해당되는데 수많은 금金에 의해서 금극목金剋木당함으로써 도식倒食이 된다.

도식倒食이란 내가 필요한 상식을 인수가 제거할 때 도식倒食이라고 하는데, 도식운倒食運이 되면 만사萬事가 정지停止되면서 저세상으로 여행하는 운運이다. 그렇기 때문에 인수印綬가 적당하게 있어야지 많이 있어서 사주의 균형이 깨진다면 인수印綬가 설사 덕德이라고 하더라도 일간日干에게는 치명타를 입힐 수밖에 없다.

신약身弱인 경우에는 경신庚申·경자庚子·경진庚辰으로 들어오면 좋고 신왕身旺인 경우에는 경인庚寅·경오庚午·경술庚戌로 들어오면 좋은데, 상식이 용신이면 경인庚寅이 좋고 재관財官이 용신이면 경오庚午·경술庚戌로 들어오면 좋다.

*사업하는 사람에게 도식운倒食運이 오면 밥그릇을 엎어 놓은 형

상이 되어 대부분 부도가 난다.

## 임수壬水가 신금辛金을 만나면 ────

정인正印으로서 금생수金生水를 받는 것까지는 좋으나 과청過淸이 될까 염려된다.

신월 임일辛月 壬日 일주日主는 과청지수過淸之水가 된다. 신辛은 유酉를 가리키기 때문에 또한 청백지수淸白之水도 된다.

예를 들어 신유월 임자일辛酉月 壬子日 같으면 혼자 애국자이고, 평소 대한민국에서는 더러워서 못 살겠노라고 주장하며 신경질이 날 정도로 깨끗하다. 이런 사람은 결혼을 못한다. 이유는 남녀 간의 사귐 자체도 더럽다고 보기 때문이다.

신약사주는 신유辛酉, 신축辛丑, 신해辛亥로 들어오면 좋다. 신사辛巳도 주중에 유금酉金이나 축토丑土가 있으면 금국金局이 되기 때문에 이 역시 임수일주壬水日主를 기쁘게 한다. 신왕身旺인 경우 상식이 용신이면 신묘辛卯로 들어오면 좋은데, 주중에 인목寅木이 있으면 확실하게 수생목水生木이 가능하다.

재관財官이 용신이면 신사辛巳·신미辛未로 들어오면 좋고, 신사辛巳는 주중柱中에 유금酉金이나 축토丑土가 없어야 한다.

## 임수壬水가 임수壬水를 만나면 ────

비견比肩이 된다. 수기약水氣弱에는 세류합천細流合川(=작은 물이 모여 큰 물이 된다)으로서 도움이 되나 수왕水旺에는 견겁肩劫 작용이 나타나므로 남자는 재물財物에 손상損傷이 오며 처궁妻宮에 이상이 온다. 여자에게는 남편궁에 좋지 않은 일들이 발생되며 시어머니가 아프기 시작한다.

신약身弱에는 임신壬申·임자壬子로 들어오면 좋은데, 임진壬辰인 경우 주중柱中에 유금酉金이나 자수子水가 있으면 신약사주인 임수일주壬水日主에게는 크게 도움이 된다. 신왕身旺인 경우 상식이나 재財가 용신이면 임인壬寅이나 임오壬午로 들어오면 좋다.

임술壬戌이라면 묘목卯木이 상식傷食으로서 용신用神인 경우를 제외하고는 상식, 재, 관에 다 좋다. 여기서 술토戌土는 재고財庫, 관고官庫 역할을 동시에 하게 되는데 여기서 특별하게 기억할 것은 재고財庫는 편재偏財와 똑같이 취급하고 관고官庫는 편관偏官의 역할, 능력, 결과가 같다는 점을 염두에 두기 바란다.

## 임수壬水가 계수癸水를 만나면 ─────

비겁比劫으로서 수약水弱에는 도움이 되나 수왕水旺에는 견겁肩劫 작용이 나타나서 재관財官이 몰沒하므로 남자라면 경제적으로 힘들게 되고, 자식과 아내가 아프기 시작한다. 여자는 남편궁에 이상이 온다.

신약身弱에는 계해癸亥, 계유癸酉, 계축癸丑으로 들어오면 좋다. 계해癸亥는 주중에 인묘미寅卯未가 없어야 한다. 계사癸巳인 경우에는 주중에 유금酉金이나 축토丑土가 있으면 사화巳火가 금국金局으로 합쳐지기 때문에 일간日干에겐 유리하다.

신왕身旺인 경우 상식이 용신이면 계묘癸卯로 들어와야 하는데, 이때는 주중에 인목寅木이나 미토未土가 있으면 훨씬 더 효력이 좋아진다. 재財가 용신인 경우 계사癸巳, 계미癸未로 들어오면 좋다. 이때 계사癸巳는 주중에 유금酉金이나 축토丑土가 없어야 한다.

## 임수壬水가 자수子水를 만나면 ──────

자수子水가 비겁比劫, 왕궁旺宮, 양인羊刃, 한랭지수寒冷之水가 된다. 수생목水生木은 못하지만 수극화水剋火는 잘한다. 따라서 자수子水는 수극화水剋火하는 데에만 사용하도록 해야 한다.

신약身弱인 경우에는 강력하게 뿌리하기 때문에 임수壬水에겐 크게 힘이 되지만, 신강身强인 경우에는 재관財官이 공중에 뜨기 때문에 재財로 말하면 공중에 뜬 돈, 무지개산 너머 돈이 되고 관官도 헛발질이 되어 나무 위에서 바닥으로 추락하게 된다.

임자일주壬子日主는 양인羊刃, 왕자旺者 형태가 나타나기 때문에 처잔병妻殘病으로 연결되고 또한 고집불통이 된다.

임자壬子는 외양내음外陽內陰이 되어 겉으로는 난류暖流가 흐르나 속으로는 한류寒流가 흐른다. 다시 말하면 겉만 따뜻하지 속은 차디차다.

따라서 겉만 보고 들어가다가는 결국 얼어 죽게 된다. 겉 다르고 속 다른 사람이라는 뜻이다. 간여지동干與支同이 되어 부부궁이 안 좋으며 남녀 공히 부부 해로偕老하기 어렵다. 겉으로는 평온하게 보이나 내적으로는 어지러운 형태로 되어 있다(100% 개판 오 분 직전이다).

## 임수壬水가 축토丑土를 만나면 ──────

축토丑土가 정관正官, 인수고印綬庫, 쇠궁衰宮이 된다. 토극수를 받아 유색流塞될 것 같으나 축丑은 12월로 아직 겨울이며 축시丑時는 밤중이기 때문에 착근着根을 하고 또한 금지고金之庫이기 때문에 임수壬水에 도움이 된다. 다시 말하면 토극수土剋水가 아니고 겨울의 물, 많은 물이라고 봐야 한다. 그러므로 축토丑土는 토극수土剋水가 안 된다. 그리고 축월丑月의 수일주水日主는 일단 신왕身旺한 것으로 보아야 한다. 수기태왕水氣太旺한 것으로 보라는 뜻이다. 결론을 내리면 축토丑土는 꽁꽁 얼어 있는 흙이기 때문에 흙의 역할, 즉 건전한 토土의 임무를 수행할 수 없고 다만 차디찬 물로 해석하는 것이 좋을 듯하다.

인수고印綬庫로 연결하면 종교 철학에 심취하는 사람이 많다.

## 임수壬水가 인목寅木을 만나면 ─────

인목寅木이 식신食神, 병궁病宮, 설기처泄氣處가 된다. 조목燥木으로서 수축收縮되니 소멸될 수밖에 없고 밤도 새벽이 오면 물러가야 되며 입춘立春이 되면 삼동三冬도 서서히 사라지게 되어 힘이 될 수 없다. 그러나 수기왕水氣旺에는 설정영泄精英이요, 수로水路가 되며, 또한 따뜻한 봄바람이요, 재財(＝인중寅中의 병화丙火)까지 얻을 수 있어 일거양득이다. 결론적으로 보면 신약사주에는 해로우나, 신강사주 특히 상식傷食이나 재財가 용신用神인 경우에는 최고로 좋은 역할을 하게 된다.

임인일주壬寅日主는 애처가요, 직업적으로 법정法政 계통이 많고 이공계로는 유전공학 박사에 많다. 여기서 임수壬水는 지혜를 가리키는데, 인목寅木도 상식傷食이 되어 상상력, 추리력, 응용력에 해당되니 지혜의 극치를 이루게 되어 임인일주壬寅日主는 남보다 머리 회전이 한 수 빠르다.

## 임수壬水가 묘목卯木을 만나면 ─────

묘목卯木이 상관傷官, 사궁死宮, 풍파風波, 북풍北風으로 연결되며,

건강상으로는 신경통이 발생된다.

묘월卯月에는 수기水氣가 역류逆流하는 때로서 수목응결水木凝結로 북풍설한北風雪寒을 조장하니 이것이 인목寅木과 다른 점이다. 이유는 묘목卯木은 목생화木生火가 안 된 반면, 인목寅木은 목생화木生火가 잘되기 때문이다. 또한 역류逆流하고 있기 때문에 수기水氣는 인목寅木과는 동화同化가 잘되나, 묘목卯木과는 동화가 잘 안 되는 것이 흠欠이다. 근본적으로 묘목卯木은 습목濕木이기 때문이다.

임계일주壬癸日主가 묘월卯月, 묘일卯日에 태어났으면 인생살이에 풍파風波가 많다고 보아야 한다. 임수壬水는 을목乙木을 제일 싫어하는데 을목乙木을 만나면 수목水木이 응결凝結되며 무토戊土를 극剋하여 제방을 무너뜨리기 때문이다.


## 임수壬水가 진토辰土를 만나면 ─────

진토辰土가 편관偏官, 수고장水庫藏이 된다. 토극수土剋水를 받고 수기水氣는 땅속으로 기어 들어간다. 편관偏官으로서 수제受制됨이 타오행他五行의 입묘入墓와는 다른 점이며 진중계수辰中癸水에 통원이 안 되며, 신금申金·유금酉金·자수子水를 만나기 전에는 득근得根할 수 없다.

임수壬水는 진토辰土를 만나면 유색流塞이 된다. 다시 말하면 물이 흘러가지 못하고 땅속으로 들어간다는 뜻이다. 임진일주壬辰日柱는 괴강살魁罡殺에 해당된다. 괴강에 해당되는 일주日柱는 경술庚戌, 경진庚辰, 임술壬戌, 임진壬辰이 해당된다.

이러한 일주日柱는 두령頭領(=대장)이나 괴수에 해당된다. 일주日柱가 이렇게 되어 있으면 남녀 모두 용모는 좋은 편이나 고집과 이론이 강하다. 여자인 경우 남편이 납치, 감금, 횡사橫死됨이 있고 또는 남편이 집안 문제에 무책임하게 행동하고 가산을 탕진하기도 한다. 심하면 자식도 없이 홀로 살아야 한다. 특히 일주日柱나 시주時柱에 있음을 아주 꺼린다. 남자는 자식 때문에 나 죽는다는 소리가 나온다. 남녀 공히 묘궁墓宮을 놓아 잔질殘疾이 심하다. 직업으로는 이공계가 많으며, 특히 엔지니어에 많다.

## 임수壬水가 사화巳火를 만나면 ─────

사화巳火가 편재偏財, 절지絶地, 증발되므로 때로는 건수乾水라고도 부른다. 사중경금巳中庚金은 불 속의 금金이기 때문에 금생수金生水가 안 된다. 그러나 주중柱中에 유금酉金이나 축토丑土가 있으면 금국金局이 되므로 능히 금생수金生水가 된다.

재관동임財官同臨(=편재偏財, 편관偏官)으로 총각이 득자하기 쉬우며, 여자일 경우 사업이나 장사 등 돈벌이를 하러 나가면 애인이 생기게 된다. 이유는 사화巳火는 재財인데 사업을 가리키며, 사화巳火 속에 무토戊土가 있기 때문이며 무토戊土는 암장으로 있으므로 애인에 해당되기 때문이다.

유금酉金이나 축토丑土가 없는 신약사주는 사화巳火가 무조건 해로우며, 신강인 경우에는 재관財官이 용신用神이면 아주 좋지만, 만약 상식용신傷食用神으로서 해수亥水가 해당되는 경우에는 충沖이 되면서 동시에 관식투전官食鬪戰이 되기 때문에 임수일주壬水日主로서는 최악의 환경이 된다.

## 임수壬水가 오화午火를 만나면 ──────

오화午火가 정재正財·절지絶地가 되고, 오중午中의 정화丁火 때문에 정임합丁壬合이 된다.

정재正財요·태궁胎宮이니 수기水氣는 의지할 곳이 없는데, 수왕水旺에는 오중정화午中丁火(=정재正財), 오중기토午中己土(=정관正官)로 재관이덕財官二德을 얻으니 더없이 좋다.

임오일주壬午日柱는 재관쌍미財官雙美, 녹마동향祿馬同鄉, 재관동임財官同臨이 된다. 이 세 가지 단어들은 같은 의미이다. 앉은 자리에 여자를 깔고 있어 연애 박사이고, 재관財官이 같이 있어 총각득자가 되며, 정임합丁壬合은 음란지합淫亂之合이 되어 가는 곳마다 항상 여자가 따라 들어온다. 여기서 오화午火는 일종의 도화桃花로 보아도 된다.

도화桃花 끼가 있는 사람은 싼 옷을 입어도 남들은 비싼 옷으로 착각하며, 도화 끼가 있는 사람이 나타나면 주위가 환해지며 평소 이성 관계가 복잡하다.


## 임수壬水가 미토未土를 만나면 ──────

미토未土가 정관正官, 상식고傷食庫가 된다. 토극수土剋水를 당하니 임수壬水는 유색流塞될 수밖에 없다. 또한 조토燥土로서 수기水氣가 흡수되므로 보존할 길이 없으나, 수왕水旺에는 관官이면서 재성財星까지 얻을 수 있음은 미중정화未中丁火의 덕택이고 여기도 역시 정임암합丁壬暗合이 된다. 여기서 주의할 점은 수일주水日主는 두 개의 재고財庫를 가지고 있는 것으로, 다시 말하면 두 개의 금고가 있다는 뜻이다. 술토戌土는 큰 금고이고 미토未土는 작은 금고에 해당된다.

따라서 미토未土는 임수壬水에겐 준재고準財庫로 보아도 무방하다. 이유는 술토戌土처럼 완전하지는 않으나 미월未月 자체가 더운 여름이고, 미토未土가 조토燥土이기 때문에 수기水氣를 가둘 수 있기 때문이다.

미토未土 역시 재관동임財官同臨, 관식동임官食同臨(＝미중未中의 을목乙木이 상식傷食에 해당)도 된다.

## 임수壬水가 신금申金을 만나면 ──────

신금申金이 편인偏印이며 장생궁長生宮이 된다. 장생궁長生宮이란 깊은 샘이어서 아무리 퍼 써도 물이 마르지 않는다는 뜻이다. 임수壬水가 신약身弱일 때 가장 좋아한다.

임자壬子는 퍼 놓은 물이고 임신壬申은 계속 솟아오르는 물이기 때문이다.

임신일주壬申日柱는 효신살梟神殺, 자좌장생自座長生, 큰 수원水原에 해당되며, 직업은 법정이나 외교에 많으며 하다못해 동네 변호사라도 되어야 한다.

임신일주壬申日柱와 병인일주丙寅日柱의 여자는 너무 똑똑해서 남편궁이 나쁘다. 하여튼 임신일주壬申日柱는 수기水氣가 끊기지 않으니 유유장생流流長生으로 수水의 임무를 다할 수 있어서 좋고 칠년대한七年大旱에도 고갈涸渴되지 않으며, 일지日支에 인수印綬를 놓아 부모를 모실 팔자이다. 그러나 신약사주身弱四柱로서 풍파風波가 많은 경우도 있으니 사주의 앞뒤를 잘 살펴 판단해야 할 것이다.

예를 들어서 설명하겠다. 미년 오월 임술일 신시생未年 午月 壬戌日 申時生이라면 탁수濁水라고 보며, 오술화국午戌火局이고 미술토未戌土

가 있으니 이러한 물은 더러운데 밑에서 화국火局으로 불을 피우니 좋은 물은 증발되어 없어져 버리고 남는 물은 더러운 찌꺼기뿐이다. 물이 이렇게 오염되어 있기 때문에 이런 사람 주변에는 사람이 모이지를 않고 다 떠나가 버린다. 결국은 외롭고 서러운 팔자가 된다.

경신월 임자일생庚申月 壬子日生이라면 이 자체만으로도 깊은 물이며, 이러한 사람은 그 마음속을 측정할 수 없고 진가眞假의 구분이 힘든 사람이다. 그러나 물이 얕은 사람은 남들에게 이용만 당한다. '얕을 천淺' 자는 '천할 천賤' 자와 같이 취급되어 탁수濁水가 되는데, 수水만 그런 것이 아니고 어떤 오행五行이든 일주日主가 왕旺하면 자연스럽게 속 깊은 사람이 되고 신약身弱은 항상 남에게 이용만 당하게 된다.

## 임수壬水가 유금酉金을 만나면 ————

정인正印이고 금생수金生水를 받아 의지처가 되지만, 지나치게 청백지수淸白之水인 것이 흠欠이다.

신약에는 괜찮지만 묘목卯木이 상식傷食으로서 용신用神인 경우는 용신用神이 몰沒하므로 최악의 상황이 만들어진다.

## 임수壬水가 술토戌土를 만나면 ————

술토戌土가 편관偏官, 재고財庫, 관고官庫가 되며 토극수土剋水를 받고 유색流塞된다. 여기서 주의해야 할 점은 술토戌土가 월지月支에 있을 때는 앞뒤를 잘 살펴야 한다는 것이다. 내일모레 입동入冬이 입절入節되면 임수壬水가 힘을 얻기 때문에 실령失令이 아니라 득령得令으로 보아야 한다. 이러한 사태를 수진기권水進氣券이라 표현한다.

임술일주壬戌日柱는 괴강살魁罡殺, 백호대살白虎大殺, 재관고財官庫, 살지殺地가 된다. 남자는 괴강이기 때문에 돈을 힘차게 벌며 아내에 불치병不治病이 생기거나 아니면 자식이 불치병에 걸린다. 재고財庫이기 때문에 여자 집합 장소가 되는데 연상의 여인도 해당된다. 여자는 백호대살白虎大殺에 해당되어 관官이 잘 자리 잡는 경우를 제외하고는 부군궁夫君宮이 불미不美하여 과부가 되기 쉬우며, 남편이 횡액 사고를 당한다. 그러나 돈 창고를 깔고 있기 때문에 돈복은 있다고 봐야 한다.

임수壬水에 술토戌土가 있다고 다 부자가 되는 것은 아니다. 신약身弱인 경우에는 자기 돈을 버는 것이 아니라 남의 돈을 벌어 주는 팔자가 된다.

예를 들면 오년 미월 임술일 무신시午年 未月 壬戌日 戊申時의 사주는 신약身弱인데 금수金水가 용신用神이다. 이때 술토戌土는 자기 것이 아니고 남의 것이기 때문에 남의 돈을 벌어 주는 사람, 남의 금고를 지키는 사람이다. 물이 탁수濁水이기 때문에 직업은 더러운 직업, 은행의 청원 경찰 등에 해당된다.

## 임수壬水가 해수亥水를 만나면 ───────

해수亥水가 비견比肩, 정록正祿, 관궁冠宮이 된다.

해중갑목亥中甲木이 있어 난류暖流가 되며 물속에는 이끼도 생긴다. 제자리를 찾아 상하上下가 균형을 이루니 능생만물能生萬物을 할 수 있으므로 조화造化가 비상非常하며 온난지수溫暖之水로서 수생목水生木, 수극화水剋火를 다 잘할 수 있다.

예를 들어 해년 해월 임인일 해시亥年 亥月 壬寅日 亥時의 사주인 경우는 인목寅木도 따뜻하고 해수亥水 역시 따뜻해서 난류暖流인데, 자년 자월 임자일子年 子月 壬子日의 사주는 한류寒流의 사주이다. 이렇게 한류寒流로 짜여져 있으면 냉정한 사람이고 난류暖流로 짜여져 있으면 정감情感이 있고 따뜻한 사람이니 사귀어 볼 만하다.

10장

계수癸水의
성격과 응용

계수 癸水

**01** 계수癸水는 임수壬水의 양陽이 변화하여 음陰이 되는 것을 말하며, 천간天干을 일주一週하여 끝이 됨은 춘절목春節木으로 시작하여 동절수冬節水까지 1년이 다함을 말해 주고 있는 것이다.

**02** 시작과 끝이 정연定然하고 음양陰陽의 교차가 한 치의 오차도 없이 순환하고 있기에 계癸는 규揆(=법규)로써 법法으로까지 통하고 있다.

**03** 종綜은 시始요, 시始는 종綜이 되는 것과 같이 계癸는 끝이면서도 시작을 의미하고 있으니 이는 음극즉시양陰極卽始陽이 되어 곧바로 갑목甲木과 연결될 수 있고, 또 임수壬水와 같이 만물의 근원이 된다.

**04** 형이상학적으로는 우로雨露, 음수陰水, 유수柔水, 약수弱水, 운무雲霧이고 형이하학적으로는 천수川水, 천수泉水, 생수生水, 활수活水에 해당된다.

**05** 임수壬水는 양陽이 되어 같은 여자라고 하여도 남자의 기질이 있는가 하면, 계수癸水는 반대로 전형적인 여자로서 애교가 만점이고 부드러우며 정신적인 연령이 높기 때문에 노랑老郎한테 시집가거나 아니면 연하年下한테 시집간다. 만약 2~3년 위의 남자와 결혼하면 남자가 어리게 보이거나 아니면 유치하게 보이기 때문에 대부분 결혼 생활이 파탄나기 쉽다.

**06** 계수癸水가 신왕사주身旺四柱로 잘 짜여져 있으면 성적으로 민감하다. 더구나 첫아이를 낳고 나면 성적으로 아주 발달이 되기 때문에 남자는 이러한 계수癸水와 결혼하려면 신체적으로 건강해야 한다. 그렇지 않으면 계수일주癸水日主의 여자는 자기의 성적 욕망을 채우기 위해서 바람날 수밖에 없다.

⑦ 계수癸水는 흐르는 물이다. 흐르는 물을 막아 놓으면 결국 썩어 버린다. 계수일주癸水日主의 여자는 밖으로 나가서 활동하여야 한다는 뜻이다. 반대로 집 안에만 있으면 답답해서 병이 생긴다. 운이 나쁠 때는 합병증까지 생긴다. 따라서 결혼 전에 사회적으로 활동해도 좋다는 보장을 남편으로부터 받아야 가정이 편안해진다. 그러나 계수癸水의 남편은 무토戊土로, 무토戊土는 아주 보수적이어서 자기 부인이 돌아다니는 것을 아주 싫어한다.

⑧ 임수壬水와 마찬가지로 계수癸水도 비만 체구가 많아서 꾸준한 운동을 지속해야 신체의 균형을 맞출 수 있다.

⑨ 계수일주癸水日主의 여자는 임수壬水와 마찬가지로 주량酒量이 강하며, 사주 형성이 잘못되면 아주 음란하다.

⑩ 머리가 영리하여 지나칠까 염려되는데, 때로는 자기 꾀에 자기가 빠진다. 다시 말하면 자기가 파 놓은 함정에 자기가 당한다.

⑪ 계수일주癸水日主는 미세한 소리까지 들을 수 있는 감지력感知力이 아주 좋다.

⑫ 계수일주癸水日主는 애교 있고 처세가 좋은 반면, 항시 눈물과 근심을 끼고 산다.

⑬ 직업은 법관이나 외교관이 적합하며, 잘못 풀리면 술장사를 하거나 밤무대에도 많다.

⑭ 임수壬水와 마찬가지로 계수癸水도 타원형으로 얼굴이 예쁘게 생겼다.

⑮ 성격적으로 계수癸水와 임수壬水가 크게 차이 나는 점은 임수壬水는

무뚝뚝한 반면, 계수癸水는 타고나면서부터 상대방에게 호감好感을 줄 수 있는 애교를 지녔다는 것이다.

⑯ 임수壬水와 마찬가지로 계수癸水도 사주의 강약强弱과 구성 여건에 따라 큰 인물, 작은 인물, 귀한 사람, 천한 사람의 구별이 된다.

⑰ 계수癸水도 참을성이 무척 강하나 한 번 화를 내면 무서운 파도가 일어난다.

⑱ 계수癸水도 임수壬水와 같이 노래老來에는 혈압, 풍질風疾 등 지병持病으로 오랫동안 고생하다가 죽는 것이 흠欠이다.

## 계수癸水가 갑목甲木을 만나면 ─────

갑목甲木이 상관傷官, 도기盜氣가 된다. 상관傷官이 되기 때문에 응용력, 회전력, 상상력, 추리력이 좋으며, 배짱이 두둑하고 때로는 위법 행동도 서슴지 않는다.

을목乙木인 식신食神보다 상관傷官인 갑목甲木이 조목燥木이 되어 수로水路의 흐름이 훨씬 좋다. 이럴 때는 식신食神보다 상관傷官이 더 낫다. 그러하기 때문에 항상 어떤 규격이나 단어에 매달리지 말고 전체의 흐름을 파악하는 데 주력해야 할 것이다.

신약身弱일 때는 갑신甲申, 갑자甲子로 들어오면 좋다. 갑자甲子인 경우 수생목水生木이 잘 안 되기 때문에 그런대로 자수子水가 계수癸水의 뿌리를 할 수 있다. 갑진甲辰인 경우 주중柱中에 유금酉金이나 자수子水가 있으면 금국金局으로서 계수癸水를 도울 수 있다.

신왕身旺인 경우 상식이나 재財가 용신用神이면 갑인甲寅·갑오甲午로 들어와야 좋고, 재관財官이 용신用神이면 갑술甲戌로 들어오는 것이 좋다.

예를 들어 자년 축월 계유일 갑인시子年 丑月 癸酉日 甲寅時의 사주가 있다고 하자. 만약 공부하는 학생이라면 큰 학생에 해당된다. 다시 말해 타인의 모범생이 되며 성적도 전체에서 순위를 다툰다. 사업가라고 할 때도 큰 사업가에 해당하며 법조인 역시도 검찰총장 정도에 해당된다.


## 계수癸水가 을목乙木을 만나면 ─────

식신食神이기에 옷과 밥이 생길 것 같으나 습목濕木으로서 결국은 수목응결水木凝結이 되어 조화造化를 이룰 수 없으니 식신食神도 식신食神 나름이다.

수목응결水木凝結이 되면 춥고 배고프며, 학생이라면 작은 학생에 해당된다. 올 것은 북풍北風밖에 없기 때문에 건강 쪽으로는 자율신경이 굳는다. 그러니 식신食神이라고 좋아만 할 것인가?

신약身弱인 경우에는 을유乙酉로 들어오면 좋다. 을축乙丑인 경우 주중에 사화巳火나 유금酉金 또는 자수子水나 해수亥水가 있으면 괜찮다. 을사乙巳 역시 유금酉金이나 축토丑土가 있으면 금국金局이 된다. 신왕인 경우 상식傷食이 용신이면 을해乙亥·을묘乙卯로 들어오면 겨우 쓸 수는 있고, 을미乙未면 재관財官이 필요할 때 크게 유용하다.

## 계수癸水가 병화丙火를 만나면 ────

정재正財로서 정도正道를 택하니 추운 자가 득로得爐를 한 격이며 배고픈 자가 음식을 만난 격이니, 수화기제水火旣濟로서 낮과 밤이 균형을 잘 이루고 음양陰陽의 균형 역시 잘 이루어져 만물을 자생資生할 수 있으니 대단히 좋다. 또한 계癸는 설雪(눈)을 가리키니 병화丙火를 만나, 즉 눈이 불을 만나면 녹아 내려서 아주 좋지만, 좋은 병丙이라도 많으면 계癸가 증발되어 버린다. 이 말은 신약사주身弱四柱에겐 해롭다는 뜻이다.

예를 들어 갑오년 병인월 계유일 계축시甲午年 丙寅月 癸酉日 癸丑時라면 수화기제水火旣濟로서 음양陰陽의 균형이 잘 갖추어져 있고, 상식傷食이 재財를 뒷받침하기 때문에 돈을 쓰면 쓸수록 더 큰돈이 생기는 팔자이며, 착한 일을 하면 할수록 그것이 그대로 본인에게 좋은 결과로 응답하는 부자 팔자이다.

계
수

癸
水

반대로 병인년 갑오월 계미일 신유시 丙寅年 甲午月 癸未日 辛酉時의 사주는 수화미제 水火未濟로서 신통치 않은 사주인데 재다 財多로 사기꾼 사주에 해당되고 아내복, 자식 복이 없는 팔자이다.

신약사주 身弱四柱에는 병신 丙申, 병자 丙子로 들어오면 좋다. 병진 丙辰인 경우에는 주중 柱中에 유금 酉金이나 자수 子水가 있으면 금수국 金水局이 되므로 계수 癸水에겐 도움이 된다.

신왕사주에는 병인 丙寅, 병오 丙午, 병술 丙戌로 들어오면 좋은데, 재 財나 상식 傷食이 용신인 경우 병인 丙寅이 아주 좋고 그 다음 병오 丙午가 해당된다. 재관 財官이 용신인 경우에는 병술 丙戌이 좋은데, 이때 술토 戌土는 재관고 財官庫 역할을 하기 때문에 갑자기 생각지도 못했던 큰돈이 생기고 기대하지도 않았던 큰 감투와 명예가 생기게 된다.

## 계수 癸水가 정화 丁火를 만나면 ─────

편재 偏財이면서 정계충 丁癸沖이 된다. 사업을 한다면 이런 사람은 욕 먹으면서 돈을 벌고, 아귀다툼을 하면서 돈을 모은다. 재물 財物을 너무 탐내기 때문에 상대방과 다투게 되고 결국은 주위로부터 욕을 먹게 되는 것이다.

정계충 丁癸沖으로 해로 偕老하기 어려운데, 두 번째 부인과는 항상 보이지 않는 벽이 생긴다. 이유는 두 번째 부인도 결혼식을 하면 정재 正財가 되는데 결국은 또다시 정계충 丁癸沖이 되기 때문이다.

남자는 정계충 丁癸沖으로 장가를 두 번 가야 하며, 살림도 두 번 엎어야 하고 돈에 충 沖이 걸려 있으니 내가 내 돈 쓰는데도 항상 구설이 따르게 돼 부인과도 항상 다툼이 많으며 돈을 버는데도 시끄러움이 따른다.

신약사주身弱四柱에는 정유丁酉·정해丁亥로 들어오면 좋은데, 정해丁亥인 경우 원래 사주에 인묘미寅卯未가 없어야 한다. 정축丁丑은 주중柱中에 유금酉金이나 자수子水가 있으면 계수癸水에게는 뿌리가 된다. 정사丁巳인 경우도 주중에 유금酉金이나 축토丑土가 있으면 처음에는 정화丁火로 인하여 재물이 없어지는 것으로 보이나 결국은 유금酉金이나 축토丑土의 영향으로 계수癸水를 도와주는 역할을 하게 된다.

신왕身旺인 경우 정묘丁卯·정미丁未·정사丁巳로 들어오면 좋은데, 정사丁巳인 경우 주중柱中에 유금酉金이나 축토丑土가 없어야 한다. 만약 있다면 정사丁巳가 화기火氣의 역할을 하지 못하고 금국金局으로 변하기 때문이다.

## 계수癸水가 무토戊土를 만나면 ————

정관正官으로서 무계합戊癸合이 된다.

계수癸水는 노랑老郞과 사는 게 운명인데, 때로는 동년배同年輩와 사는 사람도 있다. 그러나 그런 경우에는 세상을 살아가는 데에 그만큼 장애가 많다. 다시 말하면 헤어졌다 다시 만났다 한다. 노랑老郞과 만나서 사는 것이 계일주癸日主 여자의 운명이다. 즉, 계수癸水는 무토戊土를 만나야 한다.

무토戊土는 보수적이면서 나이가 들어 보인다. 또한 무토戊土는 조토燥土이기 때문에 10리 밖의 물도 끌어들인다. 멀리 있는 계수癸水를 무토戊土가 끌어들인다는 뜻이다. 무토戊土가 지지地支, 암장暗藏에 있을 때는 숨겨 둔 남자 애인이 된다. 지지에 있기 때문에, 또 암장에 해당되기 때문에 나이가 많고 살이 찐 유부남에 해당된다.

신약身弱일 때는 무신戊申, 무자戊子로 들어오면 좋다.

무진戊辰인 경우는 주중柱中에 유금酉金이나 자수子水가 있으면 역시 계수癸水의 힘이 된다.

신왕인 경우 상식傷食이나 재財가 용신用神이면 무인戊寅, 무오戊午로 들어와야 좋다. 재관財官이 용신이면 무술戊戌로 들어와야 편재관偏財官의 역할을 할 수 있으니, 계수癸水로서는 추운 날에 날씨가 좋아지면서 햇빛이 강력하게 비추는 것과 같다.

## 계수癸水가 기토己土를 만나면 ──────

편관偏官으로 상신傷身되나 수왕水旺에는 제방堤防으로 좋은 역할을 하게 된다. 아무리 약한 기토己土라 할지라도 신왕身旺으로 기토己土가 편관偏官 역할을 잘한다면 무토戊土 못지않게 튼튼하고 우수한 제방 역할을 할 수 있다고 봐야 한다.

신약사주는 기유己酉, 기해己亥로 들어오면 좋다. 기축己丑인 경우 주중에 유금酉金, 자수子水, 해수亥水가 있으면 계수癸水의 뿌리를 할 수 있어 좋다. 기사己巳도 주중에 유금酉金이나 축토丑土가 있으면 금국金局이 되므로 계수癸水에겐 좋은 역할을 하게 된다.

신왕인 경우 상식이 용신이면 기묘己卯로 들어와야 하는데, 수목응결水木凝結이 안 되려면 주중에 인목寅木이나 미토未土가 있어야 한다. 재財가 용신이면 기사己巳나 기미己未로 들어와야 좋다. 기사己巳는 주중에 유금酉金이나 축토丑土가 없어야 한다.

## 계수癸水가 경금庚金을 만나면 ──────

정인正印으로서 금생수金生水를 받으니 수원水源이 튼튼하여 좋고, 상관傷官인 갑목甲木을 갑경충甲庚沖으로 충거沖去하여 도기처盜氣處를 막고, 식신食神인 을목乙木을 을경乙庚으로 합거合去한다. 그러나 다경多庚하면 어머니에 의해서 죽는 팔자가 되고, 철분이 많아서 탁수濁水가 되며, 또한 한랭지수寒冷之水도 된다. 이러한 경우에는 욕심이 지나쳐 자멸할까 염려된다.

신약身弱인 경우에는 경신庚申, 경자庚子, 경진庚辰으로 들어오면 계수癸水에겐 큰 힘이 된다. 신왕身旺은 경인庚寅, 경오庚午로 들어오면 좋다. 경술庚戌은 재관운財官運에 좋은데, 천간天干에 경금庚金이 있으므로 병술丙戌 등에 비하면 영향력이 반감半減된다.

## 계수癸水가 신금辛金을 만나면 ──────

편인偏印이 되는데, 금생수金生水하기는 하나 청백지수淸白之水가 되어 너무 깨끗하고 순수하고 착한 것이 흠欠이 된다.

예를 들어 신유월 계수일辛酉月 癸水日 자체만 갖고 보면 혼자서 독야청청하는 팔자인데 "그렇게 깨끗하게 해서 어떻게 이 험한 세상을 살아가려고 합니까?" 하는 소리가 나온다. 그러나 무오년 신유월 계미일 무오시戊午年 辛酉月 癸未日 戊午時 같은 사주는 처음에는 깨끗한 척하면서 결국은 자기 욕심만 채운다. 이유는 이 사주 자체가 재다신약財多身弱 사주에 해당되기 때문이다.

신약인 경우 신해辛亥, 신유辛酉, 신축辛丑으로 들어오면 좋다. 신사辛巳인 경우 주중에 유금酉金이나 축토丑土가 있으면 역시 금국金局이 되므로 계수癸水에겐 큰 힘이 된다. 신왕인 경우 상식傷食이 용신用神이면 신묘辛卯로 들어와야 좋고 재財가 필요할 때는 계미癸未·계사癸巳로 들어와야 좋은데, 계사癸巳이면 주중에 유금酉金이나 축토丑土가 없어야 한다.

## 계수癸水가 임수壬水를 만나면 ─────

비겁比劫이요, 양수陽水에 방해받아 계수癸水의 존망存亡이 우려된다. 양간陽干이 음간陰干을 만나면 빼앗겨도 조금 빼앗기나, 음간陰干이 양간陽干을 만나면 빼앗겨도 많이 빼앗기게 된다. 견겁肩劫이 많은 사람은 물건이라든지, 돈이라든지 또는 먹을 것이라든지 하는 것을 아끼다가 똥 된다. 너무 절약하거나 너무 아끼면 결국 자기는 한 푼도 써 보지 못하고 남이 다 쓴다는 뜻이다. 예를 들면 아들이나 손자 등이 다 없애 버리는 경우도 해당된다.

신약身弱인 경우 임신壬申·임자壬子로 들어오면 좋고, 임진壬辰이면 주중에 유금酉金이나 자수子水가 있어야 이 역시 계수癸水에게 유리하다. 신왕身旺은 임인壬寅·임오壬午·임술壬戌로 들어오면 좋은데, 임인壬寅이나 임오壬午는 상식이나 재財가 필요한 경우에 좋고, 임술壬戌은 재관財官이 필요한 경우에 좋은데 생각지도 않았던 환경이 조성되면서 크게 빛을 본다.

## 계수癸水가 계수癸水를 만나면 ─────

비견比肩으로서 수약水弱에는 좋으나 정관正官인 무토戊土를 합거合去하니 친구로 인하여 남자는 직장을 잃고 여자는 탈부奪夫된다. 또한 편재偏財인 정화丁火를 놓고 쟁투爭鬪하니, 밤水은 깊어만 가는데 별빛마저 잃어버린 결과가 되어 종래는 함정에서 헤어날 길이 없는 것이다.

　신약身弱인 경우 계해癸亥, 계유癸酉, 계축癸丑으로 들어오면 좋다. 계사癸巳이면 주중에 유금酉金이나 축토丑土가 있어야 효능이 발휘된다. 신왕이라면 상식傷食이 필요할 때 계묘癸卯로 들어와야 하고, 상식재傷食財가 필요한 때는 계사癸巳·계미癸未로 들어오면 좋다. 단, 계사癸巳인 경우 유축酉丑이 주중에 없어야 한다. 관官이 필요한 경우에도 계사癸巳, 계미癸未로 들어오면 좋다.

## 계수癸水가 자수子水를 만나면 ──────

　비견比肩, 관궁冠宮, 정록正祿이 되어 녹근祿根을 하게 된다. 한랭지수寒冷之水가 되어 수생목水生木은 안 되지만 수극화水剋火는 아주 잘한다. 크게 봐서 신약身弱에, 특히 화다火多로 이루어진 사주에는 자중계수子中癸水를 얻어 통원通源이 될 뿐 아니라 화다火多를 제거병除去病하므로 크게 도움이 된다. 그러나 신강身强에는 상식재관傷食財官이 몰沒하므로 자체 조화를 이룰 수 없어 어려운 삶을 더 한층 어렵게 만든다. 또한 계수癸水가 자수子水를 만나면 자수子水가 수생목水生木을 하지 못하므로 금전 면에서 인색하고 자기 혼자 잘났다고 한다.

　자수子水처럼 타오행他五行으로 변화가 되지 못하고 독자적인 오행五行에는 자오묘유子午卯酉가 있다. 모두 융화가 안 되며 자기 잘난 맛에 산다. 또한 고집이 세다.

## 계수癸水가 축토丑土를 만나면 ──────

　편관偏官, 쇠궁衰宮이 되고 강하게 토극수土剋水한다. 이런 경우의 토극수土剋水는 조토燥土가 토극수土剋水하는 경우와 다르니 이 점 유념하기 바란다.

인수고印綬庫가 되며 월지月支에 있을 때는 강하게 통원通源된다. 축월丑月 자체가 아주 추운 겨울이어서 축중계수丑中癸水에 통원된다는 뜻이다. 계축일주癸丑日主의 여자는 노랑老郎과 만나야 그나마 생애가 편안하다.

백호대살白虎大殺에도 해당되기 때문에 여명女命은 부군횡사夫君橫死가 걱정되고, 남자는 자손궁子孫宮에 흠欠이 간다. 남녀 공히 인수고장印綬庫藏을 놓아서 어머니의 상심傷心으로 연결되니, 어머니 가슴에 한恨을 심어서는 안 된다. 인수고장 때문에 어머니가 둘인 경우가 많다. 백호대살로 연결하면 음독, 비관, 염세, 탕화 등이 염려된다. 크게 봐서 신약身弱에게는 도움이 되고 신강身强에게는 전혀 도움이 되지 못한다.

축토丑土가 월지月支를 떠나 형刑이나 충冲을 당하고 있으면 통원通源되지 못한다.

예를 들어 계수癸水가 축월丑月이라면 수기水氣가 왕旺하니 신왕사주身旺四柱로 봐야 하다. 그러나 미월 계축일 술시未月 癸丑日 戌時의 사주는 형충刑冲이 되어 계수癸水가 축토丑土에 뿌리하지 못한다.

## 계수癸水가 인목寅木을 만나면 ─────

상관傷官, 병사궁病死宮, 수축水縮이 된다. 허약한 수기水氣가 강왕한 조목燥木에 의해서 완전히 흡수되니 수기水氣는 찾아볼 길이 없다. 수왕水旺에는 수목응결水木凝結을 예방함과 동시에 수로水路요, 인중병화정재寅中丙火正財까지 얻을 수 있으니 가히 기쁘다 하겠다.

234

신약에게는 아주 해롭고, 신강에게는 특히 상식傷食이나 재財가 용신用神인 경우는 오월午月 장마에 갑자기 나타난 강력한 태양과 같다.

예를 들어 설명하겠다. 계수일주신약癸水日主身弱 사주일 때 시주時柱에 갑인甲寅이 있으면 목다수축木多水縮이 되며, 옛날 원서에서는 삼거리 주막집 여자가 정처正妻로 둔갑해 보이며 결국은 주색酒色으로 망한다고 되어 있다. 그러나 거꾸로 축월 계유일 갑인시丑月 癸酉日 甲寅時 같은 경우는 신왕사주로서 인목寅木이 상관傷官이지만 식신食神인 묘목卯木보다 좋다. 이유는 인목寅木 안에는 인중병화寅中丙火가 있기 때문이다.

이러한 사주는 큰 그릇에 해당되는데 자연스럽게 흐르는 물이고, 큰 수로水路이자 강줄기이고 우리나라에서도 3대 강三大江에 해당된다. 따라서 3부 요인三府要人에 등극하고 또한 모든 사람의 마음을 한류寒流에서 난류暖流로 교체하는 국익國益에 도움이 되는 큰 인물이다. 앞에서도 언급했지만 상식傷食이 잘 형성되면 웬만한 재관財官보다 낫다는 이치가 바로 이런 경우이다.

## 계수癸水가 묘목卯木을 만나면 ──────

식신食神, 설기泄氣, 수목응결水木凝結, 습목濕木이 된다. 장생궁長生宮이 되는데 이 경우에는 장생궁으로 취급하지 않는다.

계묘일주癸卯日主는 습목濕木이기 때문에 목생화木生火를 못한다. 이유는 묘목卯木 자체가 다른 오행五行으로 절대 변화하지 않기 때문이다. 계묘일주는 남녀 공히 무조건 풍파風波가 많다. 내 돈 쓰고 남의 일 잘해 주고 욕 먹는다. 묘목卯木 자체가 남의 일이라면 도시락

싸 들고 해 주는 팔자이다. 여자는 앉은자리에 자식을 놓았기 때문에 남의 자식 키워 주는 경우가 많다. 남녀 모두 계수일주癸水日主의 대표적인 관성官星이 술토戌土인데 이럴 때 묘목卯木이 들어오면 묘술합卯戌合으로 묶어서 술토戌土를 무력하게 만들고 관식투전官食鬪戰이 되게 한다. 남자는 자식과 재산, 아내한테 이상이 생기고, 여자는 남편궁에 흠欠이 생긴다.

예를 들어 해년 묘월 갑오일 술시亥年 卯月 甲午日 戌時의 사주라면 돈 버는 데 일등인 반면 자월 계묘일子月 癸卯日 같은 사주는 첫째, 수목응결水木凝結이 되고 둘째, 자묘형子卯刑 때문에 살인적인 북풍설한北風雪寒이 되므로 세상만사가 춥고 배고픈 팔자이다.

계수癸水에게 묘목卯木은 상식傷食으로서 재주·지혜에 해당되는데, 수생목水生木은 되어도 목생화木生火는 안 된다. 목생화木生火가 안 된다는 뜻은 계수癸水가 얻는 것이 없다는 뜻이다. 따라서 세상살이를 음덕陰德을 쌓는 것으로 만족하며 살아야 편하다. 다시 말해서 남을 도와주는 것으로 만족해야지, 대가를 바라지 말라는 뜻이다.

## 계수癸水가 진토辰土를 만나면 ─────

정관正官, 자기입묘自己入墓, 탁수濁水, 유색流塞이 된다.

여기서 자기입묘自己入墓가 되기 때문에 물이 땅속으로 기어 들어가서 결국은 묽은 물이 된다. 진중辰中의 무토戊土와 무계합戊癸合이 되는데 습토濕土라서 남편 구실을 못한다. 이유는 남편이 자기의 무덤이기 때문이다. 또한 진중계수辰中癸水에 통근通根할 것 같으나 땅속의 물이기에 자진수국子辰水局이 되기 전에는 도움이 안 된다.

신약身弱인 경우에는 주중柱中에 자수子水가 있으면 도움이 되고, 또한 주중에 유금酉金이나 신금申金이 있으면 금국金局이 되어 뿌리할 수 있다.

신왕사주로 상식傷食이 용신인 경우 주중에 인목寅木이나 묘목卯木이 있으면 상식국傷食局이 되어 도움은 되나, 진토辰土로서의 역할을 포기할 수밖에 없다.

## 계수癸水가 사화巳火를 만나면 ————

정재正財, 절지絶地가 되며 사중巳中의 무토戊土와 무계암합戊癸暗合이 된다. 사중巳中에는 암장暗藏으로 병무경丙戊庚이 있다. 병화丙火는 정재正財, 무토戊土는 정관正官, 경금庚金은 정인正印으로 삼기三奇를 얻어서 대단히 좋으나 이것도 수기水氣가 왕旺하고 형刑, 충沖 없이 소유할 수 있을 때에 한해서이다. 반대로 수기水氣가 허약하면 강열지화强烈之火에 증발되면서 무계합戊癸合에 탐을 내니 계수癸水 자신을 망치고 만다.

계사일주癸巳日主는 정재正財와 정관正官을 얻을 수 있어 재관쌍미財官雙美, 재관동임財官同臨, 녹마동향祿馬同鄕이라고 부른다. 그래서 남자는 총각 득자에 여자가 항상 바뀌고, 여자는 애인이 있지만 항상 유부남有婦男이다. 이러한 운명이 정情을 통하고 야반도주하는 경우가 많다. 여자는 무계합戊癸合 때문에, 남자는 재관동임財官同臨(=총각 득자로도 연결됨)으로 남녀 모두 바람둥이에 속한다.

여자인 경우 사업하려다가 애인이 생기며 몸마저 뺏긴다. 사중巳中의 무토戊土는 돈 속의 남자이다. 따라서 남자가 공짜로 밥 사 주고 술 사 주면 무계합戊癸合(=몸을 뺏긴다)이 된다. 재관동임財官同臨으로는 임오壬午, 계사癸巳, 을사乙巳, 기해己亥가 있는데 여기서 을사乙巳와 기해己亥는 재관동임財官同臨으로 인정하지 않는다. 왜냐하면 을사乙巳는 사중巳中의 경금庚金이 남자인데 불 속의 남자여서 인정하지 않으며, 기해己亥는 해중亥中의 갑목甲木이 남자인데 캄캄한 밤중이 되어 이 역시 인정하지 않기 때문이다. 따라서 임오壬午와 계사일주癸巳日主만을 재관동임財官同臨으로 인정한다는 것을 기억하기 바란다.

예를 들어 설명하겠다. 해월 계사일 신시亥月 癸巳日 申時의 사주는 첫째 사신형巳申刑이 되어 있고, 둘째는 사해충巳亥冲으로 완전히 깨져 있다. 이러한 경우에는 재관쌍미財官雙美는 필요가 없다. 그러나 축년 자월 계사일 정사시丑年 子月 癸巳日 丁巳時의 사주는 신왕사주로 사화巳火가 용신用神이다. 이럴 때는 사화巳火가 추운 나를 따뜻하게 만들어 주는데, 사화巳火가 바로 재성財星에 해당되므로 아주 좋은 재관쌍미격財官雙美格이 된다.

## 계수癸水가 오화午火를 만나면 ─────

편재偏財, 절지絶地가 된다. 또한 오중정화午中丁火에 충패冲敗되어 증발되나, 수기왕水氣旺에는 편偏이라고 하지만 오중午中에 암장暗藏으로 정기丁己가 있으며 정화丁火는 재성財星, 기토己土는 관성官星에 해당되어 재관이덕財官二德을 얻으면서 조후調後까지 해결하니 귀성貴星이라고 아니할 수 없다.

신약사주에게는 오화午火가 생겨나면서 인수印綬가 몰沒하니 탐재괴인貪財壞印이 된다. 탐재괴인이 되면 공부하는 학생은 여학생 꽁무니를 따라다니다가 공부는 뒷전으로 밀려나는 형상이고, 사업하는 사람은 너무 돈에 집착한 나머지 뜬구름 잡다가 결국은 기본 계획까지 무너지니 모든 것이 공염불空念佛이 된다.

반면 신강사주에는 무조건 좋은데 상식傷食과 관성官星을 중간에서 잘 연결시켜 주니 사업하는 사람은 돈 벌고, 직장인은 돈 벌면서 승진까지 하게 된다. 여기에다 조후調候까지 해결하니 어둡던 주위 상황이 호전되기 시작하면서 건강까지 덩달아 좋아진다.

## 계수癸水가 미토未土를 만나면 ─────

편관偏官, 상식고傷食庫가 되며 조토燥土이니 유색流塞되고 흡수되어 물이 흘러가지 못하고, 막히나 수기왕水氣旺에는 제방提防으로 아주 요긴하다.

계미일주癸未日主는 유색流塞되어 건수乾水가 된다. 다시 말하면 말라 있는 물을 뜻한다.

여자는 관식官食이 동임同臨되어 있다. 미토未土 안에는 암장으로 정을기丁乙己가 있는데 기토己土가 관官이고 을목乙木이 상식傷食이 되어 관식동임이 성립되는데 여자는 부정으로 잉태된다. 이유는 여기에 남자와 아이가 같이 있기 때문이다. 남자는 재관동임財官同臨이 되어 총각 득자로 연결된다. 다시 말하면 결혼식을 하지 않고 동거 등으로 인해서 아이가 태어남을 가리킨다. 또한 상식고傷食庫가 되어 있는데 상식은 할머니를 가리킨다. 그래서 호랑이 같은 할머니를 모시다가 그 앞에서 임종臨終을 지켜보게 된다.

여자는 상식고傷食庫가 되어 자식 하나를 가슴에 묻어야 하며, 타자양육他者養育으로 연결된다. 타자양육이란 남의 아이를 데려다가 친자식처럼 키워 주는 경우인데, 예를 들면 조카 등을 돌보는 경우도 해당된다. 타자양육은 남자도 해당된다. 아랫사람을 친자식처럼 키우는 경우이다.

미토未土가 제방에 해당되는데 술토戌土는 무조건 막는 역할밖에 못 하는 반면에 미토未土는 막아서 쓰는 경우와 흘려보내는 경우가 있다. 예를 들면 자년 자월 계미일 술시子年 子月 癸未日 戌時의 사주는 미술충未戌沖으로 이중 제방을 하기 때문에 아무리 엄청난 물이라도 막아서 쓸 수 있다.

그러나 반대로 자년 축월 계묘일 기미시子年 丑月 癸卯日 己未時의 사주는 수생목水生木으로 흘려보내야 한다. 묘미卯未가 목국木局이 되며 기미시己未時가 이 엄청난 물을 막지 못한다. 이런 경우에도 미토未土가 계수사주癸水四柱를 따뜻하게 만들어 조후調侯까지 해결한다.

## 계수癸水가 신금申金을 만나면 ─────

정인正印, 장생궁長生宮, 금생수金生水, 탁수濁水가 된다. 철분鐵分이 많은 물이기는 하나 생극제화生剋制化가 우선이므로 금생수金生水가 잘되는 것으로 봐야 한다. 정인正印에 금생수金生水를 받아 원류原流가 튼튼하니 사궁死宮으로만 볼 수 없을 뿐더러 임수壬水와 같이 장생長生이 되는 것으로 봐야 한다. 그러나 다금多金이 되면 금다수탁金多水濁이 된다.

신약身弱인 경우 앞에서 지적한 바와 같이 원류原流를 튼튼히 함으로써 계수癸水가 재기再起할 수 있는 기회를 제공해 준다. 그러나 신강身强인 경우 상식재관傷食財官이 몰沒하므로 남자는 보증을 잘못 서서 큰 금액을 손해 보거나 아니면 부모님 때문에 이혼을 하거나,

재물의 큰 손실을 가져오고 여자도 보증을 잘못 서거나 아니면 친정 부모님 때문에 결혼 생활이 파경을 맞게 된다.

## 계수癸水가 유금酉金을 만나면 ————

편인偏印, 청백지수淸白之水가 된다. 과청過淸이 되어 지나치게 청백하다. 신약사주에는 유리하나 신강에게는 아주 불리하다. 편인偏印이라고 하나 필요 없는 인수의 등장으로 재성財星인 사화巳火의 희생은 불가피하다.

계유일주癸酉日主는 금수쌍청金水雙淸이 되어서 그쪽으로 가는 것이 위도爲道라 하겠다(종교계, 예체능계, 교육계, 외국 계통). 또한 효신살梟神殺에 해당되어 남자는 모처불합母妻不合(=아내의 자리에 어머니가 와 있다)으로 연결되며, 여자는 친정을 끼고 사는 팔자인데 대부분 친정 부모를 모신다.

계유일주癸酉日主 여자는 늙은 신랑 아니면 연하의 남자와 결혼하는 것이 좋고, 남편의 직업은 전기 기술자, 의사, 법관에 해당된다.

금수운金水運에 좋은 금수쌍청金水雙淸의 사주를 예를 들어 설명하겠다. 사년 유월 계축일 유시巳年 酉月 癸丑日 酉時의 사주는 용신用神이 금수金水인데 삼합三合으로 잘 이루어져 규모가 큰 대학교의 총장 팔자이다. 이와 비슷한 자년 신유월 계축일 자시子年 辛酉月 癸丑日 子時의 사주 역시 금수金水가 용신인데 방합方合으로 이루어져 있어, 배의 선장이나 외교관에 해당되며 앞의 사주보다는 격格이 떨어진다.

## 계수癸水가 술토戌土를 만나면 —————

정관正官, 재고財庫, 유색流塞이 된다. 여기에서 술토戌土는 재고財庫이면서 동시에 관고官庫 역할까지 하니 신왕身旺에게는 일거양득인데, 수기水氣가 허약하면 유색流塞되어 탁수濁水요 썩은 물이 되어 대기大忌한다. 또한 계수癸水 여자가 술중무토戌中戊土와 암합暗合하게 되는데 암부暗夫에 미쳐 자멸한다. 따라서 신약계수身弱癸水가 술토戌土를 만나면 몸 버리고 결국은 돈까지 뺏기게 된다. 이와 같이 신약身弱과 신강身强은 술토戌土를 만났을 때 처한 환경이 하늘과 땅 차이이니 용신用神을 모르고 함부로 사주四柱를 논론論하는 것이 얼마나 위험한 일인가를 똑똑히 알았으리라고 본다.

## 계수癸水가 해수亥水를 만나면 —————

비겁比劫, 왕궁旺宮, 통원通源, 대해수大海水, 난류暖流에 해당된다. 수생목水生木도 잘하고 수극화水剋火도 할 수 있기 때문에 계수癸水에겐 만능선수이다. 크게 봐서 신약사주에겐 절대적으로 유리하지만 주중에 인목寅木, 묘목卯木, 미토未土가 있으면 해수亥水가 목국木局으로 변하기 때문에 자기의 임무를 수행할 수 없다.

신강사주로 상식傷食이 용신用神인 경우에는 해수亥水가 상식 쪽으로 가기 때문에 이때는 상식용신傷食用神이 보강된다. 따라서 계수일주癸水日主로서는 크게 도움을 받는다. 다시 말하면 형제, 친구의 도움으로 막혔던 통로가 뚫리면서 모든 일이 풀리고 발전되어 간다.

계해일주癸亥日主는 간여지동干與支同이 되어 부부궁夫婦宮이 좋지 않으며 외음내양外陰內陽이 되어 겉은 유柔하나 속은 강剛하며 타인에 비해 청각이 발달되어 있어 물로써 임무를 완수할 수 있다. 술해 천문성戌亥天門星에 해당되어 예지력, 직감력이 아주 강하며 꿈이 잘 맞고 직업은 법정이나 심리 계통에 종사하는 사람이 많다.

2부

# 지지 地支

지지地支는 천간天干과 달리 지지地支 자체로 생사生死를 좌우하고 있다. 이유는 혼자서 자전自轉과 공전公轉을 하기 때문이다. 따라서 천간天干의 수제受制는 겁나지 않는다. 다만 지지地支끼리의 상생相生과 합국合局으로 인한 변신變身 또는 형충刑冲 등에 의하여 피상되고 다봉수제多逢受制에 의한 활동정지活動停止와 때, 즉 시절時節을 잘 살펴 결론을 내려야 한다. 가령 자수子水라면 추동절秋冬節에만 힘을 배가倍加할 수 있는 것이지, 춘하절春夏節에는 상신傷身이 되기 때문이다. 여기에서는 각각 지지地支의 성격性格과 다른 지지地支와의 관계를 집중적으로 파헤치고자 한다.

1장

자수子水의
성격과 응용

자수子水

**01** 12지十二支 중의 시작(머리)이다.

**02** 자중子中에는 암장暗藏으로 계수癸水가 자리하고 있다.

**03** 음력 11월 중으로 대설大雪부터 소한小寒 직전까지 자리잡고 있으며 한류寒流에 해당된다.

**04** 하루로는 자정子正(한밤중)에 해당된다.

**05** 빙氷, 설雪에 해당되어 빙설氷雪이라고도 부른다.

**06** 결빙結氷될 수 있는 한랭지수寒冷之水에 해당된다.

**07** 보통 개념으로는 흘러가는 물, 다시 말하면 음수陰水, 천川, 천천泉, 유수柔水에도 속한다.

**08** 외음내양外陰內陽이며 자꾸 흘러가야지 머물면 안 된다. 머물면 썩는다는 뜻이다. 따라서 종류從流이다.

**09** 활수活水, 생수生水, 유하지수流下之水이다.

**10** 방향은 감궁坎宮으로 정북방正北方에 해당된다.

**11** 숫자로는 1, 6이다.

**12** 맛은 짜고鹹, 오행으로는 지혜智慧에 해당된다.

**13** 짐승으로는 '쥐'에 해당되고, 인체로는 비뇨기·방광에 속하고, 수기水氣가 해로울 때는 심장이 안 좋아진다.

**14** 사왕지국四旺之局으로 타오행他五行으로 변화되지 않는다. 따라서 수극화水剋火는 잘하나 수생목水生木은 못한다.

**15** 총칭 도화桃花에 해당되어 바람기와 연결된다.

⑯ 나라로 연결하면 러시아 쪽에 해당되며 북극권과도 연결된다.

⑰ 자수子水는 눈물, 근심을 끼고 산다.

⑱ 목기木氣가 자수子水를 만나면 패지목욕궁敗地沐浴宮으로서 음지陰地가 되고 수목응결水木凝結로서 부목浮木이 된다.

화기火氣가 자수子水를 만나면 몰광沒光(=완전히 꺼진다)된다.

토기土氣가 자수子水를 만나면 수다토류水多土流, 동토凍土, 음지陰地의 흙이 된다.

금기金氣가 자수子水를 만나면 수다금침水多金沈이 된다.

수기水氣가 자수子水를 만나면 관궁冠宮, 왕양지수旺洋之水로서 물이 많아 아래로 흘러 내려간다.

⑲ 축토丑土를 만나면 육합六合으로서 수국水局이 된다. 신자진申子辰과는 삼합三合이 되며 해자축亥子丑 역시 수국水局으로서 방합方合이 된다.

⑳ 오화午火를 만나면 자오충子午沖이 되며, 자묘子卯는 상형살相刑殺이 되고, 자미子未는 육해살六害殺·원진살怨嗔殺에 해당된다. 자유子酉는 귀문관살鬼門關殺이 되는데, 귀문관살은 엉뚱하고 영리하며 신경질적이고 때로는 미친 짓도 한다.

㉑ 자일子日에 태어난 사람은 시작의 명수이며, 누구한테도 지지 않으려 하며, 한군데 정착하지 못하고 떠돌아다닌다.

## 자수子水가 자수子水를 만나면 ————

왕양지수旺洋之水, 한랭지수寒冷之水가 됨이 흠次이다.

수극화水剋火는 아주 잘하나 수생목水生木은 안 된다. 자수와 자수가 합해지면 수국水局이 됨은 사실이나, 대장을 뽑으려다가 서로 분열될까 두렵다. 동지冬至 달이 둘이 되어 수기왕양水氣旺洋이 극에 도달한다.

### 실례 1

무진년 계해월 무자일 경신시戊辰年 癸亥月 戊子日 庚申時의 사주는 무토일주戊土日主가 금수金水에 종從을 한 사주로 금수운金水運에 좋고 화토운火土運에는 아주 나쁜 환경이 조성된다. 이러한 이유로 성공과 실패가 빨리 바뀌는 사주이다. 이때 운에서 자수子水가 들어오면 해자수국亥子水局을 형성하므로 큰 부자로 갈 수 있는 기초가 만들어진다. 그러나 자수子水가 수생목水生木이 안 되므로 돈을 벌되, 명예나 권력까지는 차지하지 못한다.

운에서 해수亥水가 들어오면 해중亥中의 갑목甲木 때문에 재물은 물론이고 권력까지 손에 쥐게 된다. 이러한 점이 자수子水와 해수亥水의 다른 점이다.

### 실례 2

계묘년 을축월 무오일 임자시癸卯年 乙丑月 戊午日 壬子時의 사주는 신약사주로 일지日支의 오화午火에 무토일주戊土日主가 뿌리하고 있다. 비록 신약사주라 하더라도 무오일주戊午日柱가 양인살羊刃殺의 성격을 가지고 있으므로 깡다구가 있고 어느 정도 자기 관리가 이루어지고 있는 형편이다. 이때 운에서 자수子水가 들어오면 자오충子午沖으로 인해 무토일주는 완전히 뿌리째 뽑힌다. 이럴 때는 자숙하면서 좋은 시기가 오기를 기다리는 것이 현명한 처세의 방법이다.

## 자수子水가 축토丑土를 만나면 ————

극합剋合으로써 수국水局이 된다. 월지月支에 있을 때는 육합작용六合作用으로 극한지수極寒之水가 된다. 일시日時에 있을 때는 수기왕양水氣旺洋 상태가 된다.

수극화水剋火는 잘하나 수생목水生木이 안 된다. 이유는 자수子水 자체가 타오행他五行으로 변화하지 않기 때문이다. 또 자축수국子丑水局이 되면서 축토丑土는 사라진다. 따라서 축토丑土에 속하는 육친六親은 그만큼 대가를 치를 수밖에 없다. 예를 들어 설명하겠다.

축월 무자일 기미시丑月 戊子日 己未時 같은 사주는 물이 많아서 난리가 나는 경우이다. 혹자는 흙이 많아서 문제가 되는 것으로 이해하나 이는 완전히 틀린 이론이다. 이때 무토戊土는 아내 때문에 죽겠다고 한다. 또한 혹자는 자축子丑이 합화토合化土라고 하나 토土 자체가 타오행他五行을 골고루 가지고 있어서 국局이 필요 없다. 여기에서도 토국土局이 성립되지 않는 것으로 봐야 한다. 또한 축토丑土가 자수子水의 인수고장印綬庫藏도 되기 때문에 인수印綬에 속한 육친六親 역시 피해를 볼 수밖에 없다.

### 실례 1

경오년 을유월 경자일 계미시庚午年 乙酉月 庚子日 癸未時의 사주는 신왕사주로 시지時支의 미토未土가 재고財庫로 이 사주의 용신用神이다. 이때 운에서 축토丑土가 들어오면 축미충丑未冲으로 재고가 완전히 파괴된다. 이럴 때는 운이 개고開庫되지 않고 파운破運이 된다. 따라서 충冲이라고 하여 모든 상황을 좋게 보면 안 된다. 또한 유금酉金과 합해져서 유축금국酉丑金局이 되는데 이때 부동산을 매매하면 거짓 문서로 사기당하게 된다. 이런 상황에서는 재산이 하루아침에 다 없어지고 만다.

| 실례 2

병오년 계사월 병자일 을미시丙午年 癸巳月 丙子日 乙未時의 사주는 신왕사주로 일지日支의 자수子水가 용신用神이다. 이 사주는 뜨거워서 미칠 지경인데 일지日支의 자수子水가 계속 물을 공급함으로써 조금씩 균형이 잡혀 가는 모양이다. 그러나 화기火氣에 비해서 수기水氣가 현저히 모자란 형편이다. 이때 운에서 축토丑土가 들어오면 자축수국子丑水局이 형성됨과 동시에 월지月支의 사화巳火와 합해져서 사축금국巳丑金局을 형성하게 된다. 이렇게 되면 화기와 수기가 완전히 균형이 맞추어진다.

축토丑土가 들어와 있는 동안에는 자수子水로 인한 권력과 축토丑土로 인한 재물이 계속 증가함으로써 재관財官을 동시에 손에 쥐게 된다.

## 자수子水가 인목寅木을 만나면 ─────

수생목水生木이 아주 원활하며, 설기 작용泄氣作用이 나타나므로 해동解冬이 되고 한류변난류寒流變暖流가 된다. 다시 말해 따뜻하고 온화하며, 모든 식물이 자랄 수 있는 좋은 물로 바뀌었다는 뜻이다.

**253**

인생으로 치면 어두움이 물러나고 새벽이 온다는 뜻이다. 이럴 때 인목寅木은 캄캄한 바다의 등대에도 해당된다.

### | 실례 1

경오년 무인월 경자일 정축시庚午年 戊寅月 庚子日 丁丑時의 사주는 신왕사주로 목화木火가 필요한데, 다행히도 년월에서 오화午火와 인목寅木이 있어 비교적 균형이 잡혀져 있는 사주이다. 따라서 경금일주庚金日主의 희망은 돈 버는 것과 권력을 잡고 싶은 마음이 그 중심에 자리 잡고 있다. 이때 운로에서 인목寅木이 들어오면 두 개의 인목이 오화午火를 향해서 목생화木生火하니 거대한 재국財局을 바탕으로 권력을 넘보게 된다. 이러한 상황에서는 권력과 재물이 동시에 이루어진다. 가히 아름답다 하겠다.

### | 실례 2

무오년 경신월 무자일 경신시戊午年 庚申月 戊子日 庚申時의 사주는 무토일주가 금수金水에 종從을 한 가종사주假從四柱이다. 이때 운에서 인목寅木이 들어오면 인신충寅申冲 현상이 일어나면서 금수운은 완전히 파괴된다. 이러한 가종사주는 특징이 속성속패速成速敗가 된다는 사실이다. 따라서 좋은 일이 있을 때는 계속 번성하지만 종 사주가 깨질 때는 빠른 속도로 실패하게 된다. 결과적으로 재다신약財多身弱 사주로 돌변하면서 인생의 밑바닥까지 내려가게 된다.

## 자수子水가 묘목卯木을 만나면 ─────

자묘子卯가 상형살相刑殺이 되면서 완전한 수목응결水木凝結이 되기 때문에 대단한 풍파風波가 일어난다. 다시 말하면 물이 있는 대로 출렁인다. 해일海溢이 일어나면서 물이 완전히 역류逆流하니 인마人馬를 살상殺傷할까 두렵다. 여기에 해당되는 육친六親은 관재官災, 수술, 송사訟事까지 연결된다.

### 실례 1

을해년 무인월 병자일 임진시乙亥年 戊寅月 丙子日 壬辰時의 사주는 신약사주로 목화木火가 필요하다. 입춘立春이 지났다고 하나 영하 5도 이하로 내려가는 날도 있어 실제적으로는 겨울이라고 할 수 있다. 따뜻한 화기火氣가 필요한데 운에서 묘목卯木이 들어오면 묘목 때문에 크게 발전하지는 못하지만 인묘목국寅卯木局을 형성하기 때문에 그저 무난하다고 볼 수 있다.

### 실례 2

기축년 계유월 무자일 신유시己丑年 癸酉月 戊子日 辛酉時의 사주는 무토일주戊土日主가 금수金水에 종從을 한 사주이다. 이때 운에서 묘목卯木이 들어오면 묘유충卯酉冲 때문에 금수운이 완전히 파괴된다. 남자라면 자식 때문에, 여자라면 남편 때문에 재물이 송두리째 없어지게 된다.

## 자수子水가 진토辰土를 만나면 ───────

삼합三合으로써 입묘入墓되기는 하나 극중합剋中合으로 자진수국子辰水局이 된다. 또한 자중子中의 계수癸水와 진중辰中의 무토戊土가 무계암합戊癸暗合을 한다. 그러나 진월辰月이 지나면 사월巳月이 온다. 사월巳月이 되면 진토辰土는 다시 땅속으로 흡수된다. 다시 표현하면 진토辰土 자체가 수기水氣가 입묘入墓되는 계절이다. 따라서 사월巳月이 오기 전에 자기 몫을 찾아야 하므로 속전속결이 필요하다.

### | 실례 1

임신년 기유월 임자일 무신시壬申年 己酉月 壬子日 戊申時의 사주는 금수쌍청金水雙淸 사주로 금수운에는 모든 일이 잘 풀리지만 다른 운에는 아주 어려운 환경이 조성되는 것이 특징이다. 금수쌍청 사주의 직업은 예체능, 신문 방송 계통, 종교 계통에 종사하는 사람이 많다. 또한 성격적으로는 결벽증이 심하다. 이때 운에서 진운辰運이 들어오면 월月에서 진유금국辰酉金局, 시時에서 신진수국申辰水局을 형성하므로 사주 전체가 한층 더 좋아진다.

### | 실례 2

병오년 신축월 경자일 병술시丙午年 辛丑月 庚子日 丙戌時의 사주는 신강사주로 시주時柱의 병술丙戌이 용신用神이다. 따라서 목화운木火運이 필요하며, 목화운에는 모든 일이 잘 풀린다. 이때 운에서 진운辰運이 들어오면 시지時支의 술토戌土와 진술충辰戌冲을 하므로 병화丙火에 속한 육친, 다시 말하면 남자는 자식, 여자는 남편이 아주 어려운 형편이 된다. 또한 이 사주에서 병화는 관官에 속하므로 관으로 연결된 직장이나 권력에서 도중 하차해야 한다.

## 자수子水가 사화巳火를 만나면 ─────

절지絕地로서 수기水氣는 증발하여 소멸되는데, 자중계수子中癸水

와 사중무토巳中戊土가 암합暗合으로써 무계합戊癸合 한다. 이러한 현상을 자요사子遙巳라고 표현한다. 여기서 요遙는 멀리서 동경한다. 또는 끌어들인다는 뜻이다. 따라서 무계합戊癸合은 철저하고 완전한 합合이 된다.

## 실례 1

무술년 갑자월 갑자일 무진시戊戌年 甲子月 甲子日 戊辰時의 사주는 신왕사주로 화토기火土氣가 필요하다. 지금 당장은 수목응결水木凝結 상태가 되어 매사에 방해를 받고 하는 일이 풀어지지 않는다. 또한 건강도 안 좋은데 특히 혈액순환이 안 좋아서 심장에 이상이 있는 걸로 해석된다. 이때 운에서 사화巳火가 들어오면 수생목 목생화水生木 木生火로 시원하게 설기처泄氣處가 뚫어진다. 이런 경우에는 일차적으로 건강이 좋아진다. 그 다음으로 하는 일이 쉽게 풀어진다. 사화巳火가 화생토火生土가 가능하므로 재물도 쉽게 모을 수 있게 된다.

## 실례 2

병오년 경자월 임자일 신해시丙午年 庚子月 壬子日 辛亥時의 사주는 신왕사주로 해중亥中의 갑목甲木 때문에 목화木火가 필요한 사주이다. 또한 해수亥水는 수생목水生木으로 나아가는 생명선이다. 이때 운에서 사화巳火가 들어오면 신왕사주에 재운財運이 들어오므로 모든 일이 쉽게 풀어지리라고 생각되지만, 정반대로 사해충巳亥冲의 현상으로 임자일주壬子日柱의 밖으로 통하는 통로인 해수亥水를 파괴하기 때문에 여기서 임자일주의 모든 상황이 정지된다. 한마디로 정리하면 어두운 낭떠러지로 추락한다.

## 자수子水가 오화午火를 만나면 ─────

자오충子午沖이 되며, 절지絶地, 유색流塞, 파괴破壞가 되므로 수기 水氣는 증발된다. 따라서 자수子水는 오화午火를 제일 싫어한다.

### 실례 1

을사년 정해월 갑자일 신미시乙巳年 丁亥月 甲子日 辛未時의 사주는 신 왕사주로 따뜻한 화기火氣가 필요하다. 그런데 시지時支에 미토未土 가 자리하고 있어 다행스러운 모양이다. 이때 운에서 오화午火가 들 어오면 오미화국午未火局을 형성하기 때문에 시원스럽게 수생목 목 생화水生木 木生火로 설기泄氣가 잘된다. 건강적인 면에서 보면 소화 가 잘되고 혈액순환이 잘된다. 모든 면에서 갑목일주甲木日主가 마음 먹은 대로 진행된다.

### 실례 2

갑오년 기사월 병자일 계사시甲午年 己巳月 丙子日 癸巳時의 사주는 신 왕사주로 일지日支의 자수子水가 용신用神이다. 따라서 금수운金水運 에는 돈과 권력이 자기 마음먹은 대로 잘 진행된다. 이때 운에서 오 화午火가 들어오면 자오충子午沖으로 인해 이 사주의 핵심인 자수子 水가 제거된다. 결과적으로 모든 일이 완전히 정지된다. 남자라면 자 식의 신상에 이상이 생기고, 여자라면 남편 신상에 이상이 발생하므 로 집안의 우환憂患이 계속된다.

## 자수子水가 미토未土를 만나면 ─────

토극수土剋水를 받기 때문에 유색流塞되고 탁수濁水가 된다. 자미

子未가 육해살六害殺, 월진살怨嗔殺, 처산액妻産厄에도 해당된다.

### 실례 1

기축년 을해월 경자일 계미시己丑年 乙亥月 庚子日 癸未時의 사주는 신왕사주로 시지時支의 미토未土가 용신이다. 미토는 경금일주庚金日主의 재고財庫이다. 동시에 미중未中의 정화丁火 때문에 권력까지 형성되고 있다. 이때 운에서 다시 미토가 들어오면 두 개의 금고가 이루어지기 때문에 큰 부자로 가는 길이 열리기 시작된다.

### 실례 2

경오년 신사월 병자일 을미시庚午年 辛巳月 丙子日 乙未時의 사주는 신왕사주로 일지日支의 자수子水가 용신이다. 이 사주는 성질이 불같으나 뒤끝은 없으며 타인을 설득하는 수준이 일사천리여서 이 사람한테 매료당하지 않을 사람이 없다. 이렇게 불같고 급한 성격을 일지日支의 자수子水가 조절 역할을 하고 있다. 이런 상황에서 미토未土가 들어오면 사오미화국巳午未火局을 형성함과 동시에 강력하게 토극수土剋水하므로 일지日支의 자수子水가 힘을 못쓰게 된다. 따라서 조절역할이 안 되기 때문에 자기 잘난 맛에 취해서 그대로 불기둥에 뛰어든다. 한마디로 보면 자기가 쳐 놓은 함정에 자기가 빠지게 된다.

## 자수子水가 신금申金을 만나면

금생수金生水에 장생長生이요, 신자수국申子水局으로서 왕양지수旺洋之水이니 큰 강물에도 해당되고 태평양 같은 큰 바다라고 불러도 된다. 따라서 자수子水가 십이지중十二支中에서 제일 좋아한다. 이러한 변화를 삼합三合이라고 부르며 결과적으로 큰 물이 된다.

### 실례 1

경신년 정해월 갑자일 기사시庚申年 丁亥月 甲子日 己巳時의 사주는 신왕사주로 시지時支의 사화巳火가 용신이다. 따라서 이 사주는 화기火氣가 들어와야 모든 일이 잘 풀린다. 이때 운에서 신금申金이 들어오면 첫째로 신자수국申子水局이 형성된다. 수국은 자연히 수극화水剋火를 하게 된다. 이때 용신인 사화巳火는 아주 어려운 처지에 놓이게 된다. 둘째로 사신형巳申刑을 형성한다. 사신형巳申刑은 보이지 않는 인목寅木까지 불러내서 인사신 삼형살寅巳申 三刑殺을 만들게 된다. 따라서 갑목일주甲木日主의 통로는 완전히 봉쇄되어 모든 일이 정지된다.

### 실례 2

무오년 정사월 무자일 기미시戊午年 丁巳月 戊子日 己未時의 사주는 신왕사주로 일지日支의 자수子水가 용신이다. 자수子水는 수생목水生木이 안 되므로 돈에 인색하며 오로지 돈 버는 데에 모든 신경이 집중되어 있다. 이때 운에서 신금申金이 들어오면 외로이 떠 있는 섬, 자수子水가 신금申金을 만나서 수국水局을 이룬다. 수국水局은 다른 말로 표현하면 재국財局이다. 황금 덩어리가 넝쿨째 굴러 들어오기 시작한다. 또한 신금申金이 들어옴으로써 토생금土生金이 가능하므로 어느 정도 희생심도 발휘할 수 있게 된다.

## 자수子水가 유금酉金을 만나면 ————

금생수金生水를 받으나 청백淸白이 되니, 너무나 깨끗한 것이 흠欠이다. 자유子酉는 귀문관살鬼門關殺이 되는데 이럴 때는 신경질이 나도록 너무나 깨끗하다고 표현한다.

### 실례 1

신유년 신축월 임자일 을사시辛酉年 辛丑月 壬子日 乙巳時의 사주는 신왕사주로 시지時支의 사화巳火가 용신이다. 이때 운에서 유금酉金이 들어오면 사유금국巳酉金局이 형성되므로 사화巳火는 없어지게 된다. 따라서 이 사주의 핵심인 사화巳火가 사라지기 때문에 임자일주壬子日主는 최악의 상황으로 내몰리게 된다. 살아 있어도 죽은 사람과 마찬가지로 생활을 하게 된다.

### 실례 2

갑인년 정축월 경자일 갑신시甲寅年 丁丑月 庚子日 甲申時의 사주는 금수쌍청金水雙淸으로 금수운에는 모든 일이 순조롭게 풀린다. 이러한 형태의 사주들은 대학교수나 종교 계통 아니면 언론 계통에서 종사하는 사람이 대부분이다. 이때 운에서 유금酉金이 들어오면 월지月支의 축토丑土와 합해져서 유축금국酉丑金局을 형성한다. 이때 나타나는 현상은 선배나 혹은 자기가 과거에 모시던 선생님의 도움을 받아 의외로 일이 쉽게 해결된다. 이런 상황에서는 계속 좋은 일들이 연속된다.

## 자수子水가 술토戌土를 만나면 ─────

가장 강력하게 유색流塞되니 탁수濁水가 된다. 여기에서 자중계수子中癸水와 술중무토戌中戊土가 무계암합戊癸暗合한다. 따라서 자중계수子中癸水가 술중무토戌中戊土를 만나면 자기 자신은 죽어 가더라도 끝까지 놓지 않고 품에 안기기 때문에 가장 강력한 암합暗合이 된다. 여기에서 자수子水를 아내로 본다면 술년戌年에는 아내가 엉뚱한 짓을 하니 아내 단속을 해야 한다.

### 실례 1

갑자년 계유월 임자일 정미시甲子年 癸酉月 壬子日 丁未時의 사주는 신왕사주로 시주時柱의 정미丁未가 이 사주의 용신이다. 또한 이 사주는 귀문관살鬼門關殺(=자유子酉)을 가지고 있어서 신경이 예민하며 굉장히 까다롭다. 성격은 크렘린 같아서 자기 노출이 잘 안 되며 몸속에는 구렁이가 몇 마리 들어 있어서 이 사람의 아내조차도 이 사람의 성격을 파악하기 힘들다. 많은 금수金水 때문에 주위에 항시 근심 걱정이 떠날 날이 없다. 이때 운에서 술토戌土가 들어오면 미토未土로 겨우겨우 큰 물을 막고 있다가, 큰 댐에 해당되는 술토戌土가 들어옴으로써 100% 좋은 운이 가동되기 시작한다. 이제부터는 재물이 산처럼 쌓이게 된다.

### 실례 2

경신년 정해월 무자일 계축시庚申年 丁亥月 戊子日 癸丑時의 사주는 무토일주戊土日主가 금수金水에 종從을 한 진종사주眞從四柱이다. 이런 사주는 처세의 달인이고 돈을 모으는 데는 천재적인 소질이 있는 사람이다. 이때 운에서 술토戌土가 들어오면 무토戌土가 뿌리를 내리게 된다. 종사주가 뿌리를 내리면 재다신약財多身弱 사주 또는 관살태왕官殺太旺 사주로 변하게 된다. 한마디로 천賤한 사주로 상황이 바뀐다. 금수운金水運이 다시 올 때까지 근신하면서 때를 기다릴 수밖에 없다. 이런 시기에는 가만히 있는 것이 최고의 처세이다.

## 자수子水가 해수亥水를 만나면 ————

방합方合으로써 수국水局이 되며, 자수子水가 원래는 한류寒流였는데 해수亥水를 만나 난류暖流가 된다. 좋은 친구 만나서 찌들었던 내 인생이 철도 들고 건강도 좋아진다고 봐야 한다. 따라서 수극화水剋火와 수생목水生木이 다 가능하니 수水로서 임무를 철저히 할 수 있다.

### 실례 1

을축년 정해월 갑자일 기사시乙丑年 丁亥月 甲子日 己巳時의 사주는 신왕사주로 몸이 찬 것이 흠欠인데 다행스럽게도 시지時支의 사화巳火가 있어서 목생화木生火로 설기泄氣되면서 귀격사주貴格四柱가 되고 있다. 이때 운에서 해수亥水가 들어오면 첫째, 일지日支의 자수子水와 합해져서 해자수국亥子水局을 이루므로 수목응결水木凝結을 만들어 낸다. 둘째로는 이 사주의 핵심인 사화巳火를 사해충巳亥冲으로 파괴한다. 모든 것이 완전히 정지된다. 건강상으로는 고혈압과 심장마비로 언제 쓰러질지 알 수 없는 비참한 상태가 된다. 인간사 하루 앞을 내다보기 어렵다.

임인년 을사월 병자일 을미시壬寅年 乙巳月 丙子日 乙未時의 사주는 신왕사주로 일지日支의 자수子水가 이 사주의 핵심이면서 용신이다. 이 사주는 여기저기에 난로가 놓여 있어 온몸이 뜨거워 미치기 일보 직전인데 다행스럽게도 일지日支의 자수子水에 의해서 계속 소낙비가 내리므로 간신히 버티고 있는 상태이다. 이때 운에서 해수亥水가 들어오면 해자수국亥子水局을 형성해서 이 강한 열기熱氣를 충분히 잠재울 수 있다. 이러한 경우를 수화기제水火旣濟라고 표현한다. 이 사주는 앞에는 자수축토子水丑土가 버티고 있고 뒤에는 신금유금申金酉金이 있어서 당분간은 행복한 나날들이 계속된다.

2장

축토丑土의
성격과 응용

**01** 축월丑月은 12월 중으로 소한小寒과 대한大寒을 끼고 있다.

**02** 축시丑時는 새벽 1시부터 3시 사이를 가리킨다.

**03** 축토丑土는 음토陰土, 습토濕土, 동토凍土이며 따라서 절대로 나무가 자랄 수 없는 땅이다.

**04** 이양지기二陽之氣로서 동북간방東北艮方에 속한다.

**05** 짐승으로는 소에 해당하며 축일丑日에 태어난 사람은 부지런하나 황소고집이다.

**06** 금지고장金之庫藏에 해당하기 때문에 실제 실관해 보면 대장병大腸病과 인연이 많다.

**07** 토생금土生金은 잘하나 토극수土剋水는 못한다.

**08** 입묘入墓를 하면서도 생조生助를 받는 것은 금金밖에 없다. 따라서 축토丑土를 자양지금滋養之金이라고 부른다.

**09** 본래가 토土이면서 토土로서의 임무를 수행하지 못하기 때문에, 완전한 토土라고 생각하여 응용한다면 크나큰 착오가 일어나니 주의하여야 한다.

**10** 암장暗藏으로는 기신계己辛癸가 자리하고 있다. 기토己土가 본기本氣이고 나머지가 여기餘氣이다.

**11** 탕화살湯火殺에도 해당되니 축일丑日에 태어난 사람은 비관, 음독, 염세에도 항상 조심하여야 한다.

**12** 색色은 황색黃色이고, 맛은 달며, 수리로는 10에 해당된다.

**13** 총칭 화개華蓋라 하여 종교宗教와 인연이 깊으니 진술축미辰戌丑未

하나만 있어도 종교와 인연이 있다고 봐야 한다.

⑭ 자축子丑은 육합六合으로 수국水局이 되며, 해자축亥子丑도 방합方
合으로서 수국水局이 된다. 이때 축토丑土는 합해지면서 사라진다.
예를 들어 축丑이 남편이라면 남편이 없어진다.

⑮ 사유축巳酉丑은 삼합三合으로써 금국金局이 된다.

⑯ 축丑이 미토未土를 만나면 상충相沖이 된다.

⑰ 축술미丑戌未가 형성되면 삼형살三刑殺에 해당된다.

⑱ 오화午火를 만나면 탕화살, 육해살六害殺, 귀문관살鬼門關殺, 원진살
怨嗔殺에 해당된다.

⑲ 축丑은 고장庫藏이니 충沖이나 형刑을 만나야 비로소 개고開庫가
되므로 길吉이라고 하나, 형충刑沖하는 자가 길신吉神에 한해서이
지 무조건은 아니니 이 점 유념하기 바란다.

⑳ 축토丑土는 겨울에서 봄으로 계절이 바뀌는 중간에서 기氣를 조절
하는 매개체이다.

㉑ 남자가 일시축오日時丑午인 경우 운이 나쁠 때에는 처첩妻妾이 음
독, 자살, 염세, 비관할 일이 생기니 주의하여야 한다.

㉒ 목기木氣는 동목凍木, 동목凍木이 되니 얼어 있는 나무가 되어 뿌리
내리지 못한다.

㉓ 화기火氣는 회기晦氣된다. 다시 말해 가물가물 꺼져 가며 죽는 줄
모르고 죽는다.

㉔ 토기土氣는 동토凍土, 습토濕土, 음지陰地, 지층이 약해진다. 병病으

로는 당뇨, 풍습風濕, 결석結石, 대장암 등이 운이 나쁠 때 발생한다.

㉕ 금기金氣는 입묘入墓되나 토생금土生金을 받아서 환혼還魂된다. 그러나 여기서도 얼어 있는 금金, 다시 말해서 동금凍金은 면할 길이 없다.

㉖ 수기水氣는 축토丑土가 사라지고 수국水局이 된다. 그러나 월지月支에 있을 때는 극중통원剋中通源이 되며 수기水氣가 왕양旺洋하게 된다. 이유는 축월丑月 자체가 겨울이기 때문이다. 이때의 축토丑土는 토土이면서도 금수金水에 가깝다.

㉗ 축토丑土는 중성자中性者, 조절신調節神으로 역할이 강한 데 따라서 축일丑日에 태어난 사람은 여기저기 손 벌려 자기하고 유대하자고 한다.

㉘ 축토丑土는 유대감이 아주 강하다. 이유는 축토丑土 자체가 중성자 내지는 조절신에 해당되기 때문이다. 따라서 축丑은 소를 가리키는데 소한테 멍에를 씌우면 자기 자신을 구속시키면서까지 꼼짝없이 끌려다닌다.

## 축토丑土가 자수子水를 만나면 ————

자축子丑이 합해서 수국水局이 된다. 따라서 축토丑土는 본래의 토土의 위치를 잃고 수국水局으로 따라가야 한다. 그러나 냉한지수冷寒之水가 되어 수극화水剋火는 잘하나 수생목水生木이 안 되니 자체 조화가 어렵다.

### | 실례 1

무자년 계해월 정축일 기유시戊子年 癸亥月 丁丑日 己酉時의 사주는 종사주從四柱로 금수金水운에는 일이 잘 풀어지고 목화木火운에는 많은 방해를 받기 때문에 어려운 입장이 된다. 건강상으로는 몸이 차기 때문에 항시 보온保溫이 필요하며 대장이 안 좋기 때문에 설사, 변비에 각별한 주의를 요한다. 정화일주丁火日主는 사람은 정직하지만 매사에 소심小心한 것이 흠欠이다. 이때 운에서 자수子水가 들어오면 해자축수국亥子丑水局을 이루기 때문에 권력과 명예가 아주 좋은 쪽으로 진행된다. 또한 유축금국酉丑金局도 자리하고 있어서 경제적으로 많은 부富를 쌓게 된다.

### | 실례 2

무자년 무오월 신축일 무자시戊子年 戊午月 辛丑日 戊子時의 사주는 신왕사주로 월지月支의 오화가 용신이다. 이런 사주는 목화木火운에는 대발大發하고 금수金水운에는 불행한 일들이 연속된다. 이때 운에서 자수子水가 들어오면 월지의 오화午火와 자오충子午冲을 하므로 오화午火에 속한 육친의 불행한 일이 생김과 동시에 신금일주辛金日主의 신상에도 나쁜 일이 발생된다. 남자라면 아들 때문에 직장에서 파면

당하며, 여자라면 남편의 바람기 때문에 이혼하고 또한 집안도 아주 불행한 결과로 진행된다.

## 축토丑土가 축토丑土를 만나면 ─────

축축丑丑하면 섣달이 둘이 된다. 이러한 현상을 우리는 심동深冬이라고 부른다.

축토丑土 하나가 삼동三冬을 대신한다고 가정하면 결과적으로 동토凍土가 되어 만사동결萬事凍結이 된다. 이러한 사실로 미루어 축축丑丑은 토土보다 금수金水에 가깝다고 보는 것이 옳다.

예를 들어 축월 무자일 기미시丑月 戊子日 己未時 같은 사주에서 다시 축토丑土가 들어오면 이 사주의 뿌리인 미토未土가 무너짐으로써 인생이 엄청난 불행을 겪게 된다.

### | 실례 1

무자년 임술월 기축일 을축시戊子年 壬戌月 己丑日 乙丑時의 사주는 신약사주로 월지月支의 술토戌土에 의존하고 있다. 이 사주는 축토丑土가 많아서 몸이 차며 대장과 폐가 태어나면서 약하다. 이때 운에서 축토丑土가 다시 들어오면 축술형丑戌刑으로 술토戌土가 뿌리째 뽑힌다. 따라서 기토일주己土日主는 대장암으로 세상을 하직할 가능성이 크다.

### | 실례 2

계사년 무오월 신축일 갑오시癸巳年 戊午月 辛丑日 甲午時의 사주는 신약사주로 일지日支의 축토丑土에 뿌리하고 있다. 이를 우리는 관살태왕官殺太旺 사주라고 부른다. 세상에 태어나면서부터 몸이 약하고 세상살이가 가시밭길이라고 할 수 있다. 이때 운에서 축토丑土가 들어오면 외로이 버티어 온 축토가 좋은 친구를 만남으로써 힘이 배가된다. 또한 실제 사주보다 운에서 들어온 오행이 훨씬 강하기 때문에 강한 화기火氣는 축토丑土로 인해서 서서히 식기 시작한다. 따라서 이 사주는 조습燥濕이 균형 잡힌 상태로 바뀌기 시작한다. 축토丑土가 있는 동안에는 지긋지긋한 고생에서 해방되며 편안한 삶을 즐기게 된다.

## 축토丑土가 인목寅木을 만나면

타오행他五行으로 변화는 안 되나 목극토木剋土로 축토丑土는 붕괴된다. 그러나 축중丑中의 신금辛金, 기토己土가 인중寅中의 갑목甲木, 병화丙火와 갑기합甲己合, 병신합丙辛合으로 의좋게 만나고 있다. 이러한 사실은 밖으로는 전혀 감지感知되지 않으나 내면內面에서는 갑기甲己와 병신丙辛에 속한 육친六親들의 은밀하며 비밀스러운, 새로운 형태의 움직임이 진행된다는 것을 나타낸다. 또한 축토丑土와 인목寅木이 동북간방東北間方에 속하기 때문에 간방합間方合으로도 응용되고 있다.

### 실례 1

경신년 임오월 계축일 임자시庚申年 壬午月 癸丑日 壬子時의 사주는 신왕사주로 월지月支의 오화午火가 용신이다. 따라서 이 사람은 인생의 모든 초점을 돈 버는 데 맞추고 있다. 그러나 인색하고 틀림없는 일이 아니면 하지 않기 때문에 좀 답답한 면은 있다. 성격은 크렘린 같은 유형으로 이 사람은 속마음을 알 수 없는 무서운 성격의 소유자이다. 그러나 얼굴 표정은 항시 웃고 있어서 타인에게 호감을 많이 준다. 이때 운에서 인목寅木이 들어오면 월지月支의 오화午火와 합해져서 인오화국寅午火局을 만든다. 따라서 재국財局이 형성되며 동시에 인목寅木이 들어감으로써 수생목 목생화水生木 木生火로 사주의 좋은 기氣가 흘러가기 때문에 때로는 모험도 감행하면서 큰 부富를 축적한다.

## | 실례 2

계사년 무오월 신축일 갑오시癸巳年 戊午月 辛丑日 甲午時의 사주는 신약사주로 일지日支의 축토丑土에 의지하고 있다. 이를 우리는 관살태왕官殺太旺 사주라고 부르는데 매일 열심히 일해도 먹고살기 힘든 형편이다. 또한 직장에서도 상관한테 무시당하며 부당한 일을 계속 강요해도 한마디 불평도 못하고 계속 일을 해야 하는 불쌍한 사람이다. 이때 운에서 인목寅木이 들어오면 월지月支와 시지時支의 오화午火와 힘을 합해 인오화국寅午火局이 만들어진다. 이 화국火局은 바로 화극금火剋金을 자행하니 겨우겨우 버티어 온 일지日支의 축토丑土는 여지없이 무너져 버린다. 인생의 대들보가 무너지니 이 몸 하나 의지할 데조차 없어진다.

## 축토丑土가 묘목卯木을 만나면 ─────

목극토木剋土를 받아 축토丑土는 붕괴되는데 음대음陰對陰으로서 인정사정없는 것이 인목寅木과 다른 점이다. 이는 속으로 전혀 암합暗合이 이루어지지 않기 때문에 겉으로 나타난 형태가 전부라는 사

**273**

실이다. 결과적으로 보면 음陰과 음陰으로 연결된 것이 음陰과 양陽으로 연결된 것보다 훨씬 극剋의 강도가 심하다.

## 실례 1

임자년 경술월 신축일 무자시壬子年 庚戌月 辛丑日 戊子時의 사주는 신왕사주로 월지月支의 술토戌土가 용신으로 목화木火운에 모든 일이 잘 풀린다. 이러한 사주의 주인공은 완벽주의자로 주위를 항시 긴장시킨다. 이때 운에서 묘목卯木이 들어오면 이 사주가 목화木火운에 좋으므로 당연히 크게 발전하리라고 생각할 것이다. 그러나 정반대의 현상이 일어난다. 묘목卯木이 들어오면 묘술합卯戌合으로 술토戌土가 묶이게 된다. 묶인다는 뜻은 만권정지万權停止가 된다는 뜻이다. 따라서 모든 일이 완전 정지되며 건강적인 면에서 보면 심장에 이상이 생겨 크게 고생하게 된다.

## 실례 2

무오년 갑인월 정축일 무신시戊午年 甲寅月 丁丑日 戊申時의 사주는 신약사주로 월지月支의 인목寅木에 의지하고 있다. 입춘立春이 지났다고 하나 실제 날씨는 영하 5도 이하로 떨어지는 날들도 있어 현실적으로 겨울과 마찬가지 날씨이다. 이때 운에서 묘목卯木이 들어오면 인묘목국寅卯木局을 형성하기 때문에 윗분들의 사랑을 지극히 받아서 무난하게 지낼 수 있다. 단, 묘목이 습목濕木이어서 크게 발전하지는 못하니 그저 무난하게 지난다고 표현할 수 있다.

## 축토丑土가 진토辰土를 만나면 ──────

토기土氣를 보충하는 것은 사실이나 동습凍濕만 조장하기 때문에 만물이 자생滋生할 수 없음이 흠欠이다. 또한 축진丑辰은 상파살相破殺에도 해당되며 운이 나쁠 때는 당뇨, 결석結石, 풍습風濕, 중풍中風, 혈압血壓에 이상이 온다.

### 실례 1

갑자년 을해월 을축일 갑신시甲子年 乙亥月 乙丑日 甲申時의 사주는 신강사주로 화토기火土氣가 필요하다. 이 사주의 약점은 수목응결水木凝結이 되어 있어서 매사에 활발하지 못하고, 건강적인 면에서 보면 시력과 심장이 타고나면서부터 약하다. 이때 운에서 진토辰土가 들어오면 신자진수국申子辰水局을 형성하므로 완전히 몰화沒火가 된다. 다시 말하면 컴컴한 암흑세계가 가속화된다. 몸도 아프고 일도 안 풀린다. 답답한 세상이다.

### 실례 2

계묘년 갑인월 신축일 기해시癸卯年 甲寅月 辛丑日 己亥時의 사주는 신왕사주로 월주月柱의 갑인甲寅이 용신이며 이 사주의 생명선이다. 이 사주는 원칙으로는 화기火氣가 들어와야 크게 발전한다. 이때 운에서 진토辰土가 들어오면 인묘진목국寅卯辰木局이 형성된다. 따라서 큰돈을 모을 수 있게 된다. 그러나 진토辰土가 인묘목기寅卯木氣와 합해지면서 진토辰土 자체는 사라졌기 때문에 진토辰土에 속한 육친의 희생은 불가피하다.

## 축토丑土가 사화巳火를 만나면 ————————

화생토火生土를 받아 토기土氣가 왕旺할 것 같으나 사축巳丑이 합하여 금국金局이 되기 때문에 토土도 화火도 아닌 금국金局으로 변질된다.

암합暗合으로 사중무토巳中戊土와 축중계수丑中癸水가 무계합戊癸合하고 사중병화巳中丙火와 축중신금丑中辛金이 병신합丙辛合을 다정하게 하고 있다. 이질異質끼리 뭉쳐서 합合을 했기 때문에 어느 합合보다 철저하게 결합結合이 된다.

### 실례 1

무자년 기미월 을축일 병자시戊子年 己未月 乙丑日 丙子時의 사주는 신왕사주로 목화기木火氣가 필요하다. 이때 운에서 사화巳火가 들어오면 을목일주乙木日主는 화기火氣가 들어오므로 모든 상황이 좋아지리라고 생각해서 하고 있는 사업을 확장한다. 그런데 사화巳火가 사미화국巳未火局으로 가지 않고 일지日支의 축토丑土와 합해져서 사축금국巳丑金局으로 가게 된다. 이유는 삼합三合이 방합方合보다 우선하기 때문이다. 을목일주는 사화巳火, 다시 말하면 부하의 배신으로 사업이 아주 어렵게 된다.

### 실례 2

갑자년 병자월 을해일 임오시甲子年 丙子月 乙亥日 壬午時의 사주는 신강사주로 화기火氣가 절대적으로 필요하다. 이때 운에서 사화巳火가 들어오면 시지時支의 오화午火와 합해져서 사오화국巳午火局을 형성한다. 따라서 이 사주는 수생목 목생화 화생토水生木 木生火 火生土로 시원하게 뚫린다. 직장인이라면 2단계 승진하고 자영업자라면 사업이 계속 확장되면서 큰돈을 모으게 된다. 이것이 다 부하들의 헌신적인 노력의 결과다.

## 축토丑土가 오화午火를 만나면 —————

화생토火生土를 받고 축토丑土가 음지陰地에서 양지陽地로 되는 것은 사실이지만, 양토陽土로 사용하는 것은 불가능하다. 이유는 화생토火生土를 받는다고 해도 결과는 습토濕土이기 때문이다.

축오丑午는 귀문관살鬼門關殺, 원진살怨嗔殺, 육해살六害殺에 해당된다. 이때 축오귀문관丑午鬼門關은 축丑이나 오午에 속한 육친六親이 신경 쓰이고 원망스럽게 된다.

### | 실례 1

무자년 기미월 정축일 경자시戊子年 己未月 丁丑日 庚子時의 사주는 신약사주로 월주月柱의 기미토己未土에 의존하고 있다. 이 사주는 성격이 급하며 매사에 소심하여 돌다리도 두들기며 간다. 또한 타고난 건강도 좋지 않다. 이때 운에서 오화午火가 들어오면 월지月支의 미토未土와 합해져서 오미화국午未火局을 이루게 된다. 오미화국은 견겁 작용이 나오기 때문에 어느 정도 소심小心에서 벗어나 대담한 성격으로 바뀌어진다. 또한 운이 좋아지기 때문에 매사에 적극적으로 임하며 따라서 어려운 일도 쉽게 풀어진다.

### | 실례 2

신미년 갑오월 기축일 병인시辛未年 甲午月 己丑日 丙寅時의 사주는 신강사주로 일지日支의 축토丑土가 이 사주의 생명선이다. 이때 운에서 오운午運이 들어오면 인수운이기 때문에 다른 사람 눈에는 좋게 보이지만 기토己土 입장에서는 배 터져서 죽는 꼴이 된다. 이때 부동산 거래를 하면 사기당하기 쉬우며, 특히 문서 거래는 위험 요소가 많으니 신중을 기해야 한다. 직장에 근무하는 사람은 주위에서 상사가 도와준다고 떠벌려 기토일주己土日主를 망하게 만든다.

## 축토丑土가 미토未土를 만나면 ——————

상충相冲으로써 파괴된다. 충冲으로써 개고開庫된다고 하나 미토未土가 좋은 역할을 하면 개고開庫가 되고, 불리하면 개고開庫가 안 되고 충冲으로 끝난다. 이러한 사실은 다른 충冲에서도 마찬가지이다. 건강상으로는 운運이 나쁠 때는 대장大腸이 꼬여서 결국은 수술을 받아야 한다. 종교적으로는 개종改宗의 가능성이 많다.

예를 들어 경오월 정유일 신축시庚午月 丁酉日 辛丑時 같은 사주에 미토未土가 들어오면 개고開庫가 된다. 이유는 미토未土가 들어옴으로써 사주의 균형이 맞추어지고, 동시에 재고財庫가 형성되므로 큰 부자로 갈 수 있는 길을 열어 줬기 때문이다.

### | 실례 1

무자년 무오월 신축일 기해시戊子年 戊午月 辛丑日 己亥時의 사주는 신왕사주로 월지月支의 오화午火가 용신이며 생명선이다. 이 사주는 귀문관鬼門關을 가지고 있어서 천재적인 두뇌의 소유자이며, 신경이 예민하고 까다로우며 매사에 철저한 사람이다. 또 오화午火가 관운官運에 속하기 때문에 직장 생활에 맞는 사람인데 다행히도 운에서

재고財庫에 해당되는 미토未土가 들어옴으로써 경제적으로 활발해
져서 충분한 노후 대책도 세울 수 있게 된다.

## 실례 2

무오년 을축월 계축일 임자시戊午年 乙丑月 癸丑日 壬子時의 사주는 금
수金水에 종從을 한 사주다. 우리는 이를 금수쌍청金水雙淸 사주라고
부른다. 이러한 사주는 종교 계통이나 방송국 등에서 흔히 볼 수 있
는 귀격사주貴格四柱이다. 성격은 단순하고 결벽증이 심하다. 이때
운에서 미운未運이 들어오면 축미충丑未冲 현상으로 귀격사주가 천
격사주로 돌변한다. 미운未運이 지나면 신운申運이 온다. 그때까지
자숙하면서 좋은 운이 올 때를 기다려야 한다.

## 축토丑土가 신금申金을 만나면 ─────

토생금土生今으로 설기泄氣가 된다. 결국은 금다토변金多土變 현상
이 벌어진다. 따라서 축토丑土는 허토虛土가 된다.

## 실례 1

기축년 병인월 정축일 신해시己丑年 丙寅月 丁丑日 辛亥時의 사주는 신
약사주로 월주月柱에 있는 병인丙寅에 의지하고 있다. 이 사주는 소
심小心하며 매사에 자신이 없기 때문에 항시 자신의 일을 부모에게
의지한다. 이러한 상황일 때 운에서 신금申金이 들어오면 인신충寅申
冲으로 의지처가 완전히 파괴된다.

여기에서 인목寅木은 누구인가 하면 정화일주丁火日主의 어머니이
다. 그리고 신금申金은 정화일주의 아버지이다. 아버지의 사업이 완

전히 무너져서 결국 어머니와 이혼을 하면서 가정이 풍비박산이
된다.

### 실례 2

갑인년 경오월 신축일 갑오시甲寅年 庚午月 辛丑日 甲午時의 사주는 신
약사주로 일지日支의 축토丑土에 의지하고 있다. 이렇게 형성된 관살
태왕官殺太旺 사주는 죽어라고 일해도 그 대가가 없고 고생만 죽도록
하는 팔자이다. 이때 운에서 신금申金이 들어오면 신금이 수많은 화
기火氣를 잠재우고 신축일주辛丑日主의 의지처를 공고히 하게 된다.
따라서 신금일주는 형제나 친구의 도움으로 완전히 고생에서 벗어
난다고 볼 수 있다.

## 축토丑土가 유금酉金을 만나면 ————

유축酉丑으로 금국金局이 되니 축토丑土는 토土가 아니라 금金의
일원이 된다.

### 실례 1

병인년 갑오월 계축일 신유시丙寅年 甲午月 癸丑日 辛酉時의 사주는 신
강사주로 목화木火가 필요하다. 이 사주는 계수일주癸水日主로서 애
교가 철철 넘치고 사교성이 있으며, 여자인 경우 정신연령이 높아
서 결혼 상대로는 10살 정도 위의 남자와 어울린다. 2~3살 위의 남
자는 사주와 상관없이 남자 측이 유치해 보이기 때문에 결혼 생활에
지장이 많다. 이때 운에서 유금酉金이 들어오면 이 사주의 핵심인 인
오화국寅午火局이 절지絶地에 놓이게 된다. 남들 보기에는 좋지만 신

왕사주를 더욱 신왕하게 하여 배 터져 죽는 현상이 된다.

## 실례 2

무자년 무오월 신축일 경인시戊子年 戊午月 辛丑日 庚寅時의 사주는 신약사주로 일지日支의 축토丑土에 의지하고 있다. 신약사주인데다가 귀문관살까지 가지고 있어 정신질환을 앓을 가능성이 많다. 이때 운에서 유금酉金이 들어오면 유축금국酉丑金局이 만들어진다. 따라서 유금酉金이 있는 동안에는 신강사주와 동등한 입장을 견지하게 된다. 다음에 술운戊運이 오기 때문에 매사를 깔끔하게 처리해서 훗날의 불행을 방지해야 한다.

## 축토丑土가 술토戊土를 만나면 ──────

축술형丑戊刑이 되어 축토丑土는 무너진다. 이럴 때 형파刑破, 파괴, 위장 수술, 개종改宗 등이 일어나며 관재官災도 해당되는데 이 경우 꼭 부동산이 끼어든다. 이유는 토土가 부동산에 해당되는데 형충刑冲으로 부동산을 흔들어 움직이게 했기 때문이다.

축술형丑戊刑이 좋은 작용을 할 때는 부동산으로 크게 재미를 보고, 나쁜 작용을 할 때는 손해 보고 팔거나 아니면 사기를 당한다.

## 실례 1

무자년 무오월 을축일 병자시戊子年 戊午月 乙丑日 丙子時의 사주는 신강사주로 월지月支의 오화午火가 용신用神이다. 이러한 사주 형태는 수생목 목생화水生木 木生火로 잘 흘러가고 있다. 이 사주는 머리가 영리하고 결단력이 있어서 아주 좋으며, 중말년에 대학교 총장이나 장관에 입각할 수 있는 사주다. 이때 운에서 술토戌土가 들어오면 오술화국午戌火局을 이루게 된다. 이렇게 되면 화생토火生土까지 멋있게 흘러갈 수 있다. 이런 상황에서는 거침없이 평소의 야망을 달성할 수 있게 된다.

## 실례 2

경신년 기묘월 을축일 갑신시庚申年 己卯月 乙丑日 甲申時의 사주는 신약사주로 월지月支의 묘목卯木에 의지하고 있다. 이 사주 주인공의 직업은 전형적인 봉급 생활에 해당되며, 운에서는 화운火運이 와야 모든 것이 안정되고 건강도 좋아진다. 이때 운에서 술토戌土가 들어오면 술토戌土는 조토燥土이고 암장으로는 정신무丁辛戌가 있어서 을목일주에겐 도움이 된다고 생각하기 쉽다. 그러나 실제로는 묘술합卯戌合으로 묶이게 된다. 묶인다는 것은 모든 상황이 정지됨을 의미한다. 결과적으로 최악의 상황이 전개된다.

## 축토丑土가 해수亥水를 만나면 ─────

해축수국亥丑水局으로 변신한다. 암합暗合으로 축중丑中의 기토己土와 해중亥中의 갑목甲木이 갑기합甲己合한다. 결과적으로 해수亥水가 손해를 본다. 이유는 축토丑土는 동토凍土이고 해수亥水는 난류暖流에 속하기 때문이다.

## 실례 1

경자년 무자월 계축일 무오시庚子年 戊子月 癸丑日 戊午時의 사주는 신왕사주로 시주時柱의 무오戊午가 용신이다. 이러한 사주는 남녀 불문하고 얼굴이 타원형으로 예쁘게 생겼으며 애교가 철철 넘치고 스태미나가 강하다. 또한 물만 먹어도 살이 찌는 체질이다. 이 사람의 마음속에는 구렁이가 여러 마리 들어 있어서 진짜 마음을 상대방이 헤아리기가 어렵다. 또한 감정이 풍부해 텔레비전에서 슬픈 장면이 나오면 엉엉 울기 시작한다. 이러한 사주의 운에서 해수亥水가 들어오면 해자수국亥子水局을 이루어 화기火氣를 잠재운다. 이 사주의 핵심인 화기가 몰락하면 이 사주는 춥고 배고픈 허허벌판에 놓이게 된다. 우리는 여기에서 좋은 사주도 운을 잘못 만나면 모든 것이 헛수고라는 사실을 느낄 수 있다.

| 실례 2

병오년 갑오월 신축일 경인시丙午年 甲午月 辛丑日 庚寅時의 사주는 신약사주로 일지의 축토丑土에 간신히 의지하고 있다. 너무나 많은 관살官殺 때문에 일을 열심히 해도 끝없이 고생해야 하는 최하급의 인생이다. 다행히도 이때 운에서 해수亥水가 들어오면 해축수국亥丑水局을 이룬다. 해수亥水가 누구인가? 여자라면 자식들이요, 남자라면 부하에 속한다. 자식이나 부하들 때문에 해수亥水가 들어와 있는 동안에는 어느 정도 안정감 있는 생활을 영위할 수 있게 된다.

3장

인목寅木의
성격과 응용

인목寅木

**01** 삼양지기三陽之氣로서 정월正月에 해당되며, 입춘立春이 지나야 인월寅月로서 효력이 발생되며, 초춘初春 혹은 맹춘孟春이라고도 한다.

**02** 시간대로는 새벽 3시부터 5시 사이에 해당되는데, 필자가 실관實觀한 바로는 인시초寅時初보다 인시말寅時末이 그릇이 크다. 이유는 인시초寅時初는 아직 캄캄하고 인시말寅時末은 동이 터오기 때문이다.

**03** 양목陽木이라고 하여 천간天干의 갑목甲木과 동일하게 취급하며 강목剛木, 조목燥木, 눈목嫩木, 인화물질引火物質, 폭발물, 탕화살湯火殺, 도화선導火線(불만 붙이면 불이 확 하고 붙는다)으로도 응용되고 있다.

**04** 인목寅木은 갑목본기甲木本氣와 병화丙火를 비축하고 있어 때로는 목木 이전에 화火로도 변신할 수 있다.

**05** 인목寅木은 새벽 3시부터 5시 사이를 가리키는데 명리학적으로 보면 하루의 시간 중 가장 좋은 시간으로 정리되며, 사주에 인목寅木이 많으면 강심장에 그릇이 크다.

**06** 목극토木剋土도 잘하고 목생화木生火도 잘한다.

**07** 아무리 수기水氣가 많아도 인목寅木은 부목법浮木法이 없으며 수목응결水木凝結이 아니라 오히려 응결된 자체를 해소시켜 주는데, 이유는 아무리 어두운 밤이라 하여도 인시寅時가 되면 물러가야 하며 또한 한랭지수寒冷之水도 입춘立春 이후에는 해동解冬이 되는 이치와 같다 하겠다.

**08** 색色은 청색靑色(=남색)이며, 수리로는 3수三數이다.

**09** 인寅은 짐승으로 치면 호랑이에 해당되는데 호랑이는 재앙災殃을 물리치는 짐승으로 알려져 있다. 그래서 그런지 사주에 인목寅木

하나만 있어도 이상하게 타인의 자문에 많이 응하며 만인万人에 광명光明을 준다.

⑩ 총칭하여 역마驛馬, 지살地殺이라고 부른다.

⑪ 사생지국四生之局에도 해당된다.

⑫ 목기木氣에게는 관왕冠旺으로 생존生存하며 인자함을 근본으로 삼는다. 또한 인중병화寅中丙火로서 남산지목南山之木이니 견고하게 성장하여 꽃을 피우게 된다. 화기火氣에게는 장생궁長生宮이 되니 십이지중十二支中에서 제일 좋아하며 수다水多라도 화식火熄되지 않는데, 수생인목水生寅木이라 목생화木生火로 연결되어 탐생망극貪生忘剋이 되기 때문이다. 토기土氣는 붕괴되나 무토戊土만은 병화丙火와 같이 공존하고 있어서 극중생剋中生이 되므로 완전히 파괴되지는 않는다. 금기金氣에게는 절지絶地가 되며 수기水氣에게는 도기盜氣 혹은 병사궁病死宮이 된다.

⑬ 인해寅亥는 육합六合으로써 목국木局이 되며 인오술寅午戌은 삼합三合으로써 화국火局이 된다. 또한 인묘진寅卯辰은 방합方合으로써 목국木局이 되는데 목木이면서도 화火에 가장 가까운 것이 인목寅木의 특징이다.

⑭ 인신寅申은 상충相沖이 되며 인사신寅巳申은 삼형살三刑殺로 무은지형無恩之刑(=은혜를 모름)이 된다. 인유寅酉는 원진살怨嗔殺이 되며 인미寅未는 귀문관살鬼門關殺이 된다.

⑮ 인목寅木은 눈목嫩木으로 표현되는데 좋은 쪽으로 해석하면 어리고 예쁘게 생김을 의미한다. 그러나 운이 나쁠 때 또는 나쁘게 해석될 때는 어려서 철이 안 들었다고 해석될 때도 있다.

## 인목寅木이 자수子水를 만나면 ─────

수생목水生木이나 동목冬木이 되어 성장成長할 수 없으니 결국은 음지陰地 나무가 된다. 이유는 한밤중에는 보석도 빛나지 않고 모든 것이 정지停止되기 때문이다.

여기서 자세히 알아야 할 사항이 있다. 본명本命에서는 인목寅木 옆에 자수子水가 있으면 수생목水生木, 목생화木生火로 돌아간다. 그러나 본명本命에 인목寅木이 용신用神이고 운에서 들어온 자수子水가 본명本命에 도움을 주지 못할 때는 수생목水生木이 안 된다.

### | 실례 1

을유년 임오월 병인일 기축시乙酉年 壬午月 丙寅日 己丑時의 사주는 신강사주로 시지時支의 축토丑土를 통해서 화생토 토생금火生土 土生金으로 흘러가고 있다. 이 사주는 성질은 불같으나 뒤끝은 없으며 항상 바른말을 해서 손해 보는 유형이다. 이때 운에서 자수子水가 들어오면 자축수국子丑水局을 형성한다. 축토丑土가 있을 때는 상식운만 작용했으나 자수가 들어감으로써 재운, 관운까지 연결된다. 따라서 자기가 하고 싶은 대로 마음껏 하게 된다.

### | 실례 2

계축년 신유월 무인일 계해시癸丑年 辛酉月 戊寅日 癸亥時의 사주는 신약사주로 일지日支에 있는 인중寅中의 병화丙火에 의지하고 있다. 신약사주 중에 최고의 신약사주에 해당된다. 또한 무인일주戊寅日柱는 종從하지 않기 때문에 신약사주로 귀착될 수밖에 없다. 이때 운에서 자수子水가 들어오면 해자수국亥子水局을 이룬다. 이 수국은 수생목

水生木을 못하고 인중寅中의 병화丙火를 수극화水剋火한다. 따라서 건강도 최악의 상태로 치달으면서 동시에 하는 일도 완전히 정지된다.

## 인목寅木이 축토丑土를 만나면 ─────

동목凍木이 되며 성장정지成長停止가 된다. 암장暗藏으로는 갑기합甲己合, 병신합丙辛合이 된다. 아무리 암장합이라고 해도 성장成長은 정지된다. 이유는 이 경우도 캄캄한 한밤중이기 때문이다. 그러나 방향으로는 동북간방합東北艮方合은 하고 있다.

### | 실례 1

경인년 무인월 임인일 경자시庚寅年 戊寅月 壬寅日 庚子時의 사주를 처음 보는 사람은 임수일주壬水日主가 시지時支의 자수子水에 의지해서 금수金水가 용신用神일 것으로 생각한다. 그러나 실제로 보면 입춘立春이 지났다고는 하지만 영하 5도가 되는 날들도 있어 임수일주壬水日主가 월지月支에 간접통원間接通源 된다. 따라서 이 사주는 목화木火가 용신이다. 한마디로 따뜻한 화기火氣가 필요하다는 뜻이다. 이때 운에서 축토丑土가 들어오면 자축수국子丑水局을 이룬다. 이러한 경우에는 견겁肩劫이 해로운 작용을 하기 때문에 친구, 형제의 방해로 매사가 어렵게 된다.

### | 실례 2

신사년 갑오월 경인일 을유시辛巳年 甲午月 庚寅日 乙酉時의 사주는 신약사주로 시지時支의 유금酉金에 의존하고 있다. 이러한 사주도 재살태왕財殺太旺 사주라고 표현한다. 이때 운에서 축토丑土가 들어오면 축토가 습토濕土이기 때문에 수많은 화기火氣를 스펀지로 빨아들인다. 또한 시지時支의 유금酉金과 합해져서 유축금국酉丑金局을 만든다. 이렇게 되면 사주가 균형을 이루면서 경금일주庚金日主가 자신을 갖게 된다. 이때부터 모든 일이 순조롭게 풀어진다.

## 인목寅木이 인목寅木을 만나면

목기木氣는 왕旺해지고 인목寅木이 인목寅木을 만나면 다다익선多多益善이 된다. 다시 말하면 삼합三合과 똑같은 효력이 발생된다.

예를 들어 인년 인월 인일 인시寅年 寅月 寅日 寅時라면 삼합三合과 동일하게 생각해도 된다. 이럴 때 해수亥水가 가운데 끼어 있으면 더욱 강해지고 돈독해진다. 만약 천간天干이 갑목甲木이라면 각각 자기 주장이 강하여 분산되기 쉬운 점이 흠欠이 된다.

### 실례 1

무자년 계해월 갑인일 갑자시戊子年 癸亥月 甲寅日 甲子時의 사주는 신왕사주로 화기火氣가 필요하다. 이러한 사주는 대체로 대학교수나 예체능 계통에 종사하는 사람이 많다. 운에서 인운寅運이 들어오면 인중寅中의 병화丙火 때문에 목생화木生火가 가능하다. 이럴 때 묘목卯木이 들어오면 수목응결水木凝結이 되지만 인목은 목생화木生火가 가능하기 때문에 형제, 친구의 도움으로 인생이 한 단계 업그레이드된다고 봐야 한다.

### 실례 2

갑오년 기사월 병인일 정유시甲午年 己巳月 丙寅日 丁酉時의 사주는 신왕사주로 금수金水가 필요하다. 이 사주에는 시지時支의 유금酉金이 절대적으로 이 사주를 안정시켜 주고 있다. 이 사주는 월지月支에 견겁을 놓아 추진력은 있으나 계획성이 부족한 것이 흠欠이다. 이때 운에서 인목寅木이 들어오면 유금酉金에게는 재살지財殺地가 된다. 따라서 경제적으로 타격이 심하고 사주의 균형이 깨진다.

## 인목寅木이 묘목卯木을 만나면 ─────────

인묘목국寅卯木局으로 목기木氣는 더욱 강해지나, 인오술寅午戌에는 묘卯가 도화桃花가 되고 묘목卯木이 목생화木生火가 안 된다. 때문에 인목寅木으로서는 나쁜 친구를 만나 좋은 인목寅木이 버려질까 걱정이 된다. 또한 나쁜 친구를 만나 한 방 얻어맞고 손해를 볼 것이니 주의하라고 충고해도 된다. 결국 잘못하면 바람둥이 친구를 만나서 신세를 버리게 된다.

### | 실례 1

계유년 을축월 무인일 임자시癸酉年 乙丑月 戊寅日 壬子時의 사주는 신약사주로 일지日支의 인중寅中의 병화丙火에 의존하고 있다. 이러한 사주는 관리 능력이 없고 자기 성질 나는 대로 행동하기 때문에 운이 좋을 때는 그냥 넘어가지만 운이 나쁠 때는 아주 어려운 처지에 놓이게 된다. 이때 운에서 묘목卯木을 만나면 인묘목국寅卯木局이 된다. 운에서 들어온 묘목卯木을 만난 인묘목국寅卯木局은 목생화木生火가 안 된다. 거꾸로 묘목卯木이 인목寅木을 만나면 목생화木生火가 가능하다. 이 사주는 뿌리를 잃었기 때문에 어려운 처지에 놓이게 된다. 결론은 나쁜 친구를 만나서 크게 손해 보게 된다.

## 실례 2

정유년 계축월 경인일 을유시丁酉年 癸丑月 庚寅日 乙酉時의 사주는 신왕사주로 일지日支의 인목寅木이 용신이다. 이러한 사주는 완벽주의자로 냉정하고 몰인정하다. 그런 반면에 의리가 강하고 한 번 약속하면 반드시 지키는 의리파에 속한다. 인목寅木이 용신이기 때문에 재財의 뒷받침을 받아서 관官까지 활용하는 다양한 방면에 소질이 있는 사람이기도 하다. 이때 운에서 묘목卯木이 들어오면 인묘목국寅卯木局이 된다. 따라서 재국財局이 형성되기 때문에 큰 부자 소리를 듣는다.

## 인목寅木이 진토辰土를 만나면 ──────

인진寅辰으로 목국木局이 되며 살이 찌고 튼튼하게 착근着根한다. 살이 찐 이유는 진토辰土가 습토濕土이기 때문이다. 습토濕土는 물을 머금은 흙이라고 봐도 된다. 또한 인목寅木이 사주의 핵심이라면 진년辰年이 되었을 때 오천 평처럼 살이 찌게 되니 균형 있는 식사와 적절한 운동은 필수적이다. 이럴 때 인진목국寅辰木局은 되나, 진토辰土에 해당되는 육친六親의 희생은 불가피하다.

## 실례 1

계축년 을축월 병인일 기축시癸丑年 乙丑月 丙寅日 己丑時의 사주는 신약사주로 일지日支의 인목寅木에 의지하고 있다. 이러한 사주는 재살財殺이 많아서 헛욕심이 많은 반면 매사를 확실히 매듭짓지 못하고 흐지부지하는 경우가 많다. 또한 항시 큰소리는 치는데, 결과가 좋지 못하다. 이러한 사주가 운에서 진토辰土가 들어오면 일지日支의

인목

寅木

293

인목寅木과 합해져서 인진목국寅辰木局이 된다. 인수국印綬局이 이루어지기 때문에 조금은 안정이 된다. 따라서 도와주는 사람들이 생겨나면서 사주가 활기를 띠게 된다.

## | 실례 2

정축년 기유월 임인일 병오시丁丑年 己酉月 壬寅日 丙午時의 사주는 신강사주로 목화기木火氣가 필요하다. 이러한 사주는 얼굴이 타원형에 잘 생겼고, 미남 미녀에 해당된다. 또한 인수국이 금국金局으로 이루어져 있기 때문에 완벽한 성격도 가지고 있다. 이때 운에서 진토辰土가 들어오면 인진목국寅辰木局이 형성되어서 임수일주壬水日主에게 도움이 될 거라고 생각한다. 그러나 진토辰土는 인진목국寅辰木局으로 가지 않고 월지月支에 있는 유금酉金과 함께 진유금국辰酉金局으로 간다. 이유는 육합六合이 방합方合보다 훨씬 응집력이 강하기 때문이다. 따라서 진토辰土가 들어오고 나면 모든 일이 꼬이기 시작한다. 한마디로 사회생활이 역행逆行하기 시작한다.

## 인목寅木이 사화巳火를 만나면 ─────

병사궁病死宮, 형살刑殺, 목분木焚이 된다. 목생화木生火로 도기盜氣되면서도 인사寅巳로 형살刑殺이 되며 사중경금巳中庚金과 인중갑목寅中甲木이 갑경甲庚으로 충파沖破되어 내외內外가 모두 피상된다. 그러나 화기火氣가 필요한 경우에는 인사형寅巳刑으로 필요한 화기火氣가 폭발하기 때문에 오히려 좋아진다. 거꾸로 인사형寅巳刑이 나쁜 역할을 하는 경우에는 인마人馬가 살상殺傷되며 수술수, 관재官災 사고가 연발되며 특히 가스 사고 및 화재火災를 주의하여야 한다.

인사형寅巳刑을 하면 인중寅中의 갑목甲木과 사중巳中의 경금庚金이 갑경충甲庚沖한다. 따라서 이러한 현상이 나쁜 영향을 끼칠 때 갑목甲木과 경금庚金에 해당되는 육친六親은 큰 사고를 당하게 된다.

### 실례 1

경자년 정해월 갑인일 경오시庚子年 丁亥月 甲寅日 庚午時의 사주는 신왕사주로 수생목 목생화 화생토水生木 木生火 火生土로 잘 설기泄氣되고 있다. 이러한 사주는 자기 직업의 선두주자로서 항시 개척적이고 미래지향적인 사고방식을 갖고 있다. 이때 운에 사화巳火가 들어오면 사오화국巳午火局이 만들어지면서 더욱 활발히 한 단계 업그레이드가 된다. 여기서 인사형寅巳刑은 어떻게 볼 것인가? 인사형寅巳刑은 화기火氣가 폭발하는 것으로 봐야 한다. 다만 인사형 때문에 조금 시끄럽기는 하나 결과는 좋은 것으로 봐야 한다.

### 실례 2

경자년 을유월 병인일 갑오시庚子年 乙酉月 丙寅日 甲午時의 사주는 병화일주丙火日主가 가을을 만나서 신약사주로 봐야 한다. 유월酉月은 병화일주에겐 정재正財에 해당된다. 따라서 틀림없는 일이 아니면 하지 않기 때문에 좀 답답한 면도 있다. 이때 운에서 사화巳火가 들어오면 사화巳火가 화기火氣에 속하기 때문에 당연히 사오화국巳午火局으로 가리라고 생각하기 쉽다. 그러나 사화巳火는 유금酉金과 합해지면서 사유금국巳酉金局으로 간다. 이러한 경우는 친구, 형제가 배신해서 나의 돈을 손해 보게 하는 것으로 봐야 한다.

## 인목寅木이 오화午火를 만나면 ─────────

인오寅午로서 화국火局이 된다. 따라서 인목寅木은 목분木焚, 비회연멸飛灰烟滅(=완전히 타서 재로 날아간다)이 된다.

암합暗合으로는 인중寅中의 갑목甲木과 오중午中의 기토己土가 갑기합甲己合한다. 이럴 때 인목寅木은 목기木氣가 없어지고 화기火氣로 변하기 때문에 인목寅木의 희생은 불가피하다. 이러한 상태를 인목寅木이 화火한다고 하는데, '당신을 보듬고 있으면 나는 사라져도 좋아'라고 하는 형태가 된다.

### 실례 1

을축년 무자월 갑인일 계유시乙丑年 戊子月 甲寅日 癸酉時의 사주는 신왕사주로, 화기火氣가 절대적으로 필요하다. 이때 운에서 오화午火가 들어오면 첫째, 시지時支에 있는 칠살七殺인 유금酉金을 화극금火剋金으로 제거하고 둘째, 일지日支의 인목寅木과 합해져서 인오화국寅午火局을 만든다. 이때 인오화국은 자동으로 화생토火生土까지 뻗어 나가게 된다. 나를 가격하는 칠살七殺을 제거하고 한없이 뻗어 나가니 이 이상 즐거운 일이 없다.

### 실례 2

무자년 을축월 신축일 무자시戊子年 乙丑月 辛丑日 戊子時의 사주는 금수쌍청金水雙淸 사주로 이 사주에 필요한 오행五行은 금수金水밖에 없다. 이때 운에서 오화午火가 들어오면 금수의 유형을 완전히 깨게 된다. 이렇게 되면 운에서 들어온 오화午火가 우선권을 차지하기 때문에 사주의 균형이 완전히 망가진다. 이때의 오화午火는 관살官殺에

해당되는데, 필자의 실제 상담 경험으로 볼 때 기업인이 세무사찰을
당하는 경우를 많이 확인하였다.

## 인목寅木이 미토未土를 만나면

미토未土가 목지고木之庫가 된다. 따라서 고목枯木, 늙은 나무, 사
람으로 치면 백발이 성성한 사람이다. 장간藏干끼리는 갑기甲己로 암
합暗合하고 또한 같은 목木을 동반하고 있으면서도 합국合局이 안 되
니 서운하다 하겠다.

### 실례 1

신축년 신축월 병인일 무자시辛丑年 辛丑月 丙寅日 戊子時의 사주는 신
약사주로 일지日支의 인목寅木이 인수印綬에 해당되어 병화일주丙火
日主를 떠받치고 있다. 이러한 사주는 쓸데없는 인정이 많아서 손해
보는 편인데 실제로 본인을 도와주는 세력은 많지 않다. 이때 운에
서 미토未土가 들어오면 축미충丑未沖 현상으로 병화일주에게 나쁜
역할을 하는 축토丑土를 제거해서 좋은데, 미토未土 역시 조토燥土이
기 때문에 습濕한 기운을 제거하게 된다. 상황이 이렇게 되면 병화
일주는 방해하는 세력이 없어지므로 자연히 좋은 일만 생기게 된다.

### 실례 2

을축년 임오월 경인일 을유시乙丑年 壬午月 庚寅日 乙酉時의 사주는 신
약사주로 시지時支의 유금酉金이 용신이다. 이는 전형적인 샐러리맨
사주로 착실하게 자기의 일에만 쏟아부어야 한다. 이때 운에서 미토
未土가 들어오면 오미화국午未火局을 이루어 유금酉金을 향해 화극금

火剋金을 하게 된다. 경금일주庚金日主는 미토未土 다음에 신금운申金運이 온다. 신금운이 오면 그때부터 운이 좋아지기 시작한다. 신금운이 올 때까지 자중자애하면서 겸손하게 처세하여야 한다.

## 인목寅木이 신금申金을 만나면 ──────

추절지목秋節之木이 되며 인신충寅申沖으로 파괴된다. 또한 절지絶地, 절목折木, 절목絶木이 된다. 한마디로 낙엽이 지고 서리를 맞으며 모든 일이 추풍낙엽秋風落葉이 된다. 인목寅木이 남편이라면 남편 하는 일이 안 되고, 인목寅木이 돈이라면 돈이 서리를 맞고 대들보가 무너진다.

그러나 여기서 예외가 있다. 원명元命에서 인목寅木이 월지月支나 시지時支에 있고 신금申金이 일지日支에 있을 때는 벽갑인화劈甲引火라 하여 '나무를 도끼로 쪼개어 불을 지르는 것'으로 해석한다. 즉, 신금申金이 인목寅木을 해치는 것이 아니고 오히려 인목寅木을 돕는 것으로 봐야 한다.

예를 들면 인월 병신일寅月 丙申日인 경우나 병신일 경인시丙申日 庚寅時 같은 경우를 인신충寅申沖으로 보지 말고, 벽갑인화劈甲引火라 하여 오히려 도끼로 나무를 쪼개어 불을 피우게 한다는 원리로 신금申金이 인목寅木을 돕고 있다는 뜻이다. 그러나 신금申金이 운運에 들어와 금극목金剋木할 때는 인목寅木이 철저히 파괴된다. 따라서 인목寅木을 파괴하는 것은 유일하게 신금申金이다.

## 실례 1

계유년 갑자월 경인일 정축시癸酉年 甲子月 庚寅日 丁丑時의 사주는 신왕사주로 일지日支의 인목寅木이 용신이다. 따라서 이 사람은 재물을 모으고 가정을 지키는 데 온 힘을 쏟고 있다. 이때 운에서 신금申金이 들어오면 인신충寅申沖 현상으로 친구나 형제의 모함으로 재물이 없어지면서 가정이 완전히 파괴된다. 또한 부인과는 생별生別 내지 사별死別이 있게 된다. 우리는 여기서 용신이 파괴되면 얼마나 무서운 결과를 가져오는지 알 수 있다.

## 실례 2

무오년 무오월 병인일 정유시戊午年 戊午月 丙寅日 丁酉時의 사주는 신왕사주로 시지時支의 유금酉金이 용신이다. 따라서 금수운金水運에는 모든 일이 잘 풀리지만, 목화운木火運에는 거꾸로 여러 면에서 손해를 보게 된다. 이때 운에서 신금申金이 들어오면 어떤 결과가 나올까? 첫째, 시지時支의 유금酉金과 합해져서 신유금국申酉金局이 이루어지므로 큰 재물이 모아지고, 둘째, 신금申金은 신중申中의 임수壬水로 인해서 금생수金生水가 가능해지는데 이런 이유로 병화일주丙火日主는 재물뿐만 아니라 권력까지 손에 쥐게 된다.

## 인목寅木이 유금酉金을 만나면

추절지목秋節之木으로 금극목金剋木을 당한다. 절지絶地, 절목折木이 되며 낙엽이 지고 서리가 내린다. 신금申金과 다른 점은 상충相沖만 없다는 점이다. 암장暗葬으로는 인중寅中의 병화丙火와 유중酉中의 신금辛金이 병신합丙辛合을 하고 있다. 그러나 유금酉金 자체가 깊은 가을을 가리키기 때문에 인목은 크게 상처를 받을 수밖에 없다.

## 실례 1

신유년 기해월 갑인일 기사시辛酉年 己亥月 甲寅日 己巳時의 사주는 신왕사주로 시지時支에 있는 상식傷食에 속한 사화巳火가 용신이다. 이 사주는 수생목 목생화 화생토水生木 木生火 火生土로 흘러가는 것이 이상적이다. 이런 사주는 집안의 장남에 많으며 스포츠 계통이나 방송계, 배우, 탤런트에 많다. 한마디로 끼가 많다는 뜻이다. 이때 운에서 유금酉金이 들어오면 첫째, 갑목일주甲木日主를 향하여 금극목金剋木을 하여 타격을 입히고, 둘째, 사화巳火와 합해져서 사유금국巳酉金局을 형성한다. 이러한 현상은 부하들의 배신으로 연결되며 갑목일주甲木日主가 뻗어 나가는 길을 완전히 차단한다. 갑목일주甲木日主는 퇴로가 막히면서 고사枯死 직전이 된다.

## 실례 2

무오년 무오월 경인일 병자시戊午年 戊午月 庚寅日 丙子時의 사주는 시지時支의 자수子水에 간접근間接根하고 있다. 여기서 간접근이란 관살이 있고, 인수나 견겁이 없을 때 상식傷食도 뿌리를 할 수 있다는 이론에 근거한 것이다. 이러할 때 유금酉金이 들어오면 간접근으로 연명했던 경금일주가 직접 뿌리를 할 수 있게 된다. 이러한 결과는 견겁肩劫으로 인해 자신감과 깡다구가 생기게 되어 수많은 화기火氣를 잠재우고 새로이 좋은 일들을 만들어 낼 수 있는 기회가 된다.

### 인목寅木이 술토戌土를 만나면

인술寅戌이 화국火局이 되니 인목寅木은 목木이 아니라 화火로 변하게 된다.

### 실례 1

병오년 경인월 병인일 을미시丙午年 庚寅月 丙寅日 乙未時의 사주는 목화통명木火通明 사주로 목화木火가 필요하다. 이 사주는 성질이 불같으나 뒤끝은 없으며 달변이어서 타인을 설득하는 데 탁월한 재능을 가지고 있다. 이마가 넓고 눈이 초롱초롱하며, 미남 미녀가 많다. 여기에다 귀문관살까지 가지고 있어 아주 영리하다. 이때 운에서 술토戌土가 들어오면 인오술 화국寅午戌 火局을 이룬다. 이 화국火局은 자동으로 화생토火生土를 하기 때문에 병화일주丙火日主는 소화가 아주 잘되면서 하는 일이 초스피드로 해결된다.

### 실례 2

계미년 정사월 임인일 경자시癸未年 丁巳月 壬寅日 庚子時의 사주는 신약사주로 시지時支의 자수子水에 의지하고 있다. 이 사람은 마음속에 어떤 생각을 가지고 있는지 알 수 없는 성격이며 일이 잘 풀리지 않고, 본인이 어려울 때는 상대방에게 사기도 칠 수 있는 그런 사람이다. 이때 운에서 술토戌土가 들어오면 어떻게 될까? 첫째, 수많은 화기火氣와 합해지면서 나쁜 역할을 하는 화기火氣를 더욱 증가시킨다. 둘째, 시지時支의 자수子水를 향해 토극수土剋水하므로 이 사주의 핵심인 자수子水가 무너진다.

＊석양에 강가에 도착하니 해는 이미 서산에 지고 강을 건널 배는 보이지 않구나.

## 인목寅木이 해수亥水를 만나면 ─────

인해합寅亥合으로 목국木局이 되며 육합六合으로써 부부합夫婦合이 된다. 또한 해수亥水는 인목寅木의 장생궁長生宮이다. 따라서 인목寅木은 해수亥水를 제일 기뻐하며 제일 좋아한다. 인해합寅亥合이야말로 완전하고 철저한 목국木局이 된다. 이때 신금申金이 운運에서 쳐들어오더라도 금생수 수생목金生水 水生木으로 관인상생官印相生이 된다.

## 실례 1

계축년 신유월 경인일 병자시癸丑年 辛酉月 庚寅日 丙子時의 사주는 신왕사주로 일지日支의 인목寅木이 이 사주의 용신이다. 따라서 이 사주는 목화기木火氣가 절대적으로 필요하다. 이렇게 사주가 구성되면 성격이 너무 완벽하기 때문에 주위가 좀 피곤하다. 한편 의리가 강하고 한 번 약속하면 손해를 보더라도 반드시 지킨다. 이때 운에서 해수亥水가 들어오면 해수가 수기권水氣圈에 속하기 때문에 이 사주에 나쁜 영향을 끼치리라고 생각하기 쉽다. 그러나 해수는 일지日支의 인목寅木과 합해져서 인해합목국寅亥合木局을 이룬다. 이유는 육합六合이 어느 합合보다 우선하기 때문이다. 인해합목국은 큰 부자가 됨을 가리킨다.

## 실례 2

무오년 을축월 무인일 신유시戊午年 乙丑月 戊寅日 辛酉時의 사주는 신약사주로 일지 인목日支 寅木의 병화丙火에 의존하고 있다. 이때 운에서 해수亥水가 들어오면 인해합목국寅亥合木局이 된다. 이 목국은 바로 목극토木剋土를 하며 또한 인중寅中의 병화丙火를 향해서 수극화水剋火도 한다. 따라서 아주 나쁜 환경이 조성된다. 대운에서 무인일

주戊寅日主에게 가장 나쁜 작용을 하는 것이 신금申金이다. 신금은 극
剋과 충沖을 동시에 일으킨다. 그 다음에 나쁜 작용을 하는 오행은
묘목卯木과 해수亥水이다. 그 이유는 인중寅中의 병화丙火 작용을 못
하도록 하면서 바로 목극토木剋土로 가격하기 때문이다. 이 상황에
서 연운年運마저 나쁘다면 이 세상을 하직하는 운이다.

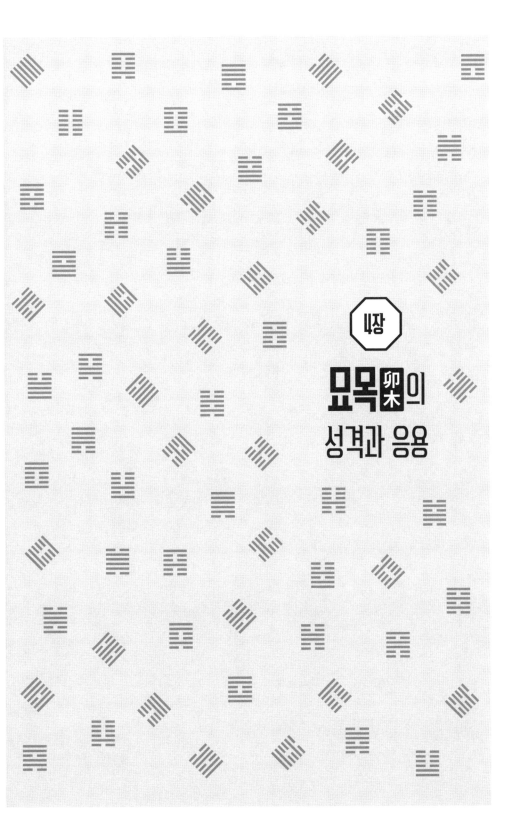

4장

묘목卯木의
성격과 응용

묘목 卯木

**01** 사양지기四陽之氣로서 이월二月에 해당되며, 경칩驚蟄이 지나야 묘월卯月로서 효력이 발생되어 중춘仲春이라고 표현하기도 한다.

**02** 시간대로는 새벽 5시부터 7시 사이에 해당된다.

**03** 음목陰木이라 하여 천간天干의 을목乙木과 동일하게 취급하며 습목濕木, 생목生木, 양유목陽柳木, 활목活木, 유목柔木, 초근草根, 덩굴로도 해석되고 있다.

**04** 묘목卯木은 어떤 오행五行을 만나도 다른 오행으로 변화되지 않는다. 그러므로 묘술卯戌로 육합六合이 되면서도 합화화合化火로 보지 않는다. 그러나 예외가 있다.
오월 술일 오시午月 戌日 午時 같은 경우 운運에서 묘목卯木이 들어오면 양쪽의 강한 화기火氣 때문에 묘술합화화卯戌合化火로 봐도 된다.

**05** 묘목卯木은 완전한 독불장군이며 외로운 팔자八字이다. 이런 이유로 목극토木剋土는 잘하나 목생화木生火는 인색하다.

**06** 묘목卯木은 습목濕木이기 때문에 연기가 심하게 나면서 탄다. 따라서 불이 붙을 때까지 기다리는 인내력이 필요하다. 다시 말하면 완전히 건조해서 탈 때까지 기다려야 한다는 뜻이다.

**07** 방향은 정동正東이며, 인체로는 수족手足·간담肝膽에 속한다.

**08** 묘목卯木은 풍風을 달고 다니며 풍風은 습濕을 끼고 있다. 따라서 항상 풍습風濕 때문에 고생한다고 봐야 한다.

**09** 묘미목국卯未木局은 미중정화未中丁火로 인하여 조목燥木이 되므로 목생화木生火를 할 수 있으나 해묘목국亥卯木局은 습목濕木이니 목생화木生火가 어렵고 묘진목국卯辰木局 또한 같다. 반면 인묘목국寅

卯木局은 목생화木生火를 잘한다.

⑩ 묘목卯木은 총칭 도화桃花로 취급된다. 따라서 묘목卯木 하나만 놓아도 때로는 바람둥이로 본다.

⑪ 묘목卯木의 색깔은 녹색綠色이며, 인정仁情이 많고, 수리로는 8수八數이다.

⑫ 감각으로는 촉각觸角에 해당되며, 맛으로는 산성酸性이다.

⑬ 직업으로는 의사·법관·역학자에 많으며, 착하기는 하나 항상 남의 일로 분주함이 흠欠이다.

⑭ 묘유술卯酉戌은 철쇄개금鐵鎖開金이라 하여 세상사가 잘 안 풀리고 꼬일 때 해결사 노릇을 하며, 침을 잘 놓고 말을 직설적으로 해서 남의 폐부를 찌른다. 묘유술卯酉戌을 또한 '현침살縣針殺'이라고도 표현하는데 이런 사람들은 말이 씨가 되며 화일주火日主도 여기에 해당된다.

⑮ 짐승으로는 토끼에 해당되며, 묘일卯日에 난 사람은 일이 잘 풀릴 때는 아주 즐거워하지만 일이 안될 때는 어쩔 줄 모르고 한숨만 쉰다. 이러한 현상은 토끼가 도망갈 때 산으로 올라가는 것은 굉장히 빠른데 밑으로 내려올 때는 굉장히 당황하며 행동이 느린 현상과 일맥상통한다.

⑯ 묘목卯木도 인목寅木과 마찬가지로 진토辰土를 만나면 살이 찌게 된다.

⑰ 금일주金日主의 재성財星은 묘목卯木인데 목생화木生火가 안 되기 때문에 돈을 버는 데만 신경을 쓴다. 따라서 인색하다. 이유는 소비

를 안 하기 때문에 인색하다는 소리를 듣는다. 목생화木生火가 되는 경우에는 돈을 소신껏 쓴다.

⑱ 자수子水를 만나면 상형살相刑殺이 되는데 이러한 현상을 무례지형無禮之刑이라고 표현한다. 예를 들면 부모님 멱살을 잡는 행동 등이다.

⑲ 사왕지국四旺之局이며 묘유卯酉는 상충相沖한다. 묘신卯申은 원진怨嗔·귀문관살鬼門關殺이며, 오묘午卯는 육파살六破殺이다.

⑳ 묘목卯木을 만나면 습목濕木이 되나, 목木은 관왕冠旺이 되고 화火는 목욕궁沐浴宮(=젖은 나무=연기만 난다)에 해당된다. 토土는 붕괴崩壞되고, 금金은 절지絶地이며, 수水는 사궁死宮인데 다시 말하면 수목응결水木凝結이 된다.

㉑ 묘목卯木이 비록 음목陰木으로 약하다고 하나 득국得局하면 동량지목棟樑之木으로 변화하며, 인목寅木은 목생화木生火를 잘하고 능히 납수納水하는데, 묘목卯木은 목생화木生火도 못할 뿐만 아니라 수기水氣를 흡수하지 못함이 인목寅木과 다른 점이다.

## 묘목卯木이 자수子水를 만나면 ──────

수생목水生木이 되나 수목응결水木凝結되어 동목凍木이 된다. 따라서 음지陰地 나무로 성장成長이 정지되며 모든 활동 또한 동결凍結된다.

북풍설한北風雪寒이 형성되어 관재官災, 수술, 사고의 연속이며 건강상으로는 수족手足 또는 비뇨기 계통에 이상이 온다. 또한 자묘子卯로 형刑을 하고 있어서 자수子水를 노怒하게 하고 수생목水生木으로 계속 설기泄氣가 되니 자수子水는 전혀 작용을 못하게 된다.

### | 실례 1

임인년 신해월 을묘일 임오시壬寅年 辛亥月 乙卯日 壬午時의 사주는 신왕사주로 시지時支의 오화午火가 이 사주의 핵심이며 용신이다. 을묘일주라 하더라도 사주가 이렇게 잘 짜여 있으면 갑목甲木 못지않게 활기찬 인생을 그릴 수 있다. 이런 사주는 대학교수나 연예인한테 많이 나타나 있다. 이 사주의 운에서 자수子水가 들어오면 시지時支의 오화午火와 자오충子午冲이 되면서 뚫고 나가는 길목이 막히게 된다. 더구나 자수子水가 들어와서 수목응결水木凝結 현상이 아주 심해진다. 을목일주는 여기서 갈 길을 잃고 헤매고 만다. 참으로 안타까운 상황이다.

### | 실례 2

병오년 갑오월 을묘일 신사시丙午年 甲午月 乙卯日 辛巳時의 사주는 신약사주로 일지日支의 묘목卯木에 의존하고 있다. 신약사주라 하더라도 간여지동干與支同이 되어 있기 때문에 아무리 어려운 환경에 처하더라도 당황하지 않는다. 이 사주는 수목水木이 필요하다. 이러한 사주가 전제 사주의 5% 정도에 해당된다. 이때 운에서 자수子水가 들어오면 해수亥水가 들어오는 것보다는 못하지만 수많은 화기火氣를 수극화水剋火로 제거하고 조습燥濕의 균형을 맞출 수 있다. 이러한 상황이 되면 을목일주도 활발하게 자기의 이상을 실현시킬 수 있다.

## 묘목卯木이 축토丑土를 만나면 ──────

묘목卯木이 축토丑土에 뿌리를 하지 못하니 결국은 음지陰地 나무가 된다. 축토丑土의 암장暗藏 안에 있는 기토己土와 신금辛金이 재살지財殺地 역할을 하기 때문에 목木의 성장은 정지되며 동목凍木, 습목濕木으로서 자체 조화를 이룰 수 없다. 이때 축토丑土는 토土가 아니라 매섭고 추운 12월의 얼어 있는 물로 봐야 한다.

### 실례 1

경인년 무자월 신묘일 병신시庚寅年 戊子月 辛卯日 丙申時의 사주는 신왕사주로 일지日支의 묘목卯木이 용신이다. 묘목卯木은 목생화木生火가 안 되기 때문에 지독히 인색하다. 또한 신묘일주辛卯日主는 대부분 큰돈을 벌지 못하는 것으로 필자의 실관實觀에서 경험하고 있다. 이때 운에서 축토丑土가 들어오면 월지月支의 자수子水와 합해져서 자축수국子丑水局을 이룬다. 자축수국은 신금일주가 뿌리를 내리지 못하고 물속에서 둥둥 떠다니게 한다. 이러한 현상은 수목응결을 만들기 때문에 겉보기만 좋지, 실속이 없어 많은 손해를 보게 된다. 결론은 윗분들의 방해로 손해가 이루어진다.

갑오년 경오월 신묘일 병신시甲午年 庚午月 辛卯日 丙申時의 사주는 신
약사주로 시지時支의 신금申金에 겨우 걸쳐 있는 형편이다. 년지年支
와 월지月支에 있는 오화午火가 신금일주의 관官에 해당되어 전형적
인 샐러리맨 사주이다. 이렇게 강한 화기火氣 때문에 신금일주는 녹
아내리기 일보직전이다. 이때 운에서 축토丑土가 들어오면 어떻게
될까?

축토丑土는 12지 중에서 가장 강한 습토濕土이다. 따라서 조燥한
오화午火를 사정없이 빨아들이는 스펀지 역할을 하게 된다. 또한 시
지時支의 신금申金을 토생금土生金으로 뒷받침하고 있다. 이제는 조
습燥濕의 균형이 맞추어진다. 이러한 상황에서는 신금辛金을 괴롭혔
던 오화午火를 자기 것으로 만들 수 있다. 지금부터는 직장에서 윗분
들의 도움으로 계속 승진하며 또한 발전한다.

## 묘목卯木이 인목寅木을 만나면

음지陰地의 나무가 양지陽地의 나무로 변신하며 또한 습목濕木이
조목燥木으로 양유목楊柳木이 대림목大林木, 다시 말하면 동량지목棟
樑之木으로 전환된다. 때문에 목木으로서의 임무를 다하는 것은 물론
좋은 친구를 만나 형제, 친구의 도움으로 인생이 음지陰地에서 벗어
나게 된다. 이러할 때 소실小室은 정처正妻가 된다.

계축년 무오월 계묘일 기미시癸丑年 戊午月 癸卯日 己未時의 사주는 종
사주從四柱로 신강사주에 해당된다. 크게 봐서 목화木火에 종從한 사

주이다. 이 사주는 얼굴이 예쁘고 애교가 철철 넘치며 남녀 간에 이성異性을 밝히는 사주이다. 또한 관리 능력이 특출해서 보기에 아름답다 하겠다. 이때 운에서 인목寅木이 들어오면 인묘목국寅卯木局, 인오화국寅午火局을 이루어서 계속 발전하며 재물을 크게 모으게 된다.

## | 실례 2

경오년 임오월 을묘일 신사시庚午年 壬午月 乙卯日 辛巳時의 사주는 신약사주로 일지日支의 묘목卯木에 전체 운명을 맡기고 있다. 이 사주는 수목水木이 필요한데 수목 중에서도 해수亥水가 가장 좋은 역할을 하게 된다. 이때 운에서 인목寅木이 들어오면 인묘목국寅卯木局으로 가지 않고 인오화국寅午火局으로 간다. 이유는 삼합三合이 방합方合보다 우선하기 때문이다. 이제까지 화기火氣에 의해서 계속 희생당해 있는데 또다시 인오화국寅午火局 때문에 끝없는 방황이 시작된다.

## 묘목卯木이 묘목卯木을 만나면 ————

목기木氣로서는 왕旺하다고 할 수 있으나 풍습風濕은 면免할 수가 없으며 결국은 각기 자기 주장으로 와해하게 된다. 이때 대운大運이 나쁘면 풍습風濕 때문에 입과 눈이 한쪽으로 돌아가는 와사증 현상이 발생된다.

## | 실례 1

경자년 기축월 신묘일 경인시庚子年 己丑月 辛卯日 庚寅時의 사주는 신강사주로 일지日支와 시지時支에서 인묘목국寅卯木局을 이루어 신왕재왕 사주에 해당된다. 이러한 사주는 관리 능력이 특출하고 마무리를 아주 잘하기 때문에 매사에 실수하는 법이 없다. 또한 의리가 강하여 따르는 사람이 많다. 이러한 사주가 운에서 묘목卯木이 들어오면 재財를 추가하기 때문에 큰 부자로 이름을 날리게 된다.

### 실례 2

신축년 무술월 기묘일 을해시辛丑年 戊戌月 己卯日 乙亥時의 사주는 신약사주로 월지月支의 술토戌土에 의지하고 있다. 이렇게 구성된 사주는 성격이 까다로우며 비위가 약해서 큰 시련에 부딪치면 깜짝깜짝 놀라는 경우가 많다. 이때 운에서 묘목卯木이 들어오면 묘목이 술토를 향하여 목극토木剋土를 한다. 또한 이렇게 약해진 술토戌土를 묘술합卯戌合으로 묶는다. 이렇게 되면 술토는 더이상 자기의 역할을 하지 못한다. 친구, 형제의 도움으로 지탱해 왔던 기토일주己土日主가 어려운 상태가 되면서 사방을 둘러봐도 도와줄 사람이 없는 외톨이가 된다.

## 묘목卯木이 진토辰土를 만나면 ──────

묘진卯辰으로 목국木局이 되며 인목寅木과 마찬가지로 살이 찌게 된다. 그러나 목생화木生火가 안 되기 때문에 음지陰地, 습목濕木은 면할 길이 없다.

### 실례 1

계축년 을축월 신묘일 경인시癸丑年 乙丑月 辛卯日 庚寅時의 사주는 신강사주로 인묘목국寅卯木局이 사주의 핵심이다. 목국은 재국財局을 의미하기 때문에 이 사주도 신왕재왕身旺財旺 사주라고 볼 수 있다.

이 사주 역시 완벽주의자로 관리 능력이 특출나다. 건강상으로는 타고나면서 대장이 안 좋아서 설사, 변비가 자주 발생한다. 운에서 진토辰土가 들어오면 토생금土生金으로 당연히 가리라고 생각하는데, 여기에서는 인묘진목국寅卯辰木局으로 간다. 이러한 상황에서는 큰 부자가 된다. 다만 진토辰土에 속한 육친의 희생은 불가피하다.

## 실례 2

을해년 정해월 을묘일 병자시乙亥年 丁亥月 乙卯日 丙子時의 사주는 신왕사주로 절대적으로 화기火氣가 필요하다. 여기서 화기란 설기처泄氣處를 이야기한다. 그런데 화기火氣는 전혀 보이지 않고 수목응결水木凝結 상태가 되어 있다. 이때 운에서 진토辰土가 들어오면 자진수국子辰水局, 묘진목국卯辰木局이 형성된다. 화기火氣가 필요한데 정반대 방향으로 진행되고 있다. 여기서 진토辰土는 을목일주乙木日主에겐 재財가 되는데, 따라서 재물이 없어지면서 아내와는 생별生別 내지 사별死別을 하게 된다.

### 묘목卯木이 사화巳火를 만나면 ————

목생화木生火로 도기盜氣가 되며 목분木焚이 된다. 묘중卯中의 을목乙木이 사중巳中의 경금庚金과는 을경乙庚으로 암합暗合한다. 이때 묘목卯木은 사화巳火를 만나면 간뗑이가 커지게 된다. 따라서 뛰어들어 죽으면서도 을경합乙庚合한다. 왜 죽느냐 하면 불속의 경금庚金, 다시 말하면 사중巳中의 경금庚金이기 때문이다.

### 실례 1

신해년 경자월 정묘일 신해시 辛亥年 庚子月 丁卯日 辛亥時의 사주는 신약사주로 일지日支의 묘목卯木에 의지하는데, 묘목卯木 역시 목생화木生火가 여의치 못해 겨우 한 다리 걸쳐 있는 아주 어려운 형편이다. 이때 운에서 사화巳火가 들어오면 직접 뿌리를 내릴 수 있어 정화일주丁火日主는 아주 좋아한다. 따라서 시원찮은 인수보다 힘 있는 견겁肩劫이 등장함으로써 모든 면에서 생기生氣가 돌기 시작한다.

### 실례 2

계축년 무오월 을묘일 임오시 癸丑年 戊午月 乙卯日 壬午時의 사주는 신약사주로 일지日支의 묘목卯木에 의지하고 있다. 지금 현재 을목일주는 뜨거운 열풍熱風 때문에 숨이 막히기 직전이다. 이때 운에서 사화巳火가 들어오면 년지年支의 축토丑土와 합해지면서 사축금국巳丑金局이 된다. 금국金局은 을목일주를 향해서 금극목金剋木을 한다. 따라서 이런 환경에서는 아랫사람에 해당되는 화기火氣와 윗사람에 해당되는 금기金氣로 인해서 상하上下가 다 협조하지 않음으로써 사면초가가 된다.

## 묘목卯木이 오화午火를 만나면 ────

사화巳火와 같이 설기泄氣요, 목분木焚이 되는 것은 사실이나 목왕시木旺時는 양지陽地 나무로 변하고 꽃이 만개한다.

### 실례 1

을묘년 갑신월 신묘일 신묘시 乙卯年 甲申月 辛卯日 辛卯時의 사주는 신약사주로 월지月支의 신금申金에 의지하고 있다. 따라서 이 사주에 필요한 오행은 토금土金이다. 토土인 경우 조토燥土인 미토未土나 술 토戌土는 안 되고, 습토濕土인 축토丑土나 진토辰土는 해당된다. 이 사주도 여기저기 재財가 많은 걸로 봐서 여러 번 장가가야 할 팔자 八字인가 보다. 이때 운에서 오화午火가 들어오면 오화午火가 월지月 支인 신금申金을 향해서 화극금火剋金을 한다. 따라서 믿었던 보루가 무너진다. 필자가 실관한 바로는 친구나 형제의 배신으로 연결되는 경우가 많다.

## | 실례 2

을사년 정해월 을묘일 갑신시乙巳年 丁亥月 乙卯日 甲申時의 사주는 신 왕사주로 수생목 목생화水生木 木生火로 흘러가야 하기 때문에 절대 적으로 화기火氣가 필요하다. 이때 운에서 오화午火가 들어오면 첫째 로 시지時支에 있는 관살官殺에 해당하는 신금申金을 화극금火剋金으 로 제거하고, 둘째로 목생화木生火로 시원하게 새로운 길을 열어 준 다. 이렇게 되면 을목일주乙木日主는 거침없이 아랫사람의 도움으로 자기의 목적을 달성한다.

### 묘목卯木이 미토未土를 만나면 ─────

입묘入墓가 되면서도 묘미卯未로 목국木局이 되니 목기木氣가 왕旺 해지고 입묘入墓되면서 득국得局을 한다. 이러한 현상을 환혼還魂이 라고 표현한다. 이럴 때 묘목卯木은 양지陽地 나무가 되며 목생화木生 火도 능히 잘할 수 있다.

### 실례 1

경인년 무자월 을묘일 정축시 庚寅年 戊子月 乙卯日 丁丑時 의 사주는 신왕사주로 추운 겨울에 태어났기 때문에 절대적으로 화기 火氣 가 필요하다. 화기 火氣 중에서도 인목 寅木 이나 오화 午火 가 들어왔을 때가 환경이 가장 좋다. 미토 未土 가 들어오면 어떻게 될까? 묘미목국 卯未木局 이 된다. 그러나 미토 未土 안에는 정화 丁火 가 들어 있어서 목생화 木生火 가 가능하다. 그런 이유로 오화 午火 가 들어왔을 때보다는 못하지만 그런대로 나쁘지는 않다. 따라서 좋은 쪽으로 해석해야 될 것 같다.

### 실례 2

기미년 경오월 계묘일 경신시 己未年 庚午月 癸卯日 庚申時 의 사주는 신약사주로 시주時柱의 경신금庚申金에 의지하고 있다. 이러한 사주는 신약사주로 재국財局이 형성되어 있기 때문에 쓸데없는 욕심이 많고 입장이 불리해지면 거짓말을 천연덕스럽게 할 수 있는, 나쁜 말로 표현하면 사기성이 있는 사주이다. 이 사주는 절대적으로 금수기 金水氣가 필요하다. 이때 운에서 미토未土가 들어오면 오미화국午未火局이 만들어지면서 강하게 화극금火剋金한다. 따라서 이 사주를 지탱해 왔던 시주時柱의 경신금庚申金이 무너진다. 대개 이런 경우는 계약을 잘못해서 크게 손해 보는 경우가 허다하다.

## 묘목卯木이 신금申金을 만나면

금극목金剋木을 받고, 절지絶地, 추절지목秋節之木이 된다. 이러한 현상을 나무가 부러지며 또 한편으로는 낙엽이 진다고도 표현한다. 묘신卯申은 이때 원진살怨嗔殺, 귀문관살鬼門關殺의 작용이 나타난다.

따라서 완전히 절목折木이 되는데 신중申中의 경금庚金과 묘중卯中의 을목乙木이 을경乙庚으로 암합暗合한다.

### 실례 1

경자년 갑신월 계묘일 임자시庚子年 甲申月 癸卯日 壬子時의 사주는 신왕사주로 일지日支의 묘목卯木이 용신이다. 묘목卯木 자체가 목생화木生火가 여의치 않으므로 이런 사주는 봉사하는 것으로 만족해야지 그 대가를 바라면 모든 면에서 어려워진다. 운에서 신금申金이 들어오면 일지日支의 묘목卯木을 향해서 금극목金剋木을 한다. 어렵게 목생화木生火로 활로를 열려고 노력하는 계수일주癸水日主는 통로가 차단된다. 건강 면에서는 간경화 내지 간암이 우려되고 생활 면에서는 남 보기에만 좋지 실속이 전혀 없다.

### 실례 2

갑오년 경오월 신묘일 병신시甲午年 庚午月 辛卯日 丙申時의 사주는 신약사주로 시지時支의 신금申金에 의지하고 있다. 이 사주는 귀문관살을 가지고 있어서 신경이 예민하고 까다로우며 머리가 아주 영리하다고 볼 수 있다. 신약사주이기 때문에 우울증 및 신경쇠약 증세를 보이는 경우가 많다. 이때 운에서 신금申金이 들어오면 외로이 버티어 왔던 신금申金이 친구, 형제의 도움으로 한결 생활이 좋아지며, 건강 또한 획기적으로 개선된다.

## 묘목卯木이 유금酉金을 만나면 ————

묘유충卯酉沖으로 충파沖破된다. 따라서 묘목卯木은 절목折木이 되며 낙엽 지고 서리를 맞게 된다. 또한 추절지목秋節之木도 되는데 묘목卯木이나 유금酉金이 지지地支에 해당되기 때문에 뿌리째 완전히 뽑힌다. 대운大運이 나쁠 때는 기반이 완전히 무너진다. 따라서 묘목卯木은 유금酉金을 아주 대기大忌한다.

## 실례 1

임자년 계축월 신묘일 기해시壬子年 癸丑月 辛卯日 己亥時의 사주는 신왕사주로 일지日支의 묘목卯木이 용신이다. 신금일주辛金日主는 재산 모으는 일과 아내를 아끼고 가정을 돌보는 데 모든 정성을 다하고 있다. 운에서 유금酉金이 들어오면 어떻게 될까? 목생화木生火가 여의치 못한 묘목卯木을 묘유충卯酉冲하니 묘목은 엄청난 타격을 받게 된다. 여기서 충冲은 극충剋冲을 이야기한다. 그런 이유로 지금까지 가지고 있던 재물이 없어짐과 동시에 아내의 신변에도 불행한 일들이 계속된다.

## 실례 2

경오년 갑신월 신묘일 갑오시庚午年 甲申月 辛卯日 甲午時의 사주는 신약사주로 월지月支의 신금申金에 의지하고 있다. 또한 견겁肩劫에 의지하고 있기 때문에 이 사주는 계획성이 부족하고 그때그때 임시방편으로 모든 일을 처리한다. 이러한 사람은 항시 수첩을 가지고 다니면서 생각나는 계획 등을 즉시 메모해 활용하는 습관을 생활화하여야 한다. 이러한 사주가 운에서 유금酉金이 들어오면 월지月支의 신금申金과 합해지면서 신유금국申酉金局이 된다. 그러면 상황이 급변한다. 지금까지 약했던 뿌리가 튼튼하게 되면서 남의 것으로 여겨

졌던 재관財官이 신금일주辛金日主의 것으로 만들어진다. 이때부터는
계속 좋은 일만 생기게 된다.

## 묘목卯木이 술토戌土를 만나면 ─────

묘술합卯戌合으로 묶이게 된다. 이때 묘목卯木의 권한은 정지되며
모든 작용은 불능不能 상태가 된다.

### 실례 1

신축년 경자월 을묘일 임오시辛丑年 庚子月 乙卯日 壬午時의 사주는 신
왕사주로 시지時支의 오화午火에 의해서 시원스럽게 설기泄氣되고
있다. 이러한 사주는 연구소의 수석 연구원이나 대학교수 등에서 많
이 보이고 있다. 이렇게 사주가 형성되고 대운이 좋은 경우에는 대
부분 일류 대학의 이공계를 졸업한 경우가 많다. 운에서 술토戌土가
들어오면 시지時支의 오화午火와 합해져서 오술화국午戌火局을 이룬
다. 오술화국은 대단히 강한 화기火氣를 의미하기 때문에 을목일주
乙木日主가 마음먹은 대로 세상사가 요리된다.

### 실례 2

을유년 갑신월 신묘일 무자시乙酉年 甲申月 辛卯日 戊子時의 사주는 신
왕사주로 일지日支의 묘목卯木이 용신이다. 신금일주辛金日主의 생
활 유형은 돈 버는 데 모든 능력을 집중하고, 완벽주의자에다가 관
리 능력까지 있기 때문에 사업상의 판단도 굉장히 빠르다. 이 사람
의 장점은 의리가 강해서 한 번 약속을 하면 절대로 배신하지 않는
다는 것이다. 이러한 사주의 운에서 술토戌土가 들어오면 묘술합卯戌

습으로 묶이게 된다. 묶인다는 것은 만권정지万權停止를 의미한다. 다시 말하면 모든 것이 끝났음을 가리킨다.

## 묘목卯木이 해수亥水를 만나면 ————

해묘亥卯로 목국木局이 되나 목생화木生火가 안 되기 때문에 음지陰地, 습목濕木이 된다. 해묘亥卯가 목국木局으로 변하기 때문에 해수亥水는 집산集散이 불능不能이며 만권정지万權停止가 된다.

### 실례 1

임진년 을사월 을묘일 무인시壬辰年 乙巳月 乙卯日 戊寅時의 사주는 신왕사주로 월지月支의 사화巳火를 통해서 시원스럽게 설기泄氣되고 있다. 이 사주의 약점은 을묘일주乙卯日主가 대담하게 일을 처리하지 못하고 소심小心한 것이 문제다. 이때 운에서 해수亥水가 들어오면 월지月支의 사화巳火를 향해서 사해충巳亥冲을 한다. 따라서 설기처泄氣處가 완전히 파괴되면서 앞으로 나아갈 방향을 잃어버린다. 이런 경우는 대개 부하들의 배신으로 일이 틀어지는 경우가 많다.

### 실례 2

경자년 기축월 신묘일 경인시庚子年 己丑月 辛卯日 庚寅時의 사주는 신왕재왕身旺財旺 사주로 일지日支의 묘목卯木과 시지時支의 인목寅木이 인묘목국寅卯木局을 형성하고 있다. 이 사주 역시 완벽주의자로 관리 능력이 특출하다. 이때 운에서 해수亥水가 들어오면 모든 사람들은 해자축수국亥子丑水局이 되리라고 생각한다. 그러나 의외로 시지時支의 인목寅木과 합해져서 인해합목국寅亥合木局으로 간다. 이유는 육

합六合이 방합方合보다 우선하기 때문이다. 인해합목국寅亥合木局은
큰 재국財局을 의미하기 때문에 큰 사업가로 불러도 어색함이 없다.

5장

진토辰土의
성격과 응용

진토 辰土

**01** 진토辰土는 오양지기五陽之氣로 3월三月에 해당되며 청명淸明이 지나야 진월辰月로서 효력이 발생된다. 또한 봄에서 여름으로 넘어가는 다리 역할을 수행하기 때문에 중성자中性者, 조절신 또는 과도기過渡期라고 부른다.

**02** 진월辰月은 목木의 여기餘氣, 퇴기退氣, 화火의 진기권進氣圈으로 나뉘는데 상순上旬은 목木의 여기餘氣, 중순中旬은 목木의 퇴기退氣, 하순下旬은 화火의 진기권進氣圈에 속한다.

**03** 진토辰土는 암장暗藏에 무토戊土, 을목乙木, 계수癸水를 가지고 있다. 본기本氣로서 무토戊土가 있고 여기餘氣로서 계수癸水는 정재正財, 을목乙木은 정관正官이 되는데 몸 안에 정재正財, 정관正官을 가지고 있는 것은 진토辰土 하나밖에 없다.

**04** 진월辰月 중에도 내일모레가 입하立夏 입절入節이면 토土가 아니라 화火에 가깝고, 엊그제 청명淸明이 입절入節하였다면 토土가 아니라 목木에 가깝다. 따라서 입하 3일 전의 병화일주丙火日主는 진토辰土에 죽은 불이 아니라 살아 있는 불로 봐야 한다.

**05** 진토辰土는 양토陽土, 진토眞土, 습토濕土, 온난지토溫暖之土, 니토泥土(=진흙), 목木을 가지고 있는 대목지토帶木之土로 연결된다. 이유는 따뜻한 봄으로 3월 중이기 때문이다. 그러므로 진토辰土는 만물萬物을 자생滋生시킨다. 따라서 가색稼穡의 공功을 이룰 수 있다.

**06** 진토辰土는 어떠한 오행五行과도 통하며 처세가 좋고 변화가 심하다. 이유는 진토辰土 자체가 자제력自制力으로 연결되기 때문이며, 사주四柱에 토기土氣가 없다면 자제력이 없다고 봐도 된다. 따라서 토土가 많은 사람과는 타협하기가 쉽다.

**07** 방향은 동남간방東南間方이며 손방巽方이라 표현한다.

**08** 진토辰土는 풍습風濕을 달고 다니며 습진으로 고생한다. 또한 대운大運이 나쁠 때는 당뇨, 결석, 비뇨기 계통에 문제가 발생되니 항상 확인하고 조심하여야 한다. 특히 당뇨가 문제되는 것은 토土가 감甘(달다)이요, 진토辰土는 수지고장水之庫藏으로 수기水氣가 모이는 곳이기 때문이다.

**09** 진토辰土는 오행五行으로는 신의信義에 해당된다. 그런 연유로 토일주土日主는 신용信用을 가장 중요하게 생각하며 신용 없는 사람과의 인간관계를 꺼려 한다.

**10** 색色으로는 황색黃色이며, 숫자로는 5수五數이고, 맛으로는 달고, 감각으로는 미각味覺(혀 따위로 맛을 느끼는 감각)에 속한다.

**11** 짐승으로는 원래 용龍에 속하는데 사주가 나쁠 때는 용이 못 된 뱀으로도 해석한다.

**12** 진중辰中에 무토戊土, 을목乙木, 계수癸水를 암장暗藏에 가지고 있어서 타오행他五行과 달리 토중土中에서도 진토眞土 구실을 하고 있으나 암장暗藏에서 양陽과 음陰을 모두 갖추고 있기에 때로는 잡기雜氣라고 하며 무진戊辰·무술戊戌·경진庚辰·경술庚戌·임진壬辰·임술壬戌은 괴강魁罡으로도 응용되고 있다. 괴강살魁罡殺은 잘되면 대장大將, 못되면 괴수魁首가 된다. 여명女命은 본인이 대장 노릇을 해야 하고 따라서 남편이 무능력하며, 남명男命은 군인이나 이공계에 관심이 많다.

**13** 토극수土剋水는 못하나 토생금土生金은 아주 잘한다. 이를 이름하여 자양지금滋養之金이라 한다. 따라서 금金에게는 장생長生과 같은 작

용을 한다.

⓮ 목木은 착근着根하여 살이 찌고 화火는 회기晦氣된다. 토土는 가색격稼穡格이 되고 금金은 토생금土生金을 잘 받고 수水는 입묘入墓된다. 한편 자수子水는 자진수국子辰水局으로 다시 살아나지만, 해수亥水는 진해辰亥로 완전히 입묘入墓된다.

⓯ 11월 중의 진시辰時는 어둡고 5월 중의 진시辰時는 해가 중천에 떠 있으니 용신用神을 결정할 때 이 점을 고려하여야 한다.

⓰ 유금酉金과 진유辰酉로 육합六合되면서 금국金局으로 변화하는데 우리는 이러한 현상을 생합生合이라고 부른다. 신금申金과 자수子水와는 삼합三合으로 수국水局이 되며, 인목寅木 및 묘목卯木과는 방합方合으로 목국木局이 된다. 또한 해수亥水와는 원진怨嗔, 귀문관살鬼門關殺이 된다. 진해辰亥로 형성된 귀문관살은 본인이 정신이상이 있거나 또는 형제간에 정신이상이 오며, 이것도 아니라면 집안 식구 중에 누군가 정신이상자가 발생하게 된다. 또한 진오유해辰午酉亥를 다 구비하면 수족手足에 이상이 온다.

⓱ 술토戌土와는 상충相沖하면서 개고開庫가 되는데 일주日主에 유리하면 개고開庫로 득得을 보지만, 일주日主에 불리하게 작용될 때는 도둑이 창고에 들어와서 나의 재화財貨를 다 가져가기 때문에 결국은 파국破局이 된다.

⓲ 목木은 진토辰土에 착근着根하여 비대해진다고 보나 봉충逢沖은 근根을 할 수가 없다.
예를 들어 설명하면 갑진일甲辰日은 단순하게 보면 뿌리를 내리고 살이 찐다고 볼 수 있으나, 술월 갑진일戌月 甲辰日은 진술辰戌이 상

충相沖이 되어 갑목甲木이 진토辰土에 뿌리하지 못한다.

**⑲** 진辰은 용龍이기에 조화造花를 근본으로 하고 있어 그 꿈과 이상은 대단하나 중화中和를 실도失道하면 몽중득금蒙中得金에 불과하고, 목木과 친함은 삼월三月로서 춘절春節이기 때문이다.

**⑳** 진토辰土가 목국木局으로 변하거나 수국水局으로 변하거나 술戌이 와서 충沖할 경우에 중화실도中和失道라 하는데, 용龍으로서 자기 구실을 못하고 있을 때를 가리킨다.

**㉑** 진토辰土는 언제든지 해자축亥子丑을 만나면 음지陰地가 된다. 거꾸로 사오미巳午未를 만나면 양지陽地의 땅으로 변한다.

## 진토辰土가 자수子水를 만나면 ──────

자진수국子辰水局으로 변한다. 따라서 진토辰土는 토土가 아니라 수기水氣로 성격이 변화한다. 이러한 변화가 올 때 진토辰土에 속한 육친六親의 운運이 나쁘면 떠돌이 생활로 운명이 바뀌어진다. 운運이 좋다고 하더라도 진토辰土의 존재는 없어지게 된다. 이러할 때 진토辰土는 토류土流, 동토凍土가 된다. 그러면서도 진중辰中의 무토戊土와 자중子中의 계수癸水가 암합暗合으로 무계합戊癸合한다.

### 실례 1

신해년 기해월 병진일 갑오시辛亥年 己亥月 丙辰日 甲午時의 사주는 신약사주로 시지時支의 오화午火에 운명을 맡기고 있다. 이 사주도 귀문관살을 가지고 있어서 머리가 아주 영리하고 굉장히 까다롭다. 일이 안 풀릴 때는 초조, 불안, 우울 증세도 나타난다. 이때 운에서 자수子水가 들어오면 시지時支의 오화午火와 자오충子午冲을 한다. 병화일주丙火日主가 믿었던 형제가 배신하면서 모든 상황이 나쁜 쪽으로 급속히 진행된다. 태양인 병화丙火가 지상에서 사라진다. 다음은 어둠만이 주위를 감싸고 있다.

### 실례 2

경오년 임오월 병진일 갑오시庚午年 壬午月 丙辰日 甲午時의 사주는 신왕사주인데 다행히도 일지日支의 진토辰土를 통해서 화생토 토생금火生土 土生金으로 흘러간다. 이 사주는 금수운金水運에 모든 일이 잘 풀린다. 토운土運에는 진토辰土나 축토丑土만 해당된다. 이때 운에서 자수子水가 들어오면 자진수국子辰水局이 된다. 이 수국水局은 첫째로 기신忌神인 오화午火를 제거하고, 둘째로 화생토 토생금 금생수火生土 土生金 金生水까지 설기泄氣가 되고 있어서 우선 나타나는 현상은 건강상으로 소화가 아주 잘된다. 또한 자진수국子辰水局은 관운官運이기 때문에 정부의 장관급으로 갈 수 있는 아주 좋은 운이다.

## 진토辰土가 축토丑土를 만나면 —————

토기土氣가 왕旺하여진다고 하나 냉습冷濕이 조장助長되고 음지陰地가 되므로 냉해冷害를 면免할 길이 없다. 따라서 만물萬物을 자생自生하지 못하게 함이 서운하다 하겠다. 그러나 화일주火日主 혹은 토일주土日主로 화기火氣가 강한 신강사주身强四柱인 경우에는 계속해서 화기火氣를 뽑아 주므로 모든 일이 쉽게 풀어진다. 거꾸로 신약사주身弱四柱로 축토丑土가 필요 없는 경우에는 빠르게 파멸되는 악순환을 겪어야 한다. 이러한 경우에도 진중辰中의 무토戊土와 축중丑中의 계수癸水가 암합暗合으로 무계합戊癸合하고 있다.

### 실례 1

신미년 갑오월 무진일 무오시辛未年 甲午月 戊辰日 戊午時의 사주四柱는 화토중탁火土中濁 사주로 화토기火土氣가 필요하다. 이 사주는 화토중탁이라고 해서 사주가 지저분한 것처럼 보이나 실제로는 너무 깨끗하여 결벽증이 심한 것이 흠欠이다. 이러한 사주는 사업가 혹은 종교인이나 매스컴 계통에서 근무하는 사람이 많다. 몸매는 살이 많이 쪘으며 옆으로 퍼져 있다. 이 사주는 화토로 구성되어 있으나 조기燥氣가 습기濕氣에 비해서 너무 강하다. 이때 운에서 축토丑土가 들어오면 조습燥濕의 균형이 완전히 맞추어진다. 따라서 무토일주戊

土日主는 하는 일이 만족스럽게 잘 진행된다.

## 실례 2

계묘년 갑자월 갑진일 경오시癸卯年 甲子月 甲辰日 庚午時의 사주는 신강사주로 시지時支의 오화午火를 통해서 밖으로 설기泄氣되고 있다. 오화午火는 이 사주의 구세주이다. 이때 운에서 축토丑土가 들어오면 자축수국子丑水局이 만들어진다. 이 수국水局은 오화午火를 향해서 수극화水剋火한다. 이러한 결과로 이 사주의 핵심인 오화午火가 제거되므로 갑목일주甲木日主는 갈 길을 잃고 어둠 속을 헤매게 된다.

## 진토辰土가 인목寅木을 만나면 ───────

인진목국寅辰木局으로 변화變化하며 목생화木生火를 잘하게 된다. 이때에도 진토辰土에 속한 육친六親의 존재存在는 사라지고, 인목寅木에 동화同化되기 때문에 진토辰土에 속한 육친六親의 희생은 불가피하다.

## 실례 1

갑오년 병인월 임진일 임인시甲午年 丙寅月 壬辰日 壬寅時의 사주는 신왕사주로 목화木火가 필요하다. 이 사주는 성질이 급하며 얼굴은 타원형으로 예쁘게 생겼고 여자라면 자기보다 8세 이상인 남자와 결혼해야 행복하다. 이유는 정신연령이 높아서 2살이나 3살 정도 차이가 나는 남자를 우습게 생각하기 때문이다. 이 사주의 남편은 진토辰土인데 진토가 임수일주壬水日主의 무덤에 해당되기 때문에 남자복은 없다고 봐야 한다. 이러한 상황에서 인목寅木이 들어오면 인오화국

寅午火局이 만들어진다. 인오화국은 재국財局을 가리키기 때문에 상당히 큰 재물을 모으게 된다.

갑오년 경오월 경진일 신사시甲午年 庚午月 庚辰日 辛巳時의 사주는 신약사주로 일지日支의 진토辰土에 경금庚金이 뿌리를 내리고 있다. 이 사주는 금수운金水運에 모든 일이 좋은 쪽으로 풀리게 된다. 운에서 인목寅木이 들어오면 인오화국寅午火局도 되지만 일지日支의 진토辰土와 합해지면서 인진목국 寅辰木局이 된다. 여기에서 진토辰土 는 없어진다. 따라서 경금일주는 아무도 도와주지 않는 처량한 신세가 된다.

## 진토辰土가 묘목卯木을 만나면 ──────

묘진목국卯辰木局으로 변화한다. 여기에서도 진토辰土는 목국木局으로 변화하기 때문에 진토辰土의 희생은 불가피하다. 그러나 여기에서 알아야 할 사항은 인목寅木이 진토辰土를 만난 경우와 묘목卯木이 진토辰土를 만난 경우에 현저한 차이가 있다.

인진목국寅辰木局은 목생화木生火가 활발해져 그 다음 단계로 넘어갈 수 있지만 묘진목국卯辰木局은 목생화木生火에 인색하기 때문에 목국木局 자체에 머무른다. 따라서 묘진목국卯辰木局은 습목濕木이 될 수밖에 없어 묘진목卯辰木을 태우려면 연기가 나고 시간이 오래 걸리기 때문에 기다리는 인내력이 필요하다. 금일주金日主의 재성財星은 목木인데 묘진목국卯辰木局이라면 목생화木生火가 어렵기 때문에 돈을 버는 데에는 열심이지만 쓰는 데에는 대단히 인색하다. 반면 인진목국寅辰木局이라면 돈을 버는 데에도 열심이지만 남에게 베

푸는 경우에도 인색하지 않다.

## 실례 1

신축년 경자월 갑진일 임신시辛丑年 庚子月 甲辰日 壬申時의 사주는 신왕사주로 화기火氣가 절대적으로 필요하다. 화기火氣 중에서도 사화巳火는 사축금국巳丑金局으로 가기 때문에 안 되고, 오화午火가 들어와야 제대로 수생목 목생화水生木 木生火로 설기泄氣된다. 이러한 조건에서 묘목卯木이 들어오면 습목濕木을 더욱 가속화시킨다. 따라서 갑목일주甲木日主에겐 전혀 도움이 안 되고 모든 일을 정체시킨다.

## 실례 2

계미년 무오월 갑진일 기사시癸未年 戊午月 甲辰日 己巳時의 사주는 신약사주로 일지日支의 진토辰土에 갑목甲木이 뿌리하고 있다. 따라서 이 사주의 용신은 수목水木이 된다. 수목水木 중에서도 인목寅木은 안 된다. 이유는 인목은 인오화국寅午火局으로 가기 때문이다. 여기서 필요한 오행五行은 묘목卯木, 해수亥水, 자수子水가 해당된다. 이런 조건에서 묘목卯木이 들어오면 일지日支의 진토辰土와 합해져 묘진목국卯辰木局이 되면서 강력하게 뿌리를 내리게 된다. 갑목일주甲木日主는 지금까지 오화午火에 의해서 낭비되는 모든 상황이 종료된다. 건강도 좋아지기 시작하며 하는 일이 좋은 쪽으로 풀어진다.

## 진토辰土가 진토辰土를 만나면 —————

토기土氣가 왕旺해진다고 하나 습토濕土의 결합이기 때문에 화기火氣가 부족不足해서 결과적으로 음지陰地의 땅이 된다. 그러나 오월 무진일 무오시午月 戊辰日 戊午時 같은 경우에는 진토辰土가 들어오면 조습燥濕의 균형이 맞춰지기 때문에 운運이 아주 좋은 쪽으로 귀착이 된다. 더구나 진토辰土가 무오일주戊午日主의 재고財庫이기 때문에 크게 횡재橫財하게 된다. 이러한 경우를 제외하고는 화기火氣가 계속 약해지기 때문에 음지陰地의 땅이 될 수밖에 없다. 건강상으로는 풍습風濕이 가중加重되고 당뇨 등이 발생해서 고생하게 된다.

## 실례 1

계축년 신유월 갑진일 경오시癸丑年 辛酉月 甲辰日 庚午時의 사주는 신약사주로 갑목甲木이 시지時支의 오화午火에 간접근間接根하고 있다. 이유는 인수, 견겁이 없는 상황에서 관살官殺이 있으면 상식傷食이 뿌리하기 때문이다. 이때 운에서 진토辰土가 들어오면 첫째, 시지時支의 오화午火를 화생토火生土하므로 오화가 화기火氣로서 기능을 상실하게 한다. 둘째, 진토辰土가 다시 유금酉金과 합해지면서 금국金局이 된다. 이 금국이 금극목金剋木하므로 갑목일주甲木日主는 완전히 설 자리를 잃게 된다.

## 실례 2

을사년 임오월 무진일 무오시乙巳年 壬午月 戊辰日 戊午時의 사주는 신왕사주로 화토火土가 용신用神이다. 그러나 이 사주의 흠欠은 조습燥濕의 균형이 무너져 있다는 것이다. 조토燥土가 너무 많다는 뜻이다. 이러한 여건 하에서는 절대적으로 습토濕土가 필요한데 여기서 필요한 습토는 축토丑土와 진토辰土밖에 없다. 이때 진토辰土가 재차 운에서 들어오면 조습燥濕의 균형이 완전히 맞추어진다. 이때부터 재물이 엄청나게 불어난다. 이유는 진토辰土가 무토일주戊土日主의 재고財庫에 해당되기 때문이다.

## 진토辰土가 사화巳火를 만나면 ─────

화생토火生土를 받아 일조량이 풍부해지므로 꽃 피고 결실할 수 있어 세상만사가 안정된다. 또한 사중巳中의 무토戊土·경금庚金과 진중辰中의 계수癸水·을목乙木이 무계戊癸·을경乙庚으로 암합暗合하고 있다.

방향은 손방巽方으로 손방은 동남간방東南間方을 의미한다. 그러나 이러한 경우도 오월 무진일 무오시午月 戊辰日 戊午時 같은 경우에는 화기火氣가 많고 습기濕氣가 부족한 상황인데 다시 화기火氣를 추가하면 균형이 깨지므로 크게 발전하지 못한다.

또한 주중柱中에 유금酉金이나 축토丑土가 있으면 사화巳火가 금국金局으로 변화한다. 따라서 금국金局이 해당 사주에 이로우면 엄청난 소득을 얻게 된다. 예를 들면 화일주火日主는 신왕사주身旺四柱로 재용신財用神인 경우가 여기에 해당된다.

### | 실례 1

신묘년 경인월 갑진일 경오시辛卯年 庚寅月 甲辰日 庚午時의 사주는 신강사주로 상식傷食인 오화午火가 이 사주의 핵심이며 용신에 해당된다. 따라서 이 사주는 신왕상식왕身旺傷食旺에 해당된다. 필자가 실관實觀한 바로는 이 사주와 비슷한 사주가 모 신문사 사장 사주였다. 이러한 사주는 자신 있게 자신의 일을 추진하며 또한 아랫사람들의 어려운 처지도 잘 챙겨 주는 지도자 유형이다. 이때 운에서 사화巳火

가 들어오면 사오화국巳午火局을 이룬다. 이러한 화국火局이야말로 갑목일주甲木日主의 원대한 이상을 크게 실현할 수 있게 한다.

## 실례 2

계사년 정사월 임진일 신해시癸巳年 丁巳月 壬辰日 辛亥時의 사주는 신약사주로 시지時支의 해수亥水에 임수일주壬水日主가 뿌리하고 있다. 이 사주 역시 귀문관을 가지고 있어서 머리가 영리하고 굉장히 까다롭다. 이때 운에서 사화巳火가 들어오면 시지時支의 해수亥水와 사해충巳亥冲을 한다. 여기서 사해충이란 임수일주의 뿌리를 제거한다는 의미이다. 따라서 임수일주壬水日主는 사화巳火가 있는 한 무엇보다도 건강 문제에 신경을 써야 한다.

## 진토辰土가 오화午火를 만나면 ────────

화생토火生土를 받아 양지陽地가 된다. 이러한 경우도 오월 무진일 정사시午月 戊辰日 丁巳時인 경우에는 화기火氣에 비해서 습기濕氣가 부족한데, 다시 화기火氣를 추가하면 조습燥濕의 균형이 깨지므로 크게 발전하지 못한다. 그러나 진월 무진일 정사시辰月 戊辰日 丁巳時라면 습기濕氣에 비해서 화기火氣가 부족한 경우인데, 이때는 부족한 화기火氣를 보충함으로써 사주四柱의 균형이 조화를 이루므로 크게 발전한다. 여기에서 진토辰土는 재고財庫를 가리키는데, 위축된 재고財庫가 살아나므로 하는 일마다 횡재橫材로 연결된다.

## 실례 1

경자년 정해월 임진일 정미시庚子年 丁亥月 壬辰日 丁未時의 사주는 신왕사주로 시주時柱의 정미화기丁未火氣가 이 사주의 용신이다. 운에서 오화午火가 들어오면 오미화국午未火局을 이룬다. 오미화국午未火局으로 인해서 임수일주壬水日主는 재財는 물론이고 관官까지 소유할 수 있게 된다. 한마디로 돈 벌고 출세한다는 의미이다.

### | 실례 2

계미년 기미월 갑진일 기사시癸未年 己未月 甲辰日 己巳時의 사주는 신약사주로 수기水氣와 목기木氣가 필요하다. 이때 운에서 오화午火가 들어오면 사오미화국巳午未火局을 이룬다. 따라서 갑목일주甲木日主는 끝없는 목생화木生火 때문에 지쳐서 무너져 간다. 서서히 죽어 간다는 뜻이다.

## 진토辰土가 미토未土를 만나면 ————

토기土氣가 왕旺해지고 조습燥濕이 잘된, 다시 말하면 균형이 잘 이루어진 반죽이 잘된 흙이 된다. 이러한 흙속에서는 만물이 자생할 수 있는 토대가 이루어진다. 그러나 이 경우에도 사주四柱마다 조금씩 차이가 있다.

오월 무진일 무오시午月 戊辰日 戊午時 같은 사주는 크게 발전하지 못하는 반면에, 진월 무진일 무오시辰月 戊辰日 戊午時같이 습기濕氣에 비해서 화기火氣가 부족한 경우에는 균형이 완전히 이루어지므로 크게 발전한다. 또한 무진일주戊辰日主 입장에서는 미토未土가 관고官庫가 되므로 관국官局의 효력이 나타난다. 따라서 행정부처나 정치계에서 크게 출세하게 된다.

## 실례 1

정축년 정미월 경진일 임오시 丁丑年 丁未月 庚辰日 壬午時의 사주는 신약사주로 경금일주庚金日主가 일지日支의 진토辰土에 뿌리하고 있다. 따라서 금수金水가 필요한 사주이다. 이 사주의 재고財庫인 미토未土나 관官에 속하는 오화午火가 신약사주인 관계로 경금일주한테 오히려 해를 끼치는 역할을 하고 있다. 이때 운에서 미토未土가 들어오면 시지時支의 오화午火와 합해져서 오미화국午未火局을 이루어 경금일주庚金日主를 향해서 화극금火剋金을 한다. 이런 상황에서 경금일주가 사업가라면 세무사찰을 당하고 직장인이라면 직장에서 해고당하는 불행한 일이 일어난다.

## 실례 2

경자년 무인월 경진일 계미시 庚子年 戊寅月 庚辰日 癸未時의 사주는 신약사주처럼 보이나 월지月支의 인목寅木과 일지日支의 진토辰土가 합해져서 인진목국寅辰木局을 만든다. 따라서 이 사주는 목화木火에 종從을 한 종사주從四柱로 신왕사주에 속한다. 이렇게 형성되어 종從을 한 사주는 경금일주庚金日主밖에 없다. 이때 운에서 미토未土가 들어오면 다시 재고財庫가 추가되므로 큰 부자 소리를 듣는다.

### 진토辰土가 신금申金을 만나면 ─────

신진수국申辰水局이 된다. 따라서 진토辰土는 토土가 아니라 수水로 변하게 된다. 또한 신중申中의 경금庚金과 진중辰中의 을목乙木이 을경합乙庚合으로 암합暗合한다. 사주四柱로 예를 들어 설명하겠다.

오월 무진일 유시 午月 戊辰日 酉時 같은 경우에는 금수金水가 용신用

神인데 유금酉金이 금생수金生水가 여의치 않다는 약점을 가지고 있다. 여기에서 신금申金이 금생수金生水가 가능하므로 무토일주戊土日主는 아이디어로 재물財物을 크게 모을 수 있고, 상식傷食이 생재生財하기 때문에 돈을 투자하면 할수록 큰돈을 벌게 된다.

그러나 오월 무진일 오시午月 戊辰日 午時 같은 경우에는 용신用神이 화토火土이다. 이 사주의 핵심核心이 일지日支에 있는 진토辰土인데 신진수국申辰水局으로 변하기 때문에 사주 전체가 뿌리째 흔들린다. 즉, 진토辰土가 재고財庫인데 돈창고가 열리면서 있는 대로 돈이 다 나가게 되어 결국은 완전히 거지가 된다.

## | 실례 1

정사년 병오월 병진일 무자시丁巳年 丙午月 丙辰日 戊子時의 사주는 신왕관왕身旺官旺 사주로 일지日支와 시지時支에 있는 자진수국子辰水局이 이 사주의 용신이다. 이 사주의 특징은 모든 결정을 즉시 행하며, 앞뒤가 분명하고 거짓말을 아주 싫어하며, 타인을 설득하는 데 천재적인 소질을 타고났다. 확실한 관리 능력이 있다는 뜻이다. 이때 운에서 신금申金이 들어오면 신자진수국申子辰水局이 형성된다. 따라서 완벽한 재관운財官運이 형성되므로 사업하는 사람이라면 큰 부자가 되고 관직에 있는 사람은 장관급에 등용된다.

## | 실례 2

신유년 경인월 병진일 정유시辛酉年 庚寅月 丙辰日 丁酉時의 사주는 신약사주로 월지月支의 인목寅木에 의지하고 있다. 이 사주는 견겁이 없고 인수만 있기 때문에 매사에 자신이 없고 모든 사람이 자기를 도와주기를 바라고 있다. 이런 사주들은 일을 벌이기는 하나 마무리가 약해서 큰일에는 적합하지 않다. 이때 운에서 신금申金이 들어오면 인신충寅申冲으로 사주의 그릇이 완전히 깨진다. 신금申金은 무엇인가? 바로 재물에 해당된다. 헛된 욕심에 모든 일이 망가지는 경우이다.

## 진토辰土가 유금酉金을 만나면 ─────────

진유합辰酉合으로 금국金局으로 변하게 된다.

진유합辰酉合은 육합六合인데 진유합辰酉合과 인해합寅亥合만이 생합生合으로 완전무결하게 합습이 된다. 따라서 합중습中에서도 가장 순수하고 완벽하게 합습이 된다. 그러나 이러한 경우에 진토辰土는 토土가 아니라 금金으로 변하기 때문에 진토辰土에 속한 육친六親의 희생은 물론이고 진토辰土를 가지고 있는 일주日主의 손해도 불가피하다.

예를 들어 설명하겠다. 진월辰月은 봄에서 여름으로 가는 길목에서 봄으로 존재하게 되는데 운로運路에서 유금酉金이 들어오면 봄에서 가을로 계절이 바뀌기 때문에 일주日主가 봄이 필요한 경우에는 완전히 패망의 길을 걷게 된다.

그러나 거꾸로 금기金氣, 다시 말해 가을의 기氣가 필요한 경우에는 커다란 재물財物이 유금酉金 하나 때문에 산같이 쌓이게 된다.

### | 실례 1

경인년 무인월 임진일 경자시庚寅年 戊寅月 壬辰日 庚子時의 사주는 목화木火가 필요한 사주이다. 혹자는 이 사주에서 수기水氣가 부족하여 금수金水가 필요한 것이 아니냐고 할지 모르지만, 인월寅月은 입춘立春이 지났으나 실제적으로는 날씨가 영하로 되는 날이 많아서 수일주水日主가 득령得令에 해당된다. 따라서 절대적으로 목화木火가 필요하다. 이때 운에서 유금酉金이 들어오면 일지日支의 진토辰土와 합해져서 진유금국辰酉金局이 된다. 금국金局은 인목寅木을 향해서 금극목金剋木을 한다. 여기서 임수일주壬水日主는 남 보기에만 좋지 실제적으로는 엄청난 시련을 겪게 된다.

| 실례 2

병오년 계사월 경진일 신사시丙午年 癸巳月 庚辰日 辛巳時의 사주는 신약사주로 일지日支의 진토辰土에 의지하고 있다. 이때 운에서 유금酉金이 들어오면 첫째, 진유금국辰酉金局이 만들어지면서 경금일주庚金日主의 뿌리를 튼튼히 하고, 둘째로 지금까지 경금일주를 괴롭혔던 사화巳火가 사유금국巳酉金局이 되므로 적군이 아군으로 변하는 상황이 된다. 유금酉金이 들어와 있는 동안의 경금일주는 신약사주에서 신강사주로 돌변하면서 여유 있게 좋은 쪽으로 모든 일이 풀리기 시작한다.


## 진토辰土가 술토戌土를 만나면 ─────

진술상충辰戌相沖이 된다. 같은 토土이기 때문에 친구, 형제가 충沖하는 것으로 해석할 수 있다. 이러한 현상을 붕충朋沖이라고 표현하며 토土는 분산分散되고 붕괴崩壞된다. 토土가 충沖이 되면 토土를 흔들어 놓는데 토土는 땅이 된다. 땅을 흔든다는 것은 땅의 주인이 바뀌는 현상을 말한다. 따라서 땅이나 부동산이 매매되거나 물물교환이 된다. 이러한 충沖을 개고開庫라 하여 재물이 창고로 들어오는 것을 말하는데, 이때 충沖이 일주日主에 유리하면 개고開庫가 되고 불리하면 파고破庫가 된다. 파고破庫란 있는 대로 나의 재물이 없어지는 현상을 가리킨다. 또한 토土가 돌이라면 구르는 돌이 박힌 돌을 빼낸다고 볼 수 있다. 진토辰土가 본부인이라면 첩이 들어와서 본처를 쫓아낸다고도 해석할 수 있다.

여기에서 참고로 부동산 매매가 되는 경우를 나열하겠다.

① 인수운印綬運, 인수고운印綬庫運

② 토土가 상충相沖할 때

③ 운運이 좋을 때

특히 운이 좋을 때는 부동산을 판매하려고 하는 사람이 목표치를 상향해서 제시해도 성립되는 경우가 많다.

## 실례 1

계사년 병진월 무진일 기미시癸巳年 丙辰月 戊辰日 己未時의 사주는 화토중탁火土重濁 사주로 화토火土가 필요하다. 이 사주는 습토濕土가 너무 강해서 조토燥土가 필요하다. 이 사주에 필요한 오행은 술토戌土, 미토未土, 오화午火, 사화巳火이다. 이때 운에서 술토가 들어오면 조습燥濕에 균형이 맞추어진다. 이러한 사주는 90%가 사업가에 해당된다. 여기서 진토辰土는 재고財庫를 가리키기 때문에 재고를 2개나 가지고 있는 이러한 사주는 욕심이 많고 상식운傷食運이 없기 때문에 돈에는 굉장히 인색하다. 조습의 균형이 맞추어졌기 때문에 이러한 상황에서는 엄청난 재물을 모을 수 있다. 여기서 진술충辰戌沖은 돈 창고에 돈들이 쏟아져 들어옴을 가리킨다.

## 실례 2

신사년 갑오월 병진일 갑오시辛巳年 甲午月 丙辰日 甲午時의 사주는 신왕사주로 금수金水가 용신이다. 이 사주는 일지日支의 진토辰土를 통해서 토생금土生金으로 뻗어 나가고 있다. 이 사주에 필요한 오행은 진토辰土, 축토丑土, 자수子水, 신금申金, 유금酉金, 해수亥水밖에 없다. 이때 운에서 술토戌土가 들어오면 진술충辰戌沖으로 퇴로退路가 완전히 막힌다. 이러한 진술충은 파문破門에 해당된다. 술토戌土가 아랫사람을 가리키기 때문에 아랫사람의 배신으로 불덩이에 뛰어드는 꼴이 된다.

## 진토辰土가 해수亥水를 만나면 ————

진토辰土가 토극수土剋水하지 못하고 해수亥水에 함몰되고 만다. 따라서 진토辰土가 해수亥水를 만나면 꼼짝 못한다. 토류土流, 동토凍土, 음지陰地, 원진살, 귀문관살의 작용이 나온다. 진토辰土가 해수亥水의 고장庫藏이 된다. 다시 말해 진토辰土가 해수亥水의 무덤이 된다.

자수子水는 진토辰土를 만나면 자진수국子辰水局으로 재생再生되지만 해수亥水는 그대로 엉망이 된다. 따라서 진토辰土는 뿌리를 내리지 못하고 큰 바다로, 망망대해茫茫大海로 끝없이 떠내려간다. 그런 이유로 진토辰土가 가장 싫어하는 것이 해수亥水이고 해수亥水 또한 가장 싫어하는 것이 진토辰土이다. 결론은 진토辰土는 아무런 역할도 하지 못한 채 토土로서의 임무를 완전히 상실한다.

## 실례 1

무진년 갑자월 경진일 을유시戊辰年 甲子月 庚辰日 乙酉時의 사주는 경금일주庚金日主가 금수金水에 종從을 한 사주이다. 이러한 사주를 우리는 금수쌍청金水雙淸이라고 표현한다. 이런 사주들은 대개 종교 계통에 종사하는 사람들이 많으며 성격적으로는 결벽증이 심하다. 이때 운에서 해수亥水가 들어오면 해자수국亥子水局을 이루므로 아주 좋은데, 해수亥水가 수생목水生木이 가능하므로 재물까지 챙기게 된다.

## 실례 2

병자년 갑오월 임진일 임자시丙子年 甲午月 壬辰日 壬子時의 사주는 신왕사주로 월지月支의 오화午火가 용신이다. 따라서 목화木火가 필요한 사주이다. 오화가 정재正財에 해당되기 때문에 틀림없는 일이 아니면 하지 않는다. 이러한 점이 이 사주의 흠欠이다. 이때 운에서 해수亥水가 들어오면 오화午火를 향해서 수극화水剋火를 한다. 이 사주의 핵심인 오화午火가 무너지게 되는 것이다. 경제적으로도 크게 손해 보며 가정적으로는 아내의 신상에 나쁜 일이 생기게 된다.

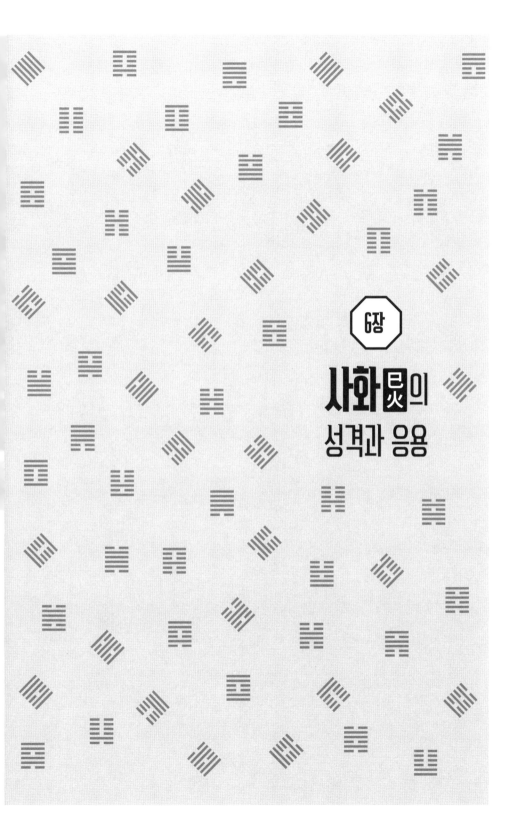

6장

사화炁의
성격과 응용

사화 巳火

① 사화巳火는 육양六陽이면서 양지극陽之極으로 4월에 해당되며, 입하立夏가 지나야 사월巳月로서 효력이 발생된다. 여기에서 양지극陽之極이란 양지陽地의 기운이 4월에서 양지가 끝나고 오월午月부터는 눈에 보이지는 않지만 음지陰地의 기운이 시작됨을 가리킨다. 따라서 완전한 여름의 문턱에 이르렀음을 가리키며, 시간으로는 오전 9시부터 11시 사이를 가리킨다.

② 사화巳火는 암장暗藏으로 병무경丙戊庚을 가지고 있는데 병화丙火를 본기本氣로 보며 무토戊土와 경금庚金을 여기餘氣로 본다. 그러나 화토공존火土共存의 입장으로 보면 병화丙火와 무토戊土가 본기本氣이고 경금庚金을 여기餘氣로 보기도 한다.

③ 사화巳火는 외음내양外陰內陽이 된다. 외음내양外陰內陽이란 겉은 음陰이나 속은 양陽이란 뜻이다. 다시 말하면 사중병화巳中丙火를 용用으로 쓴다는 뜻이다. 이러한 현상을 체體와 용用이 음양陰陽을 달리하고 있어서 체용體用 변화법이라고 표현한다.

④ 사화巳火는 큰불에 해당되기 때문에 용광로, 노야지화爐冶之火, 강렬지화强烈之火라고 부르는데 오화午火가 2000도라고 한다면 사화巳火는 7000도에 해당된다.

⑤ 당 사주로는 천문성天文星에 해당되어 사일巳日에 태어난 사람 중에 세계적인 문장가가 많다.

⑥ 사일巳日은 사생지국四生之局 또는 사맹지국四孟之局, 총칭 역마나 지살이라고 부르기도 하며 맥추지절麥秋之節이라고 쓰기도 한다.

⑦ 방향은 동남간방東南間方으로 손방巽方이라고 표현한다.

**08** 사화巳火는 적외선, 자외선, 방사선으로 표현하고 요즈음은 전자파電子波로도 연결한다.

**09** 수리로는 2이며, 육체로는 소장小腸에 속하고, 색은 홍색紅色이며, 시력과 혈압으로도 연결한다.

**10** 오행五行으로는 예의·명랑·달변으로 연결하며, 짐승으로는 뱀에 해당된다.

**11** 사화巳火는 암장暗藏에 있는 병무경丙戊庚이 다 양성陽星이어서 능히 극금尅金을 하고 생토生土할 수 있으며 타오행他五行을 만나면 변화되기 쉬운 것이 특징이다.

**12** 사화巳火가 신강身强이면 직선적이고 자기 노출이 심하며, 성질이 급하고 싫증을 잘 내며, 권태가 빨리 와서 조석변朝夕變이라고 부른다. 반면에 사화巳火가 신약身弱하면 무례하고 비굴하다. 또한 사화巳火가 나쁜 역할을 할 때는 거짓말을 잘하는데 이러한 현상은 뱀의 혀를 연상하면 된다.

**13** 사화巳火가 뱀을 가리키는데 사주 형성이 좋으면 뱀이 아니라 용龍으로 표현해도 된다.

**14** 크게 봐서 사화巳火의 성격, 특히 사일巳日에 태어난 사람은 성질이 급하고 일직선이며(뱀을 건드리면 쫓아올 때 일직선으로 쫓아온다.) 외곬 성격이다. 따라서 사일巳日에 태어난 사람이 화를 많이 내고 흥분이 되어 있을 때에는 뱀이 일직선으로 쫓아올 때 옆으로 비키면 되듯이 상대방이 진정될 때까지 참든지 아니면 화제를 다른 곳으로 돌리면 된다. 또한 싫증을 빨리 느끼며 남의 흉보는 데는 일등이다. 그 이유는 화기火氣가 강한 사람이 남의 비평을 잘하기 때문이다.

⑮ 사화巳火가 목木에게는 병사病死이며, 화火는 관왕冠旺으로 힘이 되고, 토土는 생조生助를 받으나 조토燥土가 된다. 금金은 제련製練된다. 다시 말하면 녹아 내린다.

사화巳火가 금金의 장생長生이라고 하지만 제련製練으로써 하나의 도자기 혹은 그릇이 됨을 말하고 있는 것이지, 힘이 된다는 뜻은 아니다. 이러한 그릇이나 도자기를 기명器皿이라고 부른다.

⑯ 사신巳申은 육합六合으로 극합剋合이 되는데, 또한 형합刑合도 되어서 처음에는 합合으로 연결되나 나중엔 형刑으로 귀착된다. 따라서 선합후형先合後刑이 되는데 이러한 현상을 종견괴래終見乖來라 한다. 종견괴래終見乖來란 마지막엔 어지러운 관계로 돌변함을 말한다.

⑰ 유酉나 축丑을 만나면 삼합三合으로 금국金局이 되고 오午와 미未를 만나면 방합方合으로 화국火局이 된다. 술토戌土와는 원진怨嗔에, 귀문관살鬼門關殺이 되며 회기晦氣되고 입묘入墓된다.

⑱ 사일巳日에 태어난 사람은 육양지극六陽之極이라서 변화, 즉 바꾸어 보자는 심리가 풍부하다. 또 한번 화가 나면 좌우를 살피지 않는 것이 흠欠인데, 잘만 되면 용龍으로 변하여 승천昇天하나 부실不實하면 용龍이 못된 이무기와 같아 불평불만이 많다.

⑲ 사일巳日에 태어나거나 사주에 사화巳火가 많은 사람은 사화巳火가 진토辰土와 더불어 손위풍巽爲風이니, 풍風으로 작용하고 있어 혈압, 풍질風疾에 주의하여야 한다.

⑳ 사화巳火가 형刑이나 충沖을 받으면 시력視力에 이상이 오는데, 주중柱中에 정사丁巳를 놓고 형刑·충沖을 당하면 앞 못 보는 맹인이 되기 쉽다.

## 사화巳火가 자수子水를 만나면 ─────────

절궁絶宮이 되며 수극화水剋火를 받아 몰화沒火가 된다. 또한 태양이 자시子時를 만나면 캄캄한 한밤중이기 때문에 힘을 쓰지 못한다. 따라서 화식火息된다. 그러한 가운데 사중巳中의 무토戊土와 자중子中의 계수癸水가 무계戊癸로 암합暗合한다. 쉽게 풀이해 사화巳火가 꽃이라면 꽃이 떨어지고, 사화巳火가 등불이라면 등불이 꺼진다고 표현할 수 있다. 그러나 이러한 현상은 단순 풀이로 봐야 한다. 실제 사주 풀이에 들어가면 여러 가지 복잡한 상황이 벌어진다.

### 실례 1

미년 오월 정사일 무신시未年 午月 丁巳日 戊申時 같은 사주는 금수金水가 용신用神인데 여기에서 자수子水가 들어오면 신자수국申子水局을 형성하기 때문에 완벽하게 재관운財官運이 살아나 큰돈을 벌면서 정치적으로 한 단계 승진한다.

### 실례 2

자년 신월 정사일 무신시子年 申月 丁巳日 戊申時의 사주는 신약사주身弱四柱로 목화木火가 용신用神이다. 그러한 경우에 자수子水를 만나면 년年에 있는 자수子水와 월月에 있는 신금申金 그리고 시지時支에 있는 신금申金이 힘을 합쳐서 일지日支에 있는 사화巳火를 공격하니 사화巳火는 몰광沒光될 수밖에 없다. 이러할 때 세상 사는 방법은 겸손하게 처신하면서 어렵고 힘들지만 좋은 시기가 오기를 기다리는 것이다. 이와 같이 사주의 구성 여건에 따라 사화巳火가 자수子水를 만날 때의 상황은 극極과 극極을 달리 한다.

## 사화巳火가 축토丑土를 만나면 ──────

화생토火生土로 회기晦氣되면서 사축巳丑으로 합하여 금국金局이 된다. 따라서 화기火氣는 완전히 그리고 계속해서 몰沒하게 된다. 이유는 축토丑土가 습토濕土이기 때문이다. 여기서 습토濕土란 끊임없이 빨아들이는 스펀지로 보면 된다. 또한 사중巳中의 병화丙火·무토戊土가 축중丑中의 계수癸水·신금辛金과 병신丙辛·무계戊癸로 암합暗合한다. 여기에서 이루어진 병신합丙辛合, 무계합戊癸合은 어떠한 합습보다도 우선한다. 제일 합습이 잘된다는 뜻이다. 따라서 철저하고 틀림없는 합습으로 봐야 한다. 이제부터 직접 사주 풀이에 들어가면 훨씬 상황이 복잡해진다.

### 실례 1

미년 오월 정사일 경자시未年 午月 丁巳日 庚子時의 사주는 금수金水가 용신用神인데, 운로運路에서 다시 축토丑土가 들어오면 재관財官이 완전히 살아나기 때문에 건강이 좋아지면서 하는 일이 쉽게 해결된다. 그러나 거꾸로 자년 신월 정사일 무신시子年 申月 丁巳日 戊申時의 사주는 신약사주身弱四柱로 목화木火가 용신用神이다. 이 사주는 겨우 일지日支에 있는 사화巳火에 인생을 의지하고 있는데 축토丑土가 들어와서 사축금국巳丑金局을 만들면 내 인생이 뿌리째 뽑히게 된다.

대운大運에서 축토丑土가 들어온다면 저세상으로 여행할 수밖에 없다.

### 실례 2

오년 정사일 경자시午年 丁巳日 庚子時의 사주는 신강사주身强四柱로 시지時支의 자수子水가 용신用神이다. 이때 운로運路에서 축토丑土가 들어오면 사축금국巳丑金局이 된다. 다시 말하면 친구, 형제가 축년丑年에 나에게 돈을 가져다 줘서 나를 부자로 만들어 준다.

이와 같이 사화巳火는 상황에 따라서 수시로 변화한다. 여기에 비해서 오화午火는 절대로 다른 오행五行으로 변화되지 않는다. 같은 화기火氣라도 이렇게 성격이 다른 것이다.

### 사화巳火가 인목寅木을 만나면 ——————

인사형寅巳刑이 되어 인마살상人馬殺傷이 된다. 화기火氣가 폭발하며 운이 나쁠 때는 화재火災, 수술, 관재官災, 차 사고, 납치, 차액車厄이 발생된다.

인사형寅巳刑이 나쁜 작용을 할 때 눈 수술(화기火氣가 눈에 속하기 때문이다)을 하면 형살刑殺로 연결되어 재수술을 하게 된다. 또한 수술 후의 눈 모습이 무섭게 보인다. 암장暗藏으로는 사중巳中의 경금庚金과 인중寅中의 갑목甲木이 암충暗沖으로 구몰俱沒됨을 면할 길이 없다.

### | 실례 1

자년 계유월 경신일 신사시子年 癸酉月 庚申日 辛巳時 같은 경우에는 목화木火가 용신用神인데 인목寅木이 운로運路에서 들어오면 약한 사화巳火가 인사형寅巳刑으로 인해서 조금 시끄럽기는 하나 엄청난 재물과 권력을 획득하게 된다.

### | 실례 2

자년 인월 을사일 무인시子年 寅月 乙巳日 戊寅時 같은 사주四柱는 목화통명木火通明 사주인데 여기에 인목寅木이 들어오면 더 한층 목화木火가 튼튼해지므로 하는 일이 쉽게 풀어진다.

다른 경우의 예를 들도록 하자. 사년 오월 정사일 무신시巳年 午月 丁巳日 戊申時의 사주는 시지時支에 있는 신금申金이 핵심으로 금수金水가 용신用神이다. 이때 인목寅木이 들어오면 인사형寅巳刑의 나쁜 작용이 그대로 나타나며 동시에 인신충寅申冲으로 사주의 핵심이 파괴되므로 재기 불능 상태가 된다. 이와 같이 사주의 형태에 따라서 상황이 현저히 달라짐을 유의하여야 한다. 따라서 단순하게 인사형寅巳刑만 가지고 판단한다면 커다란 오류를 범하게 될 것이다.

## 사화巳火가 묘목卯木을 만나면 ─────

묘목卯木이 습목濕木이어서 목생화木生火가 여의치 않으나 사화巳火가 큰불에 해당되기 때문에 연기가 나면서 차차 마르면서 탄다. 따라서 활활 불이 타오를 때까지 기다릴 줄 알아야 한다. 다시 말하면 습목濕木이 조목燥木이 되는 시간까지 기다려야 한다. 또한 묘중卯中의 을목乙木과 사중巳中의 경금庚金이 암합暗合으로 을경합乙庚合을 한다.

### 실례 1

인년 오월 갑오일 기사시寅年 午月 甲午日 己巳時의 사주는 목화통명木火通明 사주인데 이 사주의 약점은 너무 조燥하다는 것이다. 이때 습목濕木인 묘목卯木이 들어오면 조화와 균형을 이루므로 오히려 사주가 더 좋아지게 된다.

오년 사월 무오일 신유시午年 巳月 戊午日 辛酉時 같은 사주는 신왕身旺으로 시지時支에 있는 유금酉金이 핵심이며, 금수金水가 용신用神이다. 이때 운로運路에서 묘목卯木이 들어오면 시지時支에 있는 유금酉金과 묘유충卯酉沖을 하므로 이 사주의 핵심이 제거된다. 따라서 무오일주戊午日主는 최악의 상황을 맞이하게 된다.

## 사화巳火가 진토辰土를 만나면 ─────

화생토火生土되나 진토辰土가 습토濕土가 되어 회기晦氣되며 죽는 줄 모르고 죽어 가며 가물가물 꺼져 간다. 방향은 선궁選宮으로 같이 하고 있다. 암장暗藏으로는 사중巳中의 무토戊土와 진중辰中의 계수癸水가 무계합戊癸合하고, 또한 진중辰中의 을목乙木과 사중巳中의 경금庚金이 을경합乙庚合하고 있다. 여기에서 특별히 알아야 할 사항은 자기 사주에 진사辰巳를 다 놓고 있는 사람은 풍습風濕, 당뇨, 결석結石, 습진, 혈압을 주의하여야 한다.

## 실례 1

사화巳火가 진토辰土를 만나서 회기晦氣가 안 되고 오히려 좋아지는 경우도 있다. 오년 미월 신사일 임진시午年 未月 辛巳日 壬辰時 같은 사주는 신약사주身弱四柱로 신금辛金이 시지時支에 있는 진토辰土에 뿌리하고 있다. 운로運路에서 진토辰土가 들어온다면 이 사주는 완전히 균형이 맞추어져서 크게 발전한다. 하나의 스펀지로 이 더운 열기熱氣를 다 받아 줘야 하는데 또 하나의 스펀지가 등장하니, 더운 열기들을 충분히 소화할 수 있기 때문이다.

다른 예를 들도록 하겠다. 오년 사월 무진일 기미시午年 巳月 戊辰日 己未時의 사주는 화토중탁火土重濁에 속한 사주인데 이 사주의 약점은 화기火氣가 강하고 상대적으로 습기濕氣가 약하다. 이때 다시 진토辰 土가 들어온다면 이 사주는 완전히 부자 사주로 변하게 된다. 이유는 진토辰土가 무토일주戊土日主의 재고財庫이면서 동시에 이 사주에 필 요하기 때문이다. 이렇게 좋은 경우만 있는 것이 아니고 나쁜 경우 도 있다.

사
화

巳
火

### | 실례 2

자월 정사일 경자시子月 丁巳日 庚子時 같은 사주는 신약사주로 정화 丁火가 사화巳火에 뿌리하고 있다. 이 사주의 약점은 조후調候가 안 되어 있는 데 있다. 한마디로 몸이 너무 차다. 이때 진토辰土가 들어 온다면 월지月支에 있는 자수子水와 시지時支에 있는 자수子水가 힘 을 합해 자진수국子辰水局이 된다. 사정없이 수극화水剋火하니 정사 일주丁巳日主는 떠돌이 신세로 전락한다. 건강상으로는 심장, 혈압에 이상이 온다.

## 사화巳火가 사화巳火를 만나면 ————

같은 화火로서 화기火氣가 많아지기 때문에 화기火氣는 충천衝天 하게 된다. 그러나 이러한 경우에도 사주의 형성 여하에 따라 결과 가 달라진다.

### | 실례

자월 정사일 정미시子月 丁巳日 丁未時는 자월子月에 태어나서 신약사주인데 운에서 사화巳火가 들어오니 형제, 친구의 도움으로 어느 정도 어려운 경지를 벗어나게 된다. 그러나 미년 사월 병오일 기해시未年 巳月 丙午日 己亥時의 사주는 신강사주로 시지時支에 있는 해수亥水가 이 사주의 용신用神이다. 이때 운에서 사화巳火가 들어오면 사해충巳亥沖으로, 남자라면 자식을 잃고 직장에서 쫓겨나며 몸이 아프기 시작하는데 특히 신장이나 방광으로 인해서 엄청난 고통을 받아야 한다. 그러나 똑같은 사주라도 태어난 시간이 해시亥時가 아니고 유시酉時라면 사화巳火가 사유금국巳酉金局으로 변하면서 재국財局이 형성되므로 사년巳年 이후 큰 부자로 살게 된다.

## 사화巳火가 오화午火를 만나면 ──────

사오巳午가 화국火局이 되며 화기태왕火氣太旺이 된다. 병인丙寅이 숯불이라면 병오丙午는 기름불에 해당된다.

### | 실례 1

| 신년 자월 무오일 정사시申年 子月 戊午日 丁巳時의 사주는 무토일주戊土日主가 자월子月에 태어나 신약사주로 몸이 찬 것이 흠이다. 이때 오화午火가 대운大運이나 년운年運에서 들어오게 되면 자오충子午沖으로 월月에 있는 찬 기운을 제거함과 동시에 무오일주戊午日主를 튼튼하게 만들어 주니 건강도 좋아지면서 하는 일이 쉽게 풀어진다. 이와 같이 좋은 경우도 있지만 나빠지는 경우도 있다.

### | 실례 2

| 미년 오월 정사일 경자시未年 午月 丁巳日 庚子時의 사주는 신왕사주

로 시지時支에 있는 자수子水가 용신用神이다. 다시 말하면 몸이 뜨거운데 시지時支에 있는 자수子水로 인해 찬바람이 들어오니 약하더라도 겨우 견딜 만한데, 운로運路에서 오화午火가 들어오면 자오충子午沖으로 완전히 탈출구를 봉쇄해 버린다. 이렇게 되면 건강상으로 남자는 신장과 방광에 이상이 생기며, 여자는 자궁이 안 좋아지는데 심하면 암으로 되기도 한다. 남녀 공히 저세상으로 여행하는 경우도 해당된다.

## 사화巳火가 미토未土를 만나면 ────────

사미巳未로 화국火局이 되나 방합方合으로써 귀격貴格이 될 수 없음이 서운하다 하겠다. 여기에서도 미중未中의 을목乙木과 사중巳中의 경금庚金이 을경乙庚으로 암합暗合한다. 사미巳未가 화국火局으로써 화기火氣가 강해지는 것은 사실이나, 땅은 땅이라도 사막의 뜨거운 모래땅이기 때문에 농사를 짓기에는 적합하지 않다.

### | 실례 1

| 오년 오월 정사일 신축시午年 午月 丁巳日 辛丑時의 사주는 정화일주丁火日主가 년월年月에서 도움을 받으므로 신왕사주身旺四柱에 해당되는데, 이때 운로運路에서 미토未土가 들어오면 축미충丑未沖으로 시지時支에 있는 재고財庫를 제거한다. 또한 축중丑中에 있는 계수癸水가 관官에 해당되는데 관官도 동시에 제거되므로 부도나서 형무소에 가는 신세가 된다.

축월 무오일 계축시丑月 戊午日 癸丑時의 사주는 무토일주戊土日主가 일지日支에 있는 오화午火에 겨우 뿌리하는데 미토未土가 운로運路에서 들어오게 되면 오미午未가 화국火局으로서 무토일주戊土日主의 뿌리를 튼튼하게 함과 동시에 축미충丑未沖으로 기신忌神인 월月에 있는 축토丑土, 시時에 있는 축토丑土를 동시에 제거하므로 세상에 태어나서 처음으로 사람 노릇하며 사업도 번성하게 된다.

## 사화巳火가 신금申金을 만나면 ──────

사신巳申으로 합습이 되나 동시에 형刑도 된다. 따라서 종견괴래終見乖來 현상이 벌어진다. 사화巳火가 신금申金을 만나면 병사궁病死宮에 해당되고 일몰日沒이 되며 화식火息이 되니 악기惡氣가 발생한다. 사화巳火가 꽃이라면 꽃이 서리 맞고, 꽃은 꽃이나 독소毒素가 있는 꽃이 된다. 또한 수술手術, 관재官災, 차액車厄에 주의하여야 한다. 일부에서는 사신합화수巳申合化水가 된다고 주장하나 화기火氣와 금기金氣가 만나고 있어서 수기水氣로 변질되지 않으니 이 점에 착오가 없기 바란다. 따라서 사화巳火가 신금申金에게는 최종적으로 화극금火剋金한다.

사년 사월 병오일 정유시巳年 巳月 丙午日 丁酉時의 경우에는 신강사주身强四柱로 시지時支에 있는 유금酉金이 용신用神인데, 운로運路에서 신금申金이 들어오면 신유합申酉合이 금국金局을 이루어 큰돈을 벌게 되고 재수가 충만하게 된다. 이런 경우는 좋은 경우이고 나쁜 경우도 있다.

## 실례 2

자월 신사일 무자시子月 辛巳日 戊子時 사주는 신강사주로 일지日支의 사화巳火가 용신用神이다. 이때 운로運路에서 신금申金이 들어오면 일지日支의 자수子水와 시지時支의 자수子水가 신금申金과 합슴해지면서 수국水局이 되어 강력히 수극화水剋火하니 사화巳火가 견디지 못하고 무너진다. 이 사주가 남명男命의 사주라면 자식이 교통사고를 당해서 집안의 우환憂患을 불러들이게 된다.

## 사화巳火가 유금酉金을 만나면 ─────

사유금국巳酉金局으로 변화되면서 병신丙辛으로 암합暗合한다. 사화巳火가 꽃이라면 꽃이 서리를 맞아서 시드는 현상과 같다. 사중巳中의 병화丙火, 다시 말하면 태양이 유시酉時를 만나 일락서산日落西山이 된다. 한마디로 암흑세계가 됨을 가리킨다.

일락서산日落西山이란 강江을 건너려고 강가에 도착하니 배는 없고 일몰日沒이 되어 주위가 어두워 인생살이가 너무나 고달픔을 가리킨다.

## 실례 1

신월 신사일 병신시申月 辛巳日 丙申時의 여명 사주女命四柱이다. 이때 운로運路에서 유금酉金이 들어오면 일지日支의 사화巳火가 유금酉金과 합해지면서 금국金局으로 돌변한다. 따라서 신금일주辛金日主의 여명女命은 사화巳火가 남편인데 남편과 생별生別하거나 사별死別해야 한다. 또 다른 예를 들어보도록 하자.

## 실례 2

사년 사월 병오일 병신시巳年 巳月 丙午日 丙申時의 사주는 신왕사주身旺四柱로 시지時支의 신금申金이 용신用神이다. 운로運路에서 유금酉金이 들어오면 신유申酉가 금국金局이 된다. 여기에서 금국金局은 재국財局을 의미하는데 신금申金에 비해서 유금酉金이 훨씬 깊은 가을을 가리키기 때문에 강한 재국財局을 형성한다. 그런 연유로 병화일주丙火日主는 친구, 형제의 도움으로 큰 재물을 모으게 된다.

## 사화巳火가 술토戌土를 만나면 —————

사화巳火가 술토戌土를 만나면 일몰日沒이 되고 또한 입묘入墓가 된다. 입묘入墓가 되면 질병疾病이 발생되는데 시름시름 아프며 땅속으로 기어 들어가는 기분을 느낀다.

입묘入墓가 되기 때문에 기氣는 회기晦氣된다. 여기에다가 원진怨嗔, 귀문관살鬼門關殺 작용이 발생한다. 또한 화생토火生土한다 하더라도 조토燥土가 되므로 농사짓는 데는 쓸 수가 없다. 이러한 현상은 단순한 풀이이고 사주에 따라 다른 현상이 생기니 좋은 경우와 나쁜 경우를 대비해서 살펴보도록 하자.

## 실례 1

오월 신사일 경인시午月 辛巳日 庚寅時의 사주는 신금일주辛金日主가 목화木火에 종從을 한 사주이다. 이때 술토戌土가 운로運路에서 들어오면 시지時支의 인목寅木과 합해져서 인술화국寅戌火局이 되고, 또한 월지月支의 오화午火와 합해져서 오술화국午戌火局이 된다. 그러 므로 직장에 근무하는 사람은 승진하고 정치하는 사람은 선거에 출 마하면 당선이 되는 좋은 운이다.

## 실례 2

오년 사월 병오일 기해시午年 巳月 丙午日 己亥時의 사주는 시지時支 에 있는 해수亥水가 용신用神이다. 이때 운로運路에서 술토戌土가 들 어오면 해수亥水를 토극수土剋水하므로 아랫사람으로 인해 나의 관 직이 없어지거나 아니면 아랫사람이 배신하여 나의 정계 진출이 좌 절된다. 여기에서 술토戌土가 바로 아랫사람에 해당된다. 따라서 단 순 해석에 집착하지 말고 사주의 형태를 면밀히 검토하여 판단하기 를 바란다.

## 사화巳火가 해수亥水를 만나면 ————

사해충巳亥沖으로 사화巳火가 절멸絶滅하게 된다. 따라서 화기火氣 는 완전히 몰没하게 된다. 그런 결과로 사화巳火가 십이지중十二支中 해수亥水를 가장 싫어하며 또한 절지絶地가 되므로 화火의 생명을 다 하게 된다. 사중巳中의 병화丙火와 해중亥中의 임수壬水가 병임충丙壬 沖하고, 사중巳中의 경금庚金과 해중亥中의 갑목甲木이 갑경충甲庚沖 한다. 이렇게 겉으로도 충돌하고 암장暗藏으로도 충돌하니 철저하게 파괴된다.

## 실례 1

오년 사월 병오일 정유시午年 巳月 丙午日 丁酉時의 사주는 시지時支

의 유금酉金이 용신用神이다. 이때 운로運路에서 해수亥水가 들어오면 유금酉金이 재성財星에 국한되는데 여기에 관성官星인 해수亥水까지 들어오니 재관財官이 겸비되므로 돈 벌고 출세하게 된다.

## 실례 2

자월 신사일 병신시子月 辛巳日 丙申時의 사주는 신강사주로 일지日支의 사화巳火가 용신用神이다. 이때 운로運路에서 해수亥水가 들어오면 사해충巳亥沖으로 사화巳火가 몰락하게 된다.

남자로 보면 관직이 떨어지고 자식이 잘 안되며, 여자라면 남편과 이혼을 하거나 아니면 남편이 저세상으로 여행하게 된다. 여기에서 특별히 알아야 할 사항은 사화巳火가 육양지기六陽之氣이고 해수亥水는 육음지기六陰之氣라는 것이다. 사화巳火가 육양지기六陽之氣이기 때문에 양기陽氣의 기운은 여기서 끝나고 오월午月부터는 눈에 보이지는 않지만 음기陰氣가 시작된다. 해수亥水도 육음지기六陰之氣이기 때문에 해월亥月부터는 눈에 보이지 않지만 양기陽氣가 시작된다. 따라서 사일巳日에 태어나거나 해일亥日에 태어난 사람은 모든 것을 바꾸기를 좋아한다. 심하면 남편과 아내도 바꾼다.

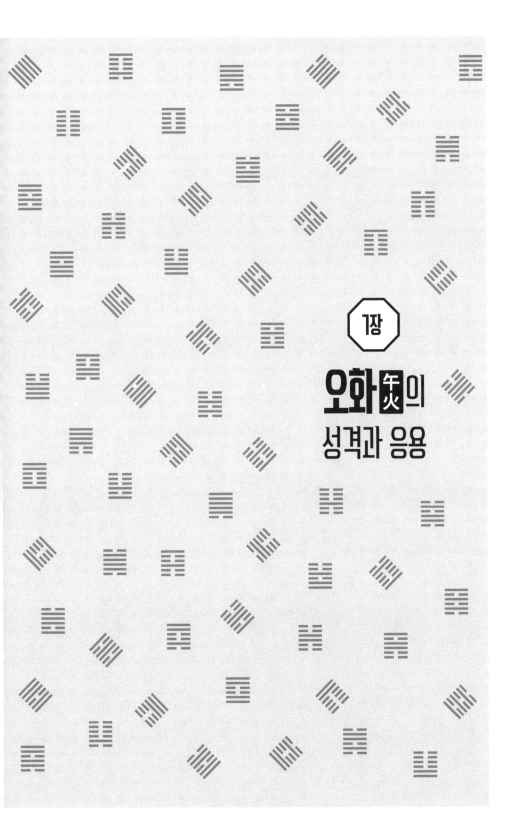

1장

오화午火의
성격과 응용

오화午火

**01** 오화午火는 5월 중으로 중하仲夏라고 표현하며 망종芒種 이후를 5월로 취급한다. 망종芒種은 보리가 완전히 익어가는 계절이라는 뜻이다.

**02** 오월午月부터 일음一陰이 시생始生한다. 겉으로는 더위가 극치를 달리지만 이미 땅속에서는 차디찬 기운이 감지感知되기 시작한다.

**03** 오월午月 안에는 하지夏至가 있는데 이때부터 점차적으로 밤의 시간이 낮에 비해서 길어지기 시작한다.

**04** 오화午火는 외양내음外陽內陰으로 체體는 양陽이지만 용用은 음陰이다. 이 뜻은 오午 자체는 양陽이지만 용用에 있어서는 오중정화午中丁火를 사용하기 때문에 용用이 음陰이라는 뜻이다. 따라서 겉과 속이 다르기 때문에 오일午日에 태어난 사람이 사주四柱가 잘못짜이면 이중인격자가 된다.

**05** 오화午火는 겉은 양陽이고 속은 음陰이다. 따라서 겉은 멋있고 실속 있게 보이는데, 속은 빈털털이가 많다.

**06** 자오묘유子午卯酉는 타오행他五行으로 변화하지 않는다. 그러나 암장暗藏으로 보면 자수子水 안에는 계수癸水가 있고, 묘목卯木 안에는 을목乙木이 있으며, 유금酉金 안에는 신금辛金이 있어 암장暗藏 안에 오행五行이 하나인 반면 오중午中에는 정기丁己라는 두 오행五行을 가지고 있다. 이 뜻은 오화午火는 화토火土를 동시에 소유하고 있는데, 다시 설명하면 화火와 토土가 같이 화토공존火土共存하고 있음을 가리킨다.

**07** 오화午火는 외양내음外陽內陰인데, 다시 말하면 외강내약外强內弱으로도 해석되며 오화午火가 득국得局해서 각자의 사주四柱에 좋은 역

할이 되지 못할 때에는 용두사미龍頭蛇尾로 끝나는 경우가 허다하다.

**08** 오화午火는 외양내음外陽內陰이기 때문에 음화陰火, 약화弱火, 유화柔火, 등화燈火, 촉화燭火, 월月(=달), 성星(=별), 적외선赤外線, 방사선放射線, 자외선紫外線, 전자파電子波, 화약류, 인화물질引火物質 등으로 응용하고 있다.

**09** 오화午火는 사왕지국四旺之局으로 총칭 도화桃花에 해당되며 따라서 오일午日에 태어난 사람은 주색酒色에 흐를까 염려된다.

**10** 생극제화生剋制化로 보면 화생토火生土는 잘하나 결과적으로 조토燥土가 되며, 화극금火剋金은 잘되나 금金의 입장에서 보면 패지敗地나 목욕궁이 되어 2000도의 불이 되니 결과적으로 농기구 정도의 작품밖에 안 된다.

**11** 오일午日에 태어난 사람은 홍염살紅艶殺에도 해당되어 바람둥이가 많고 대부분 부부궁이 안 좋다.

**12** 오화午火는 탕화살湯火殺에 해당되어 비관, 음독, 염세, 화재, 수재水災와 인연이 많다.

**13** 오화午火는 짐승으로는 말馬에 해당되며 비교적 의심이 많다.

**14** 방향은 정남正南이며, 시간대로는 오전 11시부터 오후 1시 사이에 존재한다.

**15** 정사丁巳가 심장인 반면, 병오丙午는 소장으로 취급되어 정신·체온·혈압과 관계가 깊다.

**16** 오화午火가 설舌(혀), 시력視力에 해당되는데, 탕화살湯火殺로 잘못

연결되면 욕쟁이, 악질이 되기 쉽다.

⑰ 성격은 명랑하고 예의를 갖추고 있으며 거짓이 없고 솔직하다. 그러나 자기 노출이 심하고, 말이 앞서며, 싫증을 빨리 느끼기 때문에 권태가 자주 나타나며 비교적 산만하다. 또한 아집我執이 강하다. 따라서 병오일주丙午日主는 기氣가 다 입으로 올라와 있다.

⑱ 오일午日에 태어난 사람은 항상 큰소리치며, 따라서 도량이 크고 고집불통이다.

⑲ 직업은 정치계, 미디어, 문화계, 교육계, 전자 계통, 기름류, 소방기구, 화약 계통과 인연이 많다.

⑳ 목木은 목분木焚, 사궁死宮, 설기泄氣되며 화火는 관왕궁冠旺宮이 되는데 한마디로 표현하면 활활 잘 타고 빛이 난다. 이때가 화火로서는 전성기이며 숯불이 아니라 기름불로 봐야 한다. 토土는 화생토火生土가 되나 결국은 조토燥土가 되어 농사짓기에 적당하지 못하며, 금金은 화극금火剋金되어서 농기구가 되며, 수水는 수극화水剋火되어 결과적으로 절지絶地가 된다. 따라서 오화午火는 증발되어 구름을 타고 둥둥 떠다니다가 염라대왕 앞으로 가게 된다.

㉑ 오미午未는 육합六合으로써 화국火局이라고 하나 사오미巳午未가 방합方合이기 때문에 방합方合과 동일同一한 효과로 봐야 한다. 인오술寅午戌은 삼합三合으로써 강력한 화국火局이 된다. 자오子午는 상충相沖이 되며 진오유해辰午酉亥는 형살刑殺로 전부 구비하면 불구자가 되기 쉽고 축오丑午는 귀문관鬼門關, 원진怨嗔, 육해六害, 탕화湯火가 된다.

㉒ 오화午火의 용用은 정화丁火이기 때문에 작은 불로서 홍색紅色에 해

당되며, 병화丙火는 큰 불로서 적색赤色에 해당된다.

㉓ 화일주火日主가 다 그렇지만 오화일주午火日主도 술을 많이 먹으면 수극화水剋火 현상으로 정신을 잃는다.

㉔ 인오寅午는 화국火局으로 부모와 같이 있어 젊어 보이고 새로 생기는 불씨인 반면, 오술午戌은 자식과 같이 있어 늙어 보인다.

㉕ 인오화국寅午火局이나 오술화국午戌火局이 되면 화국火局으로 득국得局하기 때문에 탕화살湯火殺에서는 해방되며 화火로서의 임무를 다하게 된다.

## 오화午火가 자수子水를 만나면 ──────

　자오子午로 충패沖敗되며 절궁絶宮이요, 수극화水剋火의 영향으로 완전히 몰화沒火가 되는데, 하지夏至가 동지冬至를 만난 것과 같고 정오正午가 자정子正을 만난 것과 같이 오화午火는 가장 어려운 입장이 된다.

### | 실례 1

　경오년 계미월 경오일 을유시庚午年 癸未月 庚午日 乙酉時의 사주는 신약사주身弱四柱로 시지時支에 있는 유금酉金이 용신用神이다. 이때 자수子水가 운로運路에서 들어오면 뜨거운 기운을 자수子水가 다 식힘으로써 사주의 균형이 맞추어진다. 여자 같으면 자식 덕으로 모든 일이 잘 풀어지는데 특히 지금까지 속 썩였던 자식이 철이 들게 된다. 남자 같으면 아이디어나 혹은 아랫사람의 도움으로 하던 일이 쉽게 풀리고 발전하게 된다.

　여기에서 자수子水는 신腎을 가리키고 오화午火는 심心을 가리키는데, 자수子水가 좋은 역할을 할 때는 심신心腎이 안정이 된다고 표현하고 나쁜 역할일 때는 심신心腎이 피곤하고 수재水災, 화재火災 등 나쁜 일이 계속된다.

### | 실례 2

　계유년 을축월 경오일 갑신시癸酉年 乙丑月 庚午日 甲申時의 사주는 신왕사주身旺四柱로 일지日支의 오화午火가 용신用神이고 이 사주의 핵심이다. 이때 운로運路에서 자수子水가 들어오면 자오충子午沖 때문에 남자라면 직장을 잃고 자식 신상에 나쁜 일이 생기게 된다. 여자 같으면 남편과 생별生別 내지는 사별死別을 하게 된다. 자수子水가 65세 이후에 대운大運에서 들어온다면 본인도 머나먼 세상으로 여행하게 된다.

## 오화午火가 축토丑土를 만나면

화기火氣가 습토濕土에 도기盜氣되고 완전 회기晦氣로 화식火息된다. 혹자는 축토丑土가 삼양三陽이기 때문에 삼양회태三陽回泰라고 표현하나 축월丑月 자체가 섣달이라는 사실, 다시 말하면 계절의 감각을 잊어버리면 안된다.

필자가 실관實觀한 바로는 일시日時에 축오丑午가 있으면 일생을 살아가면서 한 번은 정신병에 걸리는 경우를 많이 경험하고 있다.

### 실례 1

갑오년 병인월 경오일 계미시甲午年 丙寅月 庚午日 癸未時의 여명女命 사주인데 경금일주庚金日主가 종사주從四柱로 신왕사주身旺四柱에 해당되며, 목화木火가 용신用神이다. 이때 운로運路에서 축토丑土가 들어오면 경금일주庚金日主가 뿌리를 함으로써 최악의 상황을 맞이하게 된다. 친정 때문에, 혹은 도장을 잘못 찍어서 나 죽겠다 한다. 여기서 축토丑土는 인수印綬에 해당되는데 종사주從四柱에서는 견겁肩劫, 인수印綬를 아주 꺼린다. 재종사주財從四柱가 뿌리하면 재다신약財多身弱 사주로 변하고, 종살사주從殺四柱가 뿌리하면 관살태왕官殺太旺 사주로 변하게 된다.

### 실례 2

갑자년 기사월 경오일 을유시甲子年 己巳月 庚午日 乙酉時의 남명男明
사주인데 신약사주身弱四柱로 시지時支의 유금酉金에 겨우 의지하고
있다. 이때 운로運路에서 축토丑土가 들어오면 유축금국酉丑金局이
형성되어 경금일주庚金日主가 완전히 뿌리를 내리게 된다. 동시에 월
지月支에 있는 사화巳火도 사축금국巳丑金局이 되므로 지금까지 경금
일주庚金日主에게 비협조적이었던 직장 또는 직장의 상관들이 나를
도와주게 된다. 또한 나 자신도 철이 들게 되며 직장에서 승승장구
할 수 있게 된다.

## 오화午火가 인목寅木을 만나면 ─────

목생화木生火에 장생長生이고 인오寅午로 화국火局하여 화기火氣가
충천沖天한다. 또 하나 가장 좋아하는 이유는 갑기甲己로서 암합暗合
하고 있기 때문이다.

### 실례 1

신해년 경인월 갑오일 정묘시辛亥年 庚寅月 甲午日 丁卯時의 남명男命
사주인데 목화통명木火通明으로서 예체능 계통에 능력과 소질이 있
다. 이때 운로運路에서 인운寅運이 들어오면 더욱 강력한 목화운木火
運을 형성함으로써 모든 일이 쉽게 풀어지고 운세가 날로 발전한다.

### 실례 2

계미년 무오월 병오일 병신시癸未年 戊午月 丙午日 丙申時의 남명男命
사주인데 신강사주身强四柱로 시지時支의 신금申金이 용신用神이며

재성財星에 속한다. 재성財星은 병오일주丙午日主의 부인을 가리키는
데, 부인이 수없이 화극금火剋金을 당해서 건강상으로는 대장과 기
관지가 약해질 대로 약해져 있다. 이때 운로運路에서 인목寅木이 들
어오면 인신충寅申沖으로 완전히 재성財星이 파괴된다. 결과적으로
재물이 없어지고 부인과 이혼 내지 사별死別하게 된다.

## 오화午火가 묘목卯木을 만나면

습목濕木으로 결국에는 화식火熄되는데 화火가 득국得局하여 강열
지화強烈之火가 된다면 염려할 것 없다. 비록 목생화木生火가 된다고
하나 연기가 나면서 타기 때문에 그만큼 불이 약할 수밖에 없다.

### 실례 1

계미년 정사월 갑오일 병인시癸未年 丁巳月 甲午日 丙寅時의 사주는 목
화통명木火通明에 속하는 사주이다. 이때 운로運路에서 묘목卯木이
들어오면 목생화木生火하는 동안 시간이 걸리지만 결국은 목생화木
生火가 되게 된다. 결과적으로 큰 손해 없이 무난하게 넘어간다는 뜻
이다.

### 실례 2

갑오년 기사월 병오일 정유시甲午年 己巳月 丙午日 丁酉時의 사주는 신
강사주身強四柱로 시지時支의 유금酉金이 용신用神이다. 다시 말하면
사주가 너무 뜨거워 불덩어리 같은데 시지時支의 유금酉金이 겨우 선
풍기로 식혀 주고 있는 상태이다. 이때 운로運路에서 묘목卯木이 들
어오면 묘유충卯酉沖으로 병화일주丙火日主는 열기熱氣로 인해서 자

멸할 수밖에 없다.

부모 때문에, 잘못된 투자 때문에 재산이 송두리째 다 없어지게 된다. 가정적으로는 부인이 폐가 나빠서 엄청난 고통을 겪어야 하며 심하면 폐암까지 가게 된다. 한마디로 돈 떨어지고 부인까지 잃게 된다. 이때 아버지도 운이 나쁘면 저세상으로 여행하게 된다.

## 오화午火가 진토辰土를 만나면 ————

화생토火生土가 되나 습토濕土로서 화식火息되며 회기晦氣된다. 이 때 진토辰土는 스펀지 역할을 하며 계속해서 화기火氣를 빨아들이므로 오화午火는 기진맥진하여 끝없는 추락을 하게 된다.

### | 실례 1

임오년 병오월 경오일 계미시壬午年 丙午月 庚午日 癸未時의 사주는 경금일주庚金日主가 목화木火에 종從을 한 사주이다. 이때 진토辰土가 운로運路에서 들어오면 경금일주庚金日主가 뿌리를 하게 되어 아주 흉한 현상들이 벌어지게 된다. 종사주從四柱가 뿌리를 하게 되면 재종사주財從四柱는 재다신약사주財多身弱四柱로, 관종사주官從四柱는 관살태왕사주官殺太旺四柱로 돌변하게 된다. 재다신약財多身弱은 사기꾼이요, 관살태왕官殺太旺은 일생 동안 밑바닥을 기면서 온몸이 안 아픈 데가 없을 정도로 비참한 삶을 살아야 하는 것이다. 또한 끝없는 화생토火生土가 되는데 이때 오화午火가 자식, 직장을 가리킨다. 심하면 자식과 이별하게 된다.

병오년 정유월 임오일 병오시丙午年 丁酉月 壬午日 丙午時의 사주는 신약사주身弱四柱로 일지日支에 있는 유금酉金이 용신用神이다. 이때 운로運路에서 진토辰土가 들어오면 진유합금국辰酉合金局이 되므로 신약사주에서 신강사주로 변하면서 관리 능력이 생기게 되고 임수일주壬水日主에게 협조하지 않았던 처가妻家에서 협조하며, 오화午火가 방해를 하지 않아 재물을 축적하게 된다.

## 오화午火가 사화巳火를 만나면

사오巳午가 화국火局이 되어 화기火氣가 더욱 왕성해지며 큰불이 되는데 결국은 활활 타오르는 기름불이 된다.

### 실례 1

갑자년 정축월 임오일 정미시甲子年 丁丑月 壬午日 丁未時는 신왕사주로 남명男命 사주인데 목화木火가 용신用神이다. 축오귀문관丑午鬼門關을 가진 관계로 매우 영리하고 까다로우며 자기 노출이 잘 안 되는 무서운 성격의 소유자이다. 이때 운로運路에서 사화巳火가 들어오면 사화巳火가 이 사주의 돈이나 재물 또는 아내에 해당된다. 문제는 사화巳火가 오화午火와 합해져서 화국火局이 되어야 하는데 실제로는 축토丑土와 합해져서 금국金局으로 돌변한다. 따라서 재물과 돈이 없어지며 아내와 생별生別하거나 사별死別하게 된다. 임오일주壬午日主는 사년巳年에 당연히 돈을 많이 버는 것으로 생각했으나 결과는 정반대로 나타났다.

## 실례 2

을해년 무자월 경오일 무인시乙亥年 戊子月 庚午日 戊寅時의 사주는 신왕사주로 목화木火가 용신用神이다. 이때 사화巳火가 들어오면 사오화국巳午火局이 되므로 경금일주庚金日主의 하는 일이 불같이 일어난다. 여기에서 인사형寅巳刑은 화기火氣가 폭발하는 것으로 보아야 한다. 다만 인사형寅巳刑으로 주위가 구설수로 인해서 조금 시끄럽지만 결과는 괜찮으니 걱정할 필요는 없다.

### 오화午火가 오화午火를 만나면 ──────

동합同合으로 화국火局이 되나 방합方合과 동일한 효과를 나타내며, 주종主從이 없어 결국에는 선장이 둘이 될까 염려된다. 따라서 각기 주중柱中이 달라 분열되고 와해되기 쉽다. 그러나 주중에서 인목寅木이나 술토戊土가 있으면 완전한 화국火局이 되므로 분열 현상은 정지된다.

## 실례 1

갑자년 신미월 임오일 임인시甲子年 辛未月 壬午日 壬寅時는 여명女命 사주인데, 가종사주假從四柱로 목화木火가 용신用神이다. 이때 운로運路에서 오화午火가 들어오면 인오화국寅午火局, 오미화국午未火局이 형성되면서 화기火氣가 폭발한다. 다시 말하면 인생의 행운이 활짝 열리기 시작한다.

## 실례 2

기사년 경오월 임인일 임자시己巳年 庚午月 壬寅日 壬子時는 신약사주

身弱四柱로 시지時支의 자수子水에 의존하고 있다. 용신用神은 금수金水이다. 이때 운로運路에서 오화午火가 들어오면 자오충子午沖으로 자수子水가 뿌리째 뽑히게 된다. 남녀 불문하고 인생을 하직하는 운이다.

## 오화午火가 미토未土를 만나면 ————

화생토火生土로 설기泄氣가 되는 것이 아니라 오미午未로서 화국火局이 된다. 오미합화국午未合火局으로서 큰불이 되며, 방합方合으로써 기름불에 해당된다.

### | 실례 1

을축년 무자월 경오일 계미시乙丑年 戊子月 庚午日 癸未時의 사주는 신왕사주로 목화木火가 용신用神이다. 이때 운로運路에서 미토未土가 들어오면 오미화국午未火局으로 화기火氣가 더욱 강해지므로 크게 발전한다. 또한 미토未土가 경금일주庚金日主의 재고財庫에도 해당되기 때문에 큰돈을 벌고 일약 출세길을 달리게 된다. 다만 아쉬운 점은 경금일주庚金日主의 아내가 재고財庫의 영향으로 몸이 아프기 시작한다.

### | 실례 2

정미년 을사월 임오일 신해시丁未年 乙巳月 壬午日 辛亥時의 사주는 신약사주로 시지時支의 해수亥水가 용신用神이다. 이때 운로運路에서 미토未土가 들어오면 해미목국亥未木局이 된다. 한마디로 말하면 해수亥水가 없어지게 된다. 즉, 핵심核心이 뿌리째 뽑히게 된다. 본인은 물론이고 형제까지 어려운 경지에 들어가게 된다. 건강상으로는 신장, 방광에 염증이 발생되며 심하면 암으로 발전하게 된다.

## 오화午火가 신금申金을 만나면 ————

병사궁病死宮이 되며 일몰日沒에 해당되고 석양夕陽으로서 화기火氣가 완전히 죽게 된다. 그런 가운데 오중午中의 정화丁火와 신중申中의 임수壬水가 정임암합丁壬暗合을 하게 된다.

### | 실례 1

을미년 신사월 무오일 신유시乙未年 辛巳月 戊午日 辛酉時의 사주는 신왕사주身旺四柱로서 시지時支의 유금酉金이 용신用神이다. 이때 운로運路에서 신금申金이 들어오면 신유금국辛酉金局을 형성하게 된다. 그런 결과로 상식傷食과 재성財星이 살아나므로 돈을 투자하면 할수록 돈을 버는 팔자八字로 돌변하게 된다. 가정사로 풀어 보면 무오일주戊午日主의 오중午中의 정화丁火가 어머니에 해당되는데, 운에서 들어온 신중申中의 임수壬水와 정임암합丁壬暗合을 하게 된다. 이런 경우를 쉽게 풀면 어머니에게 애인이 생기고 바람난다는 뜻이다. 임수壬水가 어머니의 애인이다. 암합暗合은 이렇게 가정의 비밀사를 적나라하게 나타내고 있다.

### | 실례 2

계축년 갑자월 무오일 신유시癸丑年 甲子月 戊午日 辛酉時의 사주는 신약사주로 무오일주戊午日主가 일지日支의 오화午火에 의존하고 있다. 이때 운로에서 신금申金이 들어오면 신자수국申子水局이 되어서 사정 없이 수극화水剋火하니 오화午火는 큰 파도 위에 시달리는 작은 돛단 배가 된다. 따라서 무오일주戊午日主는 어머니를 잃기가 쉽고 아랫사람이나 또는 자기가 낸 꾀로 인해서 무토일주戊土日主 자신이 직격탄을 맞게 된다.

### 오화午火가 유금酉金을 만나면 ──────

병사궁病死宮이며 일몰日沒에 해당되고 석양夕陽이며, 오화午火가 꽃이라면 꽃이 병들었다고 표현할 수 있다. 오화午火가 유금酉金을 만나면 서서히 죽어 가기 때문에 판단 착오와 실수의 연발이 계속된다. 결국 금다화식金多火息으로 보면 된다.

### | 실례 1

정미년 을사월 임오일 무신시丁未年 乙巳月 壬午日 戊申時의 사주는 신약사주로 시지時支의 신금申金이 용신用神이다. 이때 운로運路에서 유금酉金이 들어오면 신유금국申酉金局이 형성되어 용신用神이 한층 힘이 배가된다. 더구나 월지月支의 사화巳火까지 사유금국巳酉金局으로 돌변하게 된다. 따라서 화다금약火多金弱이 아니라 금다화식金多火息으로 변하게 된다. 그러면 나에게 협조하지 않았던 수많은 세력들이 구름같이 일주日主에게 몰려든다. 여기에서 사중巳中의 무토戊土가 관官에 해당되는데 벼락감투가 일주日主에게 씌워지고 자식의 일이 잘 풀리게 되어 더더욱 일주日主를 기쁘게 한다.

### | 실례 2

임자년 계축월 임오일 경술시壬子年 癸丑月 壬午日 庚戌時의 사주는 신왕사주로 목화木火가 용신用神이다. 이때 운로運路에서 유금酉金이 들어오면 월지月支에 있는 축토丑土와 힘을 합해 유축금국酉丑金局이 된다.

유금酉金이 인수印綬에 해당되니 보증 때문에, 부모 때문에 나의 인생이 부도가 난다. 더구나 금다화식金多火息이 되니 해는 서산에 지고 갈 곳을 정하지 못했으니 인생이 처량하기 그지없다.

## 오화午火가 술토戌土를 만나면 ──────

오술午戌로서 화국火局이 되고 또한 큰불이 된다. 그러나 입묘入墓이고 화생토火生土로 설기泄氣가 되며 해가 넘어가는 술시戌時에 해당된다. 또한 9월절이니 조만간 곧 10월, 다시 말해 입동入冬이 온다. 이는 조만간에 회기晦氣될 터인즉 자만하지 말아야 한다는 뜻이다. 따라서 중요한 일은 빨리빨리 매듭짓는 것이 아주 중요하다. 더 머뭇거리게 되면 그때는 10월이 되어 불이 꺼지기 때문이다.

### | 실례 1

정사년 병오월 병오일 기해시丁巳年 丙午月 丙午日 己亥時의 남명男命 사주인데 시지時支의 해수亥水가 용신用神이다. 이때 운로運路에서 술토戌土가 들어오면 오술합화국午戌合火局이 되면서 병오일주丙午日主는 더욱 강한 사주로 돌변하게 된다. 그러면서 해수亥水가 토극수土剋水를 당하게 된다. 이때 일어나는 현상은 병오일주丙午日主는 아랫사람의 배신으로 직장에서 쫓겨나게 되고, 아들이 교통사고를 당하거나, 본인이 신장·방광 때문에 큰 고통을 당하게 된다. 한마디로 집안 전체가 풍비박산이 난다. 또한 이때 아내와 다툼이 있게 되면 서로 크게 상처를 입고 심하면 이혼까지 이르게 된다.

임자년 신해월 임오일 기유시壬子年 辛亥月 壬午日 己酉時의 남명男命 사주이다. 용신用神은 일지日支의 오화午火이다. 이때 운로運路에서 술토戌土가 들어오면 오술화국午戌火局을 이루므로 재물이 산같이 쌓이게 되고 아들을 낳고 나서부터는 재물과 승진이 겹치게 된다. 또한 년지年支와 월지月支에 있는 수기水氣가 수극화水剋火하는데 술토戌土로 인해서 수극화水剋火가 중지된다. 따라서 방해했던 제반 세력이 제거되며 임오일주壬午日主는 모든 재앙災殃에서 해방된다.

## 오화午火가 해수亥水를 만나면 ────────

한마디로 수극화水剋火된다. 따라서 화식火息, 몰광沒光이 되는데 암합暗合으로는 오중午中의 정화丁火와 해중亥中의 임수壬水가 정임합丁壬合하고 오중午中의 기토己土와 해중亥中의 갑목甲木이 갑기합甲己合한다. 여기서 우리가 알아야 할 사항은 본기本氣, 다시 말하면 정화丁火와 임수壬水가 먼저 암합暗合하고 그 다음 여기餘氣인 기토己土와 갑목甲木이 암합暗合하는 것이다. 암합暗合은 비밀스럽게 합해지는 것이고 이러한 사실은 그 집안의 비밀을 밝혀내는 열쇠가 된다. 정화丁火가 엄마라면 엄마가 바람나서 정임합丁壬合하고 있고, 기토己土는 정화丁火의 딸인데 딸도 갑기합甲己合으로 연애하고 있다. 이러한 사실은 집안 전체가 음탕함을 나타낸다. 밖으로는 나타나지 않지만 내적으로는 엄마와 딸이 다같이 바람났다는 것이 이러한 사주의 암합暗合을 통해서 알 수 있는 일이다.

## 실례 1

갑자년 정축월 경오일 갑신시甲子年 丁丑月 庚午日 甲申時의 사주는 신왕사주로 일지日支의 오화午火가 용신用神이다. 이때 운로運路에서 해수亥水가 들어오면 오화午火를 수극화水剋火하므로 이 사주의 핵심인 오화午火를 완전히 제거하게 된다. 남자라면 직장에서 쫓겨나며, 노름이나 주식 투자 등 투기로 인해서 자식을 잃어버리는 비극을 맞이하게 된다. 여자 같으면 자식 때문에 남편과 이혼하게 된다.

## 실례 2

정사년 병오월 병오일 병신시丁巳年 丙午月 丙午日 丙申時의 사주는 신왕사주로 시지時支의 신금申金이 용신用神인데, 이 사주의 약점은 사주가 너무 조燥하다는 것이다.

사주가 너무 더워서 신금申金, 다시 말하면 돈이 녹아내리고 아내가 학대를 당해서 견딜 수가 없는데 이때 운로運路에서 해수亥水가 들어오면 뜨거운 사막의 열기熱氣를 엄청난 비가 쏟아지므로 단번에 식히게 된다. 따라서 돈이 자연스럽게 축적이 되고 해수亥水로 인해서 신금申金, 다시 말하면 아내의 마음이 편해지면서 집 안에서 확실한 자기의 위치를 찾아 활발하게 내조內助를 하니 집안 전체가 행복하게 된다.

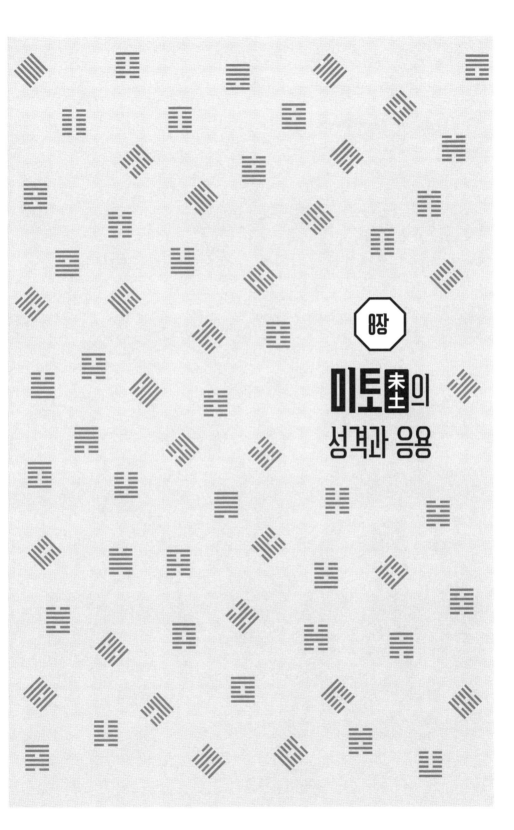

8장

미토未土의
성격과 응용

**01** 미토未土는 이음지기二陰之氣로 오후 1시부터 오후 3시까지를 지배하며 소서小暑 이후를 6월로 취급한다. 또한 삼복지기三伏之氣, 음토陰土라고 표현한다.

**02** 소서입절小暑入節 후 10일이 경과한 첫 경일庚日이 초복初伏이고, 두번째 경일庚日이 중복中伏이며, 말복末伏은 입추입절立秋入節 후 첫 경일庚日이다. 때로는 중복과 말복 사이가 20일 될 때도 있는데 이때는 월복越伏이라고 표현하며 더위도 더 길어진다.

**03** 미토未土는 음陰이라서 적은 흙으로 보나 여름의 흙이 되어 왕토旺土에 가깝고, 저절로 화생토火生土를 받으며 조토燥土에 속한다.

**04** 미토未土의 암장暗藏 안에는 정을기丁乙己가 있는데 기토己土가 본기本氣이고 정화丁火와 을목乙木이 여기餘氣이다.

**05** 미토未土는 토극수土剋水는 잘하나 조토燥土이기 때문에 토생금土生金은 불가능하다.

**06** 짐승으로는 염소에 속한다. 염소는 물을 싫어하며, 샘이 많고 정복욕이 대단하고 고집불통이다. 따라서 미토일주未土日主는 이 점을 참조하기 바란다. 크게 봐서 사슴과는 모두 미토未土에 속한다.

**07** 총칭 화개華蓋로 보고 사계지국四季之局, 사고지국四庫之局이라고 한다.

**08** 미토未土는 뜨거운 불을 머금고 있는 흙이기 때문에 토土이면서도 화火에 가깝다.

**09** 미토未土는 현침살縣針殺, 신信, 비위脾胃, 허리, 옆구리, 미각味覺에 해당된다.

⑩ 미토未土는 장간藏干으로 관성官星과 인수印綬가 있으나 모두 편偏
이라서 길吉로서 작용되지 않고 있다.

⑪ 미토未土는 삼복지기三伏之氣와 유월지기六月之氣가 되어 병정화丙丁
火가 착근着根할 수 있으니 화생토火生土라고 하여 회기晦氣로 보아
서는 안 된다.

⑫ 미토未土는 토土라고 하여도 화火에 가깝기 때문에 미월무토未月戊
土는 불용가색不用稼穡이며 해수亥水나 묘목卯木을 만나기 전에는
그대로 토土인 것이다.

⑬ 미토未土는 오화午火와는 오미午未로 육합六合이라고 하나, 취급할
때는 방합方合으로 취급된다. 사오미巳午未는 방합方合이고 해묘미
亥卯未는 삼합三合으로써 목국木局이 되며, 축술미丑戌未는 셋이 모
여서 형刑을 하고 있다고 하여 삼형살三刑殺이라고 하는데 다른 말
로는 지세지형持勢之刑이라고 한다. 자미子未와는 원진怨嗔, 육해六
害에 해당된다. 여기에서 육해六害는 처산망妻産亡이 특징이고, 인
미寅未는 귀문관살鬼門關殺이 된다.

⑭ 미술형未戌刑은 왕자형발旺者刑發이라고 하는데 좋을 때는 개고開庫
가 되고 나쁠 때는 파문破門이 된다.

⑮ 축술미丑戌未는 왕자형발旺者刑發이라고 하는데 사주에 도움이 안
될 때는 미중未中 안에 있는 을목乙木과 정화丁火가 피상됨을 면하
지 못한다.

⑯ 미토未土가 목일주木日主에는 입묘入墓로써 절목節木이 되니 결과
적으로 고목枯木이 되며 백발이 되기 쉽고, 화일주火日主에게는 착
근着根해서 힘을 얻기 때문에 미월未月이나 미시未時는 종從을 하

지 않는다. 토일주土日主에게 힘을 얻기는 하나 조토燥土가 되는 게 흠欠이며, 말라 있는 땅에서는 농사를 지을 수 없기 때문에 미월未月의 토일주土日主는 불용가색不用稼穡이다. 이 말을 쉽게 풀면 토일주土日主가 미월未月에 태어났으면 목용신木用神을 쓸 수 없다는 뜻이다. 금일주金日主는 인수印綬이면서도 생生을 받지 못하니 있으나마나 하지만 금왕金旺에는 재고財庫로서 아주 좋은 역할을 한다. 수일주水日主는 토극수土剋水를 당하여 유색流塞되며, 탁수濁水가 되는데 결과적으로 물이 흘러가지를 못한다.

⑰ 미토未土는 색으로는 황색黃色이며, 숫자로는 10十이고 원圓에 해당하고, 과도기이며 매개체媒介體이고 중성자中性子에 해당된다.

## 미토未土가 자수子水를 만나면 ————

동토凍土, 음지陰地, 토류土流가 된다. 또한 육해六害가 되어서 처산망妻産亡이 걱정되고, 자미子未가 원진살怨嗔殺이 되어 모두를 원망스럽게 생각한다.

자수子水가 미토未土의 도화桃花에 해당되기 때문에 자수子水가 좋은 역할을 할 때는 다행이지만, 나쁜 역할로 연결될 때는 자수子水를 잘못 만나서 인생이 음지陰地가 되고 또한 토류土流가 되기 때문에 여자 등살에 처량하게 떠내려가게 된다.

### 실례 1

경인년 신사월 신미일 갑오시庚寅年 辛巳月 辛未日 甲午時의 사주四柱는 목화木火에 종從을 한 남명男命 사주이다. 운로運路에서 자수子水가 들어오면 첫째, 자오충子午沖 현상으로 인해서 직장에서 쫓겨나며 둘째, 오화午火에 속한 자식이 위험한 투자를 해서 아주 어려운 입장이 된다. 셋째, 신미일주辛未日主도 자수子水로 인해서 간접근間接根을 하므로 순간적으로 재다신약財多身弱 사주로 돌변하게 된다. 따라서 사회적으로는 사기꾼으로 전락하면서 인생이 아주 어렵게 된다.

### 실례 2

갑오년 경오월 신미일 병신시甲午年 庚午月 辛未日 丙申時의 사주는 재다신약財多身弱 사주로 신미일주辛未日主가 시지時支의 신금申金에 의지하고 있다.

이때 운로運路에서 자수子水가 들어오면 신자수국申子水局이 형성되면서 수많은 화기火氣를 수극화水剋火함으로써 신미일주辛未日主는 자기가 낸 아이디어로 생활이 안정되며 날로 발전한다. 자수子水 다음에 오는 것은 축토丑土이다. 따라서 계속하여 화기火氣를 잠재우니 재물이 산처럼 모아지면서 사회적으로 능력을 인정받는 우수한 사람이 된다.

## 미토未土가 축토丑土를 만나면 ─────

축미충丑未沖으로 미도未土가 붕괴된다. 결과적으로 보면 축토丑土가 겨울을 가리키기 때문에 동토凍土가 된다. 축미충丑未沖으로 인해서 장腸이 꼬이기 시작하며 위장병이 발생하고 복통腹痛이 자주 일어나는데 특히 신경이 예민한 사람에게 잘 나타난다. 종교적인 입장에서 보면 종교 불신宗教不信 내지는 종교 개종宗教改宗 사태가 일어난다.

축미충丑未沖이 좋은 결과를 가져오면 개고開庫가 되고, 일주日主에 나쁜 영향을 끼칠 때는 파문破門이 된다. 따라서 충沖이라고 하여 모두가 개고開庫가 되는 것은 아니다. 경제적으로는 부동산 교환도 될 수 있고, 인간적으로는 구르는 돌이 박힌 돌을 빼낸다고 표현할 수도 있다.

### | 실례 1

을축년 무자월 정미일 무신시乙丑年 戊子月 丁未日 戊申時의 사주는 신약사주로서 정화일주丁火日主가 일지日支의 미토未土에 의지하고 있다. 이때 운로運路에서 축토丑土가 들어오면 축미충丑未沖으로 정화일주丁火日主의 뿌리가 완전히 뽑히게 된다. 모든 일이 다 어렵지만,

미토

未土

특히 건강에 있어서 위암에 걸릴 확률이 아주 높아진다.

실례 2

신사년 갑오월 정미일 경자시辛巳年 甲午月 丁未日 庚子時의 사주는 신왕사주身旺四柱로 시지時支의 자수子水가 용신用神이다. 따라서 금수金水가 필요한데 운로運路에서 축토丑土가 들어오면 자축수국子丑水局이 형성되므로 하는 일이 쉽게 풀리는데, 특히 축토丑土가 정화丁火의 재고財庫가 되므로 크게 재물을 모으게 된다. 또한 축토丑土가 뜨거운 화기火氣를 잠재우므로 사주의 균형이 맞춰져 정화일주丁火日主는 건강이 좋아짐과 동시에 아들 농사까지 잘된다.

만약 남명男命의 사주라면 정화일주丁火日主의 시지時支인 자수子水가 도화桃花에 해당된다. 따라서 얼굴이 예쁜 어떤 여자가 큰돈을 가지고 정화일주丁火日主를 결정적으로 도와줬다고 해석할 수 있다.

## 미토未土가 인목寅木을 만나면

미토未土가 목극토木剋土로 붕괴된다. 암장暗藏으로는 미중未中의 기토己土와 인중寅中의 갑목甲木이 갑기합甲己合을 한다. 혹, 인중병화寅中丙火가 화생토火生土하여 살아날 것 같으나 토열土烈이 되므로 만나지 않는 것만 못하다.

실례 1

정사년 병오월 계미일 무오시丁巳年 丙午月 癸未日 戊午時의 사주는 계수일주癸水日主가 목화木火에 종從을 한 사주이다. 이때 운로運路에서 인목寅木이 들어오면 인목寅木이 미토未土를 목극토木剋土하기 전에 월지月支의 오화午火, 시지時支의 오화午火와 인오화국寅午火局이 되기 때문에 계수癸水가 붕괴되지 않고 오히려 좋아지게 된 경우이다. 결국 인목寅木에 해당되는 아랫사람들의 도움으로 크게 축재蓄財를 하게 된다.

미
토

未
土

## | 실례 2

| 신미년 갑오월 기미일 임신시辛未年 甲午月 己未日 壬申時의 사주는 신왕사주身旺四柱로 시주時柱의 임신壬申이 용신用神이 된다. 이때 운로運路에서 인목寅木이 들어오면 미토未土를 목극토木剋土하기 전에 시지時支의 신금申金과 인신충寅申沖을 하게 된다. 시간時干의 임수壬水도 신금申金에 뿌리하고 있는데 인신충寅申沖으로 인해서 임수壬水가 무너지니 아내 잃고 돈마저 없어지게 된다.

## 미토未土가 묘목卯木을 만나면 ─────

삼합三合으로 목국木局이 된다. 따라서 미토未土의 토기土氣는 희생당하게 된다. 묘미목국卯未木局이 일주日主에 좋게 작용할 때는 미토未土의 희생으로 크게 일어나지만 나쁘게 작용될 때는 큰 파멸이 오게 된다.

## | 실례 1

| 을사년 임오월 정미일 기유시乙巳年 壬午月 丁未日 己酉時의 사주는 신왕사주身旺四柱로 시지時支의 유금酉金이 용신用神이다. 이때 운로運路에서 묘목卯木이 들어오면 묘유충卯酉沖을 하므로 남자라면 부인과 이별하면서 재물이 없어진다. 여자인 경우는 재물이 없어지면서 시

가媤家가 망하게 된다.

무오년 정사월 을미일 무인시戊午年 丁巳月 乙未日 戊寅時의 사주는 신
약사주로 시지時支의 인목寅木에 의지하고 있다. 이때 운로運路에서
묘목卯木이 들어오면 인묘목국寅卯木局이 형성되며 목기木氣와 화기
火氣가 균형을 이루게 된다. 따라서 을목일주乙木日主는 형제, 친구의
도움으로 하는 일이 아주 잘되는데, 여기에서 미토未土에 해당되는
육친六親의 희생은 불가피하다.

## 미토未土가 진토辰土를 만나면 ──────

조燥와 습濕이 균형을 이루게 된다. 여기에서 화다火多한 사주는
도움을 받지만 습다濕多한 사주는 균형이 깨지게 되어 오히려 안 좋
아질 수도 있다. 그러나 미토未土와 진토辰土의 합合 자체만 가지고
보면 가색稼穡의 공功을 이룰 수 있다.

신사년 갑오월 기미일 계유시辛巳年 甲午月 己未日 癸酉時의 사주는 신
왕사주身旺四柱로서 시주時柱의 계유癸酉가 용신用神이다. 이때 운로
運路에서 진토辰土가 들어오면 첫째, 진토辰土가 들어가므로 조습燥
濕의 균형이 맞추어지고 따라서 건강이 최고조에 달하며, 둘째로 시
지時支인 유금酉金과 합해져서 진유금국辰酉金局을 형성해 계수癸水
의 뒷받침을 튼튼히 하기 때문에 큰 재물을 얻게 된다.

이보다 더 좋은 일이 있을 수 있겠는가? 또한 완전한 시상 편재격

時上 偏財格이 되어 대운大運이 좋으면 장차관長次官에 이르고 재계財界로 진출하면 재벌이 된다.

## | 실례 2

경진년 기묘월 기미일 경오시庚辰年 己卯月 己未日 庚午時의 사주는 신약사주身弱四柱로 화토火土가 용신用神이다. 이때 운로運路에서 진토辰土가 들어오면 견겁肩劫으로 기토일주己土日主의 뒷받침을 하는 것으로 생각하기 쉬우나 묘진목국卯辰木局으로 먼저 간다. 따라서 목국木局이 형성되어 강하게 목극토木剋土하므로 진토辰土가 기토일주己土日主에게 타격을 가하고, 용신用神인 오화午火를 계속해서 화생토火生土하게 하므로 기토일주己土日主를 지칠 대로 지치게 만든다. 따라서 건강이 아주 나빠지면서, 형제 혹은 친구에 속하는 진토辰土가 기토일주己土日主를 배반하므로 그로 인하여 결국은 직장에서 쫓겨나고 심하면 형무소까지 가게 된다.

## 미토未土가 사화巳火를 만나면 ─────

사미巳未로 화국火局이 된다. 따라서 화생토火生土로 토土가 되는 것은 아니다.

사중巳中의 경금庚金과 미중未中의 을목乙木이 을경乙庚으로 암합暗合한다.

이때도 주의하여야 할 점은 주중柱中에 유금酉金이나 축토丑土가 있으면 사화巳火가 화火로 가지 않고 금국金局으로 가 버린다는 것이다. 따라서 금국金局이 일주日主에 좋은 영향을 끼치느냐 아니면 해로운 작용을 하느냐에 따라서 희비喜悲가 엇갈리게 된다.

신사년 임진월 기미일 무진시辛巳年 壬辰月 己未日 戊辰時의 사주는 화토중탁火土重濁 사주로 사업가에 해당되는 사주이다. 이 사주는 습기濕氣에 비해서 화기火氣가 부족한 것이 흠欠이다. 이때 운로運路에서 사화巳火가 들어오면 조습燥濕의 균형이 완전히 갖추어지게 된다. 첫째, 일주日主의 건강이 좋아지고 둘째, 화생토火生土로 윗분의 사랑을 받게 된다. 여기에서 진토辰土가 기토일주己土日主의 재고財庫가 되는데 사화巳火의 영향으로 재고財庫가 완전히 살아나므로 큰 부자로 돌변하게 된다.

### 실례 2

계축년 갑자월 신미일 기해시癸丑年 甲子月 辛未日 己亥時의 사주는 신왕재왕身旺財旺 사주로 해미亥未가 목국木局이 된다. 이때 운로運路에서 사화巳火가 들어오면 신금일주身金日主는 당연히 사화巳火가 일주日主에게 화기火氣를 보태 주므로 모든 것이 잘되리라고 생각한다. 그러나 사화巳火는 사미화국巳未火局으로 가지 않고 사축금국巳丑金局으로 가 버린다. 따라서 사화巳火가 신금辛金을 배신한다. 더구나 사해충巳亥沖으로 현재 보유하고 있는 재물마저 빼앗아 버린다.

이런 연유로 사화巳火는 신금일주辛金日主를 완전히 어렵게 만드는데 직장인이라면 직장에서 쫓겨나고, 정치인이라면 완전히 제거되고, 사업가라면 갈 길을 잃고 여기저기 기웃거리는 처량한 신세가 된다.

## 미토未土가 오화午火를 만나면 ────

오미午未로 육합六合도 되고 방합方合도 되니 화국火局이 된다. 여기에서도 화생토火生土로 되어 토기土氣로 변한다고 착각하면 안 된다. 오미화국午未火局이야말로 가장 뜨거운 화국火局이라 할 수 있다.

## 실례 1

신축년 갑오월 계미일 임자시辛丑年 甲午月 癸未日 壬子時의 사주는 신약身弱으로서 시주時柱의 임자壬子에 의지하고 있다. 한마디로 재다신약財多身弱 사주에 속한다. 이때 운로運路에서 오화午火가 들어오면 자오충子午沖으로 용신用神이 쓰러지게 된다. 이때 계수일주癸水日主는 오화午火가 들어오니 재물財物이 들어오는 것으로 생각했으나 결과는 의지처를 철저히 파괴당하니 회복 불가능한 입장으로 바뀌고 만다.

## 실례 2

갑자년 정축월 을미일 병자시甲子年 丁丑月 乙未日 丙子時의 사주는 신왕사주身旺四柱로 수목응결水木凝結에 속한다. 여기서 축월丑月은 금기金氣에 속한 것으로 생각하기 쉬우나 축월丑月 자체가 아주 추운 섣달이라는 사실을 상기하기 바란다. 추운 겨울에 을목일주乙木日主가 엄동설한嚴冬雪寒이 되어 있는 가운데 겨우 일지日支의 미토未土에 의지하고 있으며 더구나 축미충丑未沖까지 당하고 있다. 이때 운로運路에서 오화午火가 들어오니 추운 겨울이 따뜻한 봄으로 바뀌고 있다. 이러한 현상들이 생기면 첫째, 건강이 좋아지고 둘째, 목생화木生火로 을목일주乙木日主가 계획했던 일들이 쉽게 풀리며 계속 발전하게 된다. 이때 쉽게 풀어지는 원인은 을목일주乙木日主의 아이디어가 적중하면서 자기가 데리고 있는 아랫사람들의 헌신적인 노력의 결과이다. 더구나 오화午火에 속한 부하들이 구름같이 몰려들어 나를 도와주니 세상만사가 행복하기 그지없다.

## 미토未土가 미토未土를 만나면 ──────

토기土氣가 왕旺해지는 것은 사실이나 조토燥土가 되기 때문에 불용가색不用稼穡이 되며, 토土와 토土가 합해져서 토국土局이 되나 동시에 화국火局으로 사용되기도 한다. 다시 말하면 화토공존火土共存이 여기에서도 그대로 적용된다. 이유는 미월未月 자체가 삼복三伏이 둘이나 있는 가장 더운 달에 해당되기 때문이다. 또 합습이 되나 주인이 둘이 되어 결국은 분열分裂이 된다.

### 실례 1

계축년 갑자월 신미일 기축시癸丑年 甲子月 辛未日 己丑時의 사주는 신왕사주로 일지日支의 미토未土가 용신用神이다. 더구나 축미충丑未沖을 당해서 용신用神이 허약한 상태이다. 이때 운로運路에서 미토未土가 들어오면 축미충丑未沖하고 있는 축토丑土를 운에서 들어온 미토未土가 다시 축미충丑未沖하므로 축토丑土가 힘을 쓰지 못할 뿐 아니라 또다시 월지月支에 있는 자수子水까지 토극수土剋水 당하니 일지日支의 미토未土, 다시 말하면 재고財庫가 완전히 살아나게 된다. 만약 이 사주가 사업하는 사람이라면 사업이 크게 번창하고 건강 역시 아주 좋아진다.

### 실례 2

을미년 임오월 신미일 병신시乙未年 壬午月 辛未日 丙申時의 사주는 신약사주로 시지時支의 신금申金에 의지하고 있으며 금수金水가 용신用神이다. 이때 운로運路에서 미토未土가 들어오면 오미화국午未火局이 만들어짐과 동시에, 신금申金을 향해서 강하게 화극금火剋金하게 된다. 따라서 신금일주辛金日主는 건강상으로는 폐나 대장에 이상이 생기며, 사업가라면 관청의 세무조사로 인하여 회사가 아주 어렵게 되는데 심하면 파산破産하게 된다.

## 미토未土가 신금申金을 만나면

토생금土生金으로 신금申金을 도와주지는 못하지만 결과적으로 도기盜氣가 되며 음지陰地로 변하게 된다. 따라서 철분 과다로 농사지을 수 없는 땅이 된다.

신중申中의 경금庚金·임수壬水가 미중未中의 을목乙木·정화丁火와 을경乙庚·정임丁壬으로 암합暗合하고 있으며 방향은 미신곤방未申坤方으로 같은 자리에 속해 있다.

### | 실례 1

정사년 병오월 계미일 신유시丁巳年 丙午月 癸未日 辛酉時의 사주는 신약사주로 계수일주癸水日主가 시주時柱의 신유금辛酉金에 의지하고 있다. 이때 운로에서 신금申金이 들어오면 신유금국辛酉金局이 형성되면서 계수일주癸水日主가 힘을 얻기 시작한다. 따라서 계수일주癸水日主가 수많은 화기火氣에 의해서 증발 직전이었는데 신금申金의 등장으로 수많은 화기火氣를 제압할 수 있게 되었다. 다시 말하면 돈의 노예에서 돈을 관리하고 축적할 수 있는 위치로 변하게 된다. 원망하던 세상이 행복한 세상으로 바뀌기 시작한다.

## 실례 2

임자년 임인월 정미일 신축시壬子年 壬寅月 丁未日 辛丑時의 사주는 신약사주로 월지月支의 인목寅木에 의지하고 있다. 이때 운로運路에서 신금申金이 들어오면 인신충寅申沖으로 정화일주丁火日主의 의지처가 완전히 파괴된다. 또한 년지年支의 자수子水와 합해져서 신자수국申子水局이 되어 수극화水剋火를 강하게 하니 정화일주丁火日主의 화기火氣는 완전히 꺼져 버린다. 이때부터 정화일주丁火日主는 어려운 환경으로 접어든다. 이유는 다음에 더 가을색이 짙은 유금酉金이 대기하고 있기 때문이다.

## 미토未土가 유금酉金을 만나면 ─────

설기泄氣가 되고 음지陰地가 된다. 그러나 미토未土가 토생금土生金은 불가능하다. 이유는 여름과 가을의 특성이 각각 다르기 때문이다. 이 경우에도 철분 과다로 가색稼穡의 공功을 이룰 수 없다.

## 실례 1

갑자년 계유월 계미일 을묘시甲子年 癸酉月 癸未日 乙卯時의 사주는 신왕재왕身旺財旺 사주로 목화木火가 용신用神이다. 이때 운로에서 유금酉金이 들어오면 묘유충卯酉沖으로 목국木局이 깨짐과 동시에 월지月支의 유금酉金과 힘을 합해 금극목金剋木하게 된다. 따라서 재성財星이 크게 피상당하게 된다. 남자라면 재산이 없어지면서 처궁妻宮에 결정적으로 나쁜 일이 생기게 된다.

## 실례 2

정사년 병오월 정미일 무신시 丁巳年 丙午月 丁未日 戊申時의 사주는 신왕사주身旺四柱로 시지時支의 신금申金이 용신用神이다. 이때 운로運路에서 유금酉金이 들어오면 신유금국申酉金局이 형성되어 강한 화기火氣와 균형을 이루게 된다. 따라서 엄청난 재물이 축적되며 아내의 건강이 아주 좋아지는데 특히 아내가 남편을 위해서 엄청난 노력을 하게 된다.

## 미토未土가 술토戌土를 만나면 ————

미술未戌로 형刑이 된다.

왕자형발旺者刑發로 토기土氣가 왕旺해지는 것은 사실이지만 일주日主에 좋은 결과를 가져오면 왕자형발이 되나 일주日主에 나쁜 결과를 가져오면 도리어 파문破門이 된다.

따라서 막연하게 왕자형발旺者刑發이라고 하지 말고, 일주日主와 비교해서 희비喜悲를 가려야 할 것이다. 또한 토土와 토土의 충돌이나 형발刑發은 부동산 교환 아니면 부동산 매매가 이루어지고 때로는 구르는 돌이 박힌 돌을 빼내는 경우가 많다. 이 말의 뜻은 토土가 재성財星에 해당된다면 첩妾이 본처本妻를 쫓아내는 경우를 말한다.

## 실례 1

신사년 갑오월 계미일 신유시 辛巳年 甲午月 癸未日 辛酉時의 사주는 신약사주로 시주時柱의 신유금辛酉金에 계수일주癸水日主가 의지하고 있다. 따라서 이 사주는 재다신약財多身弱 사주에 속하는데 이때 운로運路에서 술토戌土가 들어오면 첫째로, 미술형未戌刑이 되므로 토기土己가 왕旺해지고 둘째로, 오술화국午戌火局이 되므로 화기火氣 역시 강해진다. 따라서 시주時柱에 있는 신금辛金을 강하게 화극금火 剋金하니 계수일주癸水日主는 뿌리째 흔들리게 된다. 이때 들어온 술 토戌土는 재고財庫이므로 계수일주癸水日主는 큰돈이 들어오는 것으 로 생각되어 모험을 감행한다. 하지만 결과는 생각보다 크게 빗나가 비참한 환경이 조성되며 심하면 형무소에 가게 된다.

## | 실례 2

무자년 을축월 기미일 경오시戊子年 乙丑月 己未日 庚午時의 사주는 신 약사주로 화토火土가 용신用神이다. 이때 운로運路에서 술토戌土가 들어오면 오술화국午戌火局이 되고 미술형未戌刑이 되므로 월지月支 에 있는 축토丑土를 능히 감당할 수 있게 된다.

이러한 경우에는 축술형丑戌刑도 해당된다. 이 경우야말로 왕자형 발旺者刑發이라고 할 수 있다. 과거에는 월지月支에 있는 재물이 나의 것이 아니고 남의 것으로 존재했었는데 이때부터 내가 계획했던 아 이디어가 적중하면서 모든 재물이 나에게 협조하기 시작한다.

따라서 기미일주己未日主는 원래 신약사주이지만 술토戌土가 있는 동안은 신강사주身强四柱 못지않게 당당히 처세하며 자기의 뜻대로 세상을 살 수 있게 된다.

## 미토未土가 해수亥水를 만나면 ────

해미亥未로 목국木局이 된다.

따라서 미토未土는 토土가 아니라 목국木局으로 변신하게 된다. 이 럴 때는 목생화木生火도 가능하다. 이유는 미중未中의 정화丁火가 있기 때문이다.

암합暗合으로는 해중亥中의 임수壬水와 갑목甲木이 미중未中의 정화丁火와 기토己土로 정임합丁壬合, 갑기합甲己合을 하니 이때의 합合은 철저한 합合이 된다.

### 실례 1

계사년 무오월 계미일 임자시癸巳年 戊午月 癸未日 壬子時의 사주는 신약사주로 시주時柱의 임자수壬子水에 의존하고 있다. 이때 운로運路에서 해수亥水가 들어오면 해자수국亥子水局이 되면서 화기火氣를 수극화水剋火하게 된다. 원래 이 사주는 재다신약財多身弱 사주四柱였는데 운로에서 해수亥水가 들어오면서 수화水火의 균형이 맞추어진다. 다시 말하면 공중에 떠 있는 재물들이 착실하게 계수일주癸水日主의 소유가 된다. 대운大運에서 해수亥水가 들어오면 재다신약財多身弱이라도 큰돈을 벌게 된다.

### 실례 2

갑자년 정축월 을미일 기묘시甲子年 丁丑月 乙未日 己卯時의 사주는 수목응결水木凝結 사주四柱로 이 사주에서 양기陽氣는 일지日支에 있는 미토未土이다. 이때 해수亥水가 운로運路에서 들어오면 해미亥未가 목국木局이 되면서 미토未土의 양기陽氣가 더 약해지기 시작한다. 또한 해축수국亥丑水局이 강하게 되면서 완전한 수목응결水木凝結 사주四柱가 된다. 대운大運에서 해수亥水가 들어오면 10년 동안 떠돌이 생활을 하게 된다. 여명女命이라면 남의 첩妾 살림을 할 수밖에 없다.

9장

신금申金의
성격과 응용

신금申金

**01** 신금申金은 칠월지기七月之氣로 삼음三陰에 해당하고 오후 3시부터 5시 사이를 지배한다.

**02** 신월申月부터 조금씩 차디찬 기운을 느끼기 시작하며 입추立秋, 초추初秋, 맹추孟秋라고 표현하는데 다 같은 말로써 가을의 문턱에 이르렀음을 가리킨다.

**03** 신금申金은 암장暗藏으로 경임庚壬이 있는데 경금庚金이 본기本氣이며 임수壬水가 여기餘氣이다. 혹자는 무토戊土도 있다고 하는데 무토戊土는 해당되지 않는다.

**04** 신금申金은 천간天干의 경금庚金을 가리킨다. 신금申金또한 여기餘氣로 임수壬水를 가지고 있어 신금申金 자체가 식신食神을 포함하고 있기 때문에 자체식록自體食祿을 가지고 있다고 표현하기도 한다.

**05** 칠월중七月中에는 중기中氣로 처서處暑가 있는데 이때부터 날씨가 서늘해지며 냉기冷氣가 서서히 살아난다. 또한 처서處暑 전후5일이 배추, 무, 씨앗을 심는 적기이다.

**06** 신금申金은 양금陽金으로서 천간天干의 경금庚金과 똑같은데 암장暗藏으로 경임庚壬이 있어 완금장철頑金丈鐵 역할을 하며 흔히 '무쇠'라고 부른다.

**07** 신금申金은 양금陽金, 사금死金, 강금剛金, 완금장철頑金丈鐵이라고 하나 지장간地藏干에 임수壬水가 있어 능강능유能强能柔에 자체조화를 이룰 수가 있음이 장점으로 꼽힌다. 능강능유能强能柔란 임수壬水가 냉각 작용冷却作用을 할 수 있어 자체에서 강유强柔를 조절할 수 있다는 뜻이다.

**08** 신금申金은 계절로는 입추立秋·사생지국四生之局, 방향으로는 곤방坤方, 색色으로는 백색白色, 짐승으로는 원숭이, 곤충류, 갑골동물匣骨動物, 수리로는 9수, 육체적으로는 대장大腸·치질, 성격으로는 의리·냉정·완벽주의, 그 외에 현침살·서리·각角 등으로 응용되고 있다.

**09** 신금申金은 능유능강能柔能强을 할 수 있기 때문에 처세는 잘하나, 성격이 너무 완벽하기 때문에 고독을 자초自招한다. 이러한 사실은 원숭이의 하는 행동을 보면 능히 알 수 있다.

**10** 신금申金은 자체에 임수壬水를 데리고 있어 금국목金局木도 잘하고 금생수金生水도 잘한다. 따라서 자기가 맡은 임무를 충분히 완수할 수 있다.

**11** 신금申金은 의리가 아주 강하나 냉정하며 완벽주의자이고 잔정殘情이 부족하고 재주가 너무 많은 것이 흠欠이다.

**12** 신금申金은 각角이 지고 네모나다.

**13** 신금申金은 취각이 발달되어 있어서 냄새 맡는 데는 탁월하다.

**14** 신금申金은 피를 만드는 역할을 하기 때문에 혈질血疾, 다시 말하면 피에서 오는 병病 전부와 관계가 깊다. 예를 들면 백혈병白血病, 유행성 출혈열, 맹장盲腸, 치질 등이 여기에 속하는데 전부 신금申金이 일주日主에 나쁜 역할을 끼칠 때에 나타난다.

**15** 동물로는 원숭이가 대표적인데 갑골동물匣骨動物, 곤충, 파충류, 변화동물變化動物이 다 여기에 속한다.

**16** 신금申金은 음성이 좋아서 쩌렁쩌렁하는 소리가 나는데 한마디로

쇳소리가 난다.

**⑰** 신금申金은 인상이 차갑고, 음성이 부드럽지 못하며 딱딱하게 상대
방에게 전달되기 때문에 쉽게 접근하기가 어렵다.

**⑱** 신금申金은 사생지국四生之局, 사맹지국四孟之局, 총칭 역마驛馬와 지
살地殺에 속한다.

**⑲** 역마지살에 해당되기 때문에 철도, 자동차, 전철 등이 다 여기에 속
한다.

**⑳** 신금申金은 현침살懸針殺을 가지고 있어서 항상 말조심을 해야 하
는데 특히 남의 폐부를 찌르는 데에는 일가견一家見이 있다.

**㉑** 신금申金은 완벽과 결실結實을 가리키며 여기에 수확收穫도 해당되
고, 서리가 내린다고 표현하기도 한다.

**㉒** 목木은 절지絶地이니 추절지목秋節之木으로 소멸된다. 화火는 병사
궁病死宮에 해당되어 일몰日沒이 된다. 아무리 왕旺한 화기火氣라
하여도 겁내지 않음은 신중申中의 임수壬水가 능히 수극화水剋火할
수 있으며 입추立秋가 입절入節하면 더운 여름도 물러서야 하기 때
문이다. 토土는 허토虛土가 되고 설기泄氣가 된다. 금金은 관왕冠旺
으로 왕해지며 수水는 장생長生으로 제일 좋아하는데, 계수癸水는
탁수濁水가 됨이 흠欠이며 또 신궁임수申宮壬水에 눌려 계수癸水가
행세할 수 없다.

**㉓** 신금申金이 금생수金生水를 잘함은 수지장생궁水之長生宮 때문이나
자수子水를 만나면 수국水局으로 변하고 진토辰土를 만나도 신진申
辰으로 수국水局인데, 진토辰土가 자양지금滋陽之金, 즉 토생금土生

金하기 때문에 자수子水가 개입하기 전에는 완전한 수국水局으로 변질되지 않는다.

㉔ 유술酉戌과는 방합方合으로 금국金局이 된다고 하나 신금申金이 유금酉金과는 신유申酉로 금국金局이 되는 반면, 술토戌土와는 술토戌土가 월지月支에 있지 않는 한 신술申戌로 금국金局이 되지 않는다. 마찬가지로 유술酉戌도 금국金局이 되지 않는다.

㉕ 사신巳申은 육합六合이 되나 형합극합刑合尅合이 되어 결국은 종견괴래終見乖來가 되는데 이 말을 쉽게 풀이하면 처음에는 첫인상이 좋아서 반하나 결국에는 어지러운 관계로 돌변하게 된다. 예를 들면 이혼하는 경우 합의가 안 되고 재판까지 간다는 뜻이다. 사신형巳申刑은 나쁘게 작용하기 때문에 알면서도 당하게 되어 있으며 일시日時에 사신巳申이 있으면 부부가 해로하기 어려운데 연운年運이나 대운大運에서 인목寅木이 들어오면 틀림없이 이혼하게 된다. 혹자는 사신巳申이 합화수合化水가 된다고 하나 합화수合化水가 되지 못하기 때문에 응용하지 않는다. 다만 신중申中의 경금庚金과 사중巳中의 경금庚金과는 친합親合하며 또한 금왕金旺에는 수기水氣가 자연 발생하므로 보이지 않는 수기水氣는 논할 수 있으나 사신합화수巳申合化水로는 쓸 수 없다.

㉖ 묘목卯木과는 묘신卯申으로 귀문관살, 원진살이 되는데, 금목상전金木相戰 형태가 되기 때문에 기운이 가장 강하게 나타난다. 필자가 경험한 바로는 일시日時에 형성되고, 아내가 신약사주身弱四柱일 때는 완전한 불감증不感症이 되고 대신 애인愛人은 완전한 변태變態가 된다.

㉗ 신자진申子辰은 삼합三合으로 수국水局이 되고 신유술申酉戌은 방합 方合으로 금국金局이 되며 인신寅申은 상충相冲으로 충돌한다. 여기에 사화巳火까지 가세하면 인사신삼형살寅巳申三刑殺이 되어 때로는 감금, 중독, 포로, 관재官災, 실종, 납치까지 연결된다. 물론 일주日 主에 해를 끼칠 때 나타나는 현상들이다. 여기에다 역마, 지살로 연결하면 대형 교통사고가 발생할 수 있으니 항상 주의하여야 한다.

## 신금申金이 자수子水를 만나면 ────

신자합수국申子合水局이 되니 신금申金은 금金이 아니라 수水로 변질이 된다. 따라서 신금申金은 금金이 아니라 수水로 보아야 한다.

목일주木日主는 이러한 경우에 관성官星이 변해서 인수印綬가 된다. 따라서 나타나는 현상은 다음과 같다.

① 직장에서 공부시켜 준다.

② 직장에서 집을 사 준다.

③ 여명女命인 경우 남편이 공부시켜 준다. 또한 집을 사 주는 경우도 해당된다.

### 실례 1

갑인년 경오월 경신일 임오시甲寅年 庚午月 庚申日 壬午時의 사주는 신약사주로 경금일주庚金日主가 일지日支의 신금申金에 의지하고 있다. 아무리 간여지동干與支同이라고 하지만 한여름의 가장 무더운 시간대의 경금庚金은 약할 수밖에 없다. 이 사주야말로 화다금약火多金弱의 전형적인 형태이다. 이때 운로運路에서 자수子水가 들어오면 무더운 여름을 식히는, 계속해서 쏟아지는 소나기로 봐야 한다. 여기서 자수子水는 제거병制去病 역할을 한다. 따라서 이때 자수子水는 아랫사람의 협조나 경금일주庚金日主가 생각해 낸 결정적인 아이디어로 인해서 크게 성공한 걸로 해석해야 한다. 이 사주가 여명女命의 사주라면 자식 때문에 추진하던 일들이 모두 성취되는 것으로 봐야 한다. 아무튼 수화水火가 균형이 이루어지기 때문에 경금일주庚金日主는 크게 성공한다.

### 실례 2

경자년 을유월 병신일 갑오시庚子年 乙酉月 丙申日 甲午時의 사주는 재다신약財多身弱 사주로 병화일주丙火日主가 시지時支의 오화午火에 의존하고 있다. 이때 운로運路에서 자수子水가 들어오면 자오충子午沖으로 완전히 망가지면서 병화일주丙火日主의 본색인 사기성이 발동된다. 이러한 경우에는 자식 때문에 아니면 직장에 있는 상사의 농간으로 실직이 되면서 새로 사업을 시작하는데, 시작한 사업이 꽃도 피기 전에 찬 서리가 내리면서 모든 것이 완전히 정지된다. 심하면 저세상으로 여행하는 비극으로 연결된다.

## 신금申金이 축토丑土를 만나면 ─────

입묘入墓라고 하지만 토생금土生金을 받아 생금生金이 된다. 다시 말하면 환혼還魂이 되고 자양지금滋陽之金이 된다. 그러나 차디찬 금金, 다른 표현을 쓰면 동금凍金을 면할 길이 없다. 이유는 축월丑月이 섣달이기 때문이다.

### 실례 1

경인년 임오월 갑신일 경오시庚寅年 壬午月 甲申日 庚午時의 사주는 제살태과制殺太過의 사주로 일지日支의 신금申金이 용신用神이다. 이때 운로運路에서 축토丑土가 들어오면 뜨거운 한여름을 차디찬 얼음 창고가 나타나서 계속 열기熱氣를 흡수함으로써 화다금약火多金弱이 아니라 화금火金이 균형을 이루게 하는 이치로 이해하면 되겠다. 보통 축토丑土는 추운 겨울이라서 꽁꽁 얼어 있는 것만 상상하나 재물로 비유하면 꽁꽁 얼어 있는 재물이 아니라 거꾸로 살아 있는 재물로 봐야 한다. 이유는 갑목일주甲木日主에게 도움을 주기 때문이다. 따라서 갑목일주甲木日主는 축토丑土가 있는 한 돈 벌고 출세하게 된다. 경제인이라면 큰돈을 벌게 되고, 정치인이라면 자기가 바라는 관직에 등용된다.

## | 실례 2

| 신축년 경자월 임신일 정미시辛丑年 庚子月 壬申日 丁未時의 사주는 신강사주身強四柱로 재관財官에 속한 시주時柱의 정미丁未가 용신이다. 이때 운로運路에서 축토丑土가 들어오면 축미충丑未沖으로 용신用神이 폭탄을 맞게 된다. 또한 임수일주壬水日主가 꽁꽁 얼어 따뜻한 기운이 필요한데 축토丑土가 들어오면서 임수일주壬水日主를 완전히 얼게 하여 만사동결萬事凍結하게 만든다. 한마디로 돈이 없어지면서 명예와 권력도 동시에 없어진다.

## 신금申金이 인목寅木을 만나면 ————

인신충파寅申沖破가 된다. 한마디로 절지絶地, 절멸絶滅이 된다. 다시 말하면 금기金氣는 뿌리째 뽑힌다. 역마충驛馬沖으로 연결되면 차 사고를 조심하여야 하고 탕화湯火까지 연결되면 차 사고, 실종, 관재官災까지 걱정해야 한다. 질병疾病으로는 맹장, 대장, 폐 등에 이상이 온다.

## | 실례 1

| 경인년 임오월 임신일 정미시庚寅年 壬午月 壬申日 丁未時의 사주는 재다신약財多身弱 사주로 일지日支의 신금申金에 의지하고 있다. 한마

디로 부모한테 의존하는 팔자이다. 이때 운로運路에서 인목寅木이 들어오면 인신충寅申沖으로 임수일주壬水日主의 뿌리가 완전히 뽑힌다. 결국 아이디어 한 번 잘못 계획했다가 인생이 완전히 망가지는 경우이다. 만약 대운大運에서 인목寅木을 만나면 황천길을 갈 수도 있다.

### 실례 2

갑자년 정축월 경신일 임오시甲子年 丁丑月 庚申日 壬午時의 사주는 신왕사주로 시주時柱에 있는 오화午火가 용신用神이다. 이때 운로運路에서 인목寅木이 들어오면 인오화국寅午火局이 된다. 따라서 화금火金의 균형이 맞추어진다. 여기에서 인寅이란 재물을 말하기도 하고 아니면 처갓집으로 해석할 수도 있다. 처갓집에서 경금일주의 뒷바라지를 해서 화기火氣, 다시 말하면 권력과 명예가 한층 단단해진 경우이다. 원래는 추운 겨울이었는데 인목寅木에 해당되는 따뜻한 봄기운이 찾아오니 건강이 좋아지고 모든 일이 쉽게 풀린다.

## 신금申金이 묘목卯木을 만나면 ─────

절지絶地, 귀문관살鬼門關殺, 원진살怨嗔殺에 해당된다. 인목寅木과 다른 점은 암장暗藏으로 신중申中의 경금庚金과 묘중卯中의 을목乙木이 을경합乙庚合하고 있는 것이다.

### 실례 1

신축년 경인월 병신일 무자시辛丑年 庚寅月 丙申日 戊子時의 사주는 신약사주로 월지月支의 인목寅木에 의존하고 있다. 이 사주는 월지月支의 인목寅木과 일지日支의 신금申金이 충돌하고 있다. 이 이야기는 병화일주丙火日主의 아버지와 어머니가 서로 충돌하기 때문에 이혼하거나 아니면 수많은 고통을 참고 견디는 걸로 해석할 수 있다. 이 집안의 주도권은 월지月支의 인목寅木, 다시 말하면 어머니가 가지고 있다. 이유는 월지月支가 전체 사주에서 60%의 기득권을 가지고 있기 때문이다. 이때 운로運路에서 묘목卯木이 들어오면 인묘합목국寅卯合木局이 된다. 따라서 지금까지 외롭게 투쟁하던 인목寅木이 묘목卯木의 도움을 받아 목생화木生火를 강하게 하니 처음 병화일주丙火日主가 신약 상태였는데, 묘목卯木의 도움으로 지긋지긋한 고생에서 어느 정도 해방된다. 덩달아 건강도 정상적으로 회복된다.

## 실례 2

병자년 신축월 임신일 임인시丙子年 辛丑月 壬申日 壬寅時의 사주는 신강사주로 시지時支에 있는 인목寅木이 용신用神이다.

인목寅木이 상식에 속하므로 기술 계통 아니면 예체능 쪽으로 진출하게 된다. 또한 인목寅木이 목생화木生火까지 가능하므로 이 수많은 물줄기를 능히 감당할 수 있다. 이때 운로에서 묘목卯木이 들어오면 인묘합목국寅卯合木局이 되면서 목생화木生火까지 가능하기 때문에 임수일주壬水日主는 자기가 하고 있는 직업을 통해서 축재蓄財를 하게 된다. 묘목卯木 자체만 가지고는 목생화木生火가 시원치 않은데, 인목寅木이 버티고 있으면 시원하게 목생화가 된다. 다시 말하면 하고 있는 일이 막히지 않고 계속 발전하게 된다.

## 신금申金이 진토辰土를 만나면 ────────

진토辰土가 신금申金의 자양지금滋陽之金이 된다. 따라서 토생금土

生金이 아주 잘되며 신진수국申辰水局이 되나, 자수子水가 없으면 완전한 수국水局이 안 되며 오히려 금국金局에 더 가깝다. 따라서 자수子水가 없을 때는 주위를 잘 살펴서 결정할 일이다. 여기에서도 신중申中의 경금庚金과 진중辰中의 을목乙木이 을경합乙庚合하고 있다.

## 실례 1

병오년 신묘월 경신일 을유시丙午年 辛卯月 庚申日 乙酉時의 사주로 목화木火가 용신用神이다. 운로運路에서 진토辰土가 들어오면 묘진목국卯辰木局이 될 것으로 생각되나 묘진목국으로 가지 않고, 진유금국辰酉金局이나 신진수국申辰水局으로 간다.

따라서 경금일주庚金日主는 진토辰土가 도와주는 것으로 생각하고 새로운 사업을 계획하고 착수했으나 오히려 진토辰土가 경금일주庚金日主의 가는 길을 가로막게 된다. 따라서 재물이 없어지고 심하면 회사가 부도난다.

## 실례 2

정묘년 병오월 병신일 갑오시丁卯年 丙午月 丙申日 甲午時의 사주는 신강사주로 일지日支의 신금申金이 용신用神이다. 이때 운로運路에서 진토辰土가 들어오면 신진수국申辰水局이 됨과 동시에 오화午火를 끝없이 빨아들이는 스펀지 역할을 하게 된다. 따라서 오화午火는 신금申金에게 자동으로 협조하기 때문에 화금상쟁火金相爭이 아니라 화금火金이 균형을 이루게 된다. 결과는 병화일주丙火日主에게 협조하지 않던 친구들이 협조하며 신진금국申辰金局도 되기 때문에 돈 벌고 출세하게 된다.

## 신금申金이 사화巳火를 만나면 ————

사신합巳申合은 선합후형先合後刑이 된다. 선합후형先合後刑이란 처음에는 서로가 뜻이 잘 맞아서 합습이 되었지만 결과는 형刑이 되어 어지러운 관계로 끝난다는 뜻이다. 사신형巳申刑은 일주에 나쁘게 작용될 때는 실종, 사고, 납치, 감금, 차액車厄, 수술, 재앙災殃으로 연결된다. 여기에서 주중柱中에 인목寅木까지 있으면 인사신삼형살寅巳申三刑殺에 해당되어 차 사고로 연결된다. 이런 사람이 차를 구입해 운전을 한다고 하면 주위에서 적극 말려야 할 것이다. 또한 사신합巳申合은 수국水局이 된다고 주장하는 사람이 있으나 사신합화수巳申合火水는 되지 않는다. 이유는 사화巳火는 여름이고 신금申金은 가을이기 때문이다. 여름과 가을은 근본적으로 체질體質이 다르다.

### 실례 1

신축년 정유월 경신일 임오시辛丑年 丁酉月 庚申日 壬午時의 사주는 신강사주로 시지時支의 오화午火가 용신이다. 이때 운로에서 사화巳火가 등장하면 사화巳火가 화기火氣에 속하기 때문에 당연히 사오화국巳午火局이 될 것으로 기대하나 결과는 사화巳火가 사유축금국巳酉丑金局으로 가 버린다. 여기에서 경금일주庚金日主는 따뜻한 사화巳火가 자기를 도와줄 것으로 기대하고 틀림없이 직장에서 승진할 것으로 굳게 믿었으나 결과는 사화巳火가 사유축금국巳酉丑金局으로 가기 때문에 모든 것이 엉망이 되어 버린다.

사유축금국巳酉丑金局이 오화午火의 재살지財殺地가 되므로 승진하기는커녕 직장에서 파직을 당하게 된다. 남자 같으면 윗분과의 불화설이나 자식의 잘못된 행동 때문에 이렇게 나쁜 결과가 만들어진다.

418

여자 같으면 남편의 부도덕한 행동으로 인해 경제적으로 어려운 경지에 들어가게 된다.

## | 실례 2

| 경인년 무자월 병신일 갑오시庚寅年 戊子月 丙申日 甲午時의 사주는 신약사주로 시지時支의 오화午火가 용신이다. 이때 운로에서 사화巳火가 들어오면 사오화국巳午火局을 이루기 때문에 일주日主를 지금까지 괴롭혔던 신자수국申子水局을 어느 정노 삼재울 수 있다. 따라서 사화巳火가 있는 동안은 친구, 형제의 도움으로 어려운 경지를 벗어나 경제적으로 풍족한 생활을 하게 된다.

## 신금申金이 오화午火를 만나면 ──────

화극금火剋金으로 수제受制되어 금金이 피상被傷당한다.

여기에서 신금申金은 가을이고 가을은 대체로 결실結實의 계절이어서 때로는 열매로도 자주 인용된다. 따라서 화극금火剋金 받았다는 뜻은 열매가 곯아서 병들어 떨어진 걸로 봐야 한다. 다른 비유를 빌리면 다된 밥에 코 빠진다고도 할 수 있다. 암장으로는 오중정화午中丁火와 신중申中의 임수壬水가 정임암합丁壬暗合한다.

## | 실례 1

| 신축년 경자월 무신일 정사시辛丑年 庚子月 戊申日 丁巳時의 사주는 재다신약財多身弱 사주로 거짓말을 자주 하고 돈이라면 물불을 안 가리고 덤비는, 한마디로 질質이 좀 안 좋은 유형이다. 이때 운로運路에서 오화午火가 들어오면 지금까지는 수화상쟁水火相爭이었는데 오화

午火로 인해서 수화기제水火既濟로 변하게 된다. 다시 말하면 수기水氣와 화기火氣가 균형을 이루게 된다. 여기에서 오화午火는 윗사람으로 해석이 되는데, 한마디로 선배 혹은 나를 보호해 주는 윗사람의 도움으로 큰돈을 벌게 된다.

## 실례 2

경오년 신사월 갑신일 경오시庚午年 辛巳月 甲申日 庚午時의 사주는 제살태과制殺太過 사주로 일지日支의 신금申金이 용신用神이다. 따라서 신금申金은 수많은 화기火氣에 둘러싸여 겨우 버티고 있는 형국이다. 이때 운로運路에서 오화午火가 들어오면 월지月支에 있는 사화巳火와 함께 사오합화기巳午合火氣로 화극금火剋金하게 된다. 한마디로 표현하면 용신퇴출用神退出 현상이 일어나게 된다. 남자라면 직장에서 쫓겨나며, 자식 하나를 저세상으로 여행시킨다. 여자라면 자식 때문에 아니면 쓸데없는 일을 저질러서 그 결과로 남편과 이혼하게 된다.

## 신금申金이 미토未土를 만나면 ─────

인수印綬이면서도 토생금土生金을 받지 못한다. 이유는 미토未土가 조토燥土이기 때문에 토생금土生金을 할 수 없다.

암장暗藏으로는 신중申中의 경금庚金과 미중未中의 을목乙木이 을경乙庚으로 암합暗合한다. 또한 방향이 곤방坤方으로 공존한다.

## 실례 1

갑인년 병자월 무신일 무오시甲寅年 丙子月 戊申日 戊午時의 사주는 신약사주로 시지時支의 오화午火가 용신用神이다. 이 사주의 약점은 무토일주戊土日主가 겨울에 태어나서 몸이 차기 때문에 혈액순환이 원활치 않고 자주 감기에 걸리기 쉽다는 점이다.

이때 운로運路에서 따뜻한 미토未土가 들어오면 오미화국午未火局이 이루어져서 무토戊土가 세상살이 철이 들고 건강 또한 좋아지게 된다. 더구나 월지月支의 자수子水, 즉 그동안 나에게 협조하지 않았던 재성財星을 충분히 견제할 수 있으므로 무토일주戊土日主가 계획한 대로 큰돈을 모을 수 있고 멋있는 인생 설계를 할 수 있게 된다.

### 실례 2

신사년 갑오월 병신일 을미시辛巳年 甲午月 丙申日 乙未時의 사주는 신강사주로 일지日支의 신금申金이 용신이다. 이 말을 풀어서 쓰면 한마디로 병화일주丙火日主는 돈이 인생의 목적이고 아내가가 인생의 핵심核心이다. 이때 운로에서 미토未土가 들어오면 화국火局이 더욱 강해져서 화극금火剋金하게 된다. 따라서 신금申金은 녹아 흘러내린다. 이 말은 재산이 소리 없이 무너지며, 아내는 대장암에 걸려서 먼 세상으로 여행할 가능성이 많다는 의미이다.

## 신금申金이 신금申金을 만나면 ─────

금기金氣가 왕旺해지고 배가倍加되는 것은 사실이나 한쪽으로 편중되기가 쉽고 자수子水나 진토辰土가 없으면 결국은 서로 자기 주장만 하다가 분열되기 쉽다.

### 실례 1

신유년 경자월 경신일 병자시辛酉年 庚子月 庚申日 丙子時의 사주는 금수쌍청金水雙淸 사주로 금수金水가 용신用神이다. 다시 말해 이 사주는 금수金水로만 이루어져 있기 때문에 '금수쌍청'이란 이름이 붙은 특수 사주에 속한다. 이때 운로運路에서 신금申金이 들어오면 신금申金 자체가 금수金水의 핵核이기 때문에 경금일주庚金日主에겐 좋은 작용을 하게 된다. 쉽게 풀면 형제, 친구의 도움으로 일이 잘 풀리며, 기술자라면 특허 제품을 출원해서 크게 성공한다.

## 실례 2

계유년 갑인월 병신일 기축시癸酉年 甲寅月 丙申日 己丑時의 사주는 신약사주로 월지月支의 인목寅木에 의지하고 있다. 다시 말해 부모의 도움이 없어진다면 인생이 어려워지는 걸로 되어 있다. 이때 운로運路에서 신금申金이 들어오면 인신충寅申沖으로 이 사주의 핵심이 무너진다. 운에서 들어온 신금申金은 누구인가 하면 새로이 만난 병화일주丙火日主의 애인이다. 애인 때문에 부모를 버리는 최후의 상황을 맞이한다. 사회적으로는 패륜아로 인생이 끝장난다.

## 신금申金이 유금酉金을 만나면 ————

신유申酉로 합국合局하여 금국金局이 되며 금기金氣가 강해진다. 방합方合이 되나 오히려 빛이 난다. 이유는 신금申金이 무쇠 덩어리인데 반해서 유금酉金인 보석을 만났기 때문이다. 여기에서 유의해야 할 것은 신유합申酉合은 잘되나 신술申戌이나 유술합酉戌合은 잘 안 된다는 점이다. 그러나 술토戌土가 월지月支에 있을 때는 합습이 잘된다. 이유는 술월戌月 자체가 가을이기 때문이다.

## 실례 1

신축년 정유월 경신일 기묘시辛丑年 丁酉月 庚申日 己卯時의 사주는 신강사주로 시지時支에 있는 묘목卯木이 재성財星으로 용신用神이 된다.

경금일주庚金日主는 완벽주의자로서 추호의 흐트러짐도 용납하지 못한다. 이때 운로運路에서 유금酉金이 들어오면 시지時支의 묘목卯木과 묘유충卯酉沖한다. 이렇게 완벽한 사주도 운에서 얻어맞으면 방법이 없다. 묘유충卯酉沖으로 인해 재산 잃고 아내와 생별生別 혹은 사별死別하게 된다. 이렇게 단단하고 완벽한 사주일수록 무너질 때는 쉽게 무너진다. 큰 바위가 폭발할 때를 연상하면 된다. 그만큼 유연성이 부족하다는 이야기도 된다.

## 실례 2

갑인년 경오월 병신일 을미시甲寅年 庚午月 丙申日 乙未時의 사주도 신강사주로 일지日支의 신금申金이 병화일주丙火日主의 용신用神이다. 이때 운로運路에서 유금酉金이 들어오면 신유금국申酉金局이 형성되어 용신用神이 한층 튼튼하게 된다. 따라서 사업가라면 큰돈을 벌게 되고 정치인이라면 금생수金生水가 자연히 가능하기 때문에 확실하게 정계 진출의 발판을 마련하게 된다. 또한 뜨거워서 쩔쩔매는 병화일주丙火日主를 차게 식히는 역할을 하므로 사주의 균형이 맞추어지고 건강 또한 눈에 띄게 좋아진다.

## 신금申金이 술토戌土를 만나면 ————

토생금土生金이라고 하나 술토戌土가 조토燥土가 되어 토생금土生金이 되지 않는다. 단 술토戌土가 월지月支에 있을 때는 술월戌月 자체가 가을이기 때문에 토생금土生金이 확실하게 된다.

술중戌中의 정화丁火와 신중申中의 임수壬水가 암합暗合으로 정임합丁壬合을 하고 있다.

## | 실례 1

신사년 경인월 무신일 임자시辛巳年 庚寅月 戊申日 壬子時의 사주는 신약사주로 인사형寅巳刑이 화국火局을 이루고 있으나 인월寅月이 아직 춥고 또한 인목寅木에 직접 뿌리하지 못하고 인중병화寅中丙火에 뿌리하기 때문에 신약사주로 본다. 이때 운로運路에서 술토戌土가 들어오면 인술寅戌이 화국火局을 이루기 때문에 수화水火의 균형을 이루게 된다. 운運에서 들어온 술토戌土가 신자수국申子水局을 강력히 토극수土剋水하게 된다. 따라서 술토戌土가 있는 한 원래의 신약사주에서 신강사주로 돌변하게 된다.

시주時柱에 있는 임자수壬子水가 무토일주戊土日主의 편재偏財인데 신약사주일 때는 돈이 계속 없어지다가 술토戌土가 들어오면서 신강身强으로 변하기 때문에 그때부터 갑자기 큰돈을 벌기 시작한다. 따라서 술토戌土의 등장은 무토일주戊土日主의 운명을 완전히 바꾸어 버리게 된다.

## | 실례 2

계사년 무오월 무신일 무오시癸巳年 戊午月 戊申日 戊午時의 사주는 신강사주로 일지日支의 신금申金이 용신用神이다. 이때 운로運路에서 술토戌土가 들어오면 무토일주戊土日主는 토생금土生金으로 신금申金이 더 강해지는 것으로 생각하여 사업을 확장하기 시작한다. 그러나 정반대로 술토戌土는 토생금土生金을 하지 못하고 오술화국午戌火局이 된다.

오술화국午戌火局이 신금申金에게 심각하게 타격을 가한다. 다시 말하면 신금申金인 무쇠 덩어리가 화극금火剋金으로 인해서 흘러 녹아내린다. 그런 결과로 무토일주戌土日主는 돈 잃고 아내가 아프기 시작한다. 심하면 대장암으로 진행된다.

### 신금申金이 해수亥水를 만나면 ──────

금생수金生水로 설기泄氣가 되며 결과적으로 수다금침水多金沈이 된다.

### │ 실례 1

계축년 갑자월 무신일 정사시癸丑年 甲子月 戊申日 丁巳時는 신약사주로 시주時柱의 정시丁巳에 의존하고 있으며 화토火土가 용신用神이다. 이때 운로運路에서 해수亥水가 들어오면 해자수국亥子水局을 이루는데 이러한 수기水氣는 엄청나서 웬만한 화기火氣는 다 잠재울 수 있는 무서운 위력을 가지게 된다. 더구나 시지時支의 사화巳火와 사해충巳亥沖을 하니 무토일주戌土日主의 뿌리는 완전히 뽑히게 된다.

남자 같으면 돈 때문에 아니면 아내 때문에 인생이 완전히 망가진다. 여자 같으면 시어머니의 음모에 걸려서 끝없는 낭떠러지로 추락하게 된다.

### │ 실례 2

정사년 병오월 병신일 계사시丁巳年 丙午月 丙申日 癸巳時의 사주는 신강사주로 일지日支의 신금申金이 용신用神이다. 다시 말하면 병화일주丙火日主에겐 세상을 사는 목적이 돈을 모으는 것이고, 살아가면서 가장 아끼는 사람은 아내이다. 이때 운로運路에서 해수亥水가 들어오면 수많은 화기火氣에 둘러싸여서 외로이 버티고 있는 신금申金을 위기에서 구출해 낸다. 다시 말하면 수극화水剋火의 영향으로 수많은 화기火氣를 잠재우게 된다. 여기에서 꼭 알아야 할 사항은 주중柱中보다 운運에서 들어온 오행五行이 모든 것을 좌우한다는 사실이다. 따라서 해수亥水로 인해서 신금申金이 완전히 살아나니 돈 벌고 출세하며 아내의 건강마저 좋아지게 된다.

여기에서 해수亥水는 새로 시작한 사업의 아이디어나 혹은 자식들을 가리키니 자식들의 아버지를 위한 효도의 일환으로 봐야 할 것 같다. 자식들 또한 하는 일이 쉽게 풀리기 시작한다.

10장

유금酉金의
성격과 응용

① 유금酉金은 팔월지기八月之氣로 사음四陰에 해당하고 오후 5시부터 7시 사이를 지배한다.

② 유금酉金의 월月인 유월酉月은 백로白露부터 시작하며 8월 중으로 중추가절仲秋佳節이라고 표현한다. 1년 중 제일 깨끗하며 천고마비天高馬肥의 계절이라고 회자膾炙되고 있다.

③ 유금酉金은 자수오화묘목子水午火卯木과 마찬가지로 타오행他五行으로 변질되지 않는다.

④ 유금酉金은 천간天干의 신금辛金과 같으며 음금陰金, 생금生金, 유금柔金, 연금軟禁, 금金, 은銀, 주옥珠玉, 침針, 비철금속 등으로 응용되고 있다.

⑤ 유금酉金은 석양夕陽, 결실結實의 계절, 열매 등으로 비유된다.

⑥ 유금酉金은 이미 제련된 금金으로 보기 때문에 때로는 화기火氣를 싫어한다. 이유는 잘못되면 녹아 없어질 수도 있기 때문이다.

⑦ 유금酉金은 사왕지국四旺之局으로 가장 강한 가을의 기운을 나타내며 총칭 도화桃花에도 속한다.

⑧ 유일酉日에 태어난 사람은 너무 깨끗한 것이 흠欠으로 백옥白玉같이 희고, 깨끗하며, 예쁘다. 또한 의리가 있고 순하며, 멋을 잘 부린다. 그러한 반면에 성격은 냉정하고 끝마무리를 아주 잘한다.

⑨ 유금酉金은 숫자로는 4를 가리키며, 색色은 백색白色이고, 취각이 발달되어 있으며, 맛은 매움을 나타낸다.

⑩ 유금酉金은 육체로는 '폐'에 해당하고, 신금申金과 마찬가지로 골격骨格으로도 응용되고 있다.

⑪ 짐승으로는 '닭'에 속하는데 상격上格으로는 봉황鳳凰이라고 칭하며 고귀하다고 표현한다.

⑫ 유금酉金은 금극목金剋木은 잘하나 금생수金生水를 함에 있어서는 청백지수清白之水가 되는 것이 흠欠이다. 청백지수란 너무 깨끗한 물이라서 물고기도 살지 못함을 연상하면 된다.

⑬ 진토辰土와는 진유辰酉로 생합지국生合之局이 되고, 사화巳火 및 축토丑土와는 삼합三合으로 금국金局이 된다.

⑭ 신금申金과 신유申酉로 금국金局이 되고 술토戌土와는 유술酉戌로 금국金局이 되나, 술토戌土가 월지月支에 있을 때는 확실하고 나머지는 앞뒤를 잘 살펴서 결정할 일이다.

⑮ 묘목卯木과 묘유卯酉로 상충相冲하고 인목寅木과는 인유寅酉로 원진살怨嗔殺이며 자수子水와는 귀문관살鬼門關殺이 되는데, 이때의 자유子酉는 결벽증이 심한 것이 특징이다.

⑯ 직업으로는 철쇄개금鐵鎖開金에 해당되어 의사, 법관, 역학자 등이 많이 배출되고 있다.

⑰ 유금酉金의 방향은 태궁兌宮으로 정서正西 쪽이다.

⑱ 유일酉日에 태어난 사람은 유금酉金 자체가 가을을 가리키기 때문에 피부가 조燥해서 얼굴이 희고 건성乾性 피부가 많다.

⑲ 목木에게는 절지絶地가 되며, 화火에게는 일몰日沒·사궁死宮이 되고, 토土에게는 설기泄氣·도기盜氣가 되어 흰색으로 색깔이 변하며, 금金은 관왕冠旺해지며, 수水는 청백지수清白之水가 되어 너무 깨끗하기 때문에 고기가 살지 못하고 열매와 꽃이 깨끗한 물 위로

떨어진다.

**㉕** 유금酉金은 연금軟禁이라고 하나 득국得局하면 완금장철頑金丈鐵과
같아 화기火氣를 만나야 성기成器가 됨은 신금申金과 같다.

## 유금酉金이 자수子水를 만나면 ────

금생수金生水로 설기泄氣되어 금기金氣는 없어진다. 따라서 금침金 沈이 되며, 또한 사궁死宮도 된다. 자유子酉 귀문관이 만들어지는데 다른 귀문관 작용과 다른 점은 '결벽증'이 심하다는 데 있다.

### | 실례 1

경신년 무자월 신유일 기축시庚申年 戊子月 辛酉日 己丑時의 사주는 금 수쌍청金水雙淸 사주로 예체능 계통이나 방송국 아니면 종교 계통에 종사하는 사람이 많은 사주四柱이다. 이 사주의 특징은 신경이 예민 하고 까다로우며, 결벽증이 심하다. 또한 머리는 아주 영특하여 천 재라 해도 과언이 아니다. 이러한 사주가 운運에서 자수子水가 들어 오면 이 사주 자체가 금수金水를 필요로 하기 때문에 아랫사람의 도 움으로 하는 일이 잘 풀어진다. 다만 자수子水인 찬 기운이 몸에 침 투하므로 몸이 차가워진다. 따라서 감기 등에 자주 걸릴 가능성은 있으나 하는 일이 잘 풀리고 스트레스를 덜 받기 때문에 크게 걱정 할 필요는 없다.

### | 실례 2

병오년 신축월 정유일 병오시丙午年 辛丑月 丁酉日 丙午時의 사주는 신 약사주로 시주時柱의 병오丙午가 용신用神이다. 이 사주는 재다신약 財多身弱 사주로서 돈에 대한 집착이 강하고 돈을 벌기 위해서는 수 단과 방법을 가리지 않는다. 따라서 상황이 불리할 때는 상대방을 속이는 짓도 서슴지 않는다. 또한 책임 있는 행동이 뒤따르지 못하 고 말이 앞서니 일을 벌이기는 하나 뒷수습을 못하여 항상 쩔쩔맨다. 이때 운로運路에서 자수子水가 들어오면 유축금국酉丑金局과 힘을 합해 거대한 수국水局을 형성하게 된다. 따라서 용신用神을 향해 강력하게 수극화水剋火하니, 사주의 균형이 완전히 무너지면서 세상 어디를 봐도 정화일주丁火日主를 구제해 줄 사람이 없다. 만약 대운大運에서 자수子水가 들어오면 인생이 끝나게 된다.

## 유금酉金이 축토丑土를 만나면 ─────

비록 입묘入墓라고 하지만 토생금土生金을 받으며 삼합三合으로써 유축금국酉丑金局이 된다. 이때의 축토丑土는 자양지금滋養之金으로 입묘入墓에서 다시 부활하여 환혼還魂이 된다. 따라서 가장 강력한 금국金局이 만들어진다고 보면 된다.

### 실례 1

갑자년 정축월 기유일 경오시甲子年 丁丑月 己酉日 庚午時의 사주는 재다신약財多身弱 사주로 이 사주四柱의 골격은 돈과 권력과 여자에 대한 집착력이 아주 강하며, 성격은 까다로워서 상대하기 힘들다. 이 사주는 시지時支의 오화午火에 의지하고 있기 때문에 오화午火가 상처를 받으면 사주 전체가 힘을 못쓰게 된다. 이때 운로運路에서 축토丑土가 들어오면 축토丑土가 스펀지 역할을 하기 때문에 오화午火는 계속해서 화생토火生土해야 한다. 따라서 오화午火는 지칠 대로 지치게 된다. 또한 년지年支에 있는 자수子水와 힘을 합해 자축수국子丑水局이 되어 수극화水剋火를 하게 되니 기토일주己土日主의 보급로인 오화午火가 힘을 못쓰게 되어 모든 통로가 차단된다. 결과적으로 기토일주己土日主는 스스로 자멸할 수밖에 없다.

갑인년 경오월 을유일 임오시甲寅年 庚午月 乙酉日 壬午時의 사주는 처음 보면 신약사주로 생각하기 쉬우나 신강사주로 제살태과制殺太過 사주에 속한다.

사주四柱의 구성상 관성官星이 있을 때는 상식傷食도 일주日主의 간접근間接根이 되기 때문에 신강사주로 귀착된다. 따라서 관성官星인 일지日支의 유금酉金이 이 사주의 용신用神이다. 또한 유금酉金이 편관偏官에 속하기 때문에 기회와 여건만 형성되면 하루아침에 크게 출세하는 사주이다. 이때 운로運路에서 축토丑土가 들어오면 유축금국酉丑金局이 되면서 기신忌神인 오화午火를 무력화시킨다. 따라서 축토丑土가 들어와 있는 동안은 계속 고속 승진을 하게 된다. 만약 이때 선거에 출마하면 틀림없이 당선된다.

## 유금酉金이 인목寅木을 만나면

절지絕地가 된다. 따라서 칼날이 무뎌지며 결국은 유금酉金이 상하게 된다.

그러나 인중병화寅中丙火와 유중신금酉中辛金이 병신합丙辛合이 된다. 이러한 병신합丙辛合이 안 좋은 상황으로 연결될 때는 원수집안끼리 인연이 된다고 해석할 수 있다.

신묘년 갑오월 기유일 을축시辛卯年 甲午月 己酉日 乙丑時의 사주는 신약사주로 화토火土가 용신用神이다.

이 사주는 인목寅木, 오화午火, 미토未土, 술토戌土가 들어올 때에 한해서 이 사주에 도움을 준다.

사화巳火는 사유금국巳酉金局으로 변화하기 때문에 해롭다. 인목寅木은 이 사주에서 관살官殺에 해당되나 다행히도 일지日支에 오화午火가 있어서 인오화국寅午火局이 형성되므로 인수국印綬局이 이루어져서 크게 도움을 준다.

이렇게 신약사주이면서도 살기殺氣가 도움을 준 경우에는 다음과 같은 현상들이 나타난다.

① 직상에서 승진하고 중책重責을 맡게 되고 자기가 마음먹은 대로 일이 진행되면서 바빠진다.

② 직장에 경사慶事가 생기고 본인은 상관에게서 인정을 받으며

③ 작은 노력으로 큰 일을 이루며

④ 원수가 귀인貴人으로 변하게 되며

⑤ 명예, 돈이 한꺼번에 들어온다.

## 실례 2

경인년 임오월 계유일 무오시庚寅年 壬午月 癸酉日 戊午時의 사주는 신약사주로 일지日支의 유금酉金에 의지하고 있다.

한 마디로 말하면 부모가 돌보지 않으면 세상을 살아가기가 고단한 팔자八字이다. 이때 운로運路에서 인목寅木이 들어오면 인오화국寅午火局을 이루어서 유금酉金을 향해서 화극금火剋金을 하게 된다. 따라서 재물과 돈이 있는 대로 없어진다.

이럴 때는 움직이지 않는 것이 최상이다. 만약 이때 사업을 한다면 부도가 난다. 이럴 때 나타나는 현상은

① 과거보다 지출이 많아지고

② 아랫사람이 배신을 하며

③ 관재구설 모략중상이 발생되며

④ 여자는 남편에 대한 권태기로 연결되기 때문에 이혼할 확률이
높아지며

⑤ 쓸데없는 고집과 위법행위로 모든 상황이 나에게 불리하게 역
행逆行하며

⑥ 내 것을 주고도 병신이 되는 현상이 자주 일어난다.


## 유금酉金이 묘목卯木을 만나면 ————

묘유충卯酉沖으로 충파沖破가 되어 금기金氣는 파괴된다.

다른 말로 표현하면 다 익은 과일에 해당되는 유금酉金이 낙과落果
된다고 할 수 있다. 결국은 과일이 곪아서 쓸 수 없게 된다.


### | 실례 1

계사년 무오월 을유일 임오시癸巳年 戊午月 乙酉日 壬午時의 사주는 제
살태과制殺太過 사주로써 일지日支의 유금酉金이 이 사주의 용신用神
이다.

제살태과 사주란 사주에서 살殺이 나쁜 작용을 하기 때문에 살殺
을 제거해야 하지만 이 사주에서는 너무 많이 제거해서 오히려 이때
는 살殺을 살려줘야 전체 사주의 균형이 맞는 경우이다. 따라서 이
사주는 편관偏官인 유금酉金이 핵심인데 이러한 사주에서 금수운金水
運이 들어오면 하루 아침에 벼락출세하는 팔자八字이다. 이때 운로運
路에서 묘운卯運이 들어오면 묘유충卯酉沖 현상으로 폐가 극도로 나
빠지면서 심하면 저세상으로 여행하는 운이다.

**실례 2**

정미년 임인월 정유일 신축시 丁未年 壬寅月 丁酉日 辛丑時의 사주는 신약사주로 월지月支의 인목寅木에 의지하고 있다.

이때 운로에서 묘목卯木이 들어오면 월지月支의 인목寅木과 합해지면서 인묘목국寅卯木局을 이룬다. 또한 년지年支의 미토未土와도 합해지면서 묘미목국卯未木局도 만들어지게 된다.

묘목卯木 자체만 가지고는 목생화木生火가 여의치 못하나 다행히도 월지의 인목寅木이 있어서 인수국印綬局을 이루게 된다.

이러할 때 나타나는 현상은

① 귀인貴人이 나타나고

② 좋은 소식이 들리면서 부모님의 경사慶事도 생기고

③ 문서왕래하며 부동산의 이익이 생기고

④ 교육받고 승진하며

⑤ 지출은 줄고 수입이 늘며

⑥ 본인의 건강이 아주 좋아진다.

⑦ 여자인 경우 화장이 잘 받고 친정에 경사慶事가 있게 된다

## 유금酉金이 진토辰土를 만나면 ─────

토생금土生金으로 합금국合金局이 되며 철저한 합습으로써 십이지 중 가장 기뻐한다. 이유는 부모와 자식 간의 합습이 되기 때문이다.

**실례 1**

신미년 갑오월 신유일 갑오시 辛未年 甲午月 辛酉日 甲午時의 사주는 신약사주로 관살태왕官殺太旺 사주가 된다. 따라서 세상살이가 고달프

고 주위 환경이 좋지 않다. 이때 운로運路에서 진토辰土가 들어오면 첫째, 진유금국辰酉金局이 이루어져 신금일주辛金日主가 확고하게 뿌리를 내리게 된다. 또한 진토辰土가 스펀지 역할을 하므로 지금까지 신금일주辛金日主를 괴롭혔던 오화午火, 즉 수많은 적들로부터 완전히 해방된다. 따라서 모든 난관이 일시에 사라지게 된다. 이 사주가 비록 신약사주라 하더라도 진토辰土가 있는 한 신강사주 못지않게 당당하며, 자기가 속해 있는 직장에서 크게 발전한다.

## 실례 2

갑자년 임신월 정유일 병오시甲子年 壬申月 丁酉日 丙午時의 사주는 재다신약財多身弱 사주로서 돈과 여자에 집착하는 사주四柱이다. 현재의 형편을 보면 형제 혹은 친구에 해당되는 시주時柱의 병오丙午에 의존하고 있다. 이때 운로에서 진토辰土가 들어오면 정화일주丁火日主가 한없이 화생토火生土로 설기泄氣된다. 동시에 용신用神인 병오丙午도 화생토火生土로 도기盜氣된다.

결국은 용신이 지쳐 쓰러진다. 이 말은 정화일주丁火日主가 모든 희망이 좌절되면서 한 발짝도 앞으로 내딛지 못하고 모든 일이 완전히 정지된다는 뜻이다. 이때 엉뚱하게 일을 저지르면 자유롭지 못한 신세가 된다. 이런 경우가 대운大運으로 연결되면 패가망신한다.

## 유금酉金이 사화巳火를 만나면

화극금火剋金이 아니라 사유巳酉로 합금국合金局이 된다. 이때 사화巳火는 금지장생金之長生 역할을 하게 된다.

이질異質과 이질異質이 만나 동질同質이 되었으니 아주 강한 강철이 된다. 한마디로 보면 원수(사화巳火＝살기殺氣)가 변하여 내 편이 된 경우이다. 또한 사중병화巳中丙火와 유중신금酉中辛金이 병신암합丙辛 暗合을 하게 된다.

## 실례 1

갑인년 경오월 계유일 기미시甲寅年 庚午月 癸酉日 己未時의 사주는 신 약사주로 일지日支의 유금酉金에 의존하고 있다. 이때 운로運路에서 사화巳火가 들어오면 당연히 화기火氣이기 때문에 사오미巳午未로 합 해져서 화국火局으로 갈 것으로 생각하여 계수일주癸水日主는 더 불 리해질 거라고 생각한다. 그러나 결과는 정반대로 사유금국巳酉金局 이 된다. 이유는 방합方合보다 삼합三合이 우선이기 때문이다. 따라 서 계수일주癸水日主는 신약사주이기 때문에 사화巳火로 인해서 돈이 더 낭비되는 것으로 생각했으나, 결과는 반대로 계수일주癸水日主의 기초가 더 튼튼해졌기 때문에 경제적으로 더 윤택해지고 건강도 좋 아짐과 동시에 사회적으로도 더 안정되게 된다. 따라서 단순히 화기 火氣의 합合으로만 봐서는 안 된다는 또 다른 예외 사례이다.

## 실례 2

병오년 신축월 신유일 갑오시丙午年 辛丑月 辛酉日 甲午時의 사주는 신 왕사주身旺四柱로 시지時支의 오화午火가 용신用神이다. 이때 운로運 路에서 사화巳火가 들어오면 사화巳火가 화기火氣이기 때문에 당연히 사오화국巳午火局으로 갈 것으로 생각하여 신금일주辛金日主는 정계 에 진출하거나 사업가라면 사업을 확장한다. 그러나 사화巳火는 사 오화국巳午火局으로 가지 않고 사유축금국巳酉丑金局으로 가 버린다.

따라서 사화巳火는 완전히 없어지게 된다.

결과적으로 사화巳火의 배신으로 패망의 길을 걷게 된다. 사화巳火가 누구인가 하면 직장의 상사이거나 아들에 해당되는데, 직장 상사가 배신하거나 아니면 아들의 실수로 크게 일이 잘못되고 만다. 직장인이라면 상사의 모함으로 직장에서 쫓겨나게 된다.

## 유금酉金이 오화午火를 만나면 ───────

화극금火剋金으로 유금酉金이 녹아내린다. 유금酉金은 연금軟金에 해당되므로 화극금火剋金으로 유금酉金이 피상될 수밖에 없다. 유금酉金을 열매에 비유한다면 낙과落果가 된다. 다시 말하면 열매가 썩어서 떨어진다.

또한 오화午火가 전기이고 유금酉金이 동선銅線이라면 과부화로 퓨즈가 나가서 전기가 꺼지므로 집 안이 컴컴하게 된다.

### | 실례 1

갑자년 경오월 계유일 기미시甲子年 庚午月 癸酉日 己未時의 사주는 신약사주로서 일지日支의 유금酉金에 의존하고 있다. 처음에는 인상이 좋고 미인美人으로 보이나 볼수록 얼굴이 별로다. 이유는 계수일주癸水日主가 강하게 뿌리내리지 못하고 양옆으로 기운氣運이 흩어져 버렸기 때문이다. 운로運路에서 오화午火가 들어오면 일지日支의 유금酉金을 화극금火剋金하게 된다. 여기에서 오화午火는 돈이나 재물에 해당되고 유금酉金은 부모에 해당된다. 따라서 돈 때문에, 남자 같으면 새로 사귀는 여자 때문에 부모에게 타격을 가하게 되어 불효不孝를 저지르게 된다.

## 실례 2

병오년 신축월 계유일 기미시丙午年 辛丑月 癸酉日 己未時의 사주는 신강사주로 시주時柱의 기미토己未土가 사주의 핵심이고 의지처이다. 또한 이 사주는 시상일위귀격時上一位貴格의 사주이다.

시상일위귀격이란 월령月令에서 어떠한 격格으로 형성되었든 관계없이 시주時柱에 편관偏官이 용신用神일 때 성립되나 신왕관왕身旺官旺을 우선하며 귀격貴格으로 관직이 장관, 차관에 이르게 된다. 이 사주가 운로運路에서 오화午火가 들어오면 오미합화국午未合火局이 되므로 이 사주가 세상을 살아가는 동안 가장 화려한 환경이 조성된다. 여기에서 오미화국午未火局은 권력이나 재산, 집안의 자식에 해당된다. 또한 운로運路에서 들어온 오화午火가 기미토己未土를 뒷받침하게 되어 돈과 권력이 동시에 발생된다. 이러한 환경을 가리켜 '현처귀자 가문혁賢妻貴子 家門赫 세인존경 차외망世人尊敬 此外望'이라고 표현한다. 〈현명한 아내와 귀한 자식이니 가문이 빛날 것은 틀림없고 세인의 존경까지 받으니 더 이상 무엇을 바라겠느냐?〉라는 뜻이다. 이와 같이 사주의 구성 여하에 따라 인간의 운명은 완전히 좋고, 나쁨으로 나누어지게 된다.

## 유금酉金이 미토未土를 만나면

인수印綬이면서도 미토未土가 조토燥土인 관계로 불능생금不能生金이 되니 힘이 되기는 고사하고 오히려 방해가 된다.

## 실례 1

갑오년 정축월 신유일 갑오시甲午年 丁丑月 辛酉日 甲午時의 사주는 신왕사주로 오화午火가 용신이다. 따라서 신금일주辛金日主는 세상을 사는 목적이 재관財官에 있다. 따라서 자기 가정을 지키는 것이 일차적인 목표이고, 2차적인 목표는 남보다 많은 재물을 모아 성공하며 동시에 관료로서 출세하는 것이다. 이때 운로運路에서 미토未土가 들어오면 오미화국午未火局이 형성되어서 정치적으로 크게 성장함은 물론이고 미토未土가 신금辛金의 재고財庫가 되므로 재산도 크게 불어나게 된다. 이때의 미토未土는 신금일주에게 일생을 통해서 가장 좋은 행운幸運을 가져다 주게 된다.

## 실례 2

갑오년 경오월 정유일 임인시甲午年 庚午月 丁酉日 壬寅時의 사주는 신강사주로 금수金水가 용신用神이다. 다시 말하면 일지日支의 유금酉金이 이 사주의 핵심이다. 따라서 아내를 아주 귀하게 생각하며, 재물을 모으는 데 자기의 에너지를 집중시킨다. 또한 금전에 있어서는 아주 인색하다. 이유는 유금酉金이 핵심이면서도 이 사주에서 아주 약하며, 또한 유금酉金이 금생수金生水에 인색하기 때문이다. 이때 운로에서 미토未土가 들어오면 월지月支의 오화午火와 합해져 오미화국午未火局이 형성되면서 강력하게 유금酉金을 화극금火剋金한다. 이러한 환경에서는 재물이 없어지면서 아내가 아프기 시작한다. 병명病名으로는 폐염 증세가 오기 시작한다. 심하면 폐암까지 유발된다.

## 유금酉金이 신금申金을 만나면 ─────

신유申酉로 합합해져서 금국金局이 되나 좋은 보석에 해당되는 유금酉金이 무쇠 덩어리에 해당되는 신금申金을 만나 값어치가 떨어질

까 걱정이 된다. 다른 말로 표현하면 못된 친구를 만나 손해를 볼까 두려워진다.

## 실례 1

갑인년 정축월 을유일 임오시甲寅年 丁丑月 乙酉日 壬午時의 사주는 신왕사주로 시지時支에 있는 오화午火가 용신이다.

혹자는 유축금국酉丑金局이 되어 신약사주로 보기 쉬우나 월지月支에 있는 축토丑土는 토기土氣가 아니라 강력한 수기水氣로 봐야 한다. 이유는 축월丑月 자체가 가장 추운 겨울이기 때문이다. 따라서 수목응결水木凝結 사주가 되기 때문에 따뜻한 화기火氣로 풀어 줘야 한다. 그래서 강력한 상식이 필요한 사주인데 시지時支에 있는 오화午火가 바로 강력한 상식傷食에 해당된다. 이러할 때 을목일주乙木日主는 예체능 계통이나 기술 계통에서 탁월한 능력을 발휘하게 된다. 이때 운로運路에서 신금申金이 들어오면 신유금국申酉金局이 강력하게 형성된다. 이 사주의 핵심인 오화午火에게는 금기金氣가 절지絶地에 해당된다. 따라서 을목일주는 신금申金을 만나면 꽃이 피지도 못하고 저버리는 비운을 맞게 된다. 한마디로 모든 것이 끊어진 절지絶地가 된다. 만약 대운大運에서 신금申金이 들어오면 모든 일이 완전히 멈추어 버린다. 심하면 목숨까지도 위험하다.

## 실례 2

갑인년 경오월 신유일 갑오시甲寅年 庚午月 辛酉日 甲午時의 사주는 신약사주로 신금일주辛金日主는 일지日支의 유금酉金에 모든 것을 의지하고 있다. 사주의 핵심인 일지日支의 유금酉金은 양쪽의 오화午火에 의해서 화극금火剋金을 당하고 있기 때문에 상당히 괴로운 처지에 놓여 있다. 이때 운로運路에서 신금申金이 들어오면 신유금국申酉金局이 형성되므로 양쪽의 오화午火의 견제를 견뎌낼 수 있게 된다. 이러할 때 신금일주辛金日主는 비로소 철이 들게 되며, 자기 자신의 위치를 확고히 하면서 지금까지 자기를 괴롭혔던 모든 세력으로부터 벗어날 수 있게 된다.

신금일주辛金日主는 운에서 들어온 신금申金이 있는 동안은 하는 일이 순조롭게 풀린다. 직장인이라면 직장에서 계속 승진하게 된다. 정치인도 이때 출마하면 당선의 영광을 차지한다.

## 유금酉金이 유금酉金을 만날 때

유유酉酉로 합금국合金局이 되나 서로가 잘났다고 설치기 때문에, 또한 서로 자기가 대장이 되려고 하므로 다시 분열分裂될까 걱정이다.

### 실례 1

계축년 을축월 계유일 갑인시癸丑年 乙丑月 癸酉日 甲寅時의 사주는 신왕사주로 시주時柱의 갑인甲寅이 이 사주의 핵심이며 또한 용신用神이다.

계수일주癸水日主가 여명女命의 사주라면 애교 덩어리이고 완벽주의자이며 남에게 자기 자신을 노출시키지 않는 무서운 성격의 소유자이다. 갑인甲寅은 계수일주癸水日主의 자식에 해당되는데 계수일주는 자식 사랑이 어느 무엇보다 우선이다. 또한 계수癸水는 흘러가는 물이기 때문에 막히거나 정체되면 썩는다. 다시 말해 계수일주는 집에만 있으면 몸이 아프고 스트레스를 많이 받는다. 따라서 밖에서 활동하는 직업을 가져야 한다. 이 사주가 운로運路에서 유금酉金이 들어오면 강력한 금국金局이 되어 시주時柱에 있는 갑인甲寅을 여지없이 쳐낸다. 이러한 상황에서 계수일주癸水日主의 흘러나가는 통로인 갑인甲寅을 막아 버리기 때문에 계수일주癸水日主는 건강이 악화됨과 동시에 모든 일이 정지된다. 건강상으로는 혈압 때문에 고생하게 된다. 또한 갑인甲寅에 해당되는 자식들도 어려운 처지에 놓이게 된다.

갑인년 경오월 을유일 임오시甲寅年 庚午月 乙酉日 壬午時의 사주는 제살태과制殺太過 사주로 일지日支의 유금酉金이 용신用神이다. 남자라면 직장과 자식이 최고이고, 여자라면 남편이 이 세상에서 가장 귀한 존재存在이다.

이러한 사주를 잘못 해석하면 신약사주로 보기 쉬우나 이 사주는 신강사주로 관성官星이 용신用神이다. 이러할 때 운로運路에서 유금酉金이 들어오면 또 하나의 관성官星이 추가되므로 이때는 을목일주乙木日主가 신왕관왕身旺官旺 사주로 돌변하게 된다. 직장인이라면 직장에서 계속 승진하게 되며 건강 또한 아주 좋아진다. 전체적으로 보면 조화와 균형이 이루어지게 된다. 또한 유금酉金에 해당되는 육친도 일이 잘 풀린다.

## 유금酉金이 술토戌土를 만나면 ————

인수印綬로 토생금土生金 받을 것으로 생각되나 술토戌土 자체가 조토燥土이기 때문에 토생금土生金이 되지 않으며 오화午火나 미토未

土가 있으면 오히려 화국火局이 되어 방해가 된다.

### 실례 1

신유년 신축월 신유일 무자시辛酉年辛丑月辛酉日戊子時의 사주는 특수 사주로서 금수쌍청金水雙淸에 해당된다. 따라서 금수운金水運에 모든 일이 잘 풀린다.

토운土運은 습토濕土인 진토辰土와 축토丑土가 토생금土生金이 가능하므로 금운金運을 도와주게 된다. 이때 운로運路에서 술토戊土가 들어오면 유술금국酉戊金局이 된다고 생각하는 사람도 있다. 그러나 그것은 불가능하다. 이유는 술토戊土가 조토燥土로서 토생금土生金이 안 되기 때문이다. 이때 술토는 토생금土生金이 되지 않고 시지時支에 있는 자수子水를 토극수土剋水하여 파괴하며, 월지月支에 있는 축토丑土와 축술형丑戊刑이 되어 축토丑土의 본래 모습을 잃어버리게 만든다. 따라서 신금일주辛金日主의 금수쌍청金水雙淸 사주를 여기저기 흠집을 만들어 놓아 사주四柱 전체가 망가지게 된다. 원인은 부모님 때문이거나 아니면 윗사람의 모함이거나 그것도 아니면 신금일주辛金日主가 남의 보증을 잘못 서서 망가진 경우에 해당된다.

### 실례 2

갑자년 정축월 계유일 무오시甲子年丁丑月癸酉日戊午時의 사주는 신왕사주身旺四柱로 시지時支의 오화午火가 이 사주의 핵심이다. 오화가 용신用神이라고 하더라도 사주 전체의 규모로 볼 때 용신이 외로운 섬에 갇혀 있는 형태로 나와 있다. 한마디로 외롭다는 뜻이다. 이때 운로運路에서 술토戊土가 들어오면 오술화국午戊火局이 형성된다.

술토는 또한 계수일주癸水日主의 재관고財官庫로서 재국財局, 관국官局 노릇을 할 수 있다. 이 이야기는 사업하는 사람은 큰 부자가 될 수 있고, 정치가나 관료는 크게 자기의 포부를 펼 수 있는 자리로 계속 승진함을 가리킨다. 또한 술토가 아주 넓고 큰 바닷물을 가둘 수 있는 댐 역할을 하기 때문에 어떠한 어려운 역경이 닥치더라도 능히 극복할 수 있는 큰 그릇으로 바뀌어진다. 다시 말하면 술토戌土의 출현은 계수일주癸水日主의 운명을 완전히 바꾸어 놓는다. 2차선의 지방 국도에서 8차선의 고속도로로 운명이 바뀌게 된다.

## 유금酉金이 해수亥水를 만나면 ————

금침金沈이 되고 설기泄氣가 되어 금金으로서의 임무를 완전히 상실하게 된다. 여기에서 해수亥水는 큰 호수나 넓은 바다를 가리키는데 그러한 해수亥水에 반지, 즉 유금酉金을 던지면 찾지 못하는 경우를 상상하면 된다.

### 실례 1

임오년 계축월 신유일 경인시壬午年 癸丑月 辛酉日 庚寅時의 사주는 신강사주로 시지時支의 인목寅木이 신금일주辛金日主의 핵심이다. 다시 말하면 인목寅木이 용신이라는 뜻이다. 여기에서 신금일주가 남자라면 아내와 자식이 본인에게는 가장 소중하다. 또한 인목寅木이 재산에도 해당되므로 재물에 대한 욕심이 많다.

다만 강한 신금일주에 비해서 인목寅木이 약하고, 금생수 수생목金生水 水生木으로 연결하는 고리가 없다는 것이 이 사주의 약점이다. 운로運路에서 해수亥水가 들어오면 해수亥水가 수기水氣이므로 해축수국亥丑水局이 이루어진다고 보기 쉽다. 그러나 실제로 해수는 해축수국亥丑水局으로 가지 않고, 인해합목국寅亥合木局으로 간다. 이유는 인해합목국寅亥合木局은 육합六合으로써 어느 합合보다도 강하게 연결되기 때문이다.

또한 이 합合은 부모와 자식의 합合으로 세상에서 가장 고귀한 결합이 된다. 더구나 금극목金剋木으로 흐르는 단순 흐름을 금생수 수생목金生水 水生木으로 흐르게 한 결과 돈을 쓰면 쓸수록 돈이 벌리는 결과를 가져온다. 쉬운 말로 풀이하면 돈을 투자하면 투자할수록 큰돈을 번다는 뜻이다. 해수亥水가 대운大運에서 들어온다면 안정적으로 큰돈을 벌게 된다. 이유는 인해합목국寅亥合木局 자체가 큰돈을 의미하기 때문이다.

## 실례 2

임자년 임자월 계유일 정사시壬子年 壬子月 癸酉日 丁巳時의 사주는 신왕사주身旺四柱로 이 사주의 주인공인 계수일주癸水日主는 파도가 치고 있는 태평양 같은 큰 바다를 의미한다. 이 사주의 핵심은 시주時柱의 정사丁巳인데 약점은 사유금국巳酉金局으로 사화巳火가 묶여 있다는 사실이다. 또한 계수일주癸水日主는 귀문관살鬼門關殺의 영향으로 신경이 예민하고 까다로우며, 천재적인 두뇌의 소유자로서 자기노출이 전혀 되지 않는 무서운 성격을 지니고 있다. 이때 운로運路에서 해수亥水가 들어오면 첫째, 해자수국亥子水局을 이루기 때문에 더욱 큰 파도가 치게 된다. 따라서 어떠한 화기火氣도 견디기 어렵게 된다. 둘째, 사해충巳亥沖으로 처음부터 사유巳酉에 묶여서 완전치 못한 불을 완전히 꺼 버린다. 이런 상황에서의 계수일주癸水日主

는 세상의 모든 일이 동결되며, 앞이 전혀 보이지 않는 깜깜한 밤중으로 돌변한다. 건강상으로는 심장마비로 인해서 저세상으로 여행 갈 가능성이 많다.

11장

술토(戌土)의 성격과 응용

**01** 술토戌土는 오음지기五陰之氣로 오후 7시부터 오후 9시까지를 지배하며 한로寒露 이후를 9월로 취급한다. 또한 크게 봐서 만추지기晚秋之氣, 양토陽土로 규정한다.

**02** 술토戌土는 무토戊土라는 본기本氣와 정화신금丁火辛金이라는 여기餘氣를 가지고 있다. 술월戌月이 시작되고 처음 10일 동안을 상순上旬이라고 표현하는데 이때를 금여기金餘氣로 보며, 11일부터 20일까지를 중순中旬이라고 표현하는데 이때를 금퇴기金退氣로 취급하고, 나머지 10일은 하순下旬이라고 표현하며 이때를 수진기권水進氣圈으로 분류한다.

**03** 술월戌月의 상순上旬의 기온氣溫과 하순下旬의 기온 차이는 너무나 크다. 9월 상순은 하복夏服 착용이 가능하지만 9월 하순은 동복冬服을 입어야 외부의 기온에 적응할 수 있다.

**04** 술토戌土는 양토陽土, 왕토旺土, 조토燥土, 강토剛土, 화산火山, 언덕岸, 제방, 화고火庫, 전기, 배터리, 충전소充電所, 변전소, 전기 기술, 가전제품, 정보 처리, 상공계商工係, 동자부動資部, 화공化工, 기술 등으로 응용되고 있다.

**05** 술토戌土는 토극수土剋水가 아주 우수해서 어떤 하해河海라도 막을 수 있다. 그러나 조토燥土이기 때문에 토생금土生金은 불가능하다. 단, 술토戌土가 월지月支에 있을 때는 토생금土生金이 가능하다. 이유는 그 자체가 추절秋節이기 때문이다.

**06** 짐승으로는 개犬에 속한다. 개는 충복忠僕으로서 냄새를 맡고 밥을 먹으며, 살살 달래면 주인에게 충성을 다한다.

**07** 술토戌土는 술해천문성戌亥天門星에 속하는데 특히 일지日支에 술토

戌土를 놓은 사람은 예지력, 직감력이 강해서 선각자先覺者에 많고 꿈이 잘 맞으며 기氣(=텔레파시)가 잘 통한다. 직업으로는 법法, 의사, 역학계易學界에 많고 직업이 그렇지 않더라도 그 계통에 취미가 많다.

**08** 총칭 화개華蓋로 보고 사계지국四季之局, 사고지국四庫之局이라 한다.

**09** 술토戌土의 방위는 서북西北쪽이며 중성자中性子에 속해 조절신으로 중간 역할을 잘한다.

**10** 술토戌土는 철쇄개금鐵鎖開金이라고 하는데, 철쇄개금에 속하는 글자는 술토戌土, 해수亥水, 묘목卯木, 유금酉金이 있다. 특징은 남의 고민을 해결해 주는 해결사 역할을 하며 따라서 직업도 의사, 법관, 역학자가 많이 배출되고 있다.

**11** 술토戌土는 괴강살魁罡殺에도 해당되는데 여기에 속한 일주日柱는 경진庚辰, 경술庚戌, 임진壬辰, 임술壬戌, 무진戊辰, 무술戊戌이 있다. 이러한 일주日柱의 성격은 무엇이든지 자기 자신이 일등을 하려고 한다. 따라서 나쁘게 풀리면 괴수魁首, 좋게 상황이 전개되면 남의 우두머리로서 대장大將 노릇을 하게 된다.

**12** 술토戌土는 묘목卯木과는 육합六合으로써 묘술합卯戌合은 되나 타오행他五行으로는 변화되지 않는다. 혹자는 화국火局으로 변화된다고 주장한다. 그러나 이는 이치에 맞지 않는다. 이유는 묘목卯木 자체가 타오행他五行으로 변화하지 않기 때문이다. 인오寅午와는 인오술寅午戌로 삼합三合이 되면서 강력한 화국火局이 된다.

**13** 신유申酉와는 방합方合으로써 금기金氣가 된다. 필자의 실관으로는 신술申戌이나 유술酉戌은 금국金局으로 합습이 잘되는 경우가 드물

다. 단, 술토戌土가 월지月支에 있을 때는 예외이다.

⑭ 진토辰土와는 진술충辰戌沖으로 상충相沖이나 붕충崩沖이 되며, 축술미丑戌未는 삼형살三刑殺로 지세지형持勢之刑이 된다. 여기에서 각별히 유의해야 할 것은 진술충辰戌沖이나 축술미丑戌未가 일주日柱에게 도움이 될 때는 개고開庫가 되어서 일주日柱에게 크게 도움이 되지만, 반대로 일주日柱에게 피해가 될 때는 파문破門이 되어 크게 손해를 보게 된다는 점이다.

⑮ 사화巳火와는 사술巳戌이 되는데 적게는 원진살怨嗔殺, 크게는 귀문관살鬼門關殺로 보면 된다.

⑯ 술토戌土는 색으로는 황색黃色이고, 수리로는 5이며, 오성五性으로는 신용信用에 해당된다.

## 술토戌土가 자수子水를 만나면 ————

음지陰地, 동토凍土가 되며 토류土流가 된다. 따라서 결국은 절지絶地 상태로 귀착歸着된다. 암장暗藏으로는 술중戌中의 무토戊土와 자중子中의 계수癸水가 무계합戊癸合한다.

### 실례 1

병인년 갑오월 무술일 경신시丙寅年 甲午月 戊戌日 庚申時의 사주는 신강사주로 시주時柱의 경신庚申이 용신用神이다. 이 사주는 상식傷食이 용신이다. 따라서 이러한 사주들은 예체능 계통이나 기술 계통에 종사하는 경우가 많다. 또한 대학교수에도 이런 사주들이 많은데 특히 공과대학이나 의과대학 교수에 많다.

상식이 용신인 관계로 자기 자신을 희생하면서 사회적으로 명성을 떨치게 된다. 이때 운로運路에서 자수子水가 들어오면 시지時支의 신금申金과 합해져서 신자수국申子水局을 형성하게 된다. 따라서 희생하면 할수록 그 대가가 더 좋아진다. 돈으로 말하자면 돈을 쓰면 쓸수록 돈이 많이 생기게 된다. 즉, 투자하면 할수록 큰돈을 벌게 된다는 뜻이다. 자수子水가 운로運路에서 들어와 있는 동안은 안심하고 확장하거나 투자해도 된다.

### 실례 2

병진년 경자월 병술일 경인시丙辰年 庚子月 丙戌日 庚寅時의 사주는 신약사주로 병화일주丙火日主가 인술화국寅戌火局에 의지하고 있으나 자월子月이 되어 신약사주에 해당된다.

이 사주의 약점은 병화丙火는 커다란 불꽃인데 이 불꽃이 겨울철이 되어 맥을 못 춘다는 점이다. 이때 운로運路에서 자수子水가 들어오면 주중柱中에 있는 자수子水와 힘을 합해 사정없이 수극화水剋火하게 된다. 따라서 인술화국寅戌火局이 화국火局으로서 자기 임무를 수행하기 어렵게 된다.

자수子水란 누구인가? 회사 생활을 한다면 회사의 직속 상사에 해당된다. 따라서 상사 때문에 직장 생활을 하기가 어렵게 된다. 남자라면 자식 때문에 인생이 망가지는 경우도 해당된다. 건강상으로는 신장, 방광, 심장이 크게 나빠진다.

## 술토戊土가 축토丑土를 만나면 ──────

축월丑月은 섣달이다. 따라서 술토는 동토凍土, 음지陰地가 된다. 또한 축술형丑戌刑으로 말미암아 형파刑破, 붕괴된다.

토기土氣 자체가 종교도 의미하므로 종교적인 입장에서 보면 개종改宗으로도 풀이할 수 있다. 건강학적으로 보면 토土가 위胃에 해당하므로 복통, 위경련, 위 수술로도 응용된다. 축술丑戌로 형살刑殺이 되면서도, 축중계수丑中癸水와 술중무토戊中戊土가 무계戊癸로 암합暗合하면서도, 축중계수丑中癸水와 술중정화戊中丁火가 정계丁癸로 상충相沖하게 되어 결국에는 형刑이 될 수밖에 없어 암합暗合의 비밀은 오래 가지 못한다.

### | 실례 1

갑오년 병자월 병술일 병신시甲午年 丙子月 丙戌日 丙申時의 사주는 신약사주로 일지日支의 술토戊土에 의지하고 있다. 또한 자월子月에 태어나서 몸이 찬 것이 결정적인 흠欠이다. 이때 운運에서 축토丑土를 만나면 축술형丑戌刑으로 병화일주丙火日主가 뿌리째 뽑히게 된다.
이때 축토丑土는 재고財庫에 해당되므로, 큰돈 벌려다가 신세를 망치게 된다. 이때 큰돈은 투기 위험성이 강하므로 주식 투자 혹은 무리한 부동산 투자라고도 해석할 수 있다. 대운大運에서 들어온다면 먼세상으로 여행하게 된다.

### | 실례 2

병인년 갑오월 임술일 기유시丙寅年 甲午月 壬戌日 己酉時의 사주는 재다신약財多身弱 사주로 시지時支의 유금酉金에 의지하고 있다. 이때 운運에서 축토丑土가 들어오면 유축금국酉丑金局으로 임수일주壬水日主는 강하게 뿌리를 내림과 동시에 인오술寅午戌의 화국火局을 완전히 제압하게 된다. 평소 헛욕심에 깃들기만 하던 인생이 하루아침에 신왕재왕身旺財旺 사주로 돌변하게 된다. 그러나 그 기간은 축토丑土가 건재한 시기로 국한된다.

### 술토戌土가 인목寅木을 만나면 ─────

겉으로는 목극토木剋土이나 인술寅戌로 화국火局이 되어 극중합剋中合이 된다.

또한 화국火局은 생토生土를 하게 되어 토국土局까지 진행되나 결과적으로 조토燥土를 면할 길은 없다. 이런 가운데 인중병화寅中丙火와 술중신금戌中辛金이 병신암합丙辛暗合을 하게 된다.

### | 실례 1

계축년 신유월 갑술일 경오시癸丑年 辛酉月 甲戌日 庚午時의 사주는 신약사주로 시지時支의 상식에 해당되는 오화午火에 간접근間接根을 하고 있다. 이때 운에서 인목寅木이 들어오면 그동안 뿌리가 없었던 일주갑목日主甲木이 완전히 뿌리를 내리게 된다. 따라서 유축금국酉丑金局을 완전히 제압하게 된다. 다시 말해 그동안 나를 괴롭혔던 직장 또는 직장 상사들이 완전히 내 앞에서 무릎을 꿇은 형상이 된다. 소화도 잘되고 하는 일이 쉽게 풀어지니 이 세상이 내 것이 된다.

### 실례 2

갑인년 경오월 병술일 병신시甲寅年 庚午月 丙戌日 丙申時의 사주는 신왕사주로 시지時支의 신금申金이 용신用神이다. 따라서 상식傷食이 없고 재성財星으로 바로 연결되니 비교적 용신의 힘이 약할 수밖에 없다. 이때 운에서 인목寅木이 들어오면 인신충寅申沖으로 용신이 완전히 파괴된다. 다시 말하면 재산이 완전히 없어지면서 부부간에는 이혼수가 발생된다.

### 술토戌土가 묘목卯木을 만나면 ─────

묘술합卯戌合으로 묶여서 활동이 정지된다. 따라서 합合이라고 하여 다 좋은 것은 아니다. 여기에서 유의해야 할 점은 술토戌土가 토기土氣로서 용신用神인 경우에는 묘술합卯戌合으로 묶이지만, 술중戌中의 정화丁火가 용신으로서 목화木火가 필요한 경우에는 묶이지 않는 것이다. 이유는 묘목卯木 자체가 목기木氣이기 때문이다. 여기에서 묶인다는 의미는 만권정지萬權停止 상태를 가리킨다.

## 실례 1

갑인년 병자월 무술일 경신시甲寅年 丙子月 戊戌日 庚申時의 사주는 겨울에 태어난 무토戊土로서 일지日支의 술토戊土에 뿌리하고 있다. 자기 자리에 뿌리하고 있어서 매사 처리에 깡다구는 있으나 신약사주여서 인내력, 결단력이 약할 수밖에 없다. 지지地支에 수기水氣가 많아서 물만 먹어도 살이 찌는 체질이다. 따라서 꾸준한 운동을 통해서 체력 조절을 해야 한다. 일지日支에 술토戊土를 놓은 사람은 종교, 철학에 관심이 많으며 비교적 머리가 영특하다. 다만 행동이 느린 것이 흠欠이다. 이러한 사주가 운로運路에서 묘목卯木이 들어오면 묘술합卯戌合으로 묶이게 된다. 따라서 앞에서 지적한 대로 만사동결萬事冬結이 된다. 한마디로 되는 일이 없다는 뜻이다.

## 실례 2

경자년 갑신월 병술일 기해시庚子年 甲申月 丙戌日 己亥時의 사주는 신약사주로 병화일주丙火日主가 일지日支의 술토戊土에 뿌리하고 있다. 이때 운에서 묘목卯木이 들어오면 묘술합卯戌合으로 묶이지 않는다. 이유는 묘목卯木이 병화일주丙火日主의 인수印綬가 되기 때문이다. 신약사주이므로 인수印綬, 견겁肩劫이 필요한데, 여기에서는 묘목이 인수 역할을 하게 된다. 그러나 묘목 자체가 습목濕木이어서 목생화木生火가 원활치 못하다.

쉽게 설명하면 인목寅木은 자체 안의 병화丙火 때문에 목생화木生火가 활발한 반면, 묘목卯木은 그렇지 못하다. 따라서 묘술합卯戌合으로 묶이지 않는다고 하나 자체가 목생화木生火의 역할이 활발치 못하기 때문에 그저 무난하다고 설명할 수 있다.

460

## 술토戊土가 진토辰土를 만나면 ——————

진술충辰戌沖으로 분산分散, 붕괴된다. 그러나 거꾸로 진토가 재고財庫로서 일주日主에 좋은 역할을 할 때는 금전적으로 엄청난 축재蓄財를 하게 된다. 건강상으로는 위경련이나 위장 장애가 발생되는데 심하면 대장암, 위암까지 연결된다. 종교적인 입장에서 보면 개종改宗에 해당되는데, 불교 신자나 기독교 신자인 경우 사찰이나 교회를 바꾸는 경우도 해당된다.

### 실례 1

병오년 경자월 임술일 무신시丙午年 庚子月 壬戌日 戊申時의 사주는 신왕사주로 일지日支의 술토戊土가 이 사주의 핵심이다.

따라서 임수일주는 밖으로는 사업 또는 직장이 본인에겐 아주 중요하고, 가정에 들어와서는 자식이 잘되기를 바라는 마음으로 세상을 살아간다. 이때 운로運路에서 진토辰土가 들어오면 진술충辰戌沖으로 용신用神이 완전히 무너져 내린다. 또한 진토는 임수일주壬水日主에겐 묘궁墓宮이 된다. 따라서 모든 일이 완전히 정지된다.

더구나 진토辰土와 월지月支의 자수子水가 합해져서 자진수국子辰水局이 되니 자식에 해당되는 진토가 물에 둥둥 떠내려 간다. 결국 자식의 하는 일이 아주 어려워짐과 동시에 본인 일도 파멸 직전으로 가게 된다. 이러한 결과는 세상을 살아가는 데 있어 가장 비극적이라고 표현해야 될 것 같다.

### 실례 2

갑인년 경오월 무술일 병진시甲寅年 庚午月 戊戌日 丙辰時의 사주는 신왕사주로 화토火土가 용신用神이다. 이 사주의 흠欠은 습토濕土에 비해서 조토燥土가 지나치게 강하다는 데 있다. 한마디로 말해서 너무 뜨거운 땅이다. 따라서 농사짓기에 적합하지 않다. 이때 운로에서 진토가 들어오면 조습燥濕의 균형이 이루어진다.

따라서 건강이 좋아짐과 동시에 하는 일마다 경사慶事가 겹치게 된다. 또한 진토는 무술일주戊戌日主에겐 재고財庫가 된다. 쉽게 말하면 돈 창고가 들어오면서 모든 일이 쉽게 풀어지게 된다는 뜻이다. 사업계로 진출하면 큰돈을 벌게 되고, 남이 우러러보는 위치에 있게 된다.

## 술토戊土가 사화巳火를 만나면 —————

화생토火生土가 되나 조토燥土가 됨은 면할 길이 없다. 또한 원진살怨嗔殺, 귀문관살鬼門關殺 작용도 발생된다.

### 실례 1

병인년 갑오월 임술일 신해시丙寅年 甲午月 壬戌日 辛亥時의 사주는 신약사주로 시지時支의 해수亥水에 의존하고 있다. 술해천문성戊亥天門星을 가지고 있어서 두뇌 회전이 아주 빠르다. 그러나 재다신약財多身弱 사주가 되어서 나쁜 방향으로 머리 회전이 될까 두렵다. 더구나 임술일주壬戌日主가 되어 욕심은 많고 자기 노출이 전혀 되지 않기 때문에 그 검은 속을 알 길이 없다.

이때 운로運路에서 사화巳火가 들어오면 첫째, 사오화국巳午火局이 되어 한탕주의로 크게 일을 벌일 가능성이 많고 둘째, 사해충巳亥沖으로 뿌리마저 뽑히게 된다. 이 이야기를 쉽게 풀면 대형 사기를 치다가 결국은 인생 파멸의 길로 들어서게 된다. 여기에서 사화巳火는 재물에 해당되고, 육친으로는 부인에 속한다. 따라서 헛욕심 때문에, 그렇지 않으면 아내로 인해서 인생을 아주 망치게 된다.

## 실례 2

무오년 갑자월 병술일 병신시戊午年 甲子月 丙戌日 丙申時의 사주는 신약사주로 일지日支의 술토戊土에 의지하고 있다. 이 사주의 약점은 겨울에 태어나서 몸이 차며 따라서 혈액순환이 여의치 못한 점과 일지日支의 술토戊土에 의지한 결과 뿌리가 약해서 자기 주체가 강하지 못하다는 데 있다.

이때 운로에서 사화巳火가 들어오면 과거에는 술토戊土에 간접근間接根을 했지만 사화巳火가 새로 사주에 추가되므로 병화일주丙火日主가 뿌리를 강하게 내리게 되고, 또한 견겁 작용肩劫作用이 나타나기 때문에 주체의식이 아주 강해진다. 또한 건강도 따뜻한 바람이 불기 때문에 아주 좋아진다. 이때 사화巳火는 형제, 친구를 가리킨다. 따라서 형제나 친구로 인해 모든 일이 쉽게 풀어진다고 볼 수 있다.

## 술토戊土가 오화午火를 만나면 ──────

오술午戌로 화국火局이 된다. 여기에서도 조토燥土는 면할 길이 없다.

오술화국午戌火局은 다시 화생토火生土해서 토기土氣로 오면서 원위치하는데 화토국火土局이 더욱 커진다. 여기에서 유의해야 할 것은 술토戊土가 화기운火氣運의 입묘入墓에 해당되니 결국은 술토戊土로 화기火氣가 전부 모이게 되는 점이다.

## 실례 1

신축년 경자월 무술일 정사시辛丑年 庚子月 戊戌日 丁巳時의 사주는 추운 겨울의 무토일주戊土日主로서 신약사주에 속한다. 여기에서 무토일주는 비록 신약사주라 하더라도 사술巳戌 귀문관을 가지고 있어서 예지력, 직감력이 아주 강하고 머리가 천재형이며 신경이 예민하여 본인은 매사에 철저하다고 생각하나 타인이 보기에는 굉장히 까다롭기 때문에 편안하게 다가가기가 어려운 상대이다.

이때 운로運路에서 오화午火가 들어오면 오술화국午戌火局과 사오화국巳午火局이 성립되면서 따뜻한 오화午火로 인해서 차디찬 겨울의 기운이 제거된다. 따라서 하는 일이 쉽게 쉽게 풀어지게 된다. 여기에서 오화午火는 인수印綬에 해당되므로 윗사람 또는 부모님, 그렇지 않으면 문서로 인해서 많은 재물을 모을 수 있게 된다.

## 실례 2

계사년 무오월 병술일 무자시癸巳年 戊午月 丙戌日 戊子時의 사주는 신왕사주로 시지時支의 자수子水가 용신用神이며 동시에 이 사주의 핵심이다. 이 사주는 너무 더운데, 시지時支의 자수子水가 시원한 에어컨 역할을 하게 된다. 이 사주가 남명男命이라면 직장이나 자식이 자기의 인생에서 가장 중요한 역할을 하게 된다. 이때 운로運路에서 오화午火가 들어오면 자오충子午沖 현상으로 인해서 용신用神이 몰락하게 된다.

한마디로 자기를 보호하는 보호신保護神이 사라지게 된다. 이때 자식 신상에 아주 좋지 않은 일이 생기며 본인은 직장에서 쫓겨남과 동시에 건강상으로는 신장, 방광에 이상이 오거나 아니면 심장병으로 인해서 치명상을 입게 된다.

## 술토戌土가 미토未土를 만나면 ─────

미술형未戌刑으로 왕자형발旺者刑發이 되는데 토기土氣는 더욱 왕旺해진다.

그러나 여기에서도 조토燥土는 면免할 길이 없는데 미술형未戌刑으로 개고開庫가 된다. 일주日主에게 유리할 때는 개고開庫이고 불리할 때는 파문破門이 된다. 여기에서도 개종改宗 사태가 일어나며 일주에게 나쁜 결과를 가져올 때는 위장 장애와 복통이 온다. 심할 때는 위장암이나 대장암까지 연결된다.

### 실례 1

신축년 임진월 무술일 무오시辛丑年 壬辰月 戊戌日 戊午時의 사주는 신왕사주로 화토火土가 용신用神이다. 월지月支에 있는 진토辰土가 습토濕土이고 일지日支와 시지時支가 합해져 오술화국午戌火局을 이루고 있으므로 비교적 조습燥濕이 균형均衡을 이루어서 보기가 아름답다. 이 사주는 욕심이 많고 과감하게 일을 집행할 수 있는 사업가의 사주이다. 이때 운로運路에서 미토未土가 들어오면 습토와 조토의 균형이 더욱 잘 이루어져 크게 성공할 만한 여건이 마련된다고 볼 수 있다. 이러한 상황을 사주 용어로 보면 가색격稼穡格이라고 표현한다. 또한 미토未土가 무토일주戊土日主의 견겁肩劫이 되므로 형제나 친구의 도움으로 성공한다고 해석할 수 있다.

술
토

戌
土

## 실례 2

갑인년 경오월 임술일 신해시甲寅年 庚午月 壬戌日 辛亥時의 사주는 신약사주로 임수일주壬水日主가 시지時支의 해수亥水에 의지하고 있다. 따라서 이 사주는 재다신약財多身弱 사주에 속한다. 더구나 일주日柱가 임술壬戌이므로 욕심은 많고 무엇이든지 필요하면 그때그때 거짓말을 해서 위기를 넘긴다. 이때 운로에서 미토未土가 들어오면 재국財局이 더욱 강해짐과 동시에 해미목국亥未木局이 된다. 여기에서 해미목국亥未木局은 능히 목생화木生火를 할 수 있기 때문에 해수亥水는 자기의 임무를 잃어버리게 된다. 따라서 임수일주壬水日主는 뿌리를 잃은 결과 완전히 재산을 탕진하고 만다.

## 술토戌土가 신금申金을 만나면 ─────

토생금土生金으로 설기泄氣가 되며 병사궁病死宮으로 힘이 없어진다. 또한 지층이 얕아지며 철분鐵分이 과다해지기 때문에 결국은 음지陰地의 땅이 된다.

## 실례 1

병인년 갑오월 무술일 신유시丙寅年 甲午月 戊戌日 辛酉時의 사주는 신왕사주로 시주時柱의 신유辛酉가 이 사주의 핵심이면서 동시에 용신用神이 된다. 따라서 이러한 사주는 직업이 기술자이거나 작가 또는 대학교수에 많다. 이때 운로에서 신금申金이 들어오면 강력한 금국金局이 형성되면서 금생수金生水가 가능해진다. 다시 말하면 신유금辛酉金은 금생수金生水가 원활치 못하므로 돈에 인색하고 일방적으로 봉사하는 데 있었다. 그러나 신금申金이 들어오면서 그 영향력이 재

466

성財星까지 넓혀지게 되었다. 그러므로 돈을 쓰면 쓸수록 돈을 버는 팔자로 바뀌게 된 것이다. 다른 말로 표현하면 신금申金이 있는 한 돈을 투자하면 할수록 큰돈을 모으게 된다.

## | 실례 2

정축년 임자월 병술일 경인시丁丑年 壬子月 丙戌日 庚寅時의 사주는 신약사주로 일지日支의 술토戌土와 시지時支의 인목寅木에 의지하고 있다. 그러나 이 경우에는 술토戌土보다 인목寅木이 더욱 큰 버팀목이 되고 있다. 이 사주는 성질은 급하고 틀림없는 일이 아니면 손대지 않으니 때로는 답답한 면이 있다. 건강은 몸이 차가우니 항상 보온保溫에 신경을 써야 하고 타고나면서 심장과 눈이 약하니 여기에 각별한 주의를 요한다.

운로에서 신금申金이 들어오면 첫째로, 월지月支의 자수子水와 합해져서 수국水局을 이루어 강력하게 수극화水剋火를 하니 병화일주는 크게 타격을 받게 되고, 둘째는 이 사주의 핵심인 시지時支의 인목寅木을 인신충寅申沖하게 되니 여기에 해당되는 아버지와 어머니의 불화不和로 인해서 가정이 어려운 처지에 놓이게 된다.

건강도 간 손상으로 인해서 극도의 피곤함을 느끼나 일지日支의 술토戌土에 의지하여 겨우 목숨은 부지하게 된다.

## 술토戌土가 유금酉金을 만나면 ————

신금申金과 마찬가지로 설기泄氣되고, 병사궁病死宮이 된다. 지층 또한 얇아지니 자연히 음지陰地의 땅이 되는데 신금申金과 다른 점은 신금에 비해서 일조량日照量이 더욱 부족하다는 점이다.

## 실례 1

계묘년 갑인월 갑술일 기사시癸卯年 甲寅月 甲戌日 己巳時의 사주는 전형적인 목화통명 木火通明 사주로 시지時支에 있는 사화巳火가 이 사주의 핵심이다. 따라서 이러한 사주는 예체능, 매스컴 계통이나 기술자에 많이 분포되어 있다.

또한 사술귀문관살巳戌鬼門關殺의 영향으로 머리가 영리하고 호기심이 많으며 신경이 예민한 것이 특징이다. 이때 운로에서 유금酉金이 들어오면 운로에서 들어온 유금으로 인하여 이 사주를 형성하고 있는 목화기木火氣가 전멸하게 된다.

이유는 첫째, 목기木氣는 금극목金剋木을 당해 피폐해지며 둘째, 시지時支에 있는 사화巳火와 합해져서 사유금국巳酉金局이 되기 때문이다. 따라서 이 사주는 직장의 상사나 혹은 아들 때문에 인생의 모든 스케줄이 일거에 망가지는 쪽으로 진행된다. 이러한 연유로 목화통명 사주에는 금기金氣가 운에서 들어오면 모든 상황이 아주 어렵게 된다는 것을 알 수 있다.

## 실례 2

병인년 갑오월 경술일 갑신시丙寅年 甲午月 庚戌日 甲申時의 사주는 신약사주로 시지時支의 신금申金이 용신用神이다.

이 사주는 관살태왕官殺太旺 사주로 태어나면서 폐, 대장이 약하며, 직장 생활을 해야 하는 팔자八字인데 항상 직장 상관으로부터 괴로움을 받아서 스트레스에 시달리게 된다. 또한 아들로 인해서 근심 걱정이 떠날 사이가 없다. 이때 운로에서 유금酉金이 들어오면 신유금국申酉金局이 만들어진다. 그러므로 신약사주에서 어느 정도 균형이 잡힌 사주로 돌변하게 된다. 따라서 유금酉金이 있는 동안에는 건강도 회복되고 직장 생활도 순조롭게 돌아간다. 그렇기 때문에 유금이 있는 동안에 어렵거나 힘든 일을 다 매듭지어야 한다.

이유는 유금酉金의 시대가 지나면 조토燥土에 속한 술토戌土의 시대가 오기 때문이다. 술토戌土가 들어오면 이 사주는 화기火氣가 강해지면서 금기金氣는 무력해진다.

## 술토戌土가 술토戌土를 만나면 ──────

술술戌戌로 토기土氣가 왕旺해지는 것은 사실이나 조토燥土는 면免할 길이 없다. 여기에서 술토가 천문성天門星을 의미하기 때문에 종교적이나 정신적인 면에서는 더 깊이 인생의 영적인 면을 추구하게 된다.

### 실례 1

무인년 무오월 병술일 기해시戊寅年 戊午月 丙戌日 己亥時의 사주는 신강사주로 시지時支의 해수亥水가 용신用神이다. 다시 말하면 이 사주의 용신은 관성官星이다. 따라서 재관운財官運에 발복發福하는 팔자이다. 성격은 급하나 뒤끝은 없으며 상대방을 설득하는 데는 천재적인 재주를 타고 났다.

이때 운로運路에서 술토가 들어오면 용신인 해수亥水를 토극수土剋水하게 된다.

또한 월지月支의 오화午火와 힘을 합해 오술화국午戌火局을 이루게 되어 견겁肩劫으로 인해 겁탈劫奪을 당하는 운으로 변하게 된다. 또한 시지時支의 해수亥水가 무너지기 때문에 직장에서 쫓겨남과 동시

에 하극상 사건으로 인해서 자식의 신상에 커다란 불행을 좌초하게
된다.

사주상의 용어로 표현하면 상관견관 위화백단傷官見官 爲禍白端 현
상이 벌어진다. 한마디로 표현하면 백 가지 화가 동시에 발생하는
최악의 상황이 된다.

## 실례 2

병오년 임진월 무술일 병진시丙午年 壬辰月 戊戌日 丙辰時의 사주는 화
토중탁火土中濁 사주로 사업가의 사주이며, 화토火土가 이 사주의 용
신이다. 이때 운로에서 술토가 들어오면 진술충辰戌沖 현상으로 개
고開庫가 된다. 이때 술토는 이 사주에서 좋은 역할을 하게 되는데,
이유는 이 사주는 조토燥土보다 습토濕土가 더 강하기 때문에 습토보
다 조토가 필요한 사주라서 그렇다. 그러한 연유로 미토未土나 술토
戊土는 이 사주에서 희신喜神 역할을 하게 된다. 한마디로 조토가 들
어오면 조습燥濕의 균형이 맞추어진다. 이러할 때 돈 창고가 열리면
서 돈이 엄청나게 쏟아져 들어와 부자 소리를 듣게 된다.

## 술토戊土가 해수亥水를 만나면 ─────

음지陰地, 절지絶地, 동토凍土, 토류土流가 된다. 방향으로는 건방乾
方으로 함께 있으며 술중정화戊中丁火와 해중임수亥中壬水가 정임丁壬
으로 암합暗合한다.

궁합적인 면에서 보면 각각 일지日支에 한쪽이 술토戊土이고 다른
쪽이 해수亥水라면 서로 충돌하지 않고 화합和合이 잘된다. 이유는
술토와 해수가 술해천문성戊亥天門星으로 인해서 정신적으로 서로

소통이 잘되고 있기 때문이다. 따라서 술토戌土와 해수亥水의 만남은 궁합적인 면에서는 정신적인 합合으로 보는 것이 타당하다.

## 실례 1

임신년 병오월 병술일 무자시壬申年 丙午月 丙戌日 戊子時의 사주는 신강사주로 시지時支의 자수子水가 용신用神이면서 이 사주의 핵심이다. 따라서 병화일주丙火日主는 공직公職으로 진출하는 것이 인생을 살아가는 데 더 안전하고 편안할 걸로 사료된다. 이 사주는 성격이 불같으나 뒤끝은 없으며, 모든 것을 밖으로 털어 놔야 직성이 풀린다. 또한 타인 설득력이 아주 강하며 매사에 자신 있는 태도로 임하는 것이 장점이다. 다만 약점이라면 장기적인 계획이 부족하고 매사를 즉석에서 결정하는 것이다. 이러한 여건에서 운로에 해수가 들어오면 홀로 외로이 버텨 온 시지時支의 자수子水가 해자수국亥子水局이 되면서 동시에 이 사주의 기신忌神인 화기火氣를 수극화水剋火하게 된다. 따라서 주위의 방해를 받지 않고 고위직으로 승진하게 된다.

이러한 사주는 해자축亥子丑 30년의 기간에 장관급 이상을 역임하게 된다. 만약 대기업으로 간다면 실권이 있는 회장직을 차지하게 된다.

## 실례 2

계사년 무오월 임술일 을사시癸巳年 戊午月 壬戌日 乙巳時의 사주는 임술일주壬戌日主가 화기火氣에 종從을 한 사주로 신왕身旺하고 처세에 능하며 머리가 영리하고 매사에 완벽하게 대비하고 있다. 또한 욕심이 많고 얼굴은 타원형으로 잘생긴 얼굴인데 다른 사람에 비해서 살

술토戌土

이 통통하게 쪄 있다.

성격을 살펴보면 자기의 내면內面을 타인에게 공개하지 않는 무서운 성격의 소유자이다.

이렇게 완벽한 사주도 기신忌神을 만나면 하루아침에 무너질 수 있다. 이 사주의 기신忌神은 금수운金水運이다. 따라서 운로에 해수亥水가 들어오면 모든 재산과 명예가 한꺼번에 무너진다. 이렇게 나타난 현상은 종사주從四柱가 뿌리를 했을 때 나타나는 특징이다. 해수亥水가 들어오면 모든 화기火氣가 제거된다. 따라서 이 사주는 재다신약財多身弱 사주로 돌변한다. 이유는 임술일주가 뿌리를 하기 때문이다. 뿌리를 못할 때 종사주가 되는데, 뿌리를 함으로써 천격사주賤格四柱로 돌변하게 된다. 그러나 운로에서 화운火運이 들어오면 그때는 다시 부자 사주로 바뀌게 된다.

12장

해수 亥水의

성격과 응용

해수 亥水

**01** 해수亥水는 맹동 시월지기孟冬 十月之氣로 육음지기六陰之氣이며 음지극陰之極이 된다. 시간적으로는 오후 9시부터 오후 11시 사이를 지배한다. 따라서 하루의 끝이라는 의미도 내포하고 있다.

계절적으로는 입동入冬 이후를 10월로 취급한다. 또한 해중갑목亥中甲木 때문에 소춘지절小春之節이라고 부르기도 한다. 이러한 말은 겨울의 시작이면서 동시에 눈에는 보이지 않지만 봄의 기운이 해월亥月부터 싹트기 시작한다는 의미이다.

**02** 해수亥水는 임수壬水라는 본기本氣와 갑목甲木이라는 여기餘氣를 가지고 있다. 그러나 갑목甲木은 목생화木生火가 불가능하다. 이유는 물속에 잠긴 나무이기 때문이다. 그러나 인목寅木이나 묘목卯木을 만나면 목木으로 성격이 바뀌어진다.

이런 경우에도 인해寅亥는 목생화木生火가 가능하지만 해묘亥卯는 목생화木生火가 불가능하다. 그래서 옛날의 역학서易學書에 보면 인해寅亥를 훈풍薰風이라 표현하고 해묘亥卯를 강풍强風이라고 표현했다.

**03** 해수亥水는 해중亥中 안에 갑목甲木이 있다. 외음내양外陰內陽이 된다는 뜻이다. 따라서 체體는 음陰이나 용用은 양陽이 된다.

**04** 해수亥水는 해중갑목亥中甲木 때문에 수생목水生木을 할 수 있어 자체 조화가 가능하다. 따라서 극화생목剋火生木을 자유자재로 하므로 수기水氣로서의 임무를 충실하게 수행할 수 있다.

**05** 해수亥水는 사생지국四生之局 또는 사맹지국四孟之局이라고 하여 겨울의 맏형 노릇을 한다. 또한 역마지살驛馬之殺로도 많이 응용되고 있다.

06 해수亥水는 양수陽水, 해수海水, 온난지수溫暖之水, 호수湖水, 포수浦水, 강수剛水, 사수死水(큰 물이라는 뜻), 정지된 물 등으로 응용된다.

07 자수子水가 종류從流하는 데에 비해 해수亥水는 횡류橫流하는 것이 특징이다.

08 짐승으로는 돼지, 어족류에 속하며 일지日支에 해수亥水를 놓은 사람은 청각이 발달되어 있고, 지혜로우며 영리하고, 인정에 약하다. 또한 신앙이 독실함과 동시에 예지력이 발달하였고, 꿈이 잘 맞는다. 대체로 천재적인 두뇌의 소유자들이 많은데, 일지日支에 해수亥水 놓고 멍청한 사람은 없다는 것이 지금까지의 실관實觀 결과이다.

09 해수亥水는 수평水平을 유지하기 때문에 처세하는 데는 상하上下의 구별을 두지 않고 만인万人에게 평등하게 대한다. 그러나 나쁘게 해석될 때는 '신음'으로 해석되어서 신음하며, 다시 말하면 끙끙 앓으면서 운다.

10 해수亥水는 신체적으로는 신장, 방광을 가리킨다. 즉, 비뇨기 계통이 다 여기에 속한다.

11 해수亥水의 방위는 건방乾方으로서 서북간방西北間方에 속한다. 또한 해수亥水는 함鹹을 나타낸다. 그 말은 맛이 짜다는 뜻이다.

12 해수亥水는 술해천문성戌亥天門星에 속한다. 따라서 일지日支에 해수亥水가 있거나 주중柱中에 해수亥水가 많은 사람은 직업이 종교계, 선각자, 법관, 의사, 역학자에 많다.

13 해수亥水는 육음지극六陰之極이다. 이 말은 십이지十二支의 끝임과 동시에 또 다른 시작이다. 이유는 끝이 오면 바로 다음 날로 이어지

기 때문이다. 따라서 해수亥水를 일지日支에 놓은 사람은 바꾸기를 좋아한다. 다시 말해 변화하기를 좋아한다.

⑭ 해수亥水는 인목寅木과는 육합六合으로 목국木局이 된다. 이 말을 다시 풀이하면 눈에는 보이지 않지만 인목寅木이 있는 곳에서는 해 수亥水가 따라 들어오고 해수亥水가 있는 곳에는 인목寅木이 따라 들어온다. 해묘미亥卯未는 삼합三合으로써 합목국合木局이 된다. 그 리고 해자축亥子丑은 합수국合水局으로써 방합方合이 된다.

⑮ 해수亥水는 목木에게는 장생궁長生宮이며 동시에 양지陽地가 된다. 따라서 수생목水生木을 받아 목木이 가장 좋아한다. 그러나 부목浮 木은 면免할 길이 없다.

화火에게는 절지絕地·몰광沒光이 되며, 토土에게는 토류土流가 된 다. 금金에게는 금침金沈이 된다. 또한 설기泄氣되면서 병사궁病死 宮에도 해당된다. 수水에게는 관왕官旺이 되면서 난류暖流가 된다.

⑯ 해수亥水는 색色으로는 흑색이고, 수리로는 6수이며, 오성五性으로 는 지혜와 지식에 속한다.

⑰ 일지日支에 해수亥水를 놓은 사람은 식복食福을 타고난다. 따라서 아주 어려운 경우라도 무난히 넘기는 경우가 많다.

## 해수亥水가 자수子水를 만나면 ─────

해자수국亥子水局이 되면서 수기水氣는 태왕太旺해진다. 그러나 난류暖流가 한류寒流로 변하게 되며, 나쁜 친구인 자수子水를 만나서 해수亥水가 다칠까 염려된다. 또한 자수子水가 도화桃花에 해당되기 때문에 바람둥이 친구를 만나서 정착하지 못하고 한없이 떠돌아다니게 된다.

### 실례 1

무오년 을축월 을해일 무인시戊午年 乙丑月 乙亥日 戊寅時의 사주는 신왕사주로 시지時支에 있는 인중寅中의 병화丙火가 용신이다. 이러한 사주는 직업이 대학교수, 의사, 변호사에 많고 때로는 역학자易學者에게도 나타나고 있다. 성격적으로는 철저하게 계획을 세워서 업무를 진행하며 부하를 지극히 아끼고 사랑하는데, 직접적인 이해관계가 없는 사람도 현재는 어렵지만 장래성이 있다고 판단되면 과감히 밀어 준다. 이 사주의 약점은 겨울에 태어나서 몸이 차다는 점이다. 따라서 절대적으로 화기火氣가 필요하다. 그러나 거꾸로 화기火氣가 몰락되는 수기水氣가 들어오면 만사가 동결凍結된다. 따라서 수기水氣에 해당되는 자수子水가 운에서 들어오면 을목일주乙木日主가 꽁꽁 얼게 되므로 나쁜 쪽으로 모든 일이 완전히 멈추어 버린다.

### 실례 2

갑인년 기사월 무오일 계해시甲寅年 己巳月 戊午日 癸亥時의 사주는 신강사주로 시주時柱의 계해癸亥가 용신이며 동시에 이 사주의 핵核이다. 무토일주戊土日主가 너무 더워서 농사가 안 되는데 시주時柱의 계해癸亥로 인해서 비가 쏟아지기 때문에 농사짓기에 알맞은 옥토로 바꾸어 놓은 형상이다. 이 사주의 직업은 재경계통 공무원이거나 아니면 정치인이 될 가능성이 많다. 이유는 해중亥中의 갑목甲木이 무토일주에겐 편관偏官이 되기 때문이다. 이때 운로에서 자수子水가 들어오면 시지時支의 해수亥水와 합해져서 해자수국亥子水局을 이룬다. 해자수국은 무엇을 가리키는가? 바로 큰 재물, 거부巨富가 됨을 가리킨다. 처음에는 자수가 나쁜 사람인 줄 알았는데 사귀고 보니 나에게 행운을 가져다주는 고마운 사람이 된 것이다.

이런 경우에는 평소에 기분 나쁘게 느꼈던 사람들이 나에게 도움을 주는 경우가 해당된다. 우리는 이런 경우를 겉과 속이 다르다고 표현하기도 하고 전화위복이라고 결론짓기도 한다.

## 해수亥水가 축토丑土를 만나면 ─────

해축합수국亥丑合水局이 된다. 그러나 한류寒流는 면할 길이 없다. 암장으로는 해중亥中의 갑목甲木과 축중丑中의 기토己土가 갑기합甲己合하게 된다.

### | 실례 1

경오년 무인월 신해일 무자시庚午年 戊寅月 辛亥日 戊子時의 사주는 신왕사주로 목화기木火氣가 필요한 팔자八字이다. 1월에 태어났다고 하나 입춘立春이 지난 지 얼마 되지 않아서 전반적으로 기후가 차기 때문에 절대적으로 목화기木火氣가 필요하다. 이러한 사주를 신왕재왕身旺財旺 사주라 부르기는 하나 재성財星이 정재正財가 되어 사업보다는 재정직 공무원이나 대기업의 재무 총괄직이 적격이라고 본다. 이러할 때 운로運路에서 축토丑土가 들어왔다고 생각해 보자. 축토丑土 는 섣달을 가리킨다. 따라서 가장 차디찬 기氣가 이 사주四柱에 정면 으로 들어오면 이 사주를 지탱해 준 목화기木火氣는 전멸한다. 그러 므로 이 사주는 축토丑土가 들어온 다음부터는 모든 일이 완전히 정 지된다.

그러나 축월丑月 다음에는 인월寅月이 온다. 이때부터는 모든 일이 순조롭게 풀어지니 축토丑土가 있는 동안에는 슬슬 기어 살면서 좋 은 때를 기다리는 것이 현명하다고 볼 수 있다.

## | 실례 2

갑인년 경오월 기해일 갑술시甲寅年 庚午月 己亥日 甲戌時의 사주는 신 강사주로 일지日支의 해수亥水가 용신이고 이 사주의 버팀목이다. 이 때 해수亥水는 아주 더운 날에 시원한 바닷바람 역할을 해 주는 것으 로 해석할 수 있다.

이 사주는 봄, 여름이 견디기 어려우며 건강에도 좋지 않다. 따라 서 가을의 문턱인 입추立秋가 지나면서 몸 안의 기운이 상승하여 봄, 여름에 풀어지지 않았던 일들이 슬슬 풀어져 나간다. 학문적으로는 기토일주己土日主가 무토일주戊土日主보다 약하다고 알려져 있으나, 이러한 경우에는 기토己土를 약하다 보지 말고 무토일주戊土日主 신 강사주와 같이 강한 것으로 해석하여야 한다. 또한 술해천문성戌亥 天門星을 가지고 있어서 직감력, 예지력이 아주 강하고 신앙심이 독 실하다. 직업은 의사, 변호사, 역학자한테 많이 나타나고 있다. 이때 운로에서 축토丑土가 들어오면 해축수국亥丑水局을 이루게 된다. 이 때부터 이 사주의 목화운木火運과 금수운金水運이 균형을 이루면서 큰 부자로 인생의 진로를 트기 시작한다. 그러나 축토丑土가 있는 동안에 어려운 일들은 다 해결해야 한다. 이유는 곧 인목운寅木運이 오면 다시 어려운 환경으로 접어들기 때문이다.

## 해수亥水가 인목寅木을 만나면 ─────

인해합목국寅亥合木局이 된다. 크게 봐서 해수亥水가 가장 좋아하는 오행五行이 인목寅木이다. 인목寅木을 만나면 가장 기뻐하며 확실하게 안착安着한다.

### | 실례 1

| 갑인년 경오월 정해일 경술시甲寅年 庚午月 丁亥日 庚戌時의 사주는 신강사주로 일지日支의 해수亥水가 용신이다. 따라서 이 사주의 주인공은 자식과 아내를 아끼는 마음이 아주 강해서 철저하게 가정적이며 또한 자기가 믿는 일에 대해서는 완벽하게 매사를 처리한다. 이때 운로運路에서 인목寅木이 들어오면 첫째, 인오화국寅午火局이 되면서 견겁肩劫 작용이 일어난다. 그렇기 때문에 각계로부터 왕따를 당하고, 하지도 않은 일을 했다고 모함을 받게 된다. 둘째, 일지日支의 해수亥水는 인해합목국寅亥合木局이 되면서 해수亥水 자체가 붕괴된다. 이러한 현상으로 인해서 남자라면 자식 농사가 안되고 직장에서 쫓겨나며, 가장 어려운 상황으로 접어든다. 한마디로 생불여사生不如死 상태가 된다. 살아 있어도 죽은 인생과 마찬가지란 뜻이다.

### | 실례 2

| 정사년 정미월 무진일 계해시丁巳年 丁未月 戊辰日 癸亥時의 사주는 신

왕재왕 사주로 시주時柱인 계해癸亥가 이 사주의 핵심이다. 더구나 진해귀문관辰亥鬼門關이 있어서 머리가 영리하고 완벽주의자로서 스케일이 크고 욕심이 많아 큰 사업가의 사주로 손색이 없다. 이때 운로에서 인목寅木이 들어오면 시지時支의 해수亥水와 합해져 인해합목국寅亥合木局이 된다. 지금까지는 계해癸亥인 재성財星에 의지했지만 인목이 들어옴으로써 명예와 권력까지 손에 넣게 된 것이다. 또한 강한 무토일주戊土日主를 목극토木剋土함으로써 주위의 방해 세력을 완전히 제압하게 된다. 이제 부귀富貴를 일시에 휘어잡으니 세상에 부러울 것이 없다. 이러한 경우를 세인존경 차외망世人尊敬 此外望이라고 부른다. 이는 세인들의 존경을 받으니 더 이상 무엇을 바라겠느냐는 뜻이다.

## 해수亥水가 묘목卯木을 만나면

해묘합목국亥卯合木局이 되나 목생화木生火에 인색하며 습목濕木이 되기 때문에 이런 경우 음지陰地 나무라고 표현한다.

### 실례 1

정사년 을사월 기미일 을해시丁巳年 乙巳月 己未日 乙亥時의 사주四柱는 신왕관왕身旺官旺 사주로서 시주時柱의 을해乙亥가 용신이다. 이런 경우를 시상일위귀격時上一位貴格이라고 부른다. 시주時柱 성격에서 좋은 경우가 세 가지 발생하는데 첫째는 월령月令에서 어떠한 격格으로 형성되었든 상관없이 신왕身旺으로서 시주時柱에 편관偏官이 용신일 때 성립되며 신왕관왕身旺官旺을 우선한다. 이러한 사주는 귀격貴格으로서 좋은 운을 만나면 하루아침에 장차관으로 등용이 된다. 이러한 경우를 시상일위귀격時上一位貴格이라고 부른다.

둘째는 시상관성격時上官星格인데 신왕身旺으로서 시주時柱에 관성官星이 용신일 때 성립되며, 하위직下位職에서 출세하여 장차관에 이른다. 기본 성격은 실수가 없고, 견고하며 착실하게 인생을 만들면서 출세하는 유형이다.

셋째는 시상편재격時上偏財格인데 월령月令에 상관없이 신왕身旺으로서 시주時柱의 편재偏財가 용신인 경우인데, 이러한 사주는 좋은 운을 만나면 재벌이 되거나 아니면 공무원으로서 최고의 직책에 이르는 영웅호걸의 사주이다. 앞의 정사년 을사월 기미일 을해시의 사주가 운로에서 묘목卯木을 만나게 되면 시지時支의 해수亥水와 합해져서 해묘목국亥卯木局이 된다. 다시 말하면 편관偏官인 을목乙木을 더욱 튼튼하게 하니 하루아침에 국무총리로 등장할 수 있는 아주 보기 드물게 훌륭한 사주이다.

### | 실례 2

을사년 임오월 계해일 무오시乙巳年 壬午月 癸亥日 戊午時의 사주는 신약사주로 일지日支의 해수亥水가 용신이다. 그러나 신약이라고 하더라도 사주가 간여지동干與支同으로 구성되어 있어 깡다구가 있으며 머리가 영리하고 처세를 잘하는 편이다. 이때 운로에서 묘목을 만나면 일지日支의 해수亥水가 해묘목국亥卯木局이 된다. 따라서 해수는 없어진다. 여기에서 해수란 이 사주의 뿌리였는데, 뿌리가 뽑히는 비운悲運을 맞이하게 된 것이다. 묘목은 곧 아랫사람이거나 아니면 계수癸水가 만들어 낸 아이디어이다. 자기 꾀에 자기가 넘어간 셈이다. 건강도 신장, 방광이 나빠지면서 몸의 균형이 흐트러지게 된다.

## 해수亥水가 진토辰土를 만나면 ─────

토극수土剋水에 입묘入墓가 되면서 탁수濁水로 변한다. 이런 경우 한류寒流도 병행한다. 살殺로서는 귀문관, 원진살 작용도 나온다. 따라서 해수亥水로서는 최악의 상태가 된다.

### 실례 1

병자년 기해월 임자일 기유시丙子年 己亥月 壬子日 己酉時의 사주는 매우 신왕한 사주로 해중亥中의 갑목甲木이 용신이다. 다시 말하면 거대한 바닷물이 해중亥中의 갑목甲木이라는 수로를 통해서 밖으로 빠져나가고 있다. 이때 운로에서 진토辰土가 들어오면 토극수土剋水하여 해중亥中의 갑목甲木인 수로를 완전히 막아 버리므로 거대한 바닷물은 움직이지 못하고 정체된다. 결과적으로 바닷물이 부패하게 되고, 둘째로 일지日支의 자수子水와 합해져서 자진수국子辰水局이 되므로 일주임수日主壬水에 대한 견겁작용을 하게 된다. 또한 진토辰土는 해수亥水를 입묘入墓하게 만든다. 따라서 임수일주壬水日主는 빠져나가는 통로가 막힘에 따라 완전히 몰락하게 된다. 구체적으로는 아들 농사가 안되고 직장인이라면 직장에서 쫓겨나게 된다.

### 실례 2

신축년 정유월 병자일 기해시辛丑年 丁酉月 丙子日 己亥時의 사주는 병화일주丙火日主가 금수金水에 종從을 한 사주로 신왕身旺하며 동시에 귀격貴格 사주에 해당된다.

한마디로 부귀富貴가 겸전한 사주이다. 이때 운로에서 진토가 들어오면 토생금 금생수土生金 金生水로 상생통관相生通關함으로써 모든 일이 쉽게 풀어지도록 진토辰土가 다리 역할을 하게 된다. 이럴 때 병화일주丙火日主가 설기泄氣되는 것 같지만 결과적으로는 금수기金水氣를 더욱 강하게 해 주어 부富와 권력權力을 진토辰土라는 통로를 통해서 확보하게 된다. 또한 진토가 병화일주의 관고官庫가 되므로 엄청난 재물의 힘으로 권력까지 획득하게 된다.

## 해수亥水가 사화巳火를 만나면 ──────

사해충巳亥沖이 되는데 이런 경우에는 충돌하면서 절멸絶滅, 절지絶地가 형성된다. 따라서 수기水氣는 완전히 증발된다.

### 실례 1

경진년 경진월 신해일 무자시庚辰年 庚辰月 辛亥日 戊子時의 사주는 신왕사주로 해중亥中의 갑목甲木이 이 사주의 핵심이면서 동시에 용신이 된다. 이때 운에서 사화巳火가 들어오면 어떻게 될까?

사해충巳亥沖 현상으로 이 사주의 핵심인 해중亥中의 갑목甲木이 사중巳中의 경금庚金에 의해서 완전히 파괴된다. 남자라면 사화巳火가 관성官星 역할을 한다. 따라서 직장이 없어지고 떠돌이 신세가 된다. 사화巳火는 아들에도 해당되는데 이 경우에는 아들 때문에 집안 전체가 망가지고 만다. 만약 여자의 사주라면 사화巳火가 남편에 해당되는데 이 경우에는 남편 잃고 집안이 완전히 망하는 경우에 해당된다.

### 실례 2

갑자년 병자월 계해일 무오시甲子年 丙子月 癸亥日 戊午時의 사주는 신왕사주로 시주時柱에 있는 무오戊午가 이 사주의 핵심이다. 이 경우에도 사화巳火가 들어오면 사해충巳亥沖으로 모든 것이 파괴될 듯하지만 이 경우에는 정반대 현상이 일어난다. 사해충巳亥沖으로 모든 것이 파괴된다는 것은 기본 원칙이나 이 경우에는 이 방식이 적용되지 않는다. 이유는 계수일주癸水日主는 신왕사주로 몸이 찬 것이 흠欠이기 때문이다. 따라서 일차적으로 몸을 따뜻하게 하는 사오미巳午未가 들어오면 몸을 따뜻하게 하면서 동시에 하는 일이 쉽게 풀린다. 여기에서 사해충巳亥沖은 어떻게 해석하여야 할까?

일지日支에 있는 해수亥水가 이 사주의 견겁肩劫에 해당되어 사화巳火가 충沖하면 할수록 좋은 일이 생기게 된다. 따라서 충沖하면 무조건 나쁘다는 인식에서 벗어나 사주의 앞뒤를 잘 살펴서 좋고 나쁨을 결정해야 한다.

## 해수亥水가 오화午火를 만나면

절지絕地가 되면서 수기水氣는 증발한다. 따라서 물의 바닥이 보인다. 암합暗合으로는 해중亥中의 갑목임수甲木壬水가 오중午中의 기토정화己土丁火와 갑기합 정임합甲己合 丁壬合이 된다. 이런 경우를 '구름을 타고 다닌다'라고 표현한다. 한마디로 표현하면 정착하지 못하고 고생한다는 뜻이다.

### 실례 1

경진년 무인월 정해일 경술시庚辰年 戊寅月 丁亥日 庚戌時의 사주는 신약사주로 월지月支의 인목寅木이 용신이다. 여기에서 인목寅木은 인수印綬로서 좋기는 하나 신약身弱인 경우에는 견겁肩劫보다 못한 경우가 허다하다. 이때 가장 강력하고 필요한 오화午火가 운로運路에서 들어오면 정화일주는 최고의 전성기를 맞이한다. 특히 대운大運(=10년마다 바뀌는 운)에서 오화午火가 들어오면 건강이 좋아짐과 동시에 강력한 지지대가 형성됨으로써 본인 일생에 화려하고 생기발랄한 최고의 행복기를 맞이하게 된다.

### | 실례 2

경신년 무자월 기해일 갑자시庚申年 戊子月 己亥日 甲子時의 사주는 기토己土가 금수기金水氣에 종從을 한 사주로서 이 경우에는 금수기金水氣가 절대적으로 필요하다. 원래 귀격貴格으로서 부자로 살 팔자八字이다. 그러나 여기에는 전제 조건이 하나 있다. 원래 종從사주는 뿌리를 못해서 종從을 했는데, 오화午火가 기토일주己土日主의 뿌리가 되므로 종從이 완전히 깨지게 된다. 한마디로 표현하면 인생이 부자에서 거지로 뒤바뀌게 된다. 귀격貴格에서 천격賤格으로 전환되는 것이다.

우리는 이러한 사실로 미루어 보아 운로에서 들어오는 오행五行이 얼마나 중요한지를 확인할 수 있다.

### 해수亥水가 미토未土를 만나면 ─────

토극수土剋水를 받으나 해미亥未로 목국木局이 되면서 목생화木生火가 아주 잘된다. 암합暗合으로는 해중亥中의 갑목甲木과 미중未中의 기토己土가 갑기합甲己合하며 또한 해중亥中의 임수壬水와 미중未中의 정화丁火가 정임합丁壬合을 하게 된다.

## 실례 1

경술년 기묘월 을해일 무인시庚戌年 己卯月 乙亥日 戊寅時의 사주는 신강사주로 시지時支에 있는 인중寅中의 병화丙火가 용신이다. 이러한 사주는 직업이 대학교수, 과학자, 변호사, 예체능 전공자, 신문 방송업에 종사하는 사람이 많다. 이때 운로運路에서 미토未土가 들어오면 목생화 화생토木生火 火生土로 연결되면서 미토未土로 기氣가 전부 집결된다.

이 사주의 주인공이 남자라면 미토未土가 있는 동안은 일이 잘 풀리니 모든 일을 속전속결로 진행하여야 한다. 미토未土 다음에 오는 신금운申金運에는 관의 지나친 간섭, 윗사람에 의한 방해 공작이 예견되니 신금운이 오기 전에 중요한 일은 매듭을 지어야 한다. 여자라면 미토未土 다음에 오화午火 운이 오니 하던 일을 강력하게 밀어붙여야 더 많은 결실을 거둘 수 있을 것으로 본다.

## 실례 2

무인년 무오월 정해일 병오시戊寅年 戊午月 丁亥日 丙午時의 사주는 신왕사주로 일지日支에 있는 해수亥水가 용신이며 이 사주의 핵심이다. 직업은 고급공무원이거나 대기업의 임원에 해당된다. 이때 운로에서 미토未土가 들어오면 해미목국亥未木局이 형성된다. 따라서 정화일주丁火日主의 뿌리인 해수亥水가 사라진다. 또한 엄청나게 강한 사주가 더욱 강해짐과 동시에 토극수土剋水로 인해서 해수亥水는 설 자리를 잃고 만다. 남자라면 아랫사람의 모함으로 직장에서 추방됨과 동시에 그토록 귀여워했던 자식들과 틈이 벌어지면서 정해일주丁亥日主의 설 자리가 망가지는 최악의 상황이 된다.

## 해수亥水가 신금申金을 만나면 ————

금생수金生水를 받아 원류原流가 풍부해진다. 다시 말하면 물이 다시 살아나서 고이기 시작한다는 뜻이다. 또한 신금申金은 해수亥水의 장생궁長生宮도 된다. 그러나 여기에서 암충暗冲이 일어난다. 해중亥中의 갑목甲木과 신중申中의 경금庚金이 갑경충甲庚沖하게 된다.

### 실례 1

무자년 신유월 신해일 경인시戊子年 辛酉月 辛亥日 庚寅時의 사주는 신왕재왕 사주로 사주 자체가 잘 짜여져 있다. 이 사주는 남자의 사주인데 가정의 안정과 돈 버는 데에 인생의 목표를 두고 있다. 용신은 인해합목국寅亥合木局인데 큰 부자의 사주이다. 그러나 이렇게 좋은 사주도 운로에서 어떤 오행五行이 들어오느냐에 따라서 인생의 운명이 180도 달라진다. 운로에서 신금申金이 들어오면 인신충寅申沖으로 재물이 다 없어지며 가정이 파괴된다. 또한 아내와는 생별 내지는 사별의 운명을 맞게 된다.

신금운申金運 다음에 유금운酉金運이 들어온다. 신금申金에 비해서 유금酉金이 더욱 깊은 가을을 의미하기 때문에 신금일주辛金日主의 인생은 완전히 망가지게 된다.

### 실례 2

계사년 무오월 기해일 무진시癸巳年 戊午月 己亥日 戊辰時의 사주는 신왕사주로 일지日支의 해수亥水가 용신이다. 따라서 금수운金水運에 일이 잘 풀리고 목화운에는 항상 고전하는 사주이다. 이때 운로에서 신금申金이 들어오면 외로운 용신, 해수亥水를 금생수金生水함으로써 용신이 훨훨 날 수 있게 만든다.

신금申金은 무엇을 의미하는가? 기토일주己土日主의 사업 계획서이다. 그렇기 때문에 기토일주가 고안한 사업 계획서가 완벽하게 재물을 만드는 뒷받침을 했음을 가리킨다. 이렇게 신금이 들어오면 신왕재왕 사주로 돌변하면서 재물을 갈고리로 긁게 된다.

## 해수亥水가 유금酉金을 만나면 —————

금생수金生水를 받으나 유금酉金 때문에 청백지수淸白之水가 됨이 흠欠이다.

### | 실례 1

정사년 임인월 정해일 무신시丁巳年 壬寅月 丁亥日 戊申時의 사주는 신약사주로 월지月支의 인목寅木에 의지하고 있다. 이러한 사람의 특징은 항상 주위에서 자기만을 도와주기를 바라고 있으며 소심한 것이 약점이다. 또한 인월寅月에 태어났기 때문에 몸이 차다. 그런고로 따뜻한 목화기木火氣를 고대하고 있다. 이때 운로에서 유금酉金이 들어오면 년지年支의 사화巳火와 합해져서 사유금국巳酉金局이 형성된다. 사유금국巳酉金局은 인월寅月을 향해서 사정없이 금극목金剋木을 한다. 겨우겨우 유지해 온 인월寅月마저 붕괴되니, 지금까지 정화일주丁火日主를 도와주었던 보급로가 완전히 망가진다. 이때 발생한 건강관계는 간肝이 안 좋아지면서 피곤함을 느끼게 되고 모든 일이 거꾸로 진행된다. 이럴 때는 좋은 시기가 올 때까지 엎드려 조심조심 세상을 살아가야 한다.

## 실례 2

계사년 무오월 계해일 무오시癸巳年 戊午月 癸亥日 戊午時의 사주는 신약사주로 일지日支의 해수亥水에 의존하고 있다. 신약사주라고 하더라도 일주日柱의 천간天干과 지지地支가 같은 간여지동干與支同이 형성되어 있기 때문에 깡다구가 있고 어려운 일이 일어나도 쉽게 무너지지 않는 저력이 있다. 또한 자기의 약점을 남에게 나타내지 않는 무서운 성격의 소유자이다. 이때 운에서 유금酉金이 들어오면 년지年支의 사화巳火와 합해져서 사유금국巳酉金局을 만들며, 금생수金生水로 일지日支의 해수亥水를 돕는다.

지금까지 일지日支의 해수亥水에 의지해서 어렵게 살아왔던 계수일주癸水日主가 유금酉金이 들어와 있는 동안은 신강사주와 똑같이 자기의 위치를 공고하게 함과 동시에, 월주月柱와 시주時柱에 있는 재관財官을 확실히 자기의 것으로 만들 수 있게 된다.

## 해수亥水가 술토戌土를 만나면

토극수土剋水를 받으니 해수亥水는 유색有塞이 된다.

방향으로는 서북간방西北間方이 되며 암합暗合으로는 해중亥中의 임수壬水와 술중戌中의 정화丁火가 정임합丁壬合하게 된다. 특히 해수가 조토燥土가 필요한 경우에는 술토戌土가 들어오면 제방이 견고해진다.

## 실례 1

기축년 병자월 계해일 기미시己丑年 丙子月 癸亥日 己未時의 사주는 신왕사주로 시주時柱의 기미토己未土에 의지하고 있다. 이 거대한 물결을 기미토己未土가 막고 있기는 하나 조금 약한 감이 든다. 이때 운로에서 술토戌土가 들어오면 미술형未戌刑이 되는데 이때는 술토戌土가 좋은 역할을 하기 때문에 개고開庫에 해당된다. 또한 이중으로 물을 막는 효과가 있다. 다시 말하면 행운의 문이 열리기 시작하면서 돈과 권력이 한꺼번에 형성되기 시작한다.

계수癸水 입장에서 보는 술토戌土는 무엇을 의미하는가?

재관고財官庫를 의미한다. 그러므로 돈이 생기면서 감투까지 뒤따라온다. 다만 술토戌土가 있는 동안에 어려운 일은 다 해결해야 한다. 이유는 앞뒤로 계수癸水에겐 불리한 유금酉金과 해수亥水가 기다리고 있기 때문이다.

## | 실례 2
계축년 신유월 신해일 기해시癸丑年 辛酉月 辛亥日 己亥時의 사주는 신왕사주로 해중亥中의 갑목甲木을 통해서 금생수 수생목金生水 水生木으로 상생통관하고 있다. 따라서 해수亥水는 이 사주의 핵심이며 해수를 통해서 모든 일이 원활하게 진행된다. 이럴 때 운로에서 술토戌土가 들어오면 해수亥水를 토극수土剋水하게 된다. 그런 결과로 해수亥水를 통해서 형성되는 재물, 다시 말하면 갑목甲木이 완전히 파괴된다. 모든 일이 완전히 정지된다.

이때 건강은 고혈압을 주의하여야 하고 순간적인 심장마비도 각별히 신경 써야 한다.

## 해수亥水가 해수亥水를 만나면 ─────
수기水氣가 왕旺해지면서 순한 물이 되어 조화가 비상하게 된다.

예를 들면 해년 해월 해일 해시亥年 亥月 亥日 亥時의 사주는 삼합三合의 사주와 동일한 효과가 나타난다. 해수亥水와 인목寅木은 원체 좋은 지지地支가 되어서 이러한 작용이 나오는 걸로 본다.

## 실례 1

계유년 갑자월 기해일 임신시癸酉年 甲子月 己亥日 壬申時의 사주는 금수金水에 종從을 한 사주로 금수운에는 모든 일이 순조롭게 풀어지지만, 목화운에는 여러 가지 어려운 국면을 야기시키는 사주이다.

특히 화운火運에는 재다신약財多身弱 사주로 돌변한다. 그렇기 때문에 이러한 사주는 성공과 실패가 갑자기 뒤바뀌는 현상이 생기게 된다. 목운木運이 들어오면 재운財運으로 가는 길목인 금운金運을 파괴함으로써 수운水運마저 견디지 못하게 만든다. 따라서 목화운에는 인생 자체의 기본이 흔들리고 또한 전체가 뒤틀어진다. 이때 해운亥運이 운로에서 형성되면 신왕재왕身旺財旺 사주로 바뀌면서 엄청난 축재蓄財를 하게 된다. 또한 해중亥中의 갑목甲木 영향 때문에 권력까지 손에 쥐게 된다.

## 실례 2

갑인년 계유월 신해일 계사시甲寅年 癸酉月 辛亥日 癸巳時의 사주는 신강사주로 시지時支의 사화巳火가 용신이다. 직업으로는 직장 생활이 좋으며 대운이 좋으면 큰 회사 사장까지 할 수 있다. 그러나 사화巳火가 사해충巳亥沖을 당해서 용신이 약해져 있다. 운로에서 오운午運이나 미운未運에 들어오면 신왕관왕身旺官旺 사주로 돌변한다. 그러므로 이 사주는 목화운이 좋은데 그중에서 사운巳運을 기피한다. 이유는 사운이 들어오면 월지月支의 유금酉金과 합해져서 사유금국巳酉金局을 형성하기 때문이다. 사화巳火를 제외한 나머지 목화운木火運은 아주 좋다. 특히 인운寅運에는 인사형寅巳刑을 하더라도 화기火氣가 폭발하므로 오히려 더 좋아진다. 또한 일지日支의 해수亥水와 합해져서 인해합목국寅亥合木局이 되기 때문에 관운뿐만 아니고 재운도 동시에 좋아진다. 이럴 때 운로에서 해운亥運이 들어오면 어떻게될까?

첫째, 사해충巳亥沖으로 용신인 사화巳火를 무력화시킨다. 둘째, 신강한 사주를 더욱 강하게 하기 때문에 재관운財官運이 동시에 몰락한다. 이럴 때일수록 겸손하게 처신하면서 남에게 일을 맡기지 말고 본인이 직접 통제하여야 하며 좋은 시기가 올 때까지 차분하게기다려야 한다.

# 간지체성론

운을 열어주는 사주명리학의 비밀병기

초판 인쇄  2020년 12월 30일
초판 발행  2021년 1월 5일

지은이    남덕
펴낸이    김상철
발행처    스타북스
등록번호  제300-2006-00104호
주소      서울시 종로구 종로 19 르메이에르종로타운 B동 920호
전화      02) 735-1312
팩스      02) 735-5501
이메일    starbooks22@naver.com
ISBN      979-11-5795-571-8  03140